暮らし

育育児典

毛利子来
山田　真

岩波書店

この本の使いかた

●この本は、育児にたずさわるすべての人たちと、今後育児にかかわってほしい人たちに向けて書かれています。

ですから、母親だけでなく、父親にも、親になる可能性のある人にも、また祖父母や親戚、友人、知人のほか、保育士、幼稚園教師、ベビーシッター、子育て支援スタッフ、さらには小児科医、保健師などの方々にも、おおいに使っていただけるはずです。

●この本がめざすことは、「まえがきにかえて——これからの育児」に、まとめて掲げてあります。

●内容は、おおまかに「暮らし編」と「病気編」とにわけ、2冊にしてあります。育児には、子どもをかかえた生活の面と、子どもの健康や病気に関する医学の面とがありますから、まずは、それぞれにふさわしい編を選んで読んでください。しかし、その両面は、密接に関係するし、わけられないことも多いので、必要に応じて、「暮らし編」と「病気編」とを照らし合わせて使ってほしいと思います。

なお、この本は学齢前の子どもを対象にしています。

ちなみに、「暮らし編」は毛利子来が、「病気編」は山田真が、たがいに相談しながら、執筆しました。

●「暮らし編」では、子どもの月齢と年齢を、カレンダー式にはわけず、成長の質的・構造的な節目で、おおまかに区分した章を立ててあります。

たとえば1カ月、2カ月、3カ月……とか、1歳、2歳、3歳……といったふうではなく、「1カ月から3カ月のころ」とか「1歳半から3歳のころ」といったように。そうしたほうが、その期間に共通する特徴をつかみやすいからです。しかし移行期もありますから、月齢と年齢が、この区分の境目にある場合には、その前後の章も見るようにしてください。

●「病気編」では、子どもの月齢や年齢とは関係なく、病気別にお話ししました。ある病気が特定の年齢にだけ起こるということは少ないので、年齢別にはわけにくいからです。ひとつの病気について、ていねいな解説を心がけました。また、各章であつかう主な症状と病気を冒頭に掲げてありますので、参考にしてください。

しかし、子どもが急に病気になったとき、その症状から病気の見当をつけたり、処置法を知ったりするために、症状別ガイドもつくりました。急いでいるときは、そちらを見て、そこにあげられている病気のなかから見当をつけ、その病気のページを読むようにしてください。

●全編を通じて

1　関連のあるところを(→　ページ)で示してあるので、なるべく、そこも読んでほしいと思います。なお、(→暮らし　ページ)とあるのは暮らし編のページ、(→病気　ページ)とあるのは病気編のページです。

2　読みたいところを探すには、それぞれの本にある目次と索引を使ってください。

3　最低限必要と考えた文献や資料と、参考にしてほしいインターネット上のサイトを紹介してあります。ただし、サイトは変わることが多いので、その点は、あらかじめ、お含みください。

この本に書かれていることが、すべてとは思わないでください。子どもも大人もひとりひとりちがうし、社会の状況によって異なってもきます。とくに医学的な事項などは、いままで常識と思われていたことが、まちがっていたとわかるなどということが、しばしば起こります。不明だった病気の原因がウイルスだったと、ある日突然わかったりするのです。ですから、ここに書かれているのは、いまの時点でもっとも真実に近いと思われていること、ぼくたち著者が、こうしたらいいだろうと考えていることなのです。疑問や批判があったら、どんどんお便りをください。そういうことを通じて、この本を、もっと豊かなものにしたいと思います。

毛利子来
山田　真

まえがきにかえて これからの育児

21世紀に入ったいま、日本も世界も大きな転換期《てんかんき》を迎えています。身近なところでも、仕事や生活や家族のありようが劇的《げきてき》に変化しつつあります。

とりわけ大きな変化は、必要以上に物をたくさん造り、それに煽《あお》られて贅沢《ぜいたく》に物を使い、なにごとも利益があがり、便利さえよければよいとする経済と文化のありかたがほころびてきたこと。

そして、そのためにもたらされている災害や生活上の困難を、どう解決し、どのように乗り切っていくかが模索《もさく》されはじめたことといえるでしょうか。

それはそのはずで、そうした大量生産、大量消費と効率性、利便性《りべんせい》の追求は、地球環境と生活条件を危機的なレベルにまで、破壊するに至っています。

その極端な例が、資源を燃やすことで発生する二酸化炭素による地球の温暖化と、冷蔵庫やエアコンなどの廃棄時に空中に放出されるフロンガスによるオゾン層の破壊で、それらのために、生態系《せいたいけい》の破壊や農作物と海産物の収穫率の低下や、免疫力《めんえきりょく》の低下や皮膚ガンと白血病の増加が招かれ、さらには気温と海面水位が上がることによる居住の困難さえ懸念《けねん》されるありさまです。

とにかく、そうなってしまった以上、これを根本から変えることに否《いや》も応《おう》もないし、実際にも変えざるを得なくなっていると思います。

こんな状況にあっては、育児も必然的に影響を受けざるをえません。もう、これまでの育児のしかただけではやっていけないと思っていたほうがよさそうです。

もちろん、育児は人類の営《いとな》みとして伝統的に変わらない面をもちます。その面は大事にしなければなりません。しかし、それにまして、新しい時代に対応した育児のしかたが求められているのです。

とすれば、「これからの育児」は、かなり思い切った転換が必要になってくるはずです。しかも、その転換は、ノウハウのレベルだけではなく、原則、つまり全体に通じる根本的な仕組みのレベルにまでおよばなければならないと思われます。

では、「これからの育児」に必要な原則は、どんなものであるべきでしょうか。

この本としては、以下にあげることを、命題《めいだい》、つまりどうしても必要になってくる事項として、新しい育児の原則に据《す》えたいと考えています。

しかし、こういうことは、子どもにかかわる人々がいっしょに考えてこそ実りが得られるもの。これをたたき台に、読者の方々が考えを深めてくださることを期待しています。

発達にこだわらない

近代社会、つまり明治維新以来の効率性、利便性《りべんせい》を追求する高度産業社会は、子どもを発達の面からだけ評価して、よりよく発達させようとする育児をはやらせてきました。そこでは、子どもは「発達するべき状態」にあるとされ、子どもの時期は生産性の高い大人になるための準備期間とされていたのです。その結果、親はわが子の発達が気になり、少しでもよその子に劣るなら発達をうながすことに懸命《けんめい》にならざるをえませんでした。

しかし、近代の高度産業社会は、すでに破綻《はたん》をあらわにし、根本からの改革が求められています。育児も、このような、子どもには冷たく親には酷《こく》なやりかたを、もうやめなければなりません。

そのためには、なによりもまず、子どもを「いまを生きる人間」として認識し、そのように生きさせることが大切です。

子どもは、ふつう考えられているよりも、この世の中を見聞き知っています。それに、子どもには、当然「子ども時代」という人生の一時期があります。そして、その時代は、大人になったら失われてしまうのです。そんな、あとからでは取り返しのつかない人生を、発達のためと、教育や訓練や療育《りょういく》に費《つい》やしてしまうのは、あまりにも気の毒です。

もちろん、発達はうながされてよいことではあります。ですが、それとて一様《いちよう》にではなく懸命《けんめい》にでもなく、その子なりの発達がそれとなく支えられるようにするほうが自然だと思います。だいいち、発達は、意図的《いとてき》にうながそうとしなくても、子どものいまをふつうに楽しく過ごさせていれば、けっこう自然にとげられていくもの。そのことは、世界的に信頼されている多くの研究で認められていることなのです。

個性と協同性《きょうどうせい》をはぐくむ

日本は、明治維新以来ずっと、国民が一致団結《いっちだんけつ》してことに当たることをモットーにしてきました。それは、家族と近隣から地域、学校、会社、団体、そして国家に至るまで徹底していました。

つまりは、個人より集団のほうが上位《じょうい》に置かれていたのです。そのために、ひとりひとりの個性は抑圧され、集団ごとに画一化《かくいつか》されてきたわけです。

こうした画一化は、秩序《ちつじょ》を維持《いじ》しやすく、力を結《けつ》集《しゅう》しやすく、とりわけ戦争をしたり高度経済成長をなしとげるのにはきわめて有用でした。

しかし、それがもたらしつづけた無理は、戦争の惨禍《さんか》をもたらし、高度経済成長もバブル崩壊に始まる深刻な不況となって人々をおびやかすに至りました。とりわけ就職難とリストラ、倒産、過重労働、不払い労働が深刻です。さらに家族、学校、会社など集団のタガをゆるがし、生きかたの流動化と人間関係の不安定化ももたらしています。その典型が終《しゅう》身雇《しんこ》用制《ようせい》の崩壊《ほうかい》やパートタイマー、さらにはフリーターとかニートと呼ばれる人たちの増加であり、家族の多様化や崩壊、学校の混乱、学級崩壊、不登校などでしょう。これらが今後どうなっていくかは不透明ですが、大勢《たいせい》としては変わりようがないと思われます。

このような状況にあっては、もう、他人に合わせ集団に帰属《きぞく》することで人生の安定をはかることは望むべくもありません。よい学校とよい会社をめざして「お受験」に血道《ちみち》をあげても、将来の成功が保障されるわけではないのです。その学校と会社すら、いくら忠誠をつくしても、個々人の望みに応《こた》えてくれるはずはないのです。

とすれば、これからの育児で必要なのは、まずはひとりひとりが個性を発揮し、自分なりの生きかたを追求できるようにしむけていくことです。

少々わがまま勝手でも、かまいません。これまでは、あまりにもわがまま勝手を抑えてきたので、若い人たちに生気《せいき》がなくなっているのです。あるいは、「よい子」を努めてきたことの鬱屈《うっくつ》が暴発したりも

しているのです。ですから、少々ゆきすぎがあって、ちょうどよいくらいかと思います。

ただ、だからといって、いっさい他人のことを考えず、他人を蹴落《けお》としてでも自分の利益のみ追求するような人間が増えたら、世の中がよけいにギスギスしてしまいそうです。これからは国際競争力を高める必要があるというので、愛国心と「たくましさ」と「成果をあげること」を求める風潮《ふうちょう》もありますが、それが高まると世界までギスギスさせてしまいそうです。だいいち、愛国心や「たくましさ」などもちたくない人とか「成果をあげること」ばかりを求めない人が生きづらくなってしまうでしょう。

そんなことを考えると、これからの育児では、他人との協同性もおおいにはぐくむ必要があります。つまり、人間どうしは心と力を合わせ助け合って生きていこうという教育です。それが欠けていたから、あるいはお題目《だいもく》だけになっていたから、「いじめ」や暴力が多発しているのです。

もちろん、だからといって、これまでのように集団が上位に置かれてはたまりません。協同性は、あくまでひとりひとりの個性と自由を基盤に据えてこそ、いかんなく発揮されるものなのです。

大胆《だいたん》に野生をつける

日本の育児の最大の欠点は「大事にしすぎ」です。とくに高度経済成長期以降の日本は清潔になりすぎました。都市化の進展とともに、生活環境が人工的になり、自然から遠く離れています。野生の動物や植物と身近に接することもめったにありません。それどころか、細菌やウイルスなどの微生物《びせいぶつ》をすべておそれ、抗生物質《こうせいぶっしつ》やワクチン、さらには抗菌《こうきん》グッズ、除菌グッズなどで身のまわりから駆逐《くちく》しつくそうとしてきました。

そうした風潮が、いま、手ひどいしっぺ返しを受けています。「細菌の逆襲」と言われる新興感染症《しんこうかんせんしょう》と再興感染症《さいこうかんせんしょう》の流行をはじめとして、子どもの病気に対する免疫力《めんえきりょく》と抵抗力が弱まり、アレルギーが増えるといった現象が、その端的な例です。そのうえ、子どもの体力や気力まで衰えさせている気配《けはい》すらうかがわれます。

もう、こうした風潮にはブレーキをかけ、むしろ逆転させなければなりません。子どもを、もっと自然に近づかせ、思い切って「汚く育てる」必要があります。

土や石、草や木、虫や動物と戯《たわむ》れていれば、むかしの子どものように頑強《がんきょう》になるはずです。けがも、何度もしているうち、痛みに耐え自分で対処《たいしょ》する才《さい》覚《かく》がついてきます。もちろん命にかかわるような事故は防いでやらなければなりませんが、少々のけがは何度もすることで身のこなしを巧《たく》みにしてくれます。

細菌やウイルスなどの微生物とも、よほど病原性《びょうげんせい》の強いものは別として、仲良くさせたほうが丈夫になるはずです。それらの感染を受けることで、免疫力と抵抗力がついてくるからです。それどころか、そうした微生物がからだに棲《す》みついてくれることで、生理機能が高まり健康が保たれるという面さえあるのです。

　アレルギーにしても、そうした大胆な育てかたの転換で、かなり減らすことができるはずです。というのも、アレルギーの増加は、人工物質の氾濫《はんらん》のほか、自然を遠ざけ微生物を避けすぎるあまりに、自《じ》律神経系《りつしんけいけい》と免疫系をゆがめてきた結果とも考えられるからです。現に、「不潔」とされている東南アジアの辺鄙《へんぴ》な地域の子どもにアレルギーが少ないという事実は、そのことを雄弁《ゆうべん》に物語っています。

スローにし、マイナスも包み込む

　高度経済成長が始まった1950年代半ばから1991年のバブル崩壊までは、なにごとも慌《あわ》ただしくやりすぎ。育児も例外ではありませんでした。そのために、余分なストレスに悩まされてきたきらいがあります。

　しかし、幸か不幸か、それ以降の低成長期に入っては、すべてがスローにならざるをえなくなりました。慌ただしく努力したところで、さして成果は望めなくなっているのです。

　そうなったからには、それに合わせて、育児もなるたけスローにするのがよい。親の性分《しょうぶん》にもよりましょうが、努めて「ゆっくり」、「のんびり」、「競《きそ》わない」でやるようにするのです。それで、なんとか育つし、かえってよく育つくらいではないかと思います。

　そもそも、育児で、親にできることは知れています。いくら懸命《けんめい》になっても、その努力で子に与えられる影響はほんのわずかしかないのです。作家の山田太一が『親ができるのは「ほんの少しばかり」のこと』(新潮社)という本で書いているとおりだと思います。少なくとも親の努力が性格形成に影響する度合いについては、10%程度というしっかりした調査があります。そのことは、日本赤ちゃん学会理事長、小西行郎の『知っておきたい子育てのウソ・ホント50』(海竜社)という本で紹介されています。

　もちろん、親の人格を含めた家庭のありようは、子どもの性格形成にかなりの影響をおよぼすようではあります。しかし、ありのままを超えて無理な努力を重ねても、それほどの成果は得られない。それどころか、その無理がかえって子どもを苦しめたり親自身にも負担になったりしかねない。そんなことなのだろうと思います。

　また、このことと関連して、たいへんむずかしいけれど、子どもの「マイナスを包み込む」ようにもしたいものではあります。これまでは、マイナスと思われていること、たとえば怠惰《たいだ》とか失敗とか悪事《あくじ》を、ややもすれば、徹底的にとがめ排除《はいじょ》するようにしてきました。

　しかし、そうしたマイナスは、人間にはつきもの。

怠惰や失敗や悪事をひとつもしないひとなどいるはずもありません。そればかりに走っては困るけれど、多少のマイナスは自己反省を招き、人間性を深める結果をもたらしえます。

むしろ、マイナスを犯《おか》さないよう努めるばかりでは、かえって生きかたがのびのびしません。それでも犯すにちがいないマイナスをひた隠しにして、おどおどと生きることにもなりそうです。

ですから、これからの育児では、「マイナスを包み込む」ようにしたい。つまり人間にはマイナス「あり」ということを認め、マイナスかならずしもとがめられないことを示し、そのうえでマイナスをプラスに転じる方策を教えるようにしたいと思うわけです。

親子の関係を多様にする

年端《としは》のいかない人間、つまり年少者が特別扱いされるようになったのは、せいぜい100年前くらいからのこと。封建社会《ほうけんしゃかい》を抜け出て産業社会となった近代が、年少者を、大人とは違う「子ども」として「発見」したのです。

そのおかげで、子どもは過酷《かこく》な労働から解放され保護されるようになりました。それまでは「小さな人間」として大人と同じ生活をし、労働もしていたのですから、たいへんな救いです。

ところが、そのかわり、子どもは、か弱くかわいい存在として認識され扱われる羽目《はめ》に陥《おちい》ってしまいました。それが、都市化と少子化にあいまって、子どもへの過保護とペット化をもたらすのは必然でした。

その結果が、しだいに顕著《けんちょ》になっている「生きる迫力」とか「生きる要領《ようりょう》」の衰《おとろ》えです。活気に欠け、疲れやすく、大人の顔色をうかがい、ひとりでは何もできない、そんな子どもが目立ってきました。

これでは、子ども時代を十分に楽しく過ごせるはずはありません。それどころか、大人になっても、精いっぱいに自分を生かしきる迫力とか要領がもてなくなりそうです。

そんなみじめな状態に陥《おちい》らせないために、これからは、できるだけ面倒見《めんどうみ》の手を抜き、子どもにまかせるようにしたいものです。

もちろん、保護は、幼いほど必要です。でも、それだけでなく、年齢にかかわらず、ときには突き放しもしないと、自分の才覚《さいかく》で生きる力がつきません。まかせた結果ひどいめにあっても、そのことで才覚《さいかく》が鍛《きた》えられていくはずです。もちろん程度問題はあって、いつも突き放していたり重大な危険にあわせてはなりませんが。

そして、状況によっては、親が子どもと対等に、横ならびのスタンスをとることもあってよい。とくに子どもが失敗や苦痛にあえいでいるときには、あたかも親友のように接するにかぎります。そのほうが、叱責《しっせき》や説教より、はるかに子どもの心に届くはずです。

さらに、場合によっては、親と子の関係を逆転させる、つまり親が子に頼る、面倒《めんどう》をみてもらうというスタンスをとることもあってよい。たとえば困ったときやつらいときなどに、子どもにうちあけ相談してみるのです。それだけでも気が楽になるだろうし、意外に力になってくれるものでもあります。赤ちゃんでも、そうしてみれば、なんとなく解決法が浮かんでくるのではないでしょうか。

親の「自分」を大切にする

これまで、親は、子をきちんと育てる役割を果たさなければならないと言われてきました。とりわけ母親は、母性を発揮して、愛情をふりそそぎ、こまやかに世話をやくことが強く求められてきました。

そのために、きちんと育てられない親は非難され、愛情をふりそそげない母親は失格と断罪《だんざい》されていたのです。そうした世間のまなざしが、どれだけ親、とりわけ母親を苦しめていたことか、想像にあまりがあります。

なにしろ、子どもをきちんと育てられる親などいるはずはありません。だいいち、親は役割といったみずくさい機能としての存在ではない。責任はもちろんあるけれど、子どもが生まれたから親になっているわけで、いわば宿命的な存在なのです。

母親にしたところで、常に愛情をふりそそぎ、こまやかに世話をやくことなどできるはずはありません。しょっちゅう面倒《めんどう》くさくなったり、子どもがうとましくなったり、憎くなることさえあるのがふつう。そもそも「母性」というのが怪《あや》しげなものだったのです。

とすれば、これからの親は、無理してまで「良い親」を務《つと》めようとはしないにかぎります。無理を重ねていると、ストレスがたまり、かえって「悪い親」になってしまいそうです。

そこで、まずは、自分の性分《しょうぶん》と生活の事情に合わせた育児をするのがよい。ずぼらな人はずぼらに、几帳面《きちょうめん》な人は几帳面に、主婦は主婦なりに、勤め人勤《つと》め人《にん》は勤め人なりにやっていればよいのです。だいいち、いくら理想の育児をしようとしても、性分と事情に逆《さか》らったことは長続きできるわけはないでしょう。

次には、子どもにのめり込まないようにすること。のめり込むと、「ストーカー」みたいになって、子どもには大迷惑をかけてしまいそうです。それに「ストーカー」はつらいもので、いつも不安、ついには相手なしでは生きられなくなる可能性があります。

そして、子どもより、自分の人生のほうを大切にすることがもっとも大切です。自分のしたいことをやって満たされていれば、子どもにも優しく寛容《かんよう》になれるもの。子どもと接する時間が少なくても、そのぶん、濃密に世話をするようになるものです。

もちろん、あまりの身勝手は子どもをあやうくしますが、子どもを思いやる心さえあれば、そんな危機的なことになるはずはありません。

指導と情報に振りまわされない

これまでの育児は、すみずみに至るまで、国と専門家の管理、指導のもとに置かれてきました。母子健康手帳が交付《こうふ》され、定期的に健康診断がおこなわれ、その結果は記録、管理され、さらに国が定めた基準にしたがって専門家による指導がなされてきたのです。

それは、国と専門家が、無知な親に正しい育児のしかたを啓蒙《けいもう》し、異常も早く発見し治療してやろうというパターナリズム(父権的温情主義《ふけんてきおんじょうしゅぎ》)にもとづくものでした。

ところが、その温情は、親にとっては、かならずしもありがたいものではありませんでした。もちろん恩恵もありましたが、かえって無用な心配や悩みをもたらすことが少なくなかったのです。

それはそのはずで、育児は暮らしのなかでなされること、誰もが一様《いちよう》にできるはずはありません。「正しい育児」などありえようもないのです。それに、なにしろ暮らしですから、雑然としていて、すべてを科学的・合理的にできるわけもありません。

こんなパターナリズムは、もう、いい加減にしてもらわなければなりません。そして、親のほうも、自主性をもって、それぞれにふさわしい育児を創造していきたいものです。

そのためには、啓蒙とか指導に対して、聞くべきは聞き、取り入れるべきは取り入れるけれど、絶対《ぜったい》視《し》しないことが大切です。

また、標準とか平均も絶対視しないこと。それらは統計上いちばん多い値にすぎず、ひとりひとりの健康を示すものではないし、それから離れていても異常とはかぎらないからです。

そして、ちまたにあふれる情報にも振りまわされないこと。情報の多くは国と専門家から流されるものなので、やはり絶対視しないほうがよいからです。それに、情報のなかには、商品のPRとかデマも少なくありません。だまされると、とんでもない被害を受けることがありえます。

そんなわけで、これからの育児では、なるべく自分で判断するように努めたい。専門家と科学を軽視してはならないけれど、一方で親の感覚とか暮らしの知恵も卑下《ひげ》しない。そして、その両方を突き合わせて、自分の頭で判断するのです。もし迷ったときには、感覚と知恵のほうを重視するようにしてよいと思います。

環境の改善に努める

冒頭で述べたように(↓5ページ)、地球規模で環境汚染が深刻化する現代では、家庭内の親の努力だけでは十分な育児はできなくなっています。

ですから、これからの育児は、家庭内にとどまらず、地域から国、さらに地球全体にまで視野を広げておこなわなければなりません。そして、育児に脅《きょう》威《い》をおよぼす環境汚染に対して、多くの人々とともに、その改善に努める必要があります(↓405ページ)。

共同の育児を開拓する

高度経済成長期に進んだ核家族化は、育児を社会から隔絶《かくぜつ》させてきました。いきおい、親は孤立《こりつ》無援《むえん》で格闘しなければならなくなりました。そのために、窮地《きゅうち》に陥《おちい》る親は多く、心身や生活が破綻《はたん》してしまう親さえ珍しくない状態です。

これは当然のなりゆきで、そもそも、育児は人類の「類《るい》」としての営《いとな》み。長い歴史上、集落《しゅうらく》やムラやマチで、共同してやってきたのです。ですから、親の手だけでの育児は、どだい無理なわけです。

とすれば、これからの育児は、共同性を回復する必要があります。もちろん、だからといって、封建《ほうけん》時代《じだい》のような大家族制やムラ社会にはもどりたくありません。

手っ取り早くは、男女共同の育児を充実させること、つまり父親も母親と対等に育児を担《にな》うことです。祖父母をまじえての3世代育児も、ゆるやかなかたちなら、よいことかと思います。

けれど、それだけでは、やはり無理があるでしょう。どうしても、もっと社会的な広がりをもった育児の共同化が必要です。すでに始まっている自治体の「子育て支援事業」を充実させるのもよいけれど、それより住民どうしで自主的な育児の共同体を創っていくことに工夫《くふう》をこらしてほしいものです。

暮らし編　もくじ

●はコラム

この本の使いかた 1

まえがきにかえて――これからの育児 5
- 発達にこだわらない 6
- 個性と協同性《きょうどうせい》をはぐくむ 6
- 大胆《だいたん》に野生をつける 8
- スローにし、マイナスも包み込む 9
- 親子の関係を多様にする 10
- 親の「自分」を大切にする 11
- 指導と情報に振りまわされない 12
- 環境の改善に努める 13
- 共同の育児を開拓する 13

妊娠からお産まで 1

子を産むこと 3

子ができない場合（不妊） 4
- 不妊症《ふにんしょう》かと思ったら 4
- 不妊治療について 5

妊娠したとき 6
- 産むか産まないか 6
- 男女の関係をととのえる 6
- ●高齢の場合（高年初産《こうねんしょさん》） 7
- ●10代の場合 8
- 人生設計を考えなおす 9
- ●シングルの場合 10

出生前診断《しゅっせいぜんしんだん》（胎児《たいじ》診断《しんだん》）について 11
- 超音波検査《ちょうおんぱけんさ》 11
- 羊水検査《ようすいけんさ》 12
- 絨毛検査《じゅうもうけんさ》 13
- トリプルマーカー・テスト 13
- 遺伝子（DNA）診断 14
- ●出産の予定日 14

お腹《なか》の子（胎児《たいじ》）のようす 15
- 妊娠7週まで 15
- 妊娠8～12週のころ 15
- 妊娠13～27週のころ 16
- 妊娠28～36週のころ 17

胎内《たいない》からの育児 19
- お腹《なか》の子への気持ち 19
- 胎児《たいじ》に悪いこと 20
- 仕事に関して 20
- ●仕事上、気をつけること 21
- 食事に関して 22
- お酒とタバコ 22
- 病気と薬 23
- X線、放射線 23
- ●胎児《たいじ》に害のある薬 24
- 胎教《たいきょう》の効果 25
- 産後への期待 26

産みかた 27
- お産へのかまえ 27
- どこでどのように産む 28
- 自分の希望を整理する 28

〈お産のしかた〉 29
●周産期医療《しゅうさんきいりょう》システム 29
〈産む場所と施設〉 31
●里帰り出産 31
〈技術的なこと〉 32
●WHO（世界保健機関）の出産科学技術についての勧告からの抜粋 32
●病院を選んだほうがよいケース 33
情報を集める 33
臨機応変《りんきおうへん》にする 34

新しい人を迎えて 35

変わる暮らし 37
家族をどうつむぐ 37
子どもの籍《せき》の入れかた、認知《にんち》のしかた 38
変更を迫られる生活様式 39
上の子がいる場合 40
変わるつきあい 42
実家との関係 42
親戚《しんせき》、友人、近隣との関係 44

生まれたての赤ちゃん
——誕生から1週間くらいまで 45

赤ちゃんのようす 47
からだつき 47
からだの働き 49
——おしっこ
——うんち
育ちのぐあい 49
からだとこころの動き 50
つきあいかた 52
初めての授乳 53
気持ちのもちかた 53
授乳を始める時期 53
乳房のふくませかた 54
げっぷの出させかた 55
うまく飲ませられないとき 55
授乳の時刻と回数 57
授乳に疲れたとき、苦痛なとき 57
母乳のしぼりかた（搾乳《さくにゅう》） 58
授乳がイヤなとき 59
母乳を与えられないとき 59
産院での日々 60
赤ちゃんにされる検査と処置 60
●アプガー・スコア 61
赤ちゃんと母親と父親 61
退院するとき 62
世の一員に 63
誕生のお知らせ 63
面会 63
名づけ 63
出生届 64

家に帰った赤ちゃん
——1週間から1カ月のころ 65

赤ちゃんのようす 67
からだつき 67

からだの働き　67
——おしっこ
——うんち
——吐《は》き
育ちのぐあい　68
からだとこころの動き　69
育てかた　71
赤ちゃんへのスタンス　71
●ベビー用品について　71
おっぱいの飲ませかた　72
母乳のとき　72
——授乳のコツ
——乳房の手当
——母乳不足の心配
——授乳中の母親が気をつけること
ミルクを足すとき（混合栄養）　75
全部ミルクのとき（人工栄養）　75
——ミルクの銘柄《めいがら》
——ほ乳びんと乳首
——ほ乳器具の消毒法
——ミルクの作りかた（調乳法）
——ミルクの飲ませかた
●母乳でなくても育つ　77
衣服と部屋　79
おむつ　79
お風呂　80
ベビーバスを使う場合　80
お風呂に入れる場合　81
ベビー・マッサージ　82
スキンケア（肌の手入れ）　83
寝かせかた　83
寝具　84
●うつぶせ寝について　84
よく泣く子　85
●かんの虫　85
●添い寝　86
抱きかた　87
●抱きぐせ　88
あやしかた　88
外に出る　89
●**気をつけたいこと——1週間から1カ月のころ**　90
家族の暮らし　92
産後の母親の暮らしかた　92
上の子　92
セックス　93
●落ち込んだとき——マタニティブルー　94

1カ月から3カ月のころ　95

赤ちゃんのようす　97
からだつき　97
からだの働き　97
育ちのぐあい　98
からだとこころの動き　98
育てかた　101
リラックスして　101
おっぱいの飲ませかた　101
母乳のとき　101
●母乳の悩み　102

ミルクを足すとき（混合栄養）…… 104
●ミルクの悩み …… 106
全部ミルクのとき（人工栄養）…… 108
――飲ませる量と回数
果汁、水分 …… 108
着せるもの …… 109
お風呂 …… 110
ひとりで入れる場合 …… 110
手伝うひとがいる場合 …… 111
お風呂を嫌う子 …… 111
抱き、おんぶ、外出 …… 111
抱きかた …… 112
おんぶのしかた …… 112
外に出る …… 113
●抱きぐせ …… 113
あやす …… 114
あやしかた …… 114
おもちゃ …… 115
寝かせる …… 115
寝かせつけ …… 115
よく泣いて起きる …… 115
夜泣き …… 116

●気をつけたいこと
――1カ月から3カ月のころ …… 118
親と子の暮らし …… 120
日々の暮らしかた …… 120
ペースをつかむ …… 120
用事とつきあい …… 120
●お宮参り …… 122
親の遊び …… 122

●赤ちゃんとテレビ …… 124
赤ちゃん連れの旅行 …… 124
どんなとき連れて行く …… 124
旅行のしかた …… 125
電車 …… 125
自動車 …… 126
飛行機 …… 126
持っていく物 …… 127
仕事をもつひとの場合 …… 127
外勤を始めるとき …… 127
●働く人の母乳の保存 …… 129
自宅で仕事をするとき …… 129

3カ月から6カ月のころ …… 131

赤ちゃんのようす …… 133
からだと育ち …… 133
からだつき …… 133
からだの働き …… 133
育ちのぐあい（発育）…… 134
からだとこころの動き …… 136
からだの動き …… 136
――寝返り
――首すわり
――おすわり
こころの動き …… 137
育てかた …… 140
落ち着いて大胆《だいたん》に …… 140
おっぱいの飲ませかた …… 140
母乳のとき …… 140

――順調な場合
飲みかたが悪くなった場合
――ミルクを足すとき（混合栄養）……141
全部ミルクのとき（人工栄養）……142
――飲ませる量と回数
――飲みかたにむらがあるとき
――夜中に飲みたがるとき
――飲む量が減ったとき
食べさせ始めかた（離乳の開始）……144
むずかしく考えない……144
始める時期……144
●お食い初《ぞ》め……145
●離乳食とアレルギー……146
離乳食に向く食品、向かない食品……147
●ダイオキシンを避けるには――その1……147
離乳食の作りかた（調理法）……148
――好みに応じアレンジして
――調理の実際
●ベビーフード……149
食べさせかた……151
離乳のすすめかた……152
離乳の悩み……153
――食べものを受けつけない
――離乳がすすまない
――急に食べなくなった
――お菓子、甘いもの
おむつと衣類……155
おむつ……155
衣類……156
からだの清潔……157
お風呂……157
爪《つめ》、髪などの世話……158
寝かせる……158
寝かせつけ……158
●蚊《か》よけ、虫よけ……158
夜泣き……159
●気をつけたいこと
――3カ月から6カ月のころ……160
親と子の暮らし……162
日々の暮らしかた……162
親子で楽しむ……162
――いっしょに遊ぶ
――おもちゃで遊ぶ
●ブックスタート……162
かまってやれないとき……163
外に出る……164
●おもちゃ（幼い赤ちゃん用）……164
仕事をもつひとの場合……165
外勤を始めるとき……165
――預け先の選びかた
――預け先とのつきあいかた
――連絡のとりかた
――病気のとき
――職場との折りあい
●赤ちゃんを保育園に預けて だいじょうぶか……166
自宅で仕事をしながら 育てているとき……171

6カ月から9カ月のころ……173

赤ちゃんのようす……175
からだと育ち……175
からだつき……175
歯……175
からだの働き……176
―おしっこ
―うんち
―免疫《めんえき》
育ちのぐあい（発育）……177
からだとこころの動き……177
からだの動き……177
―寝返り
―おすわり
―はいはい
―つかまり立ち
手と指の動き――いたずら……180
こころのもよう……181
―人見知り
―人なつこさ
―ことば、お話
―真似《まね》、芸当

育てかた……183
育てかたの基本――赤ちゃんに自由を……183
おっぱいと食べること……183
●乳首を噛《か》まれる……184
牛乳はいつから……184
食事（離乳）のすすめかた……185
―赤ちゃんの好みで楽しく
―大人と同じものを
―食べさせる限度
―偏食《へんしょく》の心配
●ダイオキシンを避けるには――その2……187
うんちとおしっこの世話……187
寝かせる……188
ベッド……188
添い寝……188
夜泣き……189

●**気をつけたいこと**
――6カ月から9カ月のころ……190

親と子の暮らし……192
日々の暮らしかた……192
殻《から》を脱して開放的に……192
いっしょに遊ぶ……192
●おもちゃ（6～9カ月のころ）……193
外に出る……193
旅行……194
親の遊び……194
仕事をもつひとの場合……195
預け先の探しかた……195
預け始め……195
預け先とのつきあいかた……195
病気のとき……195
職場との折りあい……195

9カ月から1歳半のころ……197

赤ちゃんのようす……199

からだと育ち 199
からだつき 199
歯 199
からだの働き 200
—おしっこ
—うんち
—睡眠
育ちのぐあい(発育) 201
からだとこころの動き 201
からだの動き 201
—おすわりから、つかまり立ちへ
—はいはい
—つたい歩き
—ひとり立ち
—ひとり歩き(歩き始め)
こころのもよう 204
—いたずら——高まる感受性
—からだいじり——自分への意識
—後追《あとお》い、人見知り——存在の不安
—人真似《ひとまね》——ひとへの同化《どうか》
—芸当から操作へ——能動的な主体へ
ことばの芽生え 207
—ことばの理解
—お話の始まり
●ベビーサインについて 208
育てかた 210
暮らしの一員として 210
母乳をやめる時期(断乳《だんにゅう》、卒乳《そつにゅう》) 210
牛乳を飲ます 211
●牛乳の選びかた 212
●フォローアップミルクについて 213
ふつうの食事へ 214
食事は楽しく 214
少ししか食べない 214
食べかたにむらがある 214
食べちらかし、遊び食べ 215
おやつ 216
歯みがきと甘いものの制限 216
指しゃぶり 217
寝かせる 217
寝かしつけ 218
朝早く起きだす 218
夜遊び、夜泣き 219
おむつはずし(排泄《はいせつ》のしつけ) 219
髪の毛 219
●**気をつけたいこと——9カ月から1歳半のころ** 220
親と子の暮らし 222
家族の暮らしかた 222
赤ちゃんとの折りあい 222
いたずら 222
エンターテインメント(楽しみ) 223
—テレビ、ビデオ、DVD
—音楽
—絵本
●テレビの発達への影響 224
●おもちゃ(9カ月〜1歳半のころ) 224
つきあいを広げる 225
—よその子とふれあう
—親も友だちを増やす

●外に出るときの衣服 225
●歩き始めの靴 226
初めての誕生日 227
●むかしの初誕生日の祝いかた 227
仕事をもつひとの場合 228

変わった生まれかたをした子 229

未熟児《みじゅくじ》(低出生体重児《ていしゅっせいたいじゅうじ》)、早産児 231
生まれたとき 231
●未熟児《みじゅくじ》、低出生体重児《ていしゅっせいたいじゅうじ》、早産児
——それぞれの言葉の意味 232
赤ちゃんのようす 232
おっぱいの与えかた 234
●未熟児《みじゅくじ》に母乳を飲ませる法 234
退院してから 235
その後の育ち 235
生まれてすぐになりやすい病気 237
無呼吸発作《むこきゅうほっさ》 237
重症黄疸《じゅうしょうおうだん》 237
けいれん 237
壊死性腸炎《えしせいちょうえん》 237
頭蓋内出血《ずがいないしゅっけつ》 237
未熟児感染症 237
未熟児貧血 238
未熟児くる病 238
未熟児網膜症 238
未熟児への公的援助の制度 239
双生児《そうせいじ》(双子《ふたご》)、多胎児《たたいじ》(三《み》つ子《ご》以上) 240
生まれたとき 240
育てる態勢 240
寝かせかた 242
おっぱいの与えかた 242
お風呂の入れかた 244
外出のとき 244
離乳のしかた 244
障害児 245
生まれたとき 245
協力のネットを広げる 246
積極的に外に出す 247
障害児の育てかた 247
保育園に預けたい場合 248
治療教育、療育《りょういく》について 248

1歳半から3歳のころ 249

子どものようす 251
からだと育ち 251
からだつき 251
歯 251
育ちのぐあい(発育) 251
からだの働き 252
——おしっこ
——うんち
——睡眠
——視力、聴力
からだとこころの動き 253
からだの動き 253
こころのもよう 254
——我《が》が出る、外に向かう

――真似《まね》が盛《さか》んになる
――こわがり
ことば　256
ことばが生まれる過程　256
質問魔の始まり　257
ことばの遅れ　258
育てかた　259
扱いにくさへの対応　259
食べること　259
食べさせるものと栄養　259
――食べさせるもの（食品）
――栄養
食事のマナー　261
食事の心配　262
――少ししか食べない
――好き嫌い、食べかたにむらがある
――食べすぎ
――落ち着いて食べない
――ほ乳びんを離さない
――乳房から離れない
おやつ（間食）　264
虫歯の予防　266
歯の健康診断　266
歯みがき　266
フッ素の塗布《とふ》　266
寝ること（睡眠）　267
おむつはずし（トイレットトレーニング）　269
衣服、靴《くつ》　270
●**気をつけたいこと**
――1歳半から3歳のころ　271
親と子の暮らし　273
家族の暮らしかた　273
関係の変化を踏まえて　273
遊び　273
テレビ、ビデオ、音楽、絵本　274
――テレビ、ビデオ、DVD
――音楽
――絵本
●おもちゃ（1歳半～3歳のころ）　275
しつけ　276
「しつけ」の考えかた　276
●体罰について　277
●虐待《ぎゃくたい》について　278
しつけのしかた　278
――散らかし
――いたずら
――言うことをきかない（反抗）
――ダダをこねる、すねる
――かんしゃく
――噛《か》みつく、たたく、突き倒す
――こわがる
――指をしゃぶる
仕事をもつひとの場合　285
3歳から5歳のころ　287
子どものようす　289
からだと育ち　289
からだつき　289
歯　289

育ちのぐあい（発育）……289
からだの働き……292
からだとこころの動き……293
からだの動き（運動機能）……293
こころのもよう……293
―想像力の高まり――ごっこ遊び
―自意識《じいしき》の芽生《めば》え
―自己主張の強まり
ことば……295
お話の始まり……295
ひとりごと……296
質問魔……296
●舌足らず（幼稚語《ようちご》）、どもる（吃音《きつおん》）……297
ことば遊び……298
性にかかわること……298
性への関心……298
性器いじり……299
マスターベーション（自慰《じい》）……299
●気をつけたいこと――3歳から5歳のころ……300
親と子の暮らし……301
子どもとともに暮らす……301
家族の暮らしかた……301
食事……301
―家族でいっしょに
―食卓でのマナー（行儀《ぎょうぎ》）
―おやつ（間食）
睡眠……303
―眠らせる時間
―寝かしつけ

―朝の目ざめ
衣服……304
―衣服の意味あい
―健康と衣服の調節
●七五三……304
お片づけ……305
買うこと、お金……306
●ペット……306
子どもの日々……307
遊び……307
●おもちゃ（3～5歳のころ）……308
●キッズコスメ（子ども用の化粧品）……309
友だち……309
フィクション（絵空事《えそらごと》）……310
―テレビ、ビデオ、ＤＶＤ
―ゲーム
―本
―お話
―絵
―造形
―音楽
仕事をもつひとの場合……314
保育園と家庭とのかね合い……314
―起床時間、昼寝をめぐって
―給食をめぐって
―衣服をめぐって
病気をしたとき……316
園に行きたがらないとき……316
しつけ……317
行儀《ぎょうぎ》、マナー……317

●男の子と女の子 318
悪いことば 319
落ち着きがない 319
わがまま、言うことをきかない(反抗) 319
ダダをこねる、怒りくるう 320
甘える 321
指をしゃぶる 321
弱虫、ぐず 322
こわがり(臆病《おくびょう》) 323
けんか、いじめ 323
——けんか
——いじめ
うそ、盗み 325
——うそ
——盗み

障害のある子(障害児) 327

ふつうに育てる 329
親に求められること 329
障害をプラスに 329
家庭での育てかた 330
社会に生かす 331
地域での育てかた 331
遊ばせかた 332
保育園、幼稚園のこと 332

予防接種 335

予《よ》防接種《ぼうせっしゅ》の種類と性格 337
ワクチンの評価法 339
必要性 339
有効性(効果) 340
安全性(副作用と事故) 340
予《よ》防接種《ぼうせっしゅ》への態度 342
基本的な態度 342
個々の立場 342
アレルギー体質 342
ひきつけやすい子 343
持病《じびょう》や障害のある子 343
病気の「くせ」 343
親と子の生活事情 343
親がしなければならないこと 345
自分で調べ、考え、悩み、そして決断する 345
接種を強制されても、意は曲げない 346
疑問や不安は、とことん説明を求める 347
友人やグループで勉強し、調査する 347
予防接種を受けたあと 348
当日の生活 348
副作用への注意 348
副作用が疑われたとき 348
個々のワクチンについて 350
BCG(結核《けっかく》ワクチン) 350
不《ふ》活化《かつか》ポリオ(小児まひ)ワクチン 351
三種混合ワクチン(DPT)
四種混合ワクチン(DTP-IPV) 352
二種混合ワクチン(DT) 354
破傷風《はしょうふう》トキソイド 354
はしか(麻《ま》しん)生《なま》ワクチン 355
風疹《ふうしん》(三日ばしか)生《なま》ワクチン 357

おたふくかぜ(流行性耳下《りゅうこうせいじか》腺炎《せんえん》、ムンプス)生《なま》ワクチン …… 358
MMR(はしかM、おたふくかぜM、風疹《ふうしん》Rの三種混合ワクチン) …… 358
MR(はしかM、風疹《ふうしん》Rの二種混合ワクチン) …… 359
水ぼうそう(水痘《すいとう》)生《なま》ワクチン …… 359
日本脳炎《にほんのうえん》ワクチン …… 360
インフルエンザワクチン …… 360
Hib(インフルエンザ菌b型)ワクチン
肺炎球菌(7価結合型)ワクチン …… 362
B型肝炎《ビーがたかんえん》ワクチン …… 363
外国に行くときのワクチン …… 363

幼児期の教育 …… 365

公的な教育 …… 367
保育園 …… 367
幼稚園 …… 368
何歳から入《い》れるか …… 368
幼稚園の選びかた …… 368
—幼稚園の種類
—教育の内容
—決まりとサービス
—選ぶときの基準
幼稚園に入れてから …… 371
—入園当初
—先生とのつきあいかた
—行きたがらなくなった(登園拒否)
—病気のとき
—入学をひかえて

私的な教育 …… 373
自主保育(自主幼稚園) …… 373
おけいこごと …… 374
体育、スポーツ …… 374
早期教育 …… 375
英語教育 …… 376
性教育 …… 377

つらいこと、悩むこと …… 379

子どもを抱《かか》えて …… 381
疲れ果てた …… 381
子どもがかわいくない、憎らしい …… 383
自分自身について …… 384
自由がない、遊べない …… 384
先行きへの不安 …… 384

家族 …… 387

母親と父親 …… 389
どう母親する? …… 389
●母性について …… 391
どう父親する? …… 392
家族のありかた …… 394
子どもの数 …… 394
メンバーの関係 …… 394
子どもをめぐる母と父 …… 394
親と子ども …… 395
きょうだい …… 396
祖父母と孫と親 …… 396

家族のかたちと育児 398
シングルの親と子の家族(母子家庭、父子家庭) 398
シングルどうしの家族(事実婚) 399
別居家族、「重婚」家族 399
ステップファミリー(離婚、再婚家族) 400
国際結婚 401
里親(里子)、養子縁組み(養子) 401

環境と情報 403

環境 405
住居 405
シックハウス症候群《しょうこうぐん》 405
アスベスト 406
電磁波 406
育児用品、おもちゃ 407
事故 407
地域 407
環境汚染、環境破壊 407
子どもへの犯罪 407
放射能汚染と毎日の食卓 408
情報 410
役所の広報 410
専門家の指導 411
育児書、育児雑誌の記事 411
テレビ、新聞、雑誌の報道 412
インターネット 412
親どうし、世間のうわさ 412

使いたい制度とサービス 415

妊娠、出産に関して 416
人工妊娠中絶(中絶) 416
母子健康手帳 416
産前産後の健康管理 416
労働制限 416
産前産後休暇(産休) 416
妊娠高血圧症候群等療養援護 417
入院助産の実施 417
出産育児一時金 417
産科医療保障制度 417
出産手当金 417
子育てに関して 418
児童手当 418
乳児家庭全戸訪問事業(こんにちは赤ちゃん訪問事業) 418
養育支援家庭訪問事業 418
地域子育て支援センター事業 418
ファミリーサポートセンター 418
子育て支援相談員(子育てサポーター、子育てアドバイザー) 419
親と子のつどいの広場 419
一時保育/緊急一時保育 419
多機能型保育所 419
幼稚園の預かり保育 419
ベビーシッター 419
働く親の子育てに関して 420
労働制限 420

産前産後休暇……420
出産手当金……420
育児休業（育休）……420
育児休業基本給付金……420
社会保険料の免除……420
育児時間……420
短縮勤務……420
時間外労働の免除……421
看護休暇……421
保育所（保育園）……421
認定こども園……421
幼稚園の預かり保育……421
保育ママ（家庭的保育事業）……421
ファミリーサポートセンター……422
ベビーシッター……422
乳幼児健康支援一時預かり事業（病後児保育、病児保育）……422
ひとり親や障害のある親に対して……422
児童扶養手当……422
児童育成手当……423
ひとり親家庭等医療費助成……423
介護人派遣事業（日常生活支援事業）……423
母子生活支援施設（母子寮）……423
親が育てられない場合……423
乳児院……423
里親……423
病気、障害のある子に対して……424
乳幼児医療費助成……424
養育医療給付……424
小児慢性特定疾患医療費給付……424
自立支援医療（育成医療）……424
重度心身障害者医療費給付……424
障害児福祉手当……424
特別児童扶養手当……425
ホームヘルプ（居宅介護）／デイサービス／ショートステイ（短期入所）……425
育児支援家庭訪問事業……425
あとがき……427
索引

病気編　もくじ

この本の使いかた

病気編のはじめに
健康と病気の境目《さかいめ》は?
子どもをすぐに「病人」あつかいしていませんか?
病気には「効用」がある
むかしの病気、いまの病気
●いまでは見られなくなった子どもの病気
力の入れどころを知って、のん気に子育てを

症状別ガイド

病気になったとき知っておきたい基礎知識

薬の種類と与えかた
薬についての基礎知識をもとう
医薬品の種類
医療用《いりようよう》医薬品《いやくひん》について
のみ薬について
薬の副作用について
いろいろな副作用の症状
●ステロイドの副作用
代替医療《だいたいいりょう》について
●お医者さんの選びかた?

病気のときの子どもの生活
安静にしなければいけないのか
外出していいのか
入浴していいのか
食事は、どうすればいいのか
●「病気のときは入浴を避《さ》ける」という気持ち
●子どもの発熱とのつきあいかた

新生児の病気　先天性の病気

生まれたばかりの赤ちゃんのからだ

新生児に多い症状と病気
○新生児《しんせいじ》仮死《かし》
○新生児《しんせいじ》一過《いっか》性多《せいた》呼吸《こきゅう》
○胎便吸引症候群《たいべんきゅういんしょうこうぐん》
○新生児メレナ
○新生児細菌感染症《しんせいじさいきんかんせんしょう》
○新生児けいれん
○病的な黄疸《おうだん》、長びく黄疸
○よく吐《は》く
○ゼーゼーいう
○鼻づまり
○頭のこぶ(頭血腫《とうけっしゅ》)
○口のなかの白い苔《こけ》(鵞口瘡《がこうそう》)
○舌小帯《ぜっしょうたい》が短い
○おへそがジュクジュクしている
○おへそが赤くてくさい(臍炎《さいえん》)
○便の回数が少ない

先天性の病気
先天性の病気をもって生まれた子
先天性の心臓病
○チアノーゼ
○心雑音《しんざつおん》
●無害性雑音《むがいせいざつおん》
チアノーゼの見られない心臓病
○心室中隔欠損《しんしつちゅうかくけっそん》
○心房中隔欠損《しんぼうちゅうかくけっそん》
○動脈管開存《どうみゃくかんかいぞん》
チアノーゼの見られる心臓病
○ファロー四徴症《しちょうしょう》
○肺動脈閉鎖症《はいどうみゃくへいさしょう》
先天性の消化器病
○先天性胆道閉鎖症《せんてんせいたんどうへいさしょう》
○ヒルシュスプルング病(巨大結腸症《きょだいけっちょうしょう》)
先天性の腎臓《じんぞう》、泌尿器《ひにょうき》の病気
○先天性水腎症《せんてんせいすいじんしょう》
○膀胱尿管逆流症《ぼうこうにょうかんぎゃくりゅうしょう》
●小さな赤ちゃんの医学的な問題

からだのしくみから見るいろいろな病気Ⅰ

うつる病気(とくに「発疹《ほっしん》の出る」感染《かんせん》症《しょう》を中心に)
子どもの病気の大半は感染症《かんせんしょう》
感染症《かんせんしょう》の基礎知識
○突発性発疹《とっぱつせいほっしん》
○風疹《ふうしん》(三日ばしか)
○はしか(麻《ま》しん)
○水ぼうそう(水痘《すいとう》)
○単純ヘルペスウイルス感染症《かんせんしょう》
○手足口病《てあしくちびょう》
○リンゴ病(伝染性紅斑《でんせんせいこうはん》)
○ジアノッチ症候群《しょうこうぐん》
そのほかの感染症《かんせんしょう》
○ヘルパンギーナ
○おたふくかぜ(流行性耳下腺炎《りゅうこうせいじかせんえん》)
○EBウイルス感染症(伝染性単核症《でんせんせいたんかくしょう》)
○溶連菌感染症《ようれんきんかんせんしょう》(しょう紅熱《こうねつ》)
●感染症の「感染する強さ」と感染期間
●メタプノイモウイルスによるかぜ

呼吸器の病気
○かぜ(急性上気道炎《きゅうせいじょうきどうえん》、かぜ症候群《しょうこうぐん》)
○せき
○インフルエンザ
○細気管支炎《さいきかんしえん》
○RSウイルス感染症

○のどかぜ（急性扁桃炎《きゅうせいへんとうえん》、急性咽頭炎《きゅうせいいんとうえん》）
○クループ
○急性喉頭蓋炎《きゅうせいこうとうがいえん》
○急性気管支炎《きゅうせいきかんしえん》
肺炎《はいえん》とは
○細菌性肺炎《さいきんせいはいえん》
○ウイルス性肺炎
○マイコプラズマ肺炎
●百日ぜき

消化器の病気
腹痛《ふくつう》
○腸重積症《ちょうじゅうせきしょう》
○虫垂炎《ちゅうすいえん》
○くり返し起こる腹痛と過敏性《かびんせい》
腸症候群《ちょうしょうこうぐん》
○感染性胃腸炎《かんせんせいいちょうえん》（お腹《なか》のかぜ）
○アナフィラクトイド紫斑病《しはんびょう》
そのほかの腹痛《ふくつう》
下痢《げり》と便秘《べんぴ》
吐《は》く（嘔吐《おうと》）
○感染性胃腸炎《かんせんせいいちょうえん》（お腹《なか》のかぜ）
●カリシウイルスの名前をめぐって
便の色のいろいろ

アレルギーの病気
アレルギーとは
喘息《ぜんそく》について
子どものせき
○気管支喘息《きかんしぜんそく》
そのほかのアレルギーの病気
○アトピー性皮膚炎《せいひふえん》
○食物《しょくもつ》アレルギー
○アナフィラキシー（即時型《そくじがた》
アレルギー）
○花粉症《かふんしょう》
●ペット飼育と子どものアレルギー

循環器（心臓や血管）の病気
○リウマチ熱《ねつ》
○川崎病《かわさきびょう》
○不整脈《ふせいみゃく》
○起立性調節障害《きりつせいちょうせつしょうがい》

腎臓の病気
腎臓の働きと尿
○血尿《けつにょう》
○タンパク尿
急性腎炎《きゅうせいじんえん》
○急性糸球体腎炎《きゅうせいしきゅうたいじんえん》
○紫斑病性腎炎《しはんびょうせいじんえん》
慢性腎炎《まんせいじんえん》
○IgA（アイジーエー）腎症《じんしょう》
○ネフローゼ症候群《しょうこうぐん》
腎臓病の子どもの生活
●子どもの尿の回数

血液の病気
○白血病《はっけつびょう》
紫斑病《しはんびょう》
○血小板減少性紫斑病《けっしょうばんげんしょうせいしはんびょう》
○アナフィラクトイド紫斑病《しはんびょう》
貧血《ひんけつ》

脳や神経の病気
けいれん
○熱性けいれん（ひきつけ）
○てんかん
○泣き入りひきつけ（憤怒《ふんぬ》けいれん）
○脳血管障害《のうけっかんしょうがい》
髄膜炎《ずいまくえん》、脳炎《のうえん》、脳症《のうしょう》
○髄膜炎《ずいまくえん》
○脳炎《のうえん》
○脳症《のうしょう》
●子どもの脳波《のうは》

ホルモンに関係のある病気
ホルモンの働き
○糖尿病《とうにょうびょう》
○尿崩症《にょうほうしょう》
○低身長《ていしんちょう》（成長障害《せいちょうしょうがい》）
○特発性《とくはつせい》成長ホルモン分泌不全《ぶんぴふぜん》
○慢性甲状線炎《まんせいこうじょうせんえん》（橋本病《はしもとびょう》）
○甲状腺ガン
○軟骨無形成症《なんこつむけいせいしょう》
○ターナー症候群《しょうこうぐん》
●「背が低い」ということを考える
●肥満について

からだのしくみから見るいろいろな病気Ⅱ

整形外科に関する病気
○斜頸《しゃけい》
○先天性股関節脱臼《せんてんせいこかんせつだっきゅう》
○O《オー》脚《きゃく》とX《エックス》脚《きゃく》
○単純性股関節炎《たんじゅんせいこかんせつえん》
○肘内障《ちゅうないしょう》（ひじ抜け）
○ばね指
○ペルテス病

皮膚の病気
皮膚の病気の、むかしといま
○アトピー性皮膚炎《せいひふえん》
アトピー性以外の皮膚《ひふ》病
○じんましん
○虫刺《むしさ》され
○脱毛
○脂漏性湿疹《しろうせいしっしん》（乳児湿疹《にゅうじしっしん》）
○おむつ皮膚炎《ひふえん》（おむつかぶれ）
○接触皮膚炎《せっしょくひふえん》（かぶれ）
さまざまな母斑《ぼはん》、血管腫《けっかんしゅ》（あざ）
●母斑症《ぼはんしょう》
○蒙古斑《もうこはん》
○扁平母斑《へんぺいぼはん》
○単純性血管腫《たんじゅんせいけっかんしゅ》
○苺状血管腫《いちごじょうけっかんしゅ》

感染による皮膚《ひふ》病
○水いぼ（伝染性軟属腫《でんせんせいなんぞくしゅ》）
○とびひ（伝染性膿痂疹《でんせんせいのうかしん》）
○SSSS《エスエスエスエス》
○あせものより、（汗腺膿瘍《かんせんのうよう》）
「かび」による皮膚《ひふ》病
○頭部白癬《とうぶはくせん》
○体部白癬《たいぶはくせん》
○寄生菌性紅斑《きせいきんせいこうはん》
耳や鼻の病気
耳の病気（中耳炎《ちゅうじえん》と外耳道炎《がいじどうえん》）
○急性中耳炎《きゅうせいちゅうじえん》
○滲出性中耳炎《しんしゅつせいちゅうじえん》
○外耳道炎《がいじどうえん》（外耳炎《がいじえん》）
●中耳炎《ちゅうじえん》をくり返す子どもへの対応
子どものめまい
○小児良性発作性《しょうにりょうせいほっさせい》めまい
○そのほかのめまいの原因になる病気
鼻の病気
いろいろな鼻炎
○急性鼻炎《きゅうせいびえん》（鼻かぜ）
○アレルギー性鼻炎《せいびえん》（鼻アレルギー）
○血管運動性鼻炎《けっかんうんどうせいびえん》
○副鼻腔炎《ふくびくうえん》
子どもの鼻血
目の病気
○目が赤い
○目が痛い
○涙が出やすい（流涙《りゅうるい》）
○目やにが出る
○まぶたが腫《は》れる
さまざまな結膜炎《けつまくえん》
○新生児《しんせいじ》結膜炎《けつまくえん》
○流行性結膜炎《りゅうこうせいけつまくえん》
○咽頭結膜熱《いんとうけつまくねつ》（プール熱）
○細菌性結膜炎《さいきんせいけつまくえん》
○アレルギー性結膜炎《せいけつまくえん》
○春季《しゅんき》カタル
結膜炎《けつまくえん》以外の目の病気
○麦粒腫《ばくりゅうしゅ》（ものもらい、めばちこ）
いろいろな屈折異常《くっせついじょう》
○近視《きんし》、遠視《えんし》、乱視《らんし》
○弱視《じゃくし》
○斜視《しゃし》
●偽斜視《ぎしゃし》
歯についての問題
歯みがきについて
歯の色について
歯ならび、かみあわせの問題
そのほかのこと
○リガ・フェーデ病
○歯肉《しにく》に白いかたまり
○癒合歯《ゆごうし》
○歯ぎしり

さまざまな障害

障害とは
障害とは
さまざまな障害
○脳性《のうせい》まひ
○難聴《なんちょう》
○水頭症《すいとうしょう》
発達障害とは？
○知的障害
○ダウン症
知的障害の子をもって生きるということ
○学習障害《がくしゅうしょうがい》（LD）
○注意欠陥《ちゅういけっかん》／多動性障害《たどうせいしょうがい》（ADHD）
自閉症《じへいしょう》スペクトラム
○自閉症《じへいしょう》
○アスペルガー症候群《しょうこうぐん》
ことばの障害
○ことばの発達の遅れ
○ことばの遅れ以外の「言語障害」
●障害をもつ子どもの療育《りょういく》

気になること

気になること①
ちょっと気になる行動
からだをいじるくせ
○指しゃぶり
○爪《つめ》かみ
○おちんちんいじり
眠りにかかわること
○夜驚症《やきょうしょう》
○夢中遊行《むちゅうゆぎょう》（夢遊病《むゆうびょう》）
○「睡眠時の儀式」
くり返す病気
○反復性の腹痛《ふくつう》
○反復性の足の痛み
○成長痛《せいちょうつう》
○くり返し起こる頭痛
○子どもの片頭痛《へんずつう》
○アセトン血性嘔吐症《けっせいおうとしょう》（自家中毒《じかちゅうどく》、周《しゅう》期性嘔吐症《きせいおうとしょう》）
そのほかのちょっと気になること
○チック
気になること②——1歳以前の場合
○頭がいびつ
○髪の毛がうすい、後頭部がはげている
○耳の近くの小さいへこみと副耳《ふくじ》
○頭をふる、頭を打ちつける
○目やにが多い
○逆《さか》さまつ毛

○斜視《しゃし》
○歯ぐきに白いかたまり
○口のなかの白い苔《こけ》
○舌小帯《ぜっしょうたい》が短い
○歯《は》の生える順序、歯のかみあわせ
○よだれが多い
○鼻づまり
○地図みたいな舌《した》
○おっぱいが盛りあがっている、お乳が出る
○おへそのジュクジュク
○きんたまが大きい
○きんたまがおりていない
○包茎《ほうけい》
○おちんちんが小さい
○おりもの
○おむつのお尻の部分に血がつく
○からだをふるわせる
○手足が冷たい
○そ径《けい》ヘルニア(脱腸《だっちょう》)
○出べそ(臍《さい》ヘルニア)
●見張りいぼ
●寄生虫について

救急処置

子どもの事故
子どもの事故防止に、もっと関心を
事故防止のために注意すべきこと
●ゆさぶられっこ症候群《しょうこうぐん》
救急処置
救急蘇生法《きゅうきゅうそせいほう》
人工呼吸と心臓マッサージのしかた
熱中症《ねっちゅうしょう》(熱射病《ねっしゃびょう》)への対応
血の止めかた
気道《きどう》に異物《いぶつ》がつまったとき
異物をのみこんでしまったとき
おぼれたとき
頭をぶつけたとき
からだを打ったとき(打撲《だぼく》)
やけど(火傷)
手や指をはさんだとき
虫に刺《さ》されたとき
動物にかまれたとき
目に異物が入ったとき
耳に虫が入ったとき
耳の異物、鼻の異物
けがの処置
●乳幼児突然死症候群《にゅうようじとつぜんししょうこうぐん》(SIDS)

さまざまな検査

健康診断について
健診のメリット、デメリット
健診の種類
健康診断の「問題点」
健康診断のじょうずな活用法
検査をどう受けるか
子どもと検査
尿検査
血液の検査
心電図《しんでんず》
レントゲン検査、およびその他の画像診断《がぞうしんだん》
病原体をすばやく診断する検査(迅速診断法《じんそくしんだんほう》)
●「先端医療」について——これからの医療
●放射線についての考えかた
あとがき
主要参考文献
索引

装丁——アートディレクション＝森本千絵(goen°)
デザイン＝甲斐千恵(goen°)
イラスト＝大塚いちお
本文デザイン　森デザイン室
本文イラスト　藤原ヒロコ
章扉イラスト　大塚いちお

妊娠からお産まで

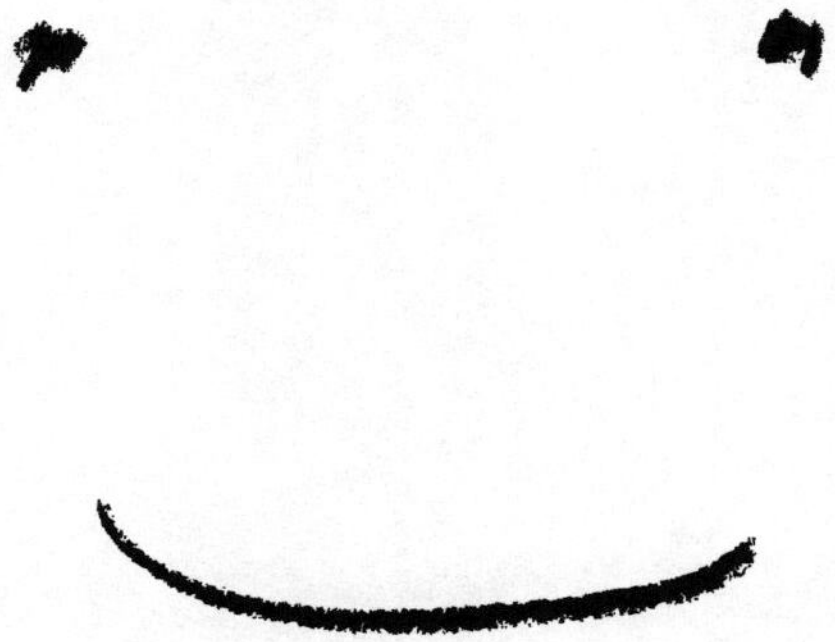

子を産むこと

子を産むことは、生物としての人間にとっては、種族保存《しゅぞくほぞん》の本能にもとづいているにちがいありません。だからこそ、女と男がカップルを組んで熟してくると、おのずから子どもをほしくなることが多いのでしょう。また、そんな欲求がなくても、「できてしまう」ことが少なくないのでしょう。

しかし、人間は、社会と文化を形成して、意識的に生きています。したがって、子を産むことも、社会と文化のありよう、さらには個々人の人生観と事情によって、異なった意味が与えられることになって当然です。

社会との関連は、歴史をみれば明らかで、人口が増えすぎれば産児調節《さんじちょうせつ》が奨励《しょうれい》され、兵力や労働力の増大が必要となれば「産めよ殖《ふ》やせよ」が叫ばれてきました。近年の「少子化対策」も人口の減少への歯止《はど》めをもくろんだものにほかなりません。

文化との関連では、キリスト教における妊娠中絶の忌避《きひ》が典型だし、世俗的には近代化と都市化が少子化をもたらしていることも明らかです。

個々人の意識に関しては、イエが重視された時代には嫁は子、それも男子を産まなければならなかったし、核家族の時代になっては、ひとりっ子、さらにはノーキッズまでファッショナブルになったことに端的《たんてき》にあらわれています。また、最近の少子化対策の実効《じっこう》があがっていないのも、おおかたの国民にとって、子を産むことに重い負担感があるからにほかならないでしょう。

そんなことどもを考えれば、子を産むのは一律に「よいこと」、「おめでたいこと」とは言い切れません。まして、「女の幸せは子を産むこと」などと決めつけるわけにはまったくいきません。「産まないことが幸せ」という場合だってありえます。けれど、いずれにしても、子を産むのは、直接には一個人の女性であることに変わりはありません。しかも、子を産めば、人生は大きく変わらざるをえません。

ですから、本来は、まず、その女性の意志を尊重してしかるべきものなのです。もちろん、妊娠が男性なしでは成立しない以上、また父親となれば男の人生も変わらざるをえない以上、その男性の意志も尊重されてしかるべきではあります。

そうしたあれこれから、子を産むことについては、とにかく女と男とで、それぞれの人生観と生活事情をはじめ社会や文化の状況まで含めて、腹を割って話し合いたい。そのうえで、最終決定は女性にゆだねるようにするのが、本来のありかたではないかと思えてきます。

子ができない場合（不妊）

不妊症《ふにんしょう》かと思ったら

子どもがほしいのに妊娠しないと、カップルのどちらかに身体的欠陥があるかもという疑念がよぎることでしょう。けれど、疑心暗鬼《ぎしんあんき》、つまり何でもないのにおそろしいことのように思っていてはつらい。とりわけ、たがいに口に出さず、疑念《ぎねん》をくすぶらせていては気が晴れないと思います。

ですから、そんなときは、ふたりでざっくばらんに話し合う必要があります。そうすれば、どうするかは、きっとたがいの年齢とか人生設計とかをつき合わせて判断されることになるでしょう。

ただ、その場合、けっして焦《あせ》らないように。医学では2年以上妊娠しないと「不妊症」とされていますが、3年も4年も経《た》って妊娠することが珍しくないのです。ふたり目の子の場合も同様。とくに女性の年齢が高いと、妊娠するまで歳月がかかることが多いようでもあります。

なのに、焦って気の乗らないセックスを重ねていては、ふたりの関係を味気《あじけ》なくしかねないし、かえって妊娠しにくくもなりそう。かなり高年齢まで妊娠は可能ですから（↓7ページのコラム）、最大限、気長《きなが》に待つにかぎります。

しかし、どうしても「不妊症」が心配になったら、産婦人科で「不妊検査」を受けるのもやむをえないかと思います。ただ、不妊検査は万能《ばんのう》ではないうえ、子宮卵管造影法《しきゅうらんかんぞうえいほう》や腹腔鏡検査《ふくくうきょうけんさ》など、多少とも心身の苦痛をともなう検査もあることは知ってかかるべきです。

また、女性ばかり疑うのも当《とう》を得《え》ていません。なにしろ、最近では男性側の原因もわかってきて、不妊の30〜40％におよんでいるし、女性側で40％ほど。いずれにしても、10〜20％ほどは原因がわからないのです。

それに、最近の不妊の増加傾向には、環境ホルモン（ヒトのホルモンに影響を及ぼす内分泌《ないぶんぴ》攪乱物質《かくらんぶっしつ》）の影響が取りざたされているし、晩婚化と性行為の形態や頻度《ひんど》の変化などが大きく関係しているとも考えられています。

とすれば、個人の身体だけに原因を求めるのはどんなものか。男女の性のありかた、子をもつことを含めての人生設計を考えなおしたほうがよいかもしれないし、広くは環境に注意の目を向ける必要もありそうです。

不妊治療について

いわゆる「不妊治療」については、あまり勧《すす》めたくありません。もちろん治療を受けるかどうかはカップルで考え、当人が決断することですが、とにかくたいへんなのです。

ホルモン療法だけならまだしも、人工授精や体外受精、さらには代理出産ともなると、心身と生活への負担は想像以上に深刻です。手続きと操作がきわめて難儀《なんぎ》なうえ、受精したとしても正常妊娠に比べると、わずかながら流産、死産、早産を起こしやすい。排卵誘発剤《はいらんゆうはつざい》による直接の副作用（卵巣肥大《らんそうひだい》や腹《ふく》水貯留《すいちょりゅう》）と多《た》胎妊娠《たいにんしん》の可能性も高い。それでいて、一回あたりの成功率は低く、人工授精で5～10％ほど、体外受精で20～30％程度と言われています。また、体外受精の費用はかなり高額で、少々の公的援助が実現しても、家計に重圧であることは変わりないと思います。

とすれば、そんな無理を重ねるより、いっそ養子・里子《さとご》をしたらどうでしょう。世界には身《み》よりのない子どもが少なくありません。親が必要な子どもがいて、子どもをほしい大人がいるなら、たがいに結びついたらよいではないですか。血のつながりなどなくても、親子の情はともに暮らすことで培《つちか》われるはず。「産みの親より育ての親」と言われるとおりです。

あるいは、子をもたない生きかたに切りかえたらどうでしょう。子どもがいないのは欠陥夫婦とか、とりわけ嫁として失格といった古い社会通念に縛られることはありません。ノーキッズの気楽さ、そしてふたりだけで一生を添いとげる幸せだってあるはずです。

おおやけに結婚していると、「まだ？」と聞かれることが多いでしょうが、動じないで「ええ、まだよ」とにっこりするか、「子どもはつくらないの」と言ってのけたらどうでしょう。

■不妊症、不妊治療について参考になるサイト

・フィンレージの会
http://www5c.biglobe.ne.jp/~finrrage/

妊娠したとき

産むか産まないか

妊娠が確かめられたら、早急に産むか産まないかを決断しなければなりません。産まないのなら、なるべく早く中絶するほうがいいし、合法的に中絶できる時期(妊娠22週まで)を過ぎてしまいがちです。

赤ちゃんがほしいと願っていた人は、たちまち「産みモード」に入りがちですが、その嬉《うれ》しさのなかでも、子をもつ責任と生活設計はあらためてかみしめておくべきでしょう。

赤ちゃんはほしいけれど、パートナーにその気がないとか生活の見通しが立たない場合には、「あきらめムード」にとらわれがちですが、まずは産む方向で努力したらと思います。パートナーとは、子どもがほしい気持ちを熱く訴え、とことん話し合う。それで、たいていは、わかってくれるものです。

たとえわかってくれなくても、産みたい気持ちが強ければ、産む決断をしたほうがよいと思います。生活については、具体的につきつめて検討する。そうすれば、意外と道が見えてくるものです。それに、実際産んでみれば、生活はなんとかなるものでもあります。しかし、どう考えても無理ならば、あきらめるのもひとつの選択肢としてやむをえないでしょう。

子をもつかどうか迷っていた人も、まずは産む方向で考えてみたらと思います。この際、自分の人生設計とパートナーとの関係を再検討し、将来を見通してみるのです。それらが、子をもつことで、多少の困難は加わるにしても、基本的に充実しそうなら、産むことに踏みきるにかぎります。しかし、子をもつことが人生を確実に破綻《はたん》に導くのなら、産まない選択もありだと思います。

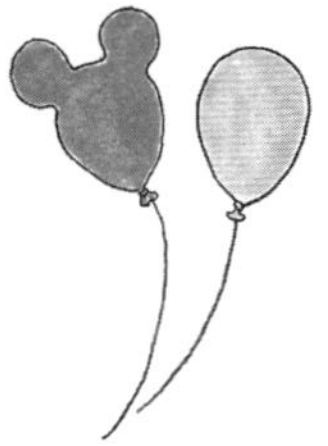

男女の関係をととのえる

産むことに決めたときには、あらためて、男女の関係をととのえておく必要があります。

法的に結婚し安定している場合でも、妊娠中をどう過ごすか、どこでどういうお産をするか、妻が働いている場合には仕事をどうするか、そんなことについて夫婦で話し合いを始めるのです。そうしていれば、経過に応じてスムーズに合意ができ、協力しやすくなると思います。とくに妻の仕事をどうするかは、家計にひびくことだし、だいいち彼女の生きかたにかかわること。つっこんで話し合っておくべきです。微妙な問題は妊娠中のセックスでしょうが、そのこともあいまいにせず、折にふれて率直に気持ちを伝え合うにかぎると思います。

こうしたことは、結婚をしていない男女のあいだでも同じ。法的には夫婦でなくても、あいまいは許されません。むしろ、この機会に、これからのふたりの関係をどうするか、つめて話し合うべきです。

その結果、愛情が確かめられれば、結婚が日程にのぼることが多いでしょうか。となれば、生まれてくる子どもの帰属《きぞく》は、法的にはっきりします。けれど、結婚というかたちをとりたくないか、とれない場合には、子どもをどうするかはきちんと決めておかなければならない大きな問題です。同棲《どうせい》するのなら実質は夫婦と変わりないでしょうが、別々に暮らしていて子どもをもつとすれば、よほど男が誠実に努力しないと、女のほうにばかり負担がかかるおそれが大きすぎます。

たがいに愛があいまいとか片方が疑わしいのに産もうとしている場合には、よほどつめて話し合いをしなければなりません。意外に、そのことを通じて愛が確かめられたり深まることもありえます。そうならば、まずは安心して産むことができるでしょう。

しかし、愛が疑わしいまま産むのなら、ひとりで育てる覚悟をもつ必要があります。むしろ、そこがさばさばしていさえすれば、不毛な男との関係は、

高齢の場合（高年初産《こうねんしょさん》）

「高年初産」という言葉は、しだいに使われなくなっています。なのに、まだ、35歳を過ぎて初めてのお産をしようとすると、「高年初産」と言われ、リスクが大きいとおどかされることがあるかもしれません。

しかし、35歳を過ぎたとたん、お産に時間がかかったり危険が急増するわけではないし、お産は個人差が大きいので、とりたてて気にすることはありません。少なくとも「高年初産」という言いかたにとらわれることはないと思います。

実際にも、40歳過ぎて無事に産んでいる人は珍しくないし、むしろそのほうが人生経験が豊かで経済力も高いからでしょう、子育てがじょうずにできていることが多いようでもあります。

また、ダウン症の子が生まれる可能性が高いといっても、35歳で300人にひとり、40歳でも80人にひとり程度です。それに、ダウン症の子は、親が思うほど育てにくいわけではないし、心臓に異常があってもほとんどが治せます。ですから、むやみに恐れることはない。少なくとも、出生前診断（→11ページ）などをして、ダウン症だったら堕《お》ろすといったわが子の選別はすべきではないと思います。

■参考になるサイト

・babycom「高齢出産という選択」
http://www.babycom.gr.jp/pre/spl/

10代の場合

中高生くらいで妊娠した場合は、とにかく、産むか産まないかの決断を早くすること。ずるずると日を過ごしていると、すぐに合法的に中絶できる時期（妊娠22週まで）が過ぎてしまいがちです。

そして、産むか産まないかを決めるためには、まず、自分の進路をよくよく考えること。とりわけ学校をどうするか、将来つきたい職業がどうなるかは慎重《しんちょう》に考えなければなりません。ただ赤ちゃんがほしいとかいらないといったそのときの気分だけで決めると、あとで後悔しかねないからです。

どうしても学校を続けたいなら、その可能性を探ること。つわりのひどいときとお産の前後に長期欠席あるいは休学できれば、学校を続けながら産むことは可能でしょう。赤ちゃんは、親に手伝ってもらうか、それが許されなければ乳児院《にゅうじいん》（→423ページ）に預けて育ててもらうこともできます。しかし、そんなことまではできないのなら、産むのはやめて学校を優先したほうがよいでしょう。また、欠席が限度を超えるとか学校が許さないとかクラスの雰囲気が耐えられないときにも、産むのを断念せざるをえないかもしれません。ただし、そんな場合には、学校を変えるという手も考えてよいと思いますが。

この際、学校はやめてもよいとか、検定をとって進学すればよいといった考えが強くなったなら、もちろん学校にこだわることはない。純粋に赤ちゃんがほしいかどうかで、産む産まないの判断をしてかまわないと思います。

将来つきたい職業との関係では、学歴が必要な場合には、産むことより進学を優先させるほかはないでしょう。しかし、学歴など必要なければ、進学にこだわらず産む産まないを考えればよいのはもちろんです。

次に、産むか産まないかを決めるときによく考えなければならないのは、相手の男との関係です。たがいの愛が信じられ、彼も誠実でいっしょに育てる気が十分なら、産む方向で努力したいもの。彼が、精神面はもちろん親の反対など、現実の困難や障害を乗り越えるサポートをしてくれれば最高です。

しかし、彼が不誠実だとか、いっしょに育てる気がない場合には、ひとりで産み育てる決意がないかぎり、産むべきではありません。ひとりで産み育てる決意があるのなら、コラム「シングルの場合」（→10ページ）を参照してください。

また、10代の場合には、お産と育児にかかる費用のほか生活費などお金のことが深刻な問題になるでしょう。相手の男が誠実で経済力があればよいけれど、そうでなければ親に頼《たよ》るか児童福祉法など公的援助（→422ページ）に頼るほかありません。それがどれだけ可能かで、産む産まないを決める必要もあると思います。

あと、10代の場合には、親による干渉《かんしょう》が大問題でしょう。妊娠が気づかれないうちに産まない決断をしたときは、ないしょに中絶するのも「あり」かと思います。そのほうが波風《なみかぜ》たたないし、親に心配をかけずにすむからです。ただし、中絶をする病院は営利《えいり》的《てき》でなく親切で技術にも定評のあるところを慎重に選んでください。手術はからだに負担をかけるものですから。中絶の費用は彼に出させるべきだけれど、それが不可能なら友だちのネットでカンパをあおぐ努力をすること。それでも足りなければ、事実を告げて親にすがるほかありません。

　妊娠があやしまれたときには、隠しとおそうとしないにかぎります。むしろ、それを機会に、親と率直に話し合うのがよいと思います。産むつもりになっていたら、その決意を告げる。産まないつもりなら、中絶の費用をお願いする。産むかどうか迷っていたら、相談に乗ってもらう。すると、たいていは修羅場《しゅらば》になるでしょうが、それでも多少とも力になってくれるのではないでしょうか。たとえどなり泣き叫ぶだけでまったく話にならなかったとしても、そうしてうちあけておいたほうが気が楽になるし、あとで話し合えるようにもなりやすそうです。

　とりわけ産む気になっている場合には、できるだけ親の助けを求めること。親の助けがあれば、お産も子育てもずいぶんと楽になるはずです。


きっぱりと切ってしまったほうがよいかもしれません。ただ、それにしても、養育費など男にも責任をとらすようにしなければなりませんが。

　結婚していようとなかろうと、男女関係が破綻《はたん》に向かうさなか妊娠に気づいた場合は、お腹《なか》の子にふたりで責任を負《お》う方策を探らなければなりません。男だけが逃げるのは、いかにもずるい。たとえ別れるにしても、妊娠にともなう困難はサポートすべきだし、必要とあれば生まれる子どもの法的な「認知」もするのが男親の責任というものです。

人生設計を考えなおす

　子どもを産むのなら、女であろうと男であろうと、その後の人生が大きく変わることを覚悟しなければなりません。「コブツキ」になるのですから、当然これまでの生きかたをそのまま続けるわけにはいかなくなります。

　まだ実感にとぼしいでしょうが、その新しく迫られる生きかたについては、できるだけ具体的に考え始めていたほうがよいと思います（→37ページ）。

　とくに、女性で仕事をしている人は、それを続けるか、続けるとして育児休業をいつまで取るか、仕事を変えるか、そんなことをつきつめる必要があるにちがいありません。

　主婦をすることにすれば、あまり変わらないようだけれど、それでも子どもができたぶん家計は苦しくなるし、「コブツキ」の束縛は予想以上にきつい。そのなかで、どう自分を生きるかは大きな問題になるはずです。それでいて、子どもが成人し、親元を離れていくのは意外に早いもの。その後も含めて、長いスパンで考えておく必要があると思います。

　一方、男性も、どれだけどのように育児にかかわるか、そのスタンスが問われてくるはず。会社勤めをしている場合には、育児休業をとるかとらないか、仕事のしかたを変えるかどうか、そういったことを真剣に考える必要があります。自営業の場合でも、仕事のしかたを考慮しなければならないし、パートナーとどうチームワークを組むかも取り決めておく必要があると思います。

シングルの場合

妊娠してから男と別れた場合や不倫の関係で妊娠した場合には、とにかく自分の現実の生活を見通して、産むかどうかを決めるべきだと思います。

ただ子どもがほしいとか男をつなぎとめたいといった感情だけで産むと、思いがけず生活が困難になったり、ひょっとすると身をもちくずすことにもなりかねません。

ですから、産むという選択は、シングルマザーへの公的援助(→422ページ)も含めて、自分の収入が子どもをかかえての生活に耐えられる自信があるときにかぎったほうがよいと思います。

もちろん相手の男から、子どもの養育費と事情によっては慰謝料《いしゃりょう》とか生活費も出させるべきですが、それだけに頼《たよ》るのはリスクが大きすぎます。

また、親の庇護《ひご》と資産に頼れれば楽ですが、いい加減にしないと、長い人生をひとりで生き抜く力がつきません。そこで、そうした収入でしばらくしのぐとしても、やはり自活する決意と見通しは最初からなくてはならないと思います。

したがって、どう考えても子どもをかかえた生活に自信をもてないならば、産むべきではない。そして、中絶の費用は相手の男に出させるべきだと思います。

出生前診断《しゅっせいぜんしんだん》（胎児診断《たいじしんだん》）について

妊娠中はいろいろな検査をされますが、そのなかでとくに胎児の状況を調べ、先天性の異常がないかをチェックするためにおこなわれる検査が、「出生前診断」または「胎児診断」と言われるものです。

これには以下のようないくつかの方法があり、有益なものと、重大な問題をはらむものとがあるので、どの検査を受けるか、受けるとして結果をどう受けとめるかは、慎重に考えたほうがよいと思います。

それに、出生前診断は、切迫流産《せっぱくりゅうざん》とか胎児仮死《たいじかし》といった異常がないかぎり、基本的に健康保険が適応《てきおう》されず、全額が自費になります。

また、新型の「出生前診断」は、母親の血液検査だけでダウン症など胎児の染色体異常を調べるというものです。この検査で「陽性」と判定された場合には、さらに羊水検査（→12ページ）が必要になります。

超音波検査《ちょうおんぱけんさ》

超音波を使って胎内《たいない》の画像を映し出したり、超音波が反射する周波数の変化によって心臓や血液の動きを知ろうとする検査です。

必ずおこなわれる検査で、これによって、まず胎《たい》児《じ》の心臓の鼓動《こどう》を確かめられ、生きているかどうかがわかります。また、胎児の発育の状態もつかめて、お産の予定日を確実に修正することもできます。さらには、胎児が動くようすを目にすることもできるでしょう。

そして、助産《じょさん》にあたる専門家の側としては、お産の予定日の修正ができることや胎児の発育状態がわかることのほか、異常妊娠や胎児の異常、羊水《ようすい》の減少をはじめ胎内環境《たいないかんきょう》の悪化、流産の可能性などが早く発見できるといったメリットもあると言われます。

しかも、レントゲンなど他の検査にくらべて、安全で心身への負担が軽いというので、おおいに重宝《ちょうほう》がられている検査です。

ただ、超音波を照射《しょうしゃ》することの害はまったくないとは言いきれないので、かつてＮＩＨ（アメリカの国立衛生研究所）からは、妊娠12週以前は避け、その後もなるべく短時間にとどめるようにという報告が出されたこともあります。ですから、現在では安全とされているものの、必要最小限にとどめ、あまり頻回《ひんかい》に調べたり長時間にわたって照射するのはひかえてもらったほうが無難《ぶなん》と思います。

しかし、この検査でもっとも悩ましいのは、胎児に形態の異常が見られた場合でしょう。無脳症《むのうしょう》とか小頭症《しょうとうしょう》とか四肢《しし》の欠損《けっそん》など大きな異常がわかると、ほとんどの人が中絶に走らざるをえなくなる。それほどの異常ではなくても、産むことがためらわれがちのようです。ちょっとした奇形、たとえば手足の指が1本足りないとか多いとかだけで、中絶を考えてしまう人が少なくないと聞きます。

これはたいへん酷《こく》なこと。治療法がなく産んでもすぐ亡くなってしまう異常なら、親の気持ちと事情によっては中絶もやむをえないかもしれません。けれど、胎児にとって、中絶は命が奪われることなのです。そのことを想えば、ほんのわずかでも、この世に生きさせる努力をしてやるべきではないでしょうか。

まして、治療法がある異常とか、治療法がないけれど生きていける異常なら、中絶など考えるべきではない。どんな障害があっても、その子なりに存分《ぞんぶん》に生きさせる努力をするのが、親としての務《つと》めだと思います（→245ページ）。

なお、この検査では性別がわかるため、親が頼《たの》まないのに、男か女かを告げられてしまうことが少なくないようです。親が知りたいのならともかく、性別は生まれるまで楽しみにとっておきたいのなら、そのことを早く医者に話しておく必要があります。

また、たとえ親が知りたいとしても、その動機が男女の産みわけにあるとしたら、考えなおしてほしい。そんな動機である以上、もし胎児が親の望まない性だったら堕《お》ろしてしまうことになるはず。そんなひどいわが子の選別と性差別は、決してするべきことではありません。

羊水検査《ようすいけんさ》

母親の腹部《ふくぶ》に針を刺して、羊水を採取《さいしゅ》し、そのなかにある細胞を培養《ばいよう》して、ダウン症など染色体異常《せんしょくたいいじょう》や、血友病《けつゆうびょう》、進行性筋《しんこうせいきん》ジストロフィーなど遺伝性の病気や、先天性代謝異常症《せんてんせいたいしゃいじょうしょう》などを見つけようという検査です。

しかし、この検査を受ける人にとっては、心身と経済上の負担が大きく、安全への危惧《きぐ》がぬぐえません。最近は技術が進んだとはいえ、いまだに出血とか胎児への傷害、死産といった事故が200分の1くらいの確率であるのです。

それでいて、結果の信頼度も100％ではなく、とくに先天性代謝異常症は種類が多いうえ、診断が確実ではないものがけっこうあるのです。

たとえ、確かに異常が発見できるとしても、すべてを胎児期から知る必要がどれだけあるかは疑問です。先天性代謝異常症の大半を占めるフェニールケトン尿症《にょうしょう》やメープルシロップ尿症などは生まれてからの検査で対策が間に合うはずだし、ダウン症などの染色体異常症も生まれてから疑いがあったときに調べればすむことです。

もちろん、胎児期に発見して対応できる異常もあることはあります。たとえば胎児《たいじ》溶血性疾患《ようけつせいしっかん》で、羊水中のビリルビンの量が急に多くなったときに、早産させて胎児死亡を防ぐといったことがおこなわれます。また、子宮鏡《しきゅうきょう》を使って、羊水の混濁《こんだく》が見られれば、切迫仮死《せっぱくかし》として分娩《ぶんべん》を誘発《ゆうはつ》することもおこなわれます。

しかし、これらの多くは妊娠後期の応急的な手段だし、将来は胎児への輸血や手術が可能になるとしても、その対象はかぎられ、いましばらくは実験のレベルを超えないと思われます。

やはり、「早期に診断すれば治療できる」というのは、ほとんど表むきだけ。圧倒的に「治療」イコール「中絶」の意味をもたされているのです。そんなことを考えれば、羊水検査を受けることに手放《てばな》しで賛成はできません。

絨毛検査《じゅうもうけんさ》

子宮口《しきゅうこう》からカテーテルを挿入し、絨毛を吸引採取して、染色体異常《せんしょくたいいじょう》などを見つけようという検査。絨毛というのは、子宮の壁に食い込んで密生する糸状《しじょう》組織《そしき》のことで、それを通して胎児が母親の血液から酸素と栄養をとっているものです。

羊水検査《ようすいけんさ》とくらべて妊娠初期（妊娠6～10週）からできるし、細胞の培養《ばいよう》をする必要がなく、結果が早くわかるという利点があります。

しかし、流産や胎児死亡の危険が高いので、よほどの必要がある場合のほかは、勧《すす》めたくはありません。

それに、染色体異常にとどまらず、絨毛組織を採取して遺伝子異常の出生前診断《しゅっせいぜんしんだん》をおこなう傾向にあることには危惧《きぐ》を覚えざるをえません（↓14ページ）。

トリプルマーカー・テスト

母親の血液を採《と》って、タンパク質やホルモンの量を調べ、胎児《たいじ》にダウン症や18トリソミー、神経管閉《しんけいかんへい》鎖《さ》不全症《ふぜんしょう》などの障害がある可能性を推定しようという検査です。

しかし、この検査は、あくまで確率がわかるだけ。結果が陽性と出ても胎児に障害があるとはかぎらないのです。しかも、その確率もきわめて低く、実際に障害があるのは1％以下にすぎない。つまり、この検査の結果が陽性でも99％以上の胎児には障害がないのです。

それに、この検査は数万円もかかることもあって、最近ではほとんどおこなわれなくなっているようです。

ただ、採血するだけで簡単なので、勧《すす》められたら受けたくなるかもしれません。けれど、結果が陽性と出ると羊水検査《ようすいけんさ》（↓12ページ）に追いこまれてしまうでしょう。もしかすると、この検査が陽性というだけで中絶してしまいたくなるかもしれません。それでは障害の有無《うむ》にかかわらず子どもを殺すことになってしまいます。しかも、この検査が主な標的にしているダウン症は、親が思うほど育てにくいわけではないし、心臓に異常があってもほとんどが治せるのです（→病気341、病気47〜50ページ）。

遺伝子（DNA）診断

とくに35歳以上の妊娠では、絨毛《じゅうもう》や羊水細胞《ようすいさいぼう》を採《さい》取《しゅ》して、胎児の遺伝子を調べることが勧《すす》められることがあるかもしれません。

そのことで出生前にダウン症の有無が予測できるし、遺伝病の保因者《ほいんしゃ》かどうかもわかるという理由からです。確かに遺伝子診断が可能な病気としては、サラセミア（溶血性貧血《ようけつせいひんけつ》を主とする疾患群《しっかんぐん》）、進行性《しんこうせい》筋《きん》ジストロフィー、フェニールケトン尿症《にょうしょう》などがあげられます。

しかし、そのなかで有効な治療法のある病気は少ないし、そんな病気を生まれる前に見つけられても、親にとっては意味がないばかりか妊娠中を憂鬱《ゆううつ》にさせられるだけでしょう。

とくに大人になって発病するタイプの病気を生まれる前から予告されたら、親子ともども人生が暗くなってしまいそうです。しかも、実際に発病するかどうかは、遺伝子以外の多くの因子《いんし》、とりわけ生活条件が大きく関与するので、そう簡単には断定できないはずです。なのに、遺伝病の遺伝子があると診断されたら、親はその子の抹殺《まっさつ》に追いこまれるのではないでしょうか。

そんなあれこれから、遺伝子診断は受けないほうがよい、いや受けるべきではないと考えます。

出産の予定日

およそ最終月経の初日から280日め、つまり40週めごろとされています。しかし、場合によって変動があり、37〜41週くらいの幅があります。また、月経の周期によっても、そうとうに異なります。そのために、超音波検査（→11ページ）などで修正を加えていくことになっています。

■参考になるサイト

・世界子育てネットSweet Heart「出産予定日／排卵日予測計算機」
http://www.sweetnet.com/duecalculator.htm

お腹《なか》の子（胎児《たいじ》）のようす

お腹の子（胎児）は、順調な場合には、およそ以下のように発育していきます。

妊娠7週まで

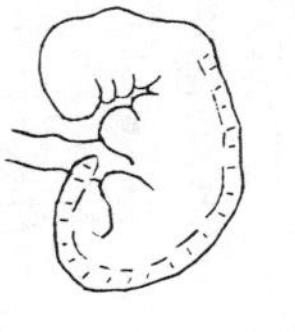

4週

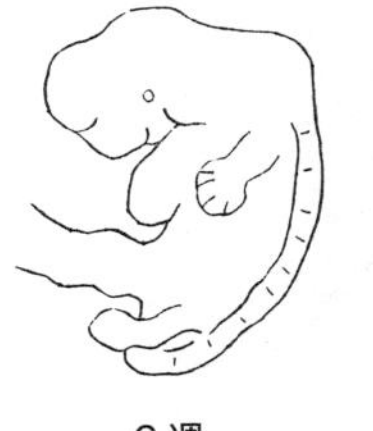

6週

「胎芽《たいが》」とよばれる時期で、芽のようなもの、まだヒトのかたちをしていません。

まず受精卵が細胞分裂をくり返しながら大きくなり、受精後6〜7日後に子宮内膜《しきゅうないまく》にもぐりこみます。これを「着床《ちゃくしょう》」と言い、その時点で妊娠が成立したことになります。

妊娠4週末になると、4ミリメートルほどの大きさになりますが、頭と胴体がくっついて弓形に強くわん曲《きょく》しています。

妊娠6〜7週になると、頭や目や手らしいものが見えだしますが、長い尾やエラのようなものもあって、まだ人間らしい感じにはなっていません。

けれど、内部では、大脳が妊娠初期から形成されはじめ、心臓は5〜6週になると超音波検査《ちょうおんぱけんさ》で拍動《はくどう》がとらえられるようになります。そうなると、もう流産のおそれはずいぶんとなくなるでしょう。

この時期、赤ちゃんは胎嚢《たいのう》という袋のなかに入っていて、かかえこんだ卵黄嚢《らんおうのう》から栄養をもらって発育していきます。

妊娠8〜12週のころ

人間らしくなる時期です。

外見では、妊娠7週末ごろから頭と胴体との別がはっきりし、手と足もそれらしくなり、尾のようなものもなくなり、頭臀長《とうでんちょう》（頭頂《とうちょう》からお尻までの長さ）が15ミリメートルくらいになってきます。

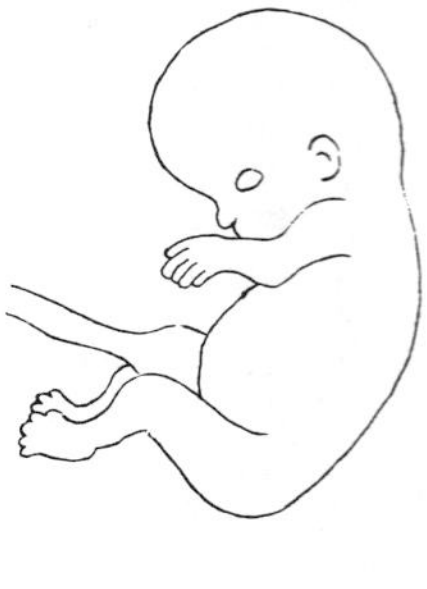

8週

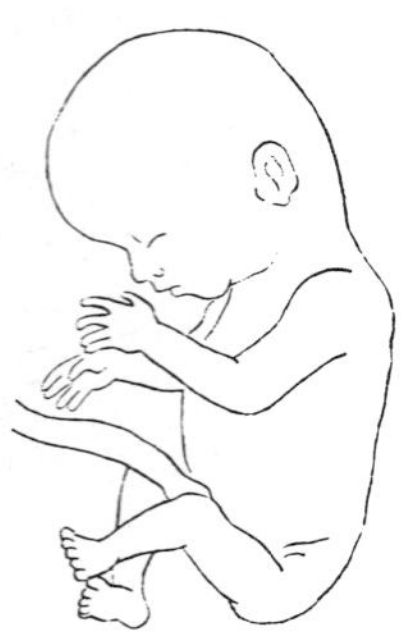

12週

そして妊娠8週になると、さらに分化《ぶんか》が進み、手足の指がわかれ、目にまぶた、耳に耳たぶ、口に唇《くちびる》、鼻に穴ができてきます。

妊娠11週になると、外性器《がいせいき》が分化して、男女の別が見てとれるようになります。

内部では、この時期に、心臓、肝臓《かんぞう》、腎臓《じんぞう》、胃腸など各種の臓器《ぞうき》が急速に成長してきます。ちなみに、そのようすは、皮膚が蠟状《ろうじょう》なので透《す》けて見ることができます。また、脳、脊髄《せきずい》をはじめ、目、耳、皮膚などの感覚神経も急速に形成されてきます。

胎児のまわりでは、羊水《ようすい》の量が増えてきます。

妊娠13～27週のころ

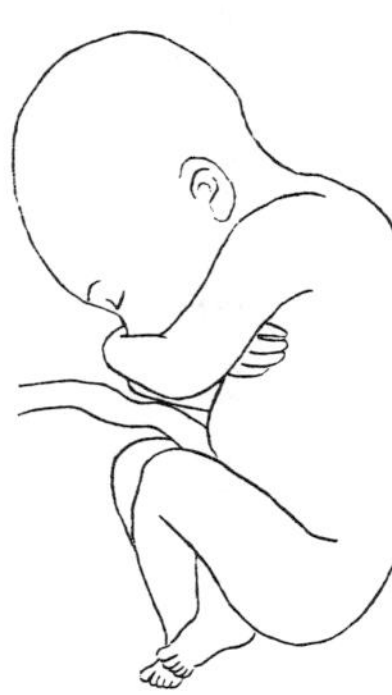

21週

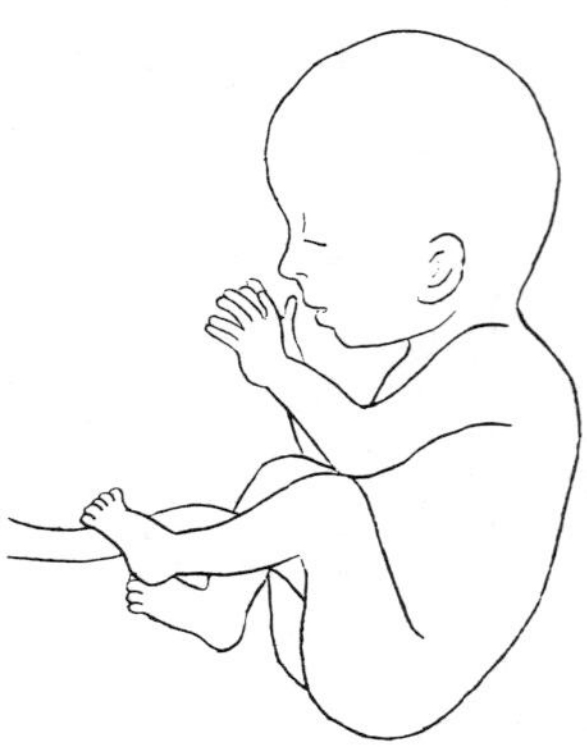

24週

外形と臓器や器官の基本ができあがり、流産のおそれがさらに少なくなって、めざましく成長する時期です。胎盤《たいばん》が完成し、へその緒《お》(臍帯《さいたい》)をとおして母体から栄養をとるようになるので、めざましい成長が可能になったのです。

それにともなって、心臓の拍動《はくどう》が力強くなり、全身への血液の流れをよくしていきます。腎臓の機能も発達し、20週ころから羊水《ようすい》のなかにおしっこをしはじめます。そして胎児は羊水を飲んでいるのですが、さしさわりは生じません。腸がおしっこの成分を濾過《ろか》することができるまで成長しているからです。

脳は、24週ころには重さが約300グラム、生まれるときの4分の3に達して、けっこうからだの動きをコントロールできるようになっています。そのためでしょう、羊水が増えるせいもあって、胎児は頭を上にしたり下にしたり、かなり自由に動きまわりはじめます。その動きを母親はピクピクと感じられることでしょう。

感覚神経もめざましく発達し、想像以上に子宮の外を感じているようです。とくに聴覚《ちょうかく》は完成に近くなっていて、母親の心臓や血液の流れの音はもちろん、母親の声、周囲の会話や騒音なども聞いています(→25ページ)。味覚《みかく》と嗅覚《きゅうかく》も発達しつつあり、もっとも発達の遅い視覚《しかく》も、この時期、光の明暗を感じるようになっています。

胎児の発育

	身　長	体　重
12週	約　9 cm(頭臀長は 5〜6 cm)	約　50 g
24週	約 30 cm	約　650 g
32週	約 40 cm	約 1600 g

注)頭臀長《とうでんちょう》とは，頭頂からお尻までの長さ

それやこれやで、快不《かいふ》快《かい》をはじめ、さまざまな本能的な欲求も感じとるようになっているのかもしれません。このころから、指が口に触れると反射的に指をくわえしゃぶるようにもなってきます。

外見では、皮膚の厚みが増し、胎脂《たいし》に覆《おお》われ、うぶ毛が生えてきます。16週くらいには皮下脂肪《ひかしぼう》がつきはじめ、皮膚の赤みが増してきます。また、髪の毛が生《は》え、爪《つめ》ができてきます。顔にはまゆ毛やまつ毛が生え、まぶたも開くようになり、手足も伸びて、全体に赤ちゃんらしくなってきます。しかし、まだやせていて、しわもたくさん見られます。

妊娠28～36週のころ

28 週

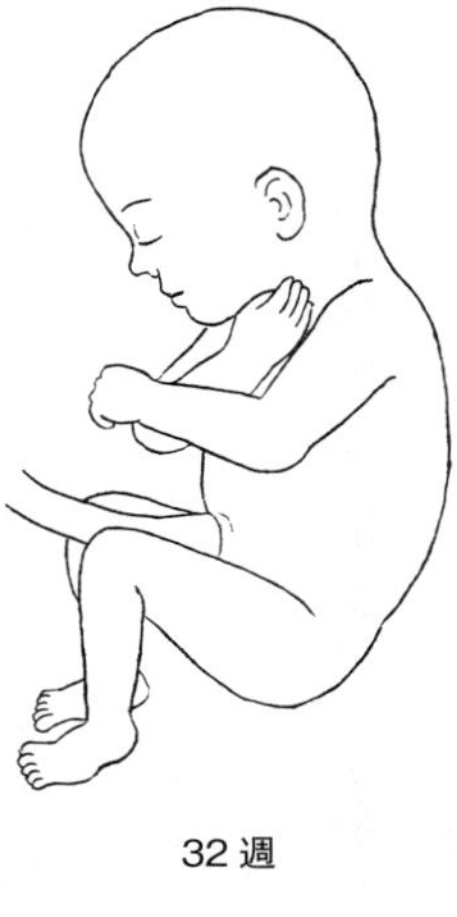

32 週

いわば完成期。子宮の外に出てもやっていけるようになる時期です。

28週になると、体重が1000グラムを超え、皮下脂肪《ひかしぼう》も増え、丸みが出て、赤ちゃんらしいからだつきになります。

髪の毛が伸び(5ミリメートルほど)、全身にうぶ毛が生じます。

臓器と器官の機能は、ほぼ完成し、大人に近い状態になります。ただ、肺だけは、胎盤《たいばん》から酸素をもらっている関係上、まだ機能していません。しかし、羊水《ようすい》を飲んで肺をふくらませる「呼吸様運動《こきゅうよううんどう》」はしています。生まれてからの肺による呼吸の準備をしているのでしょうか。

31週になると、体重が1500グラムを超え、皮膚のしわも減って、さらに赤ちゃんらしさを増します。28週ころまでは3人にひとりくらいは逆子《さかご》になっていますが、30週を過ぎると、ほとんどがふつうの頭位《とうい》の姿勢に変わり、予定日近くにはほぼ95%が安定した頭位になります。

筋肉や神経の働きはぐんと盛んになり、とくに聴覚で音の区別がつくようになってきます。脳もさらに発達し、自分の快《かい》不快《ふかい》だけでなく、母親の感情にも反応をするようになります。

同時に、動きも盛んになり、けっこう強く子宮の壁を足で蹴《け》ったり手で突いたりもしだします。それには、たぶん、からだが大きくなったために子宮が狭くなったことと、羊水が減ってくることも関係しているのでしょう。

32週ごろからは、全身のうぶ毛が消えはじめ、手足の爪と髪の毛が伸びてきます。内性器《ないせいき》、外性器《がいせいき》ともに完成し、男の子は精巣《せいそう》がお腹《なか》から陰嚢《いんのう》へと降りてきます。

また、目ざめているときと眠っているときとが区別されるようになり、母親のそれとはかならずしも連動しなくなります。

34週ごろになると、臓器や器官の機能が、生まれたときの赤ちゃんとほとんど同じになります。

また、脳の細胞の数は大人と同じになり、脳のしわも増えてきます。

そして、36週には、顔と腹部のうぶ毛がなくなります。

あとは、いつ子宮から外に出るかをうかがう毎日でしょう。

胎《たい》内《ない》からの育児

お腹《なか》の子への気持ち

女性にとって、お腹にわが子がいるという感覚は、自分というものの意識に大きな変化をもたらすのではないでしょうか。自分だけで生きているのではない、この子によって人生も変わるといった意識です。そのうえ、最初の妊娠の場合には、「親になる」という現実をかみしめざるをえないでしょう。そうした意識は大切にしなければならないと思います。

しかし、いくら嬉《うれ》しい場合でも、あまりにお腹の子にのめりこむのは、どんなものか。確かに意識は変わらざるをえないけれど、すべてが変わってしまうわけではありません。

なにしろ、子どもをはらんだからといって、その人がその人でなくなるのではないのです。また「母性」と言われるものにしても、胎動《たいどう》などで「これがそうか」と感じることはあるでしょうが、そんなとき以外は、以前と変わらない自分の意識だけで行動しているにちがいありません。

ですから、この際は、お腹の子と自分との折りあいをどうつけるか、とりわけ自分を生かし続けるにはどうしたらよいか、そんなことを考えてかかっているのがよいと思います。

とはいっても、そこには理知《りち》を超えたきわどい機《き》微《び》が介在《かいざい》するにちがいありません。わが身のうちに別の生命が宿《やど》っているという事実からして、なかなかに重いこと。その事実を知った当初には衝撃が走るし、月日が経《た》つにつれて、胎児の人間としての存在感がリアルに迫ってくるはずです。とりわけ超音《ちょうおん》波《ぱ》検査《けんさ》の画像でその存在をまのあたりにすれば、なおさらのことでしょう。

そのために、たいていの人は、お腹にいるのはどんな子だろうとか、自分が母親をつとめられるだろうかといった不安にとりつかれるようです。ときには、親になることの重圧感とか別の生命を宿《やど》すことの不気味《ぶきみ》さから逃れたいという衝動に駆《か》られることさえあるかもしれません。

でも、そうした葛藤《かっとう》は、実は赤ちゃんを産むための心の準備になっているのだと思います。その証拠に、だれにでも葛藤はあるし、動揺が大きかった人でも現実に赤ちゃんを抱くと、不思議なほど落ち着いて世話ができるようになるものです。

一方、男性にとっては、わが子がいるということは、リアルには感じにくいのではないでしょうか。

なにしろ、胎児《たいじ》が自分のお腹のなかにいるのではない。当然、体調や体型の変化もない。ただただパートナーの変化を見せつけられるばかり。ですから、「わが子」といっても、頭のなかで、そう思いなすほかはないでしょう。

　そうした疎外感《そがいかん》が、ややもすると、さびしさとかパートナーへのうとましさ、さらにはお腹の子への嫉妬《しっと》すらもたらしかねません。

　すると、人によっては、無愛想《ぶあいそう》になったり、不満やいらだちをかくしきれなくなるかもしれません。みずからをなぐさめようとして、仕事に精をだしたり、外での遊びを増やす人も多い。ひょっとすると、ほかの女になぐさめを求めることもありそうです。

　こうした行為も、実は、父親になることに対する心の準備にはなっているのだと思います。そのように荒れながら、内心の葛藤《かっとう》を処理しているわけですから。

　しかし、このやりかたは、あまりにも身勝手。パートナーを悲しませすぎます。自分でも十分のなぐさめは得られないにちがいない。そのうえ、子をもつことによって成熟しかけたふたりのあいだを、うちこわす結果さえもたらしかねません。

　ですから、この際は、あえて妊娠そのものに正面からコミットするにかぎると思います。自分の身のまわりのことはもちろん、家事やパートナーの世話も努めてする。妊娠の経過にも関心を寄せ、ある程度の知識ももって、女性の喜びや不安に応じられるとよい。そのようにして、自分の立場を妊娠の共同の当事者として据《す》えてしまうのです。

　お腹の子のことも、折をみては彼女のお腹に手をあてて胎動《たいどう》を感じたり、耳をつけて心臓の音を聞いたりするとよい。そうすれば、多少ともは実感できるはずです。

胎児《たいじ》に悪いこと

　お腹《なか》に赤ちゃんがいるからといって、あまりに摂《せっ》生《せい》に努めるのはどうかと思います。それは、子どものために自分を犠牲にする姿勢。産んだあとにも引き継がれそうです。

　そして、子どもに「つくす」姿勢は、ややもすると、子どもを「思うとおりにする」姿勢に通じかねない。「こんなにしているのだから」という恩着《おんき》せが、そうさせがちだからです。

　ですから、妊娠中の摂生は度を過ぎないようにしたほうがよい。もちろん胎児への害が深刻になることは厳重に避けるとしても、さほどでないことは、ほどほどにしておくのです。だいいち、胎児に害があることはたくさんあるので、すべてを完全に避けられるわけはないでしょう。

仕事に関して

　仕事は、意に反してやめることはありません。以前は働いているひとに妊娠中毒症《にんしんちゅうどくしょう》（妊娠高血圧症《にんしんこうけつあつしょう》候群《こうぐん》)、流産、早産、未熟児出産《みじゅくじしゅっさん》などが多かったけれど、いまでは家庭にいるひととの差はほとんどなくなっているのです。むしろ、つわりは仕事をしているほうが、軽いことが多いくらいです。

ただし、労働条件と労働環境が問題で、それらが悪ければ胎児にも母体にも悪影響がもたらされることは明らか。すくなくとも左のコラムに示すようなことは、職場に遠慮なく要求してしかるべきです。とくに少しでも異常な症状がある場合には、それに対応した処置ができる労働環境が不可欠です。

あとは、職場での仕事のしかたと責任をどうあんばいするか、それにともなう人間関係をどう調整するかが、かなりむずかしい問題になるでしょう。そのことについても、妊娠の状態と自分の希望を上司と同僚に遠慮なく話して、早く職場の態勢を組み替えてもらうべきです。

ただ、それにしても、これまでの仕事の責任が残っていたり、同僚にかける負担が大きかったり、多少ともの気苦労《きぐろう》は避けられないでしょう。でも、この際は、割り切って、なるたけ気にしないにかぎります。そう長期間でもないですから。

仕事上、気をつけること

外勤の場合

通勤の混雑を避ける。男女雇用機会均等法第13条に「事業主は妊娠した労働者の勤務時間の変更、勤務の軽減などの必要な措置《そち》を講《こう》じなければならない」むね規定されている。

仕事があまりハードなら、労働基準法第65条の「使用者は妊娠中の女性が請求した場合においては、他の軽易《けいい》な業務に転換させなければならない」という規定を守ってもらい、時間外労働や深夜労働を避け、十分な休憩時間をとるようにする。

職場が有害な環境であれば、配置をかえてもらう。とくに放射能、鉛《なまり》、水銀、接着剤(シンナー)など催《さい》奇形性《きけいせい》のある物質を扱う職場は離れなければならない。

さらに、労働協約《ろうどうきょうやく》によっては、妊娠休暇、つわり休暇などをとることもできる。

こうした要求をすると、上司から退職を勧告されたり同僚からにらまれたりするかもしれないが、人間関係には配慮するとしても、労働者の権利は堂々と主張する勇気をもつこと。法律でも、妊娠、出産を理由とした解雇は認められていない。

自営業(商家、農家)の場合

家族の理解と協力を得ることがいちばん。自分だけ楽をするのが後ろめたいとか、嫁の立場からむずかしいという状態では、無理を重ねがち。ほんとうにつらければ遠慮せずに言い、少なくも重量物を持つとか、振動《しんどう》の強い機具を使ったり、薬物を扱うのは、ほかのひとにやってもらうように。あまり長い立ち仕事では、たびたび座って休むこと。妻が自分で言いにくければ、夫に家族とのあいだをとりもってもらう。

食事に関して

食事上の注意は、さほど厳格に守ることはありません。とくにつわりの最中は、気ままにするにかぎると思います。

ただし、カルシウムと鉄分と葉酸《ようさん》は多くとるように心がけ、塩分は妊娠前より少なくする必要はあります。もっとも、カルシウムは、あまりに多くとりすぎると、腎臓結石《じんぞうけっせき》を生じるなど害がありうるので、ほどほどにしなければなりませんが。

塩分は、ふつうの食事だととりすぎになって妊娠《にんしん》中毒症《ちゅうどくしょう》（妊娠高血圧症候群《にんしんこうけつあつしょうこうぐん》）を起こしかねません。また、糖分や脂肪分があまりに多い食品、たとえばスナック菓子、アイスクリーム、ケーキなどは、食べすぎないように。これらを毎日たくさん食べていると、太りすぎになりかねません。

ただし、だからといって、食事全体にわたってダイエットしすぎるのは考えもの。そのために、からだがだるくなったり、まして胎児の発育が悪くなっては、元《もと》も子《こ》もありません。甘いものはひかえるとしても、3度の食事はきちんととっている必要はあります。

また、生まれてくる子どもがアレルギーにならないようにと牛乳や卵を避けるのはつまらないこと。それだけ食事がまずしくなるし、そもそも妊娠中に牛乳や卵を避けていてもいなくても、生まれてくる子どもがアレルギーになる割合は変わらないからです。

そんなことよりも、食事でもっとも気をつけなければならないのは、ダイオキシンとメチル水銀かと思います。ダイオキシンについては、近海物《きんかいもの》の魚をなるべく食べないように努める必要があります（↓147ページのコラム）。メチル水銀については、メカジキやキンメダイなどを食べるのを、週2回までにとどめる必要があります。

そのほか、添加物の多い食品や遺伝子組み換え食品なども、敬遠《けいえん》しておくにかぎります。

■参考になるサイト

・厚生労働省「水銀を含有する魚介類等の摂食に関する注意事項」
http://www.mhlw.go.jp/topics/2003/06/tp0613-1.html#toi2

お酒とタバコ

酒類は、妊娠初期にはつつしむべきですが、中期に入れば、あまり厳格に避けることはないと思います。もちろんやめるにこしたことはないけれど、無理にやめようとしていらいらしたり、つい手を出して自己嫌悪に陥《おちい》ったりするのもどんなものか。かえって、精神面で悪い影響をきたしそうです。

そこで、どうしても飲みたくてたまらなくなったら、そのときだけ、ビールならコップに2〜3杯、ウィスキーのシングルなら1杯、日本酒ならおちょこに3〜4杯くらいまでを。

個人差はあるけれど、そのくらいにとどめ、月に2〜3回程度で毎日のようにやらなければ、胎児《たいじ》への影響はないとされています。ちなみに飲酒量が1

日平均純アルコールとして60～110ミリリットル以上、月に純アルコールとして675ミリリットル以上だと胎児性アルコール症候群《しょうこうぐん》の原因になると言われていますが、現実には日本ではごく少数しか発生していません。ただ、それ以上飲みすぎたときには、うんとからだを休め、3～4日はアルコールをいっさい口にしないほうがよいでしょう。

タバコも、妊娠初期からやめるにこしたことはないけれど、どうしてもやめられなければ、ニコチンの少ない銘柄《めいがら》を選んで、1日に2～3本までを。

問題とされている胎盤《たいばん》の血流量の減少は、そのくらいのニコチンなら、むしろ禁煙でいらつき続けるよりましかと思います。しかし、節煙《せつえん》が守れず1日に10本近くも吸ってしまうようなら、いさぎよく禁煙してしまわなければなりません。

また、近くで他人にタバコを吸われると、その煙を吸いこむし、自分も吸いたくなりがちなので、周囲のひとにも喫煙《きつえん》を遠慮してもらう必要があります。

病気と薬

風疹《ふうしん》(→病気74ページ)は妊娠の初期(とくに15週まで)にかかると、胎児に先天性風疹症候群《せんてんせいふうしんしょうこうぐん》を起こす可能性が大きいので、うつされないよう注意が必要です。

はしか(麻《ま》しん→病気75ページ)も、妊娠の初期にかかると、胎児への害が大きく流産することが多いので、やはりうつされないよう注意が必要です。

そのほかの感染症では、胎児に異常をもたらすものはまずないのですが、それでも、インフルエンザ、水ぼうそう(水痘《すいとう》)のような、本人もつらい病気にはかからないようにしたいものではあります。

しかし、だからといって、妊娠初期に予防接種《よぼうせっしゅ》をすることは、胎児に害を与える可能性があるので、避けなければなりません。

また、どんな病気でも、かかったときに薬を使うことは極力避けなければなりません。とりわけ、妊娠の初期には、薬が胎児に与える害はおそるべきものがあります。これまでに有害性が証明されている薬だけでも次ページのコラムに示したほど多いし、そのほか証明されなくても有害かもしれない薬はたくさんありそうです。

ですから、病気になったときには、なるべく薬を使わないで、十分な休養と栄養で自然に治るのを待つべきです。医者から薬を出すとか注射をすると言われた場合も、妊娠していたり妊娠の可能性があるときには、そのことをはっきり告げて、やめてもらうか安全性の高い薬にかえてもらうようにかぎります。

ただ、病気が重いとか、あまりにつらい場合は、薬を使わなければならないこともありましょうが、その場合でも最小限にとどめ、安全性の高い薬を選んでもらうようにしたいものです。

X線、放射線

X線や放射線は、被曝《ひばく》の線量が多いと、胎児に奇形、知的障害《ちてきしょうがい》(知恵おくれ)などの障害や白血病などの小児がんを起こす可能性があります。ですから、

胎児《たいじ》に害のある薬

以下にあげるのは、妊娠中に使うと胎児に害をおよぼすおそれのあることが証明されている薬です。ただし、このほかにも危険な薬はあります。それに、薬によっては、剤形《ざいけい》と使用量で害作用に差のあることもあります。また、妊娠中でも病気によっては、どうしても使わなければならない場合もあるかもしれません。

麻薬——ヘロイン、モルヒネ、コカイン、LSD
向精神薬《こうせいしんやく》——ベンゾジアゼピン系、炭酸リチウム
抗てんかん薬——ジフェニルヒダントイン、バルプロ酸
解熱鎮痛剤《げねっちんつうざい》——アスピリン、フェナセチン、インドメタシン
（ただし、アスピリンは自己免疫疾患《じこめんえきしっかん》と重症の妊娠中毒症《にんしんちゅうどくしょう》（妊娠高血圧症候群《にんしんこうけつあつしょうこうぐん》）の既往《きおう》がある場合、妊娠初期に少量を用いることはある）
抗生物質《こうせいぶっしつ》——テトラサイクリン、ストレプトマイシン、クロラムフェニコール
ホルモン剤——ダナゾール、男性ホルモン
血圧降下剤《けつあつこうかざい》——レセルピン、ヘキサメトニウム
抗凝固剤《こうぎょうこざい》——ワーファリン
抗甲状腺剤《こうこうじょうせんざい》——ヨウ素化合物
血糖降下剤《けっとうこうかざい》——トルブタミド
抗腫瘍剤《こうしゅようざい》——シクロホスファミド、メソトレキセート

（注）　ここにあげた薬の名は薬剤名で、商品名ではないので、商品名しかわからないときには、医者か薬局で薬剤名をたずねて確かめてください。

また、妊娠中の薬について、産科医や薬剤師に相談したい場合は、虎の門病院の「妊娠と薬」相談外来がありがたい存在でしょう。

http://www.toranomon.gr.jp/visit/schedule/other.html

しかし、妊娠が疑われる前に薬を飲んでしまった場合には、くよくよとこだわらないにかぎります。その薬が無害を確かめられているものなら安心していてよいし、いちおうだいじょうぶとされているものなら、いま心配してもはじまらないですから。もし、危険な薬だったとしても、長期間つづけたのでなければそんなに危険は大きくないし、だれもがひどい害を受けるわけでもありません。その薬によって、害の発生する率と程度はさまざまなのです。

それに、病気をせず、薬を飲まなかった場合でも、1～3％は、軽いにせよ重いにせよ、自然に障害のある子が生まれるものなのです。そうした子も、あくまで、人間だし、身ごもって人間としての成長をはぐくみ始めた以上、親はそんなことで子を捨ててはならないと思います。風疹《ふうしん》にかかったとか、危険な薬を飲んだからといって、すぐ「堕《お》ろす」ことを考えるのは、あまりにも酷《こく》です。せめて悩みぬいて決断してほしいと思います。

妊娠しているときはもちろん、妊娠の可能性があるときは、できるだけX線や放射線は浴びないようにしなければなりません(↓病気462ページのコラム)。医者に「レントゲンをとります」と言われたときには、そのことを告げて、どうしても必要な場合以外は断るべきです。たとえ必要な場合でも必ず、お腹《なか》に鉛《なまり》のガードをしてもらわなければなりません。

また、X線や放射線を浴びる危険のある職場に勤めているひとは、だんぜん配置をかえてもらう必要があります。

ただし、妊娠に気づかずX線や放射線を浴びてしまった場合には、くよくよとこだわらないこと。とくに胸や歯の検査でおこなわれるふつうのレントゲンなら、胎児に影響することはまずないと思っていてよいでしょう。

胎教《たいきょう》の効果

胎児《たいじ》は、8カ月ごろになると、聴覚をはじめとして視覚、味覚などの知覚能力ができてきて、その知覚に対して反応するようにもなってきます。

その証拠に、超音波《ちょうおんぱ》の画像で胎児を観察していると、外からの音や光や接触に敏感に呼応《こおう》して動くのが見てとれるはずです。また、胎児の心臓の拍動《はくどう》を記録していると、母親の生活や感情の変化に大きく影響を受け、だんだん母親と同調するようになっていくのがわかると言います。

そこで、「育児は胎児期から必要」という説が「科《か》学的《がくてき》胎教《たいきょう》」とか「胎児育児学」として流行してきたし、いまでもけっこうもてはやされているようです。

たとえば聴覚に関しては、モーツァルトやヴィヴァルディの音楽を聞かせたり、母親が優しい声で胎児に話しかけていると情緒《じょうちょ》が安定し、ベートーベンやブラームスやロックを聞かせたり、母親がいらだった声をあげていると情緒が不安定になる。さらには、しょっちゅうピアノの演奏を聞かせていると、幼いうちからピアノの演奏がじょうずになるといったぐあいに。

知能に関しては、妊娠中に母親が英語を話していると、幼児になって教えなくても英語をしゃべるようになるとか、俳句をしょっちゅう口ずさんでいると、生まれたばかりの赤ちゃんが俳句に反応するようになるといったぐあいにです。

しかし、こうした説には大きな限界があって、まだまだわからない、確かでないことのほうが多い。

わかっていることでも、動物実験の結果の類推《るいすい》にすぎなかったり、人間での研究でさえ病院内でおおげさな機器を使っての短時間の実験データにすぎないものが多いのです。それでは、日々世の中で暮らしているひとにあてはまるかどうか、疑問があります。

そのうえ、学者によって研究結果に差があり、それらの解釈にも論理的な矛盾や飛躍が多すぎます。なかには、ちょっとしたエピソードを拡大解釈して、いい加減な推測を権威あるごとく吹聴《ふいちょう》している向きもないではありません。

だいいち、胎内《たいない》で胎児が聞いている音は、マイクを入れて確かめてみると、水中にもぐったときに聞くようなくぐもった音で鮮明な音ではない。母親の声もぼんやりとしか聞こえていないのです。せいぜいリズムを感じる程度で、とても意味までわかるはずはありません。それに、そもそも大脳の機能をつかさどるシナプス(神経細胞どうしをつなぐ部分)は、生後に急速に発達するものでもあるのです。

というわけで、「科学的胎教」と言われるものに効果があるとは、ほとんど言えません。むしろ、そんなものに躍起《やっき》になっているほうが、妊娠期を緊張させて、胎児に悪影響を与えかねないと思います。

産後への期待

産み月が近づくにつれて、生まれてくる子への期待がふくらむもの。どんな子かを想像して楽しみにしだすひとが多いようです。その気分こそ、お産の醍醐味《だいごみ》、おおいに楽しんだらと思います。それに、そういう期待があってこそ、お産の苦労にも耐えられるのではないでしょうか。

けれど、現実に生まれてくる赤ちゃんは、決して想像どおりではありません。その後の育ちも、決して期待どおりにはいきません。そうした現実も、心の片隅でちょっぴりとは覚悟しておいたほうがよいでしょう。あまりに期待ばかりが大きすぎると、無用な失望感や挫折感に見舞われそう。育児には情熱とともにクールさも必要なのです。

生まれてくる子の性別についての期待もあるでしょうが、それにはこだわるべきではないと思います。あまりにこだわっていたら、期待と異なった性に生まれた子がかわいそうです。

その意味で、妊娠中から性別を知ろうとするのはどんなものか。だれにも知りたい気持ちはあるだろうけれど、それはやっぱり性別へのこだわり。性別には淡々《たんたん》としていてほしいと思います。生まれる前にそろえておきたい赤ちゃん用品も、衣服をふくめ性別で異《こと》にする必要はない。少なくとも生後1カ月ほどは同じで困ることはないはずです。

ですから、超音波検査《ちょうおんぱけんさ》(↓11ページ)のときに性別はたずねないほうがよい。医師にも言わないでほしいと伝えておくのがよいと思います。そうして、生まれた感動のなかで性別を知るのもドラマチックでいいのではないでしょうか。

産みかた

お産へのかまえ

とにかく気張《きば》らない、考えすぎないようにするにかぎります。

お産は、人間のからだに備わっている自然の営みです。母親の意志とか努力で産めるわけではないし、医者や助産師が引き出すものでもありません。

実は、赤ちゃんは母親に力を出させてくれ、その力に応じて、自分で生まれてくるようにできているのです。陣痛《じんつう》からして、赤ちゃんの脳の下垂体《かすいたい》がホルモンを分泌《ぶんぴ》して子宮を収縮させている。だから、母親がコントロールできないわけです。そして、赤ちゃんは、そのリズムに合わせて、産道《さんどう》にそった姿勢をとりながら、自分ですすんでくる。しかも、そのとき、赤ちゃんの頭蓋骨《ずがいこつ》は折り重なって、頭を細くし、産道を通りやすいかたちにしているのです。

すると、母親のほうにも、ひとりでに、これに協力する動きがでてきます。ホルモンの働きで子宮口《しきゅうこう》や膣《ちつ》を柔らかくする。赤ちゃんの動きに合わせて、産道のまわりの筋肉と骨盤の関節をゆるめる。そうして、赤ちゃんが通りやすいようにしているわけです。しかも、このとき、母親はいきんだり脱力したりしたくなる。そうすることで、はからずも赤ちゃんの動きをスムーズにしているわけです。

このように、お産は、子と母が組むジャズのコンボ(楽団)のようなもの。両者のかけあいで、早くも遅くも、激しくも穏やかにも進みます。途中でどんなことが起きるか、推測することもむずかしいくらい。当然、ひとりひとり違うし、同じ母親でも毎回同じようにはいきません。

ですから、知識として仕入れたマニュアルとか自分の理想どおりのお産をしようと気張っても無理。かえって子と母のアンサンブルを乱して、お産をむずかしくしかねません。

要《よう》は、かまえず自然体で、そのときどきに応じ、自分なりのやりかたで乗り切っていくにかぎると思います。

ただ、そうはいっても、お産というと「痛み」が想像されて、「いやだな」と思うひとは多いでしょう。

ですが、陣痛は、ふつうの傷とか病気の痛みとは、まったく性質がちがいます。それは子宮の収縮や産道の広がり、周辺の筋肉の緊張、呼吸や血液循環の高まりなどの肉体的作業と精神的な緊張、興奮とがミックスした、いわば労働の労苦のようなもの。英語でレーバー（労働）と言うくらいです。しかも、その結果は、赤ちゃんというひとりの人間の誕生なのです。

ですから、陣痛は、むしろやりがいのある、「楽しい苦しみ」とでも思っていたらどうでしょう。とにもかくにも、ほかならぬ「わたしの子」、「わたしたちの子」をもたらしてくれるのです。苦しかっただけ達成感は大きいかもしれません。

ただ、こうした子と母のコンボには、父親のほうは、ともすると疎外感《そがいかん》にとらわれがち。たとえそばにいても、からだの奥底からコンボに加わっている感じにはなりにくいのではないでしょうか。ましてお産の場にいなければ、加わりようもありません。

けれど、赤ちゃんが生まれるのは、父親もいてこそのこと。父親の存在は、不可欠で、れっきとしているのです。そんな自負をもって、お産に対していたらいいのだと思います。

それに、お産は、女だけでなく男にとっても、人生途上のビッグイベントです。それを女だけにまかせて、自分は脇役にとどまるという法はないでしょう。あくまで彼女と同格でのぞむようにしたいものです。

どこでどのように産む

自分の希望を整理する

いまは、お産のしかたが変革期に入っています。そのために、さまざまな産みかたが混在しているので、どれを選ぼうか迷うかもしれません。

しかし、変革の方向は「主体的に産む」ことに向かっている。つまり、産む人が主体性をもって産むことがトレンドになっているのです。ですから、どこでどのように産むかということからして、あくまで自分の希望を大切にし、自分と赤ちゃんに合った産み場所と産みかたを入念《にゅうねん》に調べてかかるようにしたいものです。

このことはとくに多くの施設がある都会では不可欠ですが、限られた施設しかない地方でも、助産院や自宅などを選択肢に入れる場合には必要になるでしょう。

とすれば、まず、バースプラン、つまり自分がどういうお産をしたいかの計画を整理しておかなければなりません。それがあいまいだと、妊娠の初期にかかった病院でずるずると産むことになったり、父母や知人の言うなりになって、あとで後悔することがあります。

そして、バースプランが決まったら、産む施設に口頭《こうとう》か文書で伝え、相談にのってもらうのがよいでしょう。

ちなみに、どういうお産をしたいかを整理するに当たっては、以下のことについて、どれを選ぶかを考えておくのがよいと思います。

〈お産のしかた〉

(1) 全面的に医師、助産師にまかせる

多くの病院、産院でおこなわれている管理的な方法。

最近は、分娩時だけでなく、妊娠28週以降から生後1週間ないし1カ月を、一貫《いっかん》して医療の管理下に置く周産期《しゅうさんき》医療《いりょう》システムも整備されつつある(↓左のコラム)。

利点としては、以下のことがあげられる。

・分娩監視装置を使うので、胎児《たいじ》仮死《かし》を事前に把握して、手早い処置がとれる。

・陣痛の強弱も確実に把握して、薬剤によるコントロールができる。

・痛みを避けるための硬膜外麻《こうまくがいま》酔《すい》や緊急事態に対する手術も可能。

問題としては、以下のことがあげられる。

・産む人の主体性を低め、お産の自然性もそこねる。

・機器にまさる人間の感覚を軽視し、過剰な医療行為をしがちで、かならずしも安全度を増さない。

(2) 全面的または部分的に主体性をもつ

① フリースタイルによるアクティブ・バース

産む人が全面的に主体性をもつ方法で、助産院を主に病院にも広がっている。

・分娩台はないか、あっても産むとき自由に好きな姿勢をとる。あらかじめヨガをベースにした体操で筋力や感覚を養っておく。

・産む人は楽で、胎児仮死が少ない。ちなみに分

周産期医療《しゅうさんきいりょう》システム

妊娠28週以降から生後1週間ないし1カ月のあいだ、母子が家庭、助産院、産院、病院などどこにいようと、胎児仮死《たいじかし》とか大出血など重大な緊急事態が生じたときに、すばやく最新の周産期医療をほどこせるようにするシステムのこと。

次の3段階をコンピューターネットワークで組むことになっています。

第1次施設　助産院、産院、個人病院

第2次施設　地域周産期母子医療センター（中規模病院）

第3次施設　総合周産期母子医療センター（大病院）

ところが、実際は第3次施設でふつうのお産も数多く扱っているため、それに手をとられて、肝心《かんじん》の緊急時の対応が十分にできていないことが問題になっています。

今後は、施設の機能に応じた任務分担が整備され充実される必要がありますが、産む側もやたらに「大きな病院」を志向することはあらためなければなりません。

娩台での固定したあおむきでは、いきみにくく時間もかかり、血液循環が妨《さまた》げられ赤ちゃんに悪い。

・ただ、しゃがんだ姿勢のままいきみすぎると、出血と会《え》陰裂傷《いんれつしょう》を起こしやすい。

・産んですぐ赤ちゃんを抱け、カンガルーケアもしやすいという利点がある。

(注)カンガルーケアとは、生まれたばかりの赤ちゃんを、乾いたタオルでふき、裸のまま母親の素肌につけ、30分くらいタオルでくるんでおくこと。産んだ実感がしっとり味わえるし、赤ちゃんも呼吸が早く安定する。早産児に対するケアと区別して、早期母子接触とも呼ぶ。最近は、管理的なお産でも、カンガルーケアをしてくれる病院が増えている。出生間もない赤ちゃんの容態は急変する可能性もあり、母子2人きりのカンガルーケアには、より注意が必要となる。

②ラマーズ法

お産のときの呼吸のしかたに主体性をもたせる。

・独特の呼吸法によって緊張をほぐし痛みをやわらげる方法。

・一時ほど流行しなくなったが、管理的な病院を含めて、普及している。

・よりリラクゼーションを重視したのが新ラマーズ法

③リーブ法

お産の全過程を楽にしようとするもの。

・気功《きこう》をもとにした独特の動作とイメージトレーニングで、東洋的な雰囲気をもつ。

・一部の助産院と病院でおこなわれている。

④ソフロロジー法

お産の全過程を楽にしようとするもの。

・イメージ・トレーニングによる、いきまない、瞑想的《めいそうてき》なお産。

・最近少しずつ普及してきた。

⑤水中出産

プールか浴槽《よくそう》で産む方法。

・お湯の温かさによる痛みのやわらぎと落ち着き、浮力による楽な姿勢でからだの緊張をほぐし、お産をスムーズにする。

・赤ちゃんを自分でとりあげることもできる。

・ただ、激しく出血したときなど危険。

・まだ、ごく一部でしかおこなわれていない。

⑥座産

むかしながらの産みかた。姿勢が楽で、いきみやすい。

・医師、助産師は介助《かいじょ》しにくいが、産む人を主にする点で、最近見直されている。

(3) 計画分娩

都合《つごう》のいい日時に陣痛促進剤《じんつうそくしんざい》を使って産ませる方法。

・無理があるので、難産になりやすく吸引分娩《きゅういんぶんべん》や帝《てい》王切開《おうせっかい》が増える。

・さすがに最近は減っている。

(4) 父親、上の子の付き添い(立ち会い)

希望すれば認めてくれる産院、病院が増えている。

・かつて心配されていた母子への感染の危険はない。父親または親しい人が付き添うと、ひとりぼっちのさびしさや不安がまぎれ、頼みごとも遠慮なくできる。

・産むところを見られたくない女性と産むところに入りたくない男性は、陣痛室まででもよい。

・子どもは不安に陥《おちい》りがちだが、母親と父親が安心させるように努めていれば、産まれたときに感激し、赤ちゃんを受け入れやすい。

〈産む場所と施設〉

(1) 産む場所

① 総合病院周産期センター

② 産科病院、産院

③ 助産院

助産師の人柄と技術によるが、アットホームでお産も自然で楽。予期しない大出血や赤ちゃんの異常など万一のときが心配だろうが、応急処置はとれ病院との提携《ていけい》もあるはずなので、確かめておけばよい。ただし、お産にリスクが予測される場合は、助産院ではなく、病院を選んだほうがよい（→33ページのコラム）。

④ 自宅

まったくリスクが予測されず、助産師にきてもらえるなら、文字どおりアットホームでよい。

しかし、万一の場合は危険。お産の直前に医師の診察を受けて異常がないことを確かめ、不測《ふそく》の

里帰り出産

実家の親に甘えられ手伝ってもらえるので楽かと思います。とくに上の子の面倒《めんどう》をみる人がいない場合も助かるでしょう。そのためか、マタニティブルー（産後の憂鬱《ゆううつ》）に陥《おちい》る率は少ないと言われます。

しかし、里帰りでは、お産が女だけのことになるし、長期間にわたって夫婦が離れ、父親が生まれた赤ちゃんと接する機会がとぼしくなるといった欠点もあります。

ですから、里帰りするかどうかは、そうした両面をにらんで慎重に判断するべきだと思います。

実家に行く時期は、安全の点からは早いほどいいけれど、別居期間を考えれば遅いほうがいい。そこで予定日より1カ月前くらいを選ぶひとが多いようです。

妊娠38週をすぎたら、いつ生まれるかわからないので、長距離の移動は無理。必ずだれかについてきてもらうようにしなければなりません。

妊娠中期に一度、世話になる産院に行き、あいさつをかねて診《み》てもらい、入院の予約をしておくことも大切です。そのとき、これまで診てもらっていた医者の紹介状をもっていくとよいでしょう。

実家に帰ったら、すぐその産院をおとずれ、入院の心得《こころえ》など求められることをよく聞いて、それに合った準備をととのえるようにしたいもの。その土地の風土に合った礼儀《れいぎ》はなるべくつくすとしても、こちらの希望もはっきり言っておくべきです。

WHO（世界保健機関）の出産科学技術についての勧告からの抜粋

16 剃毛《ていもう》と出産前の浣腸《かんちょう》は必要がありません。

17 陣痛中、及び出産の時に、女性に砕石位《さいせきい》の体位をとらせてはいけません。陣痛中は歩きまわることを奨《すす》められるべきですし、生まれるときにどんな体位をとるかは、それぞれの女性が自由に決められるべきです。

18 会陰切開《えいんせっかい》を慣例的に行うことは、正当ではありません。他の方法による会陰部の保護が検討され、行われるべきです。

19 出産は、社会的な便宜《べんぎ》のために誘発《ゆうはつ》されてはならず、陣痛の誘発は特定の医学的適応が認められる場合にのみ行われるべきです。いかなる地域においても、誘発率は10％を超えるべきではありません。

20 出産中は、問題の解決あるいは予防のため、とくに必要でない限り、鎮痛剤および麻酔薬の慣例的な使用は避けるべきです。

事態に備えて病院に救急の依頼をしておくことが必要。

(2) 施設内での居室

① 母子同室か別室か

赤ちゃんにとっては母子同室がよい。母乳を与えやすいし、泣きも少ない。訪問者からの感染は、病気の人が遠慮しさえすれば、まずだいじょうぶ。むしろ新生児室の集団感染のほうが問題。

母親にとっては一長一短がある。同室だと母乳が出やすいし赤ちゃんの顔を見て過ごせるが、人によっては疲れる。別室だと母乳を与えるのに困難があるし赤ちゃんのことが気になるが、人によっては休まる。

同室にしておいて、疲れたときだけ別室にしてもらえればありがたいだろう。

② LDRルーム

陣痛（L）、分娩（D）、回復（R）を同一の部屋で過ごす。家庭的ムードで、移動の必要がなく、フリースタイルお産をしやすい。産院をはじめ病院にも、しだいに普及しつつある。

〈技術的なこと〉

浣腸《かんちょう》は、お産が長引いた場合に必要になることはある。しかし、ふつうのお産で事前に排便がすんでいれば必要はない。

剃毛《ていもう》も、異常なお産の場合を別として、必要はない。会陰切開《えいんせっかい》は膣《ちつ》と肛門《こうもん》のあいだを切る術。お産は早くなるが、あとで痛みが強い。ふつうのお産なら、切開をした場合としなかった場合とで、赤ちゃんの安全に変わりはない。ただ逆子《さかご》とか、お産の途中で赤ちゃんに頭蓋内出血《ずがいないしゅっけつ》や酸素不足など深刻な事態が起きた場合には、切開もやむをえないことがある。

陣痛促進剤は、予定日を大幅に過ぎたり前期破水《ぜんきはすい》したのに陣痛が起きない場合（誘発）と、起きたけれど弱すぎる場合（促進）に使わざるをえないことがある。しかし、非常に強い痛みや胎児への過剰な圧迫、大出血や産道の裂傷《れっしょう》などを起こすおそれがあるので、なるべく使わないにかぎる。すくなくとも母親にも赤ちゃんにも異常がなければ、使わずに自然の陣痛を待ちたい。

ちなみに、浣腸、剃毛、会陰切開、陣痛促進については、ＷＨＯ（世界保健機関）のお産に関する勧告のなかでも触れられている（↓前ページのコラム）。

ただし、以上のことはあくまで正常のお産の場合で、妊娠前から難点があったり、妊娠の経過に異常があったり、ふつうとは違うお産が予想されたり、産まれてくる子に難点がある場合に、そのままあてはめることはできません。それぞれの事情にふさわしい病院を選ぶ必要があります。いくら自分の理想があっても、事情が許さなければ、固執《こしゅう》すべきではありません。

そうしたケースとしては、左のコラムのようなものがあげられます。

情報を集める

自分の希望に整理がついたら、次は、その希望がどこでどのようにしたらかなえられるか、手をつくして調べる必要があります。

まず耳を傾けるべきは「クチコミ」です。世間のうわさ、とくに先輩の体験談は、裏の事情にまでおよぶので、かなり真実に迫ることができます。ただ、人による主観や脚色が入るので、その点は差し引か

病院を選んだほうがよいケース

（注）およその目安。質と程度で変わってくるし、その他のケースもありえます。

1　妊娠前から抱える難点

母親の持病《じびょう》

糖尿病、心臓病、膠原病《こうげんびょう》、腎臓病、重症肝炎《じゅうしょうかんえん》、エイズ、梅毒《ばいどく》、難治《なんち》性器《せいき》ヘルペス、精神病、大きい子宮筋腫《しきゅうきんしゅ》、Ｒｈマイナスの血液型

前回のお産で

ひどい難産、重い妊娠中毒症《にんしんちゅうどくしょう》（妊娠高血圧《にんしんこうけつあつ》症候群《しょうこうぐん》）、帝王切開、胎盤早期《たいばんそうき》剥離《はくり》、大出血、赤ちゃんに異常

2　妊娠中にわかった異常

重症の妊娠中毒症（妊娠高血圧症候群）
骨盤位《こつばんい》（いわゆる逆子《さかご》）
前置胎盤《ぜんちたいばん》（とくに子宮口を覆《おお》うもの）
羊水過多《ようすいかた》、過少《かしょう》
胎児の発育遅延（極度に発育が悪い）
胎児の重い異常
切迫流産《せっぱくりゅうざん》、早産《そうざん》
早期《そうき》破《は》水《すい》
児頭骨盤不均衡《じとうこつばんふきんこう》（ＣＰＤ、児頭と骨盤の大きさが合わない）
多《た》胎《たい》（双子《ふたご》や三《み》つ子《ご》以上）

なければなりませんが。

次は、インターネットのサイト。玉石混淆《ぎょくせきこんこう》なので慎重に選ばなければなりませんが、なかで産む人の立場に立ったサイトは有力な情報源になるはずです。
・babycom「出産施設・場所の選び方」
http://www.babycom.gr.jp/birth/osan/oso3.html

そのほか、マタニティ雑誌とかお産本も参考にしてよいけれど、医師サイドからの情報と有名施設に偏《かたよ》りがち。産む人の立場に立ったものを選びたいものです。

いずれにしても、仕入れた情報をそのまま鵜呑《うの》みにするのは禁物《きんもつ》。間違っていたり古くなっていることがあるし、自分と施設との相性が大事なので、とにかく実際を確かめる必要があります。

いちばんいいのは、施設に行って、雰囲気を見、くわしく話し合うこと。そのことを通じて、お産でものをいうスタッフ、とくに助産師の人柄を知ることもできます。

施設に行くことができない場合には、とりあえず電話で問い合わせること。電話での対応のしかたも、その施設の雰囲気を反映するものだし、お産のスタッフが応対してくれたら、その人柄を知ることができます。

臨機応変《りんきおうへん》にする

お産をする施設は、自分の希望をもとに決めるとしても、その場所や費用などの事情を無視するわけにはいかないでしょう。

費用については、ある程度気張《きば》ることはできても、場所はあまりに遠いと、お産に間にあわないおそれがあります。なるべく1時間以内に行ける施設を選ぶべきで、それ以上の距離の施設をどうしても選びたいなら、医師や助産師に入院のタイミングを指示してもらっておく必要があります。

妊娠中の健診などで施設の雰囲気とか医師や助産師の態度がひどく気に入らなくなったら、途中で施設をかえることも考えたほうがよさそうです。お産では、なによりも自分と医師や助産師との相性が大切ですから。

妊娠中の担当医が気に入っていても、お産のときにかかわるかもしれなければ、あらかじめその担当医にお願いしておくと、対応してくれることがあるかもしれません。

いちばん臨機応変にしなければならないのは、お産の途中で予想していなかった事態が起きたとき。そのときは、かすんだ意識のなかでも、できるだけ説明を聞いたうえで、納得できた対処をしてもらうほかはないでしょう。自分の理想にこだわって無理をするのは禁物です。たとえば自然分娩に固執《こしゅう》するあまり、会陰切開《えいんせっかい》や帝王切開《ていおうせっかい》をこばみ続けるなどするのは、胎児《たいじ》を危険にさらすことになりかねません。

新しい人を迎えて

変わる暮らし

家族をどうつむぐ

赤ちゃんが生まれると、暮らしの雰囲気《ふんいき》が、がらりと変わることでしょう。

なにしろ、新しいメンバーが加わったのです。そして、そのメンバーは、いくら小さくて奇妙に見えても、まさに人間。ペットとは、質も存在感も決定的に違います。

しかも、その人は、ほかならぬ「わが子」。血縁ならば、切っても切れない宿命の関係にあります。連れ子や里子《さとご》など血縁がない場合でも、「わが子」として受け入れた重いちぎりがあります。

そんな「新しい人」が、目の前に、しっかりと存在し始めたのです。女と男がいっしょに暮らしているのなら、そのふたりのあいだに、否応《いやおう》なく、割りこんできます。別居していたり、シングルの場合でも、その人の内面と暮らしに決定的な変更を迫ってくるはずです。

もはや、事態は一変しました。「新しい人」は「家族」をもたらしたのです。そうです、赤ちゃんを得たとき、人の関係は、まぎれもなく「家族」になるのです。それまでの大人ふたりまたはひとりの暮らしには「家族」という匂《にお》いがしませんでした。あるいは希薄《きはく》でした。

もちろん、家族にはさまざまな形態がありえます。子どもがいなければ家族ではない、とも言えないと思います。しかし、子どもを含むと、「家族」の匂いがだんぜん濃厚《のうこう》に発散《はっさん》されるようです。やはり、種の保存、つまり生殖《せいしょく》が家族のもっとも際だった要素なのでしょうか。

いずれにしても、そんな雰囲気のなかで、どのように「新しい暮らし」としての家族をつむいでいくか？　女と男の関係をどう組み替え、親と子の絆《きずな》をどう結んでいくか？　さらには、「新しい暮らし」のなかで、自分自身の生きかたを、どう設計し貫《つらぬ》いていくか？

そして、わが子をどのような人に育てていくか？　そうしたことこそが、「新しい人」赤ちゃんを迎えての、根本の課題になっているのです。

いくら赤ちゃんの育てかたをじょうずにしようとしても、小手先《こてさき》だけでは不十分。この根本の課題をあいまいにしていたら、いつかは深刻な揺らぎに襲《おそ》われるにちがいありません。

ただ、いまは、もう無我夢中《むがむちゅう》、毎日がバタバタと

飛ぶように過ぎていきます。とても落ち着いて物事を考えるいとまなどないでしょう。しかも、それはそれで、すごい充実、心身の消耗《しょうもう》にさえ陶酔《とうすい》を覚えるくらいであるかもしれません。

ですから、しばらくは、つきつめて考えるまではない。けれど、折にふれて、「根本の課題があるなあ」と気にするようにはしていたいと思います。

子どもの籍《せき》の入れかた、認知《にんち》のしかた

子どもが生まれたら、2週間以内(国外の場合3カ月以内)に、市区町村の役場に出生届を提出することになっています。その場所は、以下のどこでもかまいません。

・生まれた子の父の本籍地
・生まれた子の母の本籍地
・届け出人の所在地、住所地
・生まれた場所(里帰りして出産した場合など、日本国内のみ)

その際、実質的には結婚していても婚姻届《こんいんとどけ》を出していない場合には、子どもの籍をどちらに置くかが問題になることでしょう。赤ちゃんができたのを機会に婚姻届を出すという話も、もちあがるかもしれません。

これは、女性の生きかたと家族のありかたと子ども自身の将来にかかわることですから、ふたりで徹底的に考えて結論を出してください。

ただ、女性が社会で独立した人間として生きていくためには、なるたけ法的にも、夫婦別姓を貫《つらぬ》いたほうがよい。その場合の子どもの籍は、税金とか社会保障制度の便益《べんえき》も考慮に入れて、どちらでもふたりの合意で決めればよいと思います。

婚姻届を出していなくても、子どもが不利になることは、ほとんどありません。保育園に入れたり学校にあがるときなど、婚姻の有無は関係ないのです。

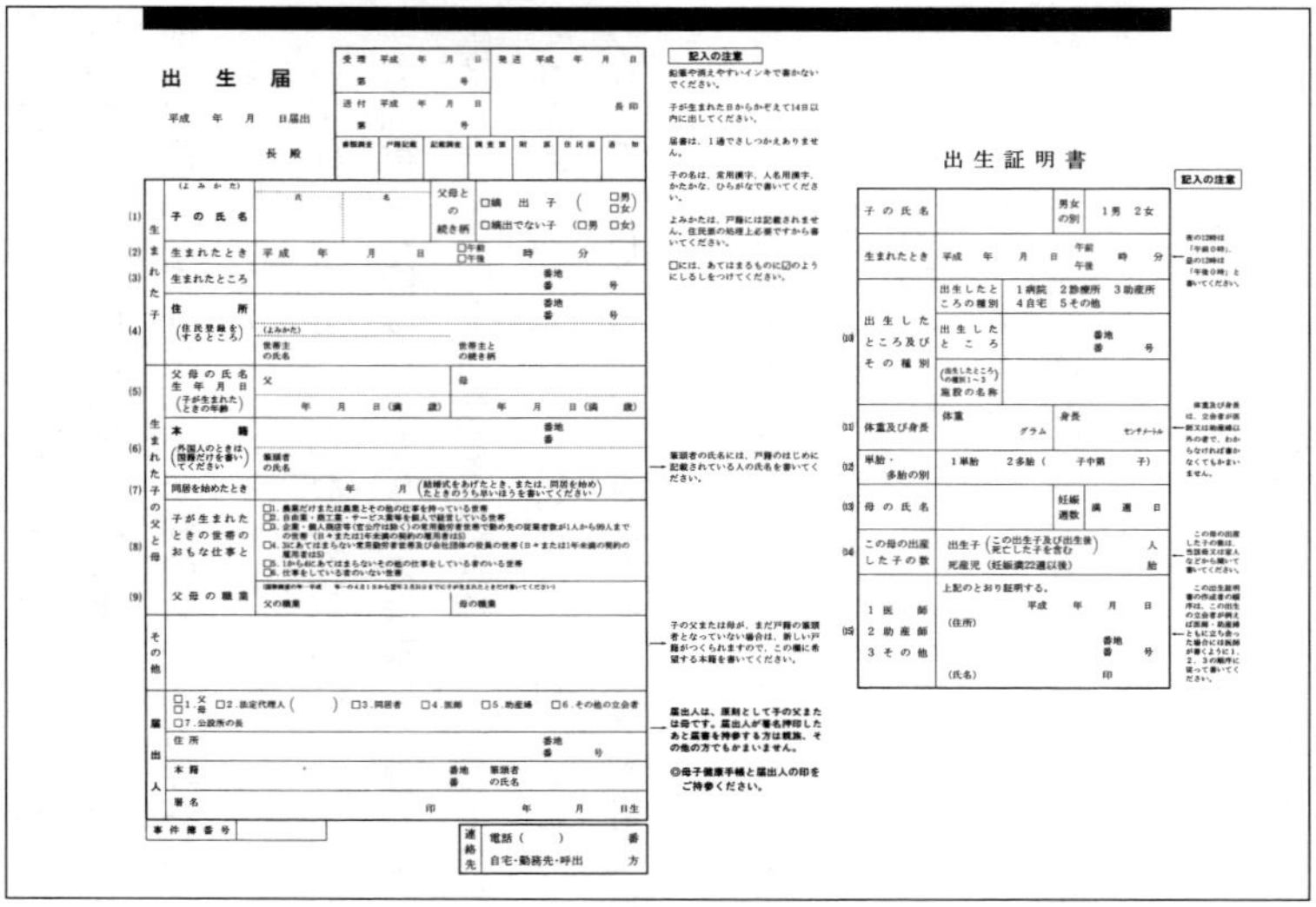
出生届

出生証明書

出生届と出生証明書

また、婚姻届を出すことにした場合でも、子どもに名乗らす姓は、かならずしも父親の姓でなくてもよい。婚姻届の「婚姻後の夫婦の氏・新しい本籍」の欄を「夫の氏」にするか「妻の氏」にするかを選べるからです。

未婚の場合と不倫関係の場合には、子どもが生まれたのを機会に、法的にか実質的にか真剣に結婚が考えられてしかるべき。どちらも無理ならば、せめて男に子どもを認知させてしかるべきと思います。ただ、認知させることで不本意に男に子どもをとられるおそれがある場合などは、慎重にしたほうがよいかもしれません。

いずれにしても、嫡出子《ちゃくしゅつし》(婚姻した夫婦間に生まれた子)と非嫡出子《ひちゃくしゅつし》とを差別する法体系は早く改めてほしいものです。

なお、外国人とのあいだに子どもができた場合でも、日本国内で産んだのであれば、日本の戸籍法の適用を受けます。ただし、その手続きは複雑なので、市区町村役場の戸籍届出窓口、または法務局、地方法務局の戸籍相談窓口にたずねるのがよいでしょう。

■参考になるサイト

・法務省「国際結婚、海外での出生等に関する戸籍Q&A」
http://www.moj.go.jp/MINJI/minji15.html

変更を迫られる生活様式

赤ちゃんをかかえると、暮らしは一変します。寝起きする時刻、睡眠時間、食事や入浴のしかたなどなど、いっさいのリズムが乱れ、思うようにはならなくなります。ベッドの位置をはじめ、部屋、家具、調度《ちょうど》などインテリアも模様替えを迫《せま》られます。衣服や髪型、化粧だって、変えざるをえないでしょう。

とにかく、自分のペースが守れず、赤ちゃんに振りまわされだすのは避けられません。もはや、これまでの生活様式は保てないと達観《たっかん》すべきです。

しかし、そうはいっても、あまりに赤ちゃん中心では、親の心身がもちにくい。親がダウンしたら、赤ちゃんどころではなくなってしまいます。

ですから、赤ちゃんへの奉仕もほどほどにしたほうがよい。振りまわされすぎないように、初めから気をつけていたほうがよい。とりわけ疲れてきたら、親のペースを優先させて、休むなり眠るなりしてよいと思います。

なに、赤ちゃんは、意外と強いもの。少々ほうっておいても、泣かせつづけても、だいじょうぶ。すくなくとも、親が赤ちゃんを大切に思っているかぎり、虐待《ぎゃくたい》の一種ネグレクトで、放置して死なすようなことはありえないでしょう。

ただ、育児を主として母親が担っている場合、その母親が疲れてゆっくり眠りたくなったときには、だれかの助けを借りておくほうが安全。父親が在宅するのなら、彼に赤ちゃんの世話をしてもらって当然です。父親がいなければ、祖父母とか友人とかに頼んで休ませてもらったらどうでしょう。

なお、父親に関しては、寝室をどうするかも、きわどい問題になろうかと思います。赤ちゃんといっしょでは熟睡《じゅくすい》できず仕事にさしつかえるからと、別室に逃げる父親と、逃がしてあげる母親がいるようです。

けれど、それはどんなものか。ふたりの赤ちゃんですから、ふたりで面倒《めんどう》をみるべきです。父親の仕事もさることながら、母親の家事と育児もたいへんなのです。せめて、母親がくたびれ果てたとき、ひと晩ぐらいは、赤ちゃんを引き受けるべきだと思います。

上の子がいる場合

上の子がいる場合には、それなりに家族のかたちが定着していることでしょう。

しかし、それだけに問題もたまっているのではないでしょうか？　たとえ問題がないようでも、表にあらわれていなかっただけかもしれません。それに、下の子ができれば、事情もかなり変わります。

ですから、この際は、家族のありかたを再考するチャンスにしたいもの。そうしないと、もし根本に深刻な葛藤《かっとう》をかかえていたならば、それを増幅《ぞうふく》させてしまいかねないからです。

あと、親としては、上の子をどう扱ったらよいかが気になることでしょう。

なにしろ、どうしても赤ちゃんのほうに手を取られます。そのぶん、上の子をかまってやれません。ときには邪魔《じゃま》にさえ感じられてもきます。平等に愛してやりたい親としては、苦しいジレンマです。

そうした親のジレンマを、上の子は、まともに受けざるをえません。当然、穏《おだ》やかではいられないはずです。ぐずついたり、くっついてきたり、赤ちゃんを押しのけたり、いじめたり、逆に赤ちゃんをかわいがりすぎたり、妙にはしゃいだり……、その子の性質によって、さまざまな困らせかたをしだすのも無理からぬことです。

また、卒業したはずのおっぱいを求めたり、おむつを当ててもらいたがったり、いわゆる「赤ちゃんがえり」を見せる子もいて不思議はありません。

なかには、淡々《たんたん》として変わらない子もいるでしょうが、そんな子でも、内心は穏やかではないと思っていたほうがよさそうです。

そこで、上の子をどう扱うかですが、親は赤ちゃんと上の子との狭間《はざま》で揺れ動くほかないと思います。すくなくとも、まったく平等に接しようとしても無理。それぞれの子への情に違いがあるし、だいいち世話の焼きかたを同じにするわけにはいきません。

ここは、むしろ、場合によって不平等もありうること、それに耐える必要もあることを体験させるほうがよいくらいに考えていたほうが楽そうです。

しかし、かといって、「お兄ちゃん」、「お姉ちゃん」だからと、がまんさせる一方では、上の子は見放《みはな》されたという思いをつのらせてしまうかもしれません。かえって、手を焼く行動に出るおそれさえあります。

とすれば、臨機応変《りんきおうへん》、ＴＰＯ《ティーピーオー》によって接しかたを柔軟にするのにかぎると思われます。

まずは、母親が赤ちゃんにかまけているとき、父親が上の子の面倒をみてやる。「ぼくには、私には、お父さんがいる」という気持ちは、大きな支えになるようですから。それに、父親としても、妻を赤ちゃんに取られたさびしさを、上の子と同盟を組むことでまぎらわすこともできそうです。

あとは、母親であれ父親であれ、上の子のようすによって接しかたを変えることが大切。機嫌《きげん》のよいときには「お兄ちゃん」とか「お姉ちゃん」を使ってがまんをさせ、あまりにつらそうにしているときは赤ちゃんを泣くままにほうっておいてでも上の子のほうをかまってやる。「赤ちゃんがえり」のような退行《たいこう》も、できるだけ受けいれてやる。首尾一貫《しゅびいっかん》しないけれど、そうしたほうが結局は早く落ち着くことが多いようです。

やはり人間には、自立と同時に甘えも、進歩と同時に退行も、なにがしか必要なのです。

変わるつきあい

実家との関係

赤ちゃんができると、実家との関係が急に濃密《のうみつ》になるもの。たとえ実家と断絶していても、これを期に復縁の機運を生じることが多いようです。

なにしろ、産んだほうは、実家の助けを借りたいし、孫ができたことを知らせ見せてもやりたい。祖父母になったほうは、手助けしてやりたいし、孫はわが命の継続を感じさせて無性《むしょう》にかわいい。

この両者の心情は、正直にかわされてよいのではないでしょうか。自立にこだわったり、遠慮《えんりょ》することはない。まして意地にとらわれていてはつまらないと思います。

ただ、問題は、両者のあいだにきわどくも微妙《びみょう》なずれがあることでしょう。産んだほうは、まさに自分の子、気負いもあって理想的に育てたい。祖父母のほうは、人生のキャリアがもたらした達観《たっかん》があるし、親の片方は自分の子どもだけに欠点も知っていて口も手も出したい。それでいて、「時代が違うから」という遠慮もある。父方と母方それぞれの祖父母どうしの綱引きもありそうです。

そんな複雑な状況のなかでは、まずは若い者のほうから率直《そっちょく》な態度をとるのがよいと思います。

手伝ってもらいたいときには、はっきりと具体的に頼むこと。なにをどこまで手伝えばよいのかがあいまいでは、頼まれたほうは二《に》の足《あし》を踏むかもしれません。はっきりしていさえすれば、諾否《だくひ》もはっきりしやすいし、たがいの事情をすりあわせることもできそうです。

ただ、頼むときには相手の都合を考えることも大切。あまりにちゃっかりでは、頼まれるほうをうんざりさせてしまいがちです。

育児のしかたについて対立を生じたときも、信念があるのなら、「好きなようにやらせて」と宣言してしまったほうがすっきりする。そう言われれば、たいていの祖父母は、はらはらしながらでも、見守るほかなくなるでしょう。

しかし、祖父母は、なんといっても育児の先輩。その意見には、おおいに耳を傾けたいものではありません。そのうえで、その意見を好きなように取捨選択《しゅしゃせんたく》させてもらったほうが得でもありましょう。

それに、対立があっても、実は赤ちゃんにとってはたいした違いはないことが珍しくありません。たとえば衣服をもう1枚着せるか着せないか、泣いた

らすぐ抱くか抱かないかなど、どちらでもどうということはない。ならば、どちらかが折れればすむことです。

とにかく、祖父母とは、むかしふうの親子、とくに嫁姑《よめしゅうとめ》みたいにかまえず、きょうだいか先輩後輩くらいの感じでつきあわせてもらうのがよいと思います。

他方、祖父母のほうも、口や手を出しすぎないようにセーブする。すくなくとも嫌《いや》な顔をされたら、すぐに身を引くというふうにしてほしい。とくに、若い者より自分のほうがうまくできるという態度を誇示《こじ》するのは禁物《きんもつ》。若い者にダメージを与え、関係を険悪《けんあく》にしかねません。

もし、祖父母とのあいだが険悪になったら、まずは適当にやり過ごすように努める。それでもどうにもならずつらさがつのったら、つきあいをうんと減らす。同居しているのなら、断然、別居を考える。そんなふうな思い切った行動をとるしかないと思います。

もちろん、こうした点、母方の祖父母なら、さほどシビアになることはない。むしろ率直につきあえることが多いでしょう。ならば、おおいに祖父母の経験と知恵を取捨選択させてもらうことです。

でも、里帰《さとがえ》り出産《しゅっさん》の場合、あまりに長期に滞在するのは考えもの。親子とも祖父母への依存が強くなりすぎかねないし、だいいち夫婦のあいだ、父親と赤ちゃんとのあいだが疎遠《そえん》になりかねません。せめて1カ月も経《た》ったら自宅に戻るべきでしょう。

祖母に自宅に手伝いにきてもらっていた場合は、夫婦のあいだとか父親と赤ちゃんとのあいだが、さほど疎遠《そえん》にはならないでしょう。でも、あまり長期にわたると依存《いぞん》が固定するし、だいいち祖母自身の人生と、彼女の伴侶《はんりょ》との生活が犠牲《ぎせい》にならないか心配です。

なお、実家があまりにも遠い場合、実家とのあいだが完全に断絶していて赤ちゃんができてもよりが戻らない場合、親が亡くなっていたり病気で動けなくなっている場合、そんな場合には、助けが必要ならば、友人や近所の人に頼むほか、公的支援の制度を最大限に活用することです(→418ページ)。

親戚《しんせき》、友人、近隣との関係

　赤ちゃんが生まれると、たいてい親戚と友人が次々とやってきます。まあ、「お祝い」をかねて、冷やかし半分、赤ちゃんを見にくるのでしょう。

　ありがたいことですが、産後の身と赤ちゃんには負担になりますから、少々礼を欠いても、短時間で引き上げてもらったほうがよい。幸い、こうした訪問は、そう長くは続かない。せいぜい、半月ほどでしょうか。

　しかし、親しい友人とは、その後もつきあいを続けたいもの。世間を狭くしては、つまらないし、育児そのものも広い視野をもてなくなりそうです。

　ただ、問題は、子どものいない友人にとっては、敷居《しきい》が高くなること。あまりこなくなったり、きてくれてもそそくさと帰ってしまいがちです。赤ちゃんができると、「家族」を感じさせ、他人が入りにくくなるせいでしょうか。赤ちゃんの世話の邪魔《じゃま》をしては、という配慮《はいりょ》も働きそうです。

　ですから、子どものいない友人には、なるべく赤ちゃんのことを話さないように努める。できれば、赤ちゃんをだれかに預けて会うようにするのがいちばん。もちろん母乳の場合は時間にかぎりがありますが、それでも友人どうしとして語り合えるかと思います。

　その点、子どもがいる友人とは、たがいにコブツキでもつきあいやすい。とりわけ母親学級とか産院で知りあった人とは、気心《きごころ》が通じやすいでしょう。ですが、それだけに、話題が子育てのことに偏《かたよ》りがちなのが気になります。ですから、こういう友人とも、ときには赤ちゃんをだれかに預けて会うようにしたい。そして、話題も努めて広げるようにしたいものです。

　近所の人は、育児をするうえで、かなり大切。子育て支援や医者などの情報をもたらしてくれる。ちょっと出かけなければならないときに、留守を頼める。事故とか病気とか困ったときに、すぐの助けを求められる。

　功利《こうり》的《てき》なようですが、育児はもともと地域共同体でおこなわれてきたこと。育児があまりに孤立してしまったいま、こうした関係は、もう一度大切にするべきだと思います。

　そのためには、まず、赤ちゃんが退院して家にきたときに、「よろしく」と頼んでおく。その後も、顔を合わせたときなど、きちんとあいさつをする。赤ちゃんの泣き声が高いのなら、わびを入れる。そんな礼節《れいせつ》を欠かさないよう努めたいものです。

生まれたての赤ちゃん

誕生から1週間くらいまで

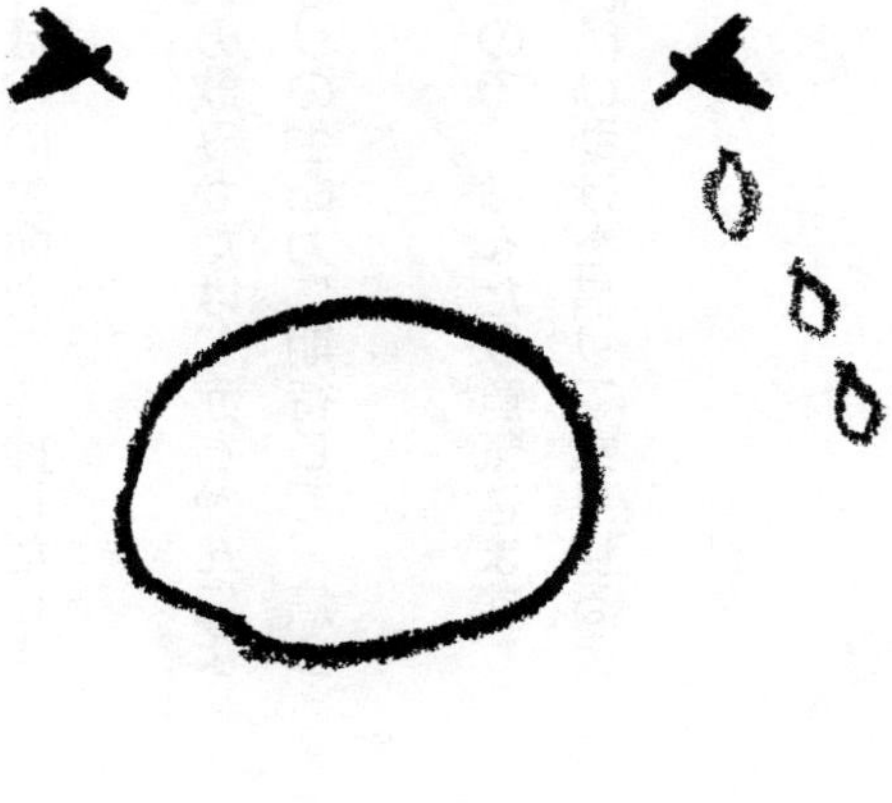

なんとも頼《たよ》りなげですが、驚くほどの生命力を発揮《はっき》しだします。

からだの大きさとか、おっぱいの飲みかたは、赤ちゃんによってかなり違いますが、その子なりの生命力に期待して、焦《あせ》らないこと。

とくに母親はお産で疲れているので、なるたけ意気込《いきご》まず、うまくいかないことは助産師や医師の助けを借りて乗り切るようにすることです。

赤ちゃんのようす

からだつき

とにかく奇妙に見えることでしょう。妊娠中に描いたイメージがもろくも崩されるかもしれません。

顔は、赤みを帯びてはいるけれど、なんとなく薄汚く、むくんだように見えます。鼻は低く、目にはやにのようなものがついていて、とても美男美女とは言えないかと思います。

頭は、多少ともいびつで、細長かったり、ゆがんでいたりもします。でも、それは生まれるとき狭い産道《さんどう》を通ったため。しだいに格好《かっこう》がついてくるはずです。

また、頭にこぶができていることも珍しくありません。産道を通るときに圧迫されてできたもので、頭の皮膚《ひふ》の下がむくんだのが産瘤《さんりゅう》、頭蓋骨《ずがいこつ》と骨膜《こつまく》のあいだに出血したのが頭血腫《とうけつしゅ》と言われます(↓病気43ページ)。産瘤はものの2日以内に消え、頭血腫も半年か遅くも1年以内には吸収されてしまいます。

さらに頭を撫《な》でると、てっぺんに骨のないぶよぶよしたところがあるのに気づくでしょう。それは大《だい》泉門《せんもん》(おどりこ、ひよめき)と言って、生まれるとき産道に頭のかたちを合わせるためと生後急速に大きくなる脳の発育を妨《さまた》げないためのすき間なので、心配いりません。ふつう10カ月ころまで少しずつ大きくなりますが、その後はしだいに小さくなり、1歳半から2歳ごろには閉じてしまいます。

腕は、たいてい曲げていますが、ときにぐっと伸ばすこともあるでしょう。手は、たいてい握っていますが、けっこう開くこともあるでしょう。

脚はO《オー》型に縮め、足の裏を見せているのがふつうです。

手と足は、およそ白っぽく、さわると冷たい感じがするでしょう。でも、それは血液循環《けつえきじゅんかん》が未熟なためにすぎないので、成長するにつれて、しだいに赤みを帯び温かくもなっていくはずです。

皮膚は、「赤ちゃん」と言われるとおりピンク色ですが、ときには青みがかったり、大理石みたいな紋様《もんよう》になることがあるかもしれません。これも血液循環が未熟なせいにすぎないので、青みは数日で、紋様も1〜2カ月もすれば見えなくなるはずです。

汗はまだかく能力はなく、生後2〜3日もすると、皮膚が乾燥してはがれてくることがあるかもしれません。

また、お尻や背中や手足などには、大なり小なり

青いあざがあるでしょう。「蒙古《もうこ》斑《はん》」と言われていますが、この呼び名には欧米人から見た東洋人への蔑視《べっし》がこめられているので、「小児斑《しょうにはん》」とでも言うべきだと思います。大きさや濃さはさまざまですが、成長につれてしだいに薄くなり、どんなに目立っていても小学校にあがるころまでには、ほとんど消えてしまいます。

首のうしろ「うなじ」に赤いあざがあることも珍しくありません。またひたいや上まぶたなどにも、ちょっとした赤あざがあるかもしれません。欧米では「コウノトリのくちばしのあと」と言っているもので、1歳のお誕生すぎには消えてしまいます。

鼻の上かまわりに、小さな黄白色《おうはくしょく》の斑点《はんてん》が見えるかもしれません。稗粒腫《はいりゅうしゅ》(ミリアリア)と言われる汗《かん》腺《せん》のかたまりで1～2カ月くらいでなくなります。また、胸や背中やお腹《なか》などに赤い斑点が見られることがありますが、ほとんどは生後10日までには消えてしまいます。

生まれて2～3日ごろから、ほとんどの赤ちゃんの皮膚は黄色くなりだします。とりわけ小鼻や眉間《みけん》に目立つでしょう。持ち前の肌の色も関係して、気づかないほど軽い子もいますが、たいていは生後4～5日目ごろに黄みが強くなり、その後はしだいに薄くなって、1週間か遅くも1カ月までには消えてしまうのがふつうです。

ただ、母乳で育てている赤ちゃんと体重が低めの赤ちゃんでは、黄みが強く、長いあいだ出る傾向があります。これは「母乳黄疸《ぼにゅうおうだん》」とか「新生児黄疸」とか「生理的黄疸」と言われるもので(→病気40ページ)、胎内《たいない》にいるときに大量にもっていた赤血球が、呼吸の開始によって余分になり、壊されたため生じたビリルビンの色による現象です。いずれも、1～3カ月ごろまでには消えてしまいます。

しかし、黄みがどんどんひどくなっていくようなら、検査をしてもらう必要があります(重症黄疸→病気60ページのコラム)。

「おへそ」にあててあるガーゼを取ると、灰色ないし青っぽい「へその緒《お》」が見えるかもしれません。日数が経《た》つにつれて乾燥して「するめ」の足のようになり、たいてい1週間以内にとれてしまいます。

おむつをかえるときに陰部《いんぶ》を見ると、男の子では陰嚢《いんのう》が大きくペニスが小さく感じられることが多いようです。陰嚢にむくみがあるためで、水瘤《すいりゅう》や脱腸《だっちょう》(→病気393ページ)がないかぎり、退院までにはバランスがとれてくるものです。女の子では大陰唇《だいいんしん》より小陰唇《しょういんしん》のほうが大きくせりだしていますが、1カ月くらい経《た》つうちにかたちがととのってくるはずです。また、女の子では、白い「おりもの」や、ときには月経のような出血が見られることがあるけれど、母親のホルモンのせいで心配なく、1週間くらいでとまってしまいます(→病気391ページ)。

胸の乳首がわずかに盛り上がってくることが、生後4～5日目くらいから、女の子だけでなく男の子にも起きるかもしれません。さわると固くなっていて、ひょっとすると乳のようなものが出ることもありますが、胎内で母親からもらったホルモンのためなので異常ではありません。2～3週間も経てば、ふつうの乳首にもどります(↓病気386ページ)。

からだの働き

おしっこ——生まれて1～2日は、おむつがいっこうに濡《ぬ》れないことがあるかもしれません。まだおしっこがつくられていないか、出るには出たけれど量がわずかで乾いてしまったのでしょう。

いずれにしても、おっぱいを飲む量が増えるにつれて、しだいによくおむつを濡らすようになるはずです。回数と間隔は、赤ちゃんによってひどく違いますが、およそは1日に10～20回くらいです。

おむつがレンガ色に染まって驚かされるかもしれませんが、それは生まれたての子のおしっこに尿酸《にょうさん》塩《えん》が多く含まれているためなので、心配いりません。

うんち——うんちは、生後1～2日のあいだは黒緑《こくりょく》色《しょく》の粘《ねば》りのある「胎便《たいべん》」が出ます。それは、お腹《なか》のなかで飲んだ羊水《ようすい》や腸の表面からはがれた表皮などの混じったもので、心配ありません。母乳かミルクをよく飲むようになった3日目ごろからは黄色に変わってくることが多いでしょう。なかでも母乳の赤ちゃんのうんちは、およそ濃い黄色で水っぽく甘酸《あまず》っぱい臭《にお》いがするものです。

しかし、うんちのようすは赤ちゃんによってさまざまで、同じ赤ちゃんでも日によって違うことが珍しくありません。同じ母乳同じ銘柄《めいがら》のミルクでも、きれいな黄色だったり、緑がかったり、白みがかったり、ツブツブ(顆粒《かりゅう》)や粘液がまざったり、かたかったり軟らかかったりと、さまざまに変化しがちです。

回数もさまざまで、1日に1～2回の子もいれば、10回くらい出る子や2日に1回といった子もいます。そんなわけなので、機嫌《きげん》が悪くなく、ふつうに育っていさえすれば、うんちのようすや回数にはこだわらないこと。むかしの人が「うんちを見るより顔を見ろ」と言っていたとおりです。

育ちのぐあい

はじめの2～3日くらいは、生まれたときより体重が減るのがふつうです。飲むおっぱいの量より、おしっこやうんち、皮膚などから出ていく水分のほうが多いためで、病的ではないので「生理的体重減《せいりてきたいじゅうげん》少《しょう》」と言われています。

その減りかたは、赤ちゃんによる差が大きく、生まれたときの体重の4～10％、およそ150～300グラム、もとにもどる時期も4～12日と幅があるので、その範囲内なら、心配いりません。

その後は、3～5日目ごろから体重が増えはじめ、退院する1週間後くらいには生まれたときの体重に近づいてきます。
しかし、この範囲を超えていたら、発育不良とはかぎらないけれど、調べてもらったうえで、ミルクを足すなど、なんらかの手当をしなければならないかもしれません。

からだとこころの動き

生まれたての赤ちゃんは、ほとんどの時間、眠っているでしょう。そして眠っているあいだには、ときどきピクッとしたり、わずかに手足を動かしたり、口をもぐもぐさせたり、片目だけわずかに開くといったしぐさをよく見せるものです。大きな物音がしても、ちょっと息のしかたを変えるくらいで、すぐに静まってしまいます。あまり静かなので、たいていの親が心配になって寝息をうかがうくらいです。

その寝息も不規則で、聞こえないくらい弱くなったと思うと、あえぐように速い息をしだしたりします。でも、これは呼吸のリズムをととのえているので、まず心配はありません。

ちなみに、生まれてから2～3カ月くらいまでは、昼間より夜のほうが活発に動くことが多いようです。

しかし、それにしても、生まれたての赤ちゃんは、お人形ではありません。想像以上に周囲のことをわかっていて、しかもかなり能動的でもあるのです。ですから、親はそれになるべく早く気がついて、応《こた》えてやりたいものです。

まず、にんまりと微笑《ほほえ》むことがあります。「天使の微笑《ほほえみ》」と言われるとおり、それを見た親は幸せな気分になることでしょう。どうやら先天的にプログラムされているしぐさのようですが、こうして赤ちゃんは親を魅惑し、自分への愛を惹《ひ》きつけようとしているにちがいありません。

また、母親の声を聞きわけることもできるはずです。その証拠に、ぐずりだした赤ちゃんに、母親が優しい声をかけると静まることが少なくありません。

母親の匂《にお》いもわかるらしく、泣いたとき、他の人より母親が抱いたほうが静まることが多いようです。母乳やミルクの味もわかるらしく、好き嫌いをみせることも少なくありません。

さらに、人の顔もある程度は見わけることができます。その証拠に、赤ちゃんが目ざめて落ち着いているときに、だれでも顔を赤ちゃんから30～50センチくらいの近くに寄せれば、じっと見つめてくれるでしょう。まして、抱いてそっとゆすってやれば、にらむように見つめてくることが多いものです(追視《ついし》反射《はんしゃ》)。ひょっとすると、手をわずかながらさしのべてくるかもしれません。

それどころか、赤ちゃんは、大人が見せる喜びや悲しみなどの表情を見わけることもできそうです。大人が舌を出し入れすると、真似《まね》をすることがあるとも言われています。どうやら生まれながらに、視覚と運動とが連動しているだけでなく、人間社会に溶けこむようにできているかのようです。

そのほか、かわいさのあまり、ほっぺたをつつくと、そのつつかれた側の手を握りしめて、ゆっくり口のあたりにもってくるかもしれません(バブキン反射)。また、唇《くちびる》のまわりをつつくと、つついたほうに口をゆがめるはずです。当然、母親の乳首が唇の近くにふれたときには、乳首に口を向けてきます(口唇追《こうしんお》いかけ反射《はんしゃ》)。ためしに指を赤ちゃんの口のなかに入れてみると、よく目ざめていれば、すごい力で吸い始めるでしょう(吸啜反射《きゅうてつはんしゃ》)。

手のひらを、やや強めに撫《な》でたりたたいたりすると、指を扇《おうぎ》のように開いて、何かをつかむような動きをすることがあります(把握反射《はあくはんしゃ》)。足の裏も、赤ちゃんを縦に抱いて、つま先をさすると、同じような動きをするかもしれません。

赤ちゃんの両わきを支えて立たせ、からだを少し前に傾けると、赤ちゃんは1歩1歩踏みしめるように歩きだすでしょう(自動歩行)。ただし、そのときの赤ちゃんはからだを固《かた》くしてこわそうなので、親の勝手な遊びにはしないでください。

このほか、抱きそこねたり裸にしたときなどに、ぱっと両腕を広げ、ついで前に合わせるようにし、からだ全体をふるわせて大泣きを始めるといったできごとは、よく経験されるにちがいありません(モロー反射)。そんなときは両手を握ってやり、衣服で覆《おお》って、そっと静まるのを待ってあげてください。

すべてこうした意外な動きは、生まれたての赤ちゃんが、すでに一生懸命にひとりの人間として生きようとしていることを感じさせます。

なかでも、追視反射は、相手を、とくに育ててくれている人を識別《しきべつ》するための行動と思われます。口に関係する反射は、食事をするのになくてはならない行動でしょう。手や足の把握反射は、何かをつかみ、自分を支えなければならない必死の行動に見えます。自動歩行も、生まれた以上歩かなくてはならない宿命を黙示《もくし》しているかのようです。モロー反射ともなれば、もう必死になって人にすがりつこうとする姿にほかならないと思います。

とすると、これらの動きを「原始反射」とか「未熟」などと低く評価する気にはならなくなります。そういう評価をしていたら、大人にもある同じような心理や行動を「退行《たいこう》」と考えざるをえなくなりそうです。それは、人間の心身をいつでも意識的で積極的、ひとりで自立すべき存在とする一面的な考えとしか思えません。「ひと」には他方、無意識的で消極的、だれかに頼らなくてはいられない面があるはずです。眠りと泣きにしても、一方で「ひと」を惹《ひ》きつけ、他方では自分の世界に引きこもるといった両面を微妙《びみょう》に揺れ動いているのです。

そうした人間性を赤ちゃんに見てとれれば、最初の奇妙でおそろしげな印象はぬぐわれて、しだいに共感をもってつきあっていけるようになるのではないでしょうか。

つきあいかた

生まれたての赤ちゃんは、なんとも弱々しく、壊《こわ》れそうで、ちょっとこわい感じがするでしょう。ですが、意外にしっかりしているもの。割れもののように扱う必要はありません。

まずは、おむつを替えたり衣服を脱ぎ着させるときに、びくびくしないこと。無理さえしなければだいじょうぶです。ちなみに衣服は、手より衣服の袖《そで》口《くち》を引っ張るほうが脱がせやすいでしょう。

そして、気楽に抱き、あやしてやること。おっぱいを飲ませるときは意識的に肩の力を抜くようにし、そのほかのときでも、かわいがりたくなったら抱き上げあやしてやることです。

寝かせているときも、赤ちゃんが目ざめてさえいれば、話しかけたり、ほっぺをつついたり、手を握ったり、いろいろとあやしてやってください。

泣きだしたときは、なるべく早く抱いて、おっぱいをあてがってみること。それでたいていは落ち着きますが、乳首に吸いつかず、吸いついてもすぐ離して泣き続ける場合も少なくないでしょう。そんなときは、乳首を口の奥深く突っこむようにぐっと入れてみたらどうでしょう。

そうしても吸いつかず泣きやまないなら、軽くゆすってみてください。激しく動かすのは避けなければならないけれど、ゆらゆらと軽くゆするのはだいじょうぶです。

それでも泣きやまないときは、タオルケットなどで全身をきつめにくるみ、ぎゅっと力をこめて縦に抱いたり、大きくゆっくりとゆすってやると落ち着くかもしれません。

ちなみに、赤ちゃんはおよそ水平に抱くと不安定のために泣きがち。縦か斜めに抱いて親の胸に密着させると静まることが多いようです。

しかし、どうやっても泣きやまなければ、抱き続けるか寝かせたまま静まるのを待つほかないでしょう。もともと泣くこと自体がエネルギーの発散《はっさん》だし、泣き続けて消耗《しょうもう》しきれば、ふたたび深い眠りの世界に落ち入れるはずです。

ただ、赤ちゃんとのつきあいは、くたびれるもの。生活のリズム、とくに睡眠時間のギャップは、深刻な睡眠不足をもたらすにちがいありません。なるべくは赤ちゃんのリズムに合わせたいけれど、すべてを合わせるまではない。少々は赤ちゃんにがまんさせることもあってよいと思います。

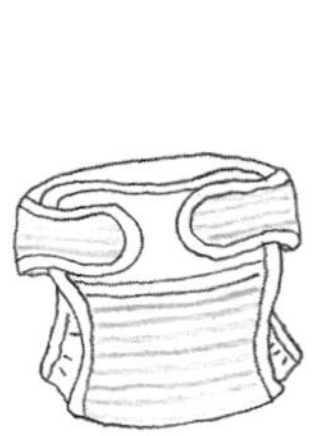

初めての授乳

気持ちのもちかた

初めて乳房をふくませるときには、多少とも照れとか気おくれを感じるのではないでしょうか。それはそのはずで、乳房をふくませるのは、ただ栄養を与えるだけの行為ではありません。そこには、自分が「母親」という存在になったことへの否応《いやおう》を許さない確認があり、「わが子」といえども別の1個の人間から肉体的に頼られることの気味悪さとエロスとが、ひそかに同居しているはずです。

ですから、「うまく授乳できるだろうか」という不安や緊張は避けられないと思います。

授乳を始める時期

産院で産んだときは、そこの方針があるでしょうが、自分に希望があれば遠慮なく申し込むことです。

生まれた直後に乳房をふくませたければ、やらせてもらったほうがよいけれど（カンガルーケア→30ページ）、そうでなければ生まれた直後にこだわる必要はありません。

要《よう》は、からだの調子と赤ちゃんの乳の求めぐあいで始めればよいのです。

当日中ならもちろん翌日になっても、かまいません。体力が回復してきたら、赤ちゃんが泣きだしたときに乳房をふくませてみるのがよいと思います。

しかし、泣きださなくても、翌日中か遅くとも翌々日までには、せめて1日に7〜8回、2〜3時間おきに両方の乳房で10〜15分くらいはふくませておく必要はあります。

赤ちゃんが吸ってくれないとか母乳が十分に出ないようでも、焦《あせ》ることはありません。ふくませるだけで楽しんでいてください。そうしているうち、赤ちゃんは吸いかたがじょうずになるし、母乳も赤ちゃんに吸ってもらうことで湧《わ》き出てくるものです。

赤ちゃんが力強く吸い、乳房にも催乳感覚《さいにゅうかんかく》（乳輪《にゅうりん》から乳頭《にゅうとう》に向かうツツーとした刺激感）があれば、そのたびに何度でもやってかまいません。

もし赤ちゃんがいっこうに乳房に吸いつかず、それでいて、ひもじそうにしきりに泣くのなら、1度沸騰させて冷ましたお湯か、ごく薄い砂糖水をスプーンで少量飲ませるのもやむをえないでしょう。し

かし、生まれたての赤ちゃんは、少々の飢《う》えには耐えられるので、焦ってすぐにミルクを足さないで、できるだけ乳房を吸いだすのを待つべきだと思います。

乳房のふくませかた

ふくませる前に乳首を消毒綿《しょうどくめん》などでふく必要はありません。むしろ乳首の匂《にお》いが赤ちゃんを惹《ひ》きつけるので、ふかないほうがよいくらいです。

赤ちゃんは、その匂いを感知すれば、自分から乳房を探して吸いついてくるもの。とくにカンガルーケア(→30ページ)をしていると、乳房のほうにはい上がってくるものです。

しかし、自分からは乳房を探したり吸いつこうとしない赤ちゃんもいるでしょう。そんなときは、母親のほうから乳房をふくませるようにしてやる必要があります。

その際、乳房があまりぱんぱんに張っていたら、ふくみにくいので、ちょっとしぼっておくほうがよいでしょう。

ふくませるときには、落ち着いてゆっくりやるにかぎります。いきなり赤ちゃんの口に乳首を突っこもうとすると、うまくいかないことがあります。

まずは、赤ちゃんを抱いてどっかりと座り、乳房のあてがいかたをいろいろと試して、いちばん楽な姿勢を探すのです。そのときクッションや枕や座布《ざぶ》団《とん》を腕や赤ちゃんの下にあてがうと、もっと楽になれるでしょう。

こうして姿勢が定まったら、乳房を親指とほかの4本の指で大きくつまみ、持ち上げるようにして、

母乳の与えかた

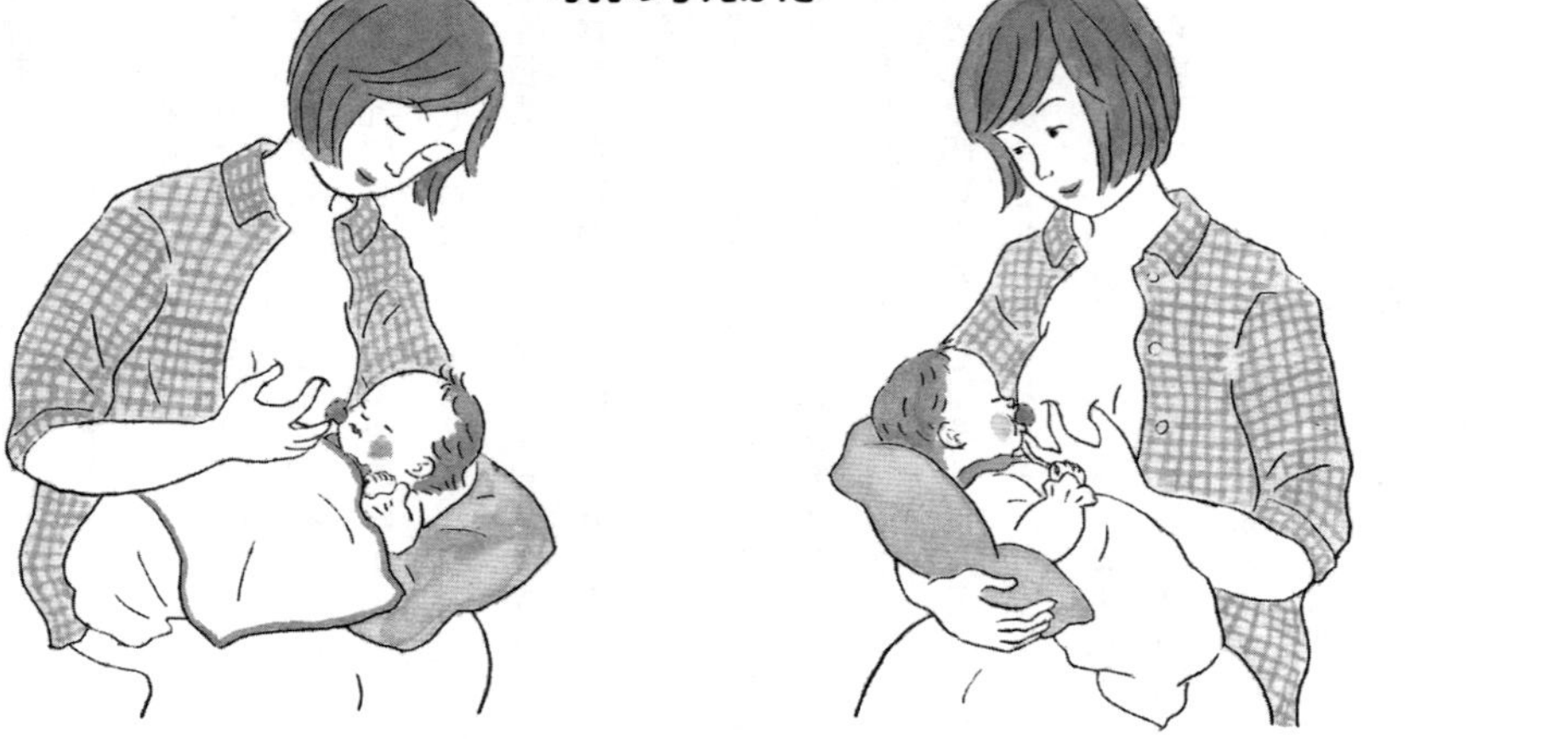

①赤ちゃんを乳房に近づけ、口を開けたら、手で乳房を操作して、乳首をふくませるようにする。

②乳を飲ませているあいだは、手で乳房をつまんで、赤ちゃんが鼻で呼吸できるようにしておく。ただし、そうしなくても息ができるようなら、手を離していてもよい。

乳首を赤ちゃんの唇《くちびる》にちょんちょんとあててみるのです。すると、たいてい口を開けて乳首のほうに近寄ってくるので、思いきって深く、乳輪《にゅうりん》を全部入れて赤ちゃんの唇がめくれ上がるくらいくわえさせてやるのです(前ページの**図①**)。ちなみに乳房が下を向いていると赤ちゃんが飲みにくいし、乳首だけくわえさせると乳首を傷《いた》めるおそれがあります。

もし赤ちゃんが眠っていたり、乳首をあてたくらいでは口を開けなければ、縦に抱き上げて軽くゆするか、ほっぺや唇のまわりを強くつっついてみることです。

幸いに赤ちゃんが吸いだしたら、2本の指で乳房をはさんで支えているのがよい(前ページの**図②**)。そうしていれば、乳房がはずれにくいし、赤ちゃんの鼻をふさぐ心配もないからです。

げっぷの出させかた

赤ちゃんはおっぱいを飲むときに多少とも空気も飲んでいるので、すぐ寝かせるとげっぷと同時に、おっぱいまで吐いてしまうことがよくあります。

ですから、授乳後は、しばらくは縦に抱いて、げっぷが出るのを待ってから寝かせたほうがよいでしょう。その際、背中をとんとんと軽くたたいたり、親の肩に抱え上げると、出やすいかもしれません。

しかし、どの子も毎回げっぷが出るとはかぎらないので、いやになるほど長く抱いていることはありません。

ただ、げっぷが出なかった子を寝かせるときには、タオルでも背中にかませて、少し横向きにしておくとよい。そうしておけば、おっぱいを吐いても気管《きかん》をつまらせないですみます。

うまく飲ませられないとき

うまく飲ませられなくても、けっして焦《あせ》らないように。とにかく気長《きなが》に、飲むようになるのを待つことです。生後2週間くらいは、まったく飲まなくてもだいじょうぶです。

乳房が小さいと、いけないのではと思いがちですが、それは脂肪のつきが少ないだけで乳腺《にゅうせん》の働きには関係ありません。赤ちゃんの吸いつきやすさも、乳首によるので、乳房の大きさは関係ないはずです。それでも気になれば、乳房マッサージをしてもらうことです。

大きすぎる乳房も授乳には関係ないけれど、乳輪《にゅうりん》の部分が張って乳頭が平べったかったり(扁平乳頭《へんぺいにゅうとう》)、乳頭が乳輪にめり込んでいると(陥没乳頭《かんぼつにゅうとう》)、吸いつきにくいかもしれません。そのようなら、片手で乳房を根もとから軽くつかんで持ち上げ、他方の手で乳房を支えながら、親指と人さし指で乳輪を軽く内側に押すようにして、乳頭のつけ根をしぼるようにしてみたらどうでしょう(下の右の図)。そうすると、母乳が出て乳管《にゅうかん》が開通するし、乳頭も盛り上がって、赤ちゃんが飲みやすくなるはずです。乳房が張って苦しければ、乳房マッサージをしてもらうとよいでしょう。

しかし、どんな場合でも、とにかく赤ちゃんに吸ってもらうのがいちばん。ただしゃぶらせるだけでも、しだいに飲めるようになるものです。

赤ちゃんが眠ってばかりとか、吸いかけてもすぐ眠ってしまう場合には、からだをゆすったりほっぺをつついて目ざめさせるか、赤ちゃんのからだを折り曲げる(下の左の図)と吸いだすかもしれません。口を開けたら乳首を深く入れ、頭が離れないように後ろから支えておくのがコツです。吸いかたがあまり弱ければ、あいている手で乳輪を圧迫して母乳をしぼってやるとよいでしょう。

口唇裂《こうしんれつ》(唇《くちびる》が縦にさけている)のある子は、乳房を深くふくませれば飲ませることができるはず。口《こう》蓋裂《がいれつ》(口の奥までさけている)のある子も、乳首の入れ場所を工夫すれば、けっこう授乳できるはずです。いずれも、体力がつく(3カ月以降でしょうか)のを待って手術すれば、ふつうに飲んだり食べることができ、外見上も目立たなくなります。

ただ、口唇裂も口蓋裂も、むせやすいし、おっぱいが耳に入って中耳炎《ちゅうじえん》になったり気管《きかん》に入って肺炎《はいえん》になりやすいので、授乳時には縦に抱き、ゆっくり飲ませる必要があります。どうしても飲めない子には、特別製の乳首を使うか、しぼった母乳をスポイトで舌の奥に少しずつ入れてやるほかありません。

なお、舌の裏側にあるひだが短いと、舌小帯短《ぜつしょうたいたん》縮症《しゅくしょう》と言われ、ひだを切るのを勧《すす》められるかもしれません。しかし、よほど舌がつれていないかぎり

乳頭《にゅうとう》のしぼりかた

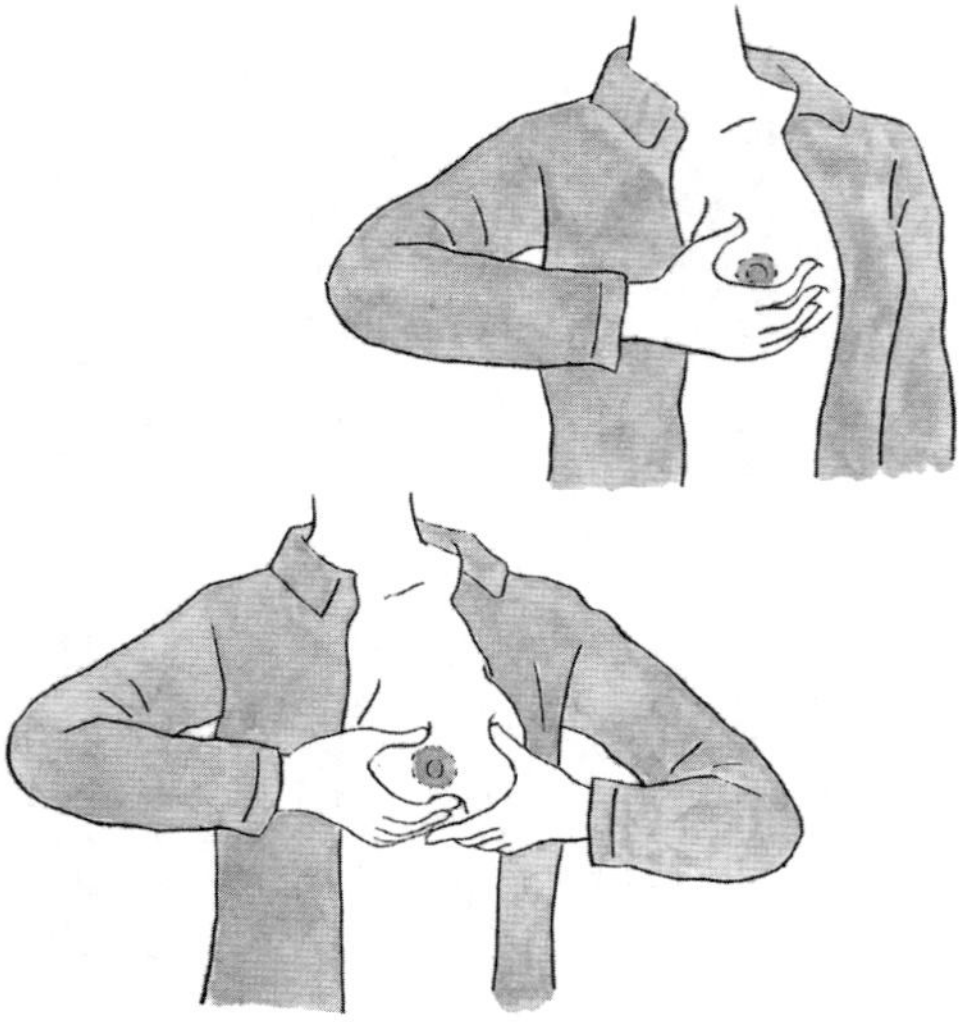

赤ちゃんのからだを折り曲げる

飲みにくいことはないはずです。将来発音がおかしくなることも、まずありません。ですから、勧められてもすぐには切らないで、しばらくようすを見るにかぎります。

授乳の時刻と回数

産院の決めた授乳時刻にちょうど乳房が張るひとや、赤ちゃんの泣きと乳房の張りとがマッチする場合は、そのままに与えていればよいでしょう(自律《じりつ》授乳《じゅにゅう》)。

ただ、授乳間隔が1時間半より短いと、母乳が十分にたまらなくなって赤ちゃんが満足できず、1日に15〜16回も飲まさなければならなくなりがち。それでは母親が疲れてしまうし、乳首も痛みかねません。できれば、2時間くらいは間隔をあけるようにしたいものです。

授乳後すぐに泣くようなら、まずは室温、おむつ、衣服などに気をくばり、あやしたり抱いたりして静まらせるように努めてください。

夜間の授乳も、あまり回数が多いと母親が疲れ果ててしまいがち。できれば2〜3回、間隔で2時間半〜3時間はあけたいものです。それでも疲れてしまったら、赤ちゃんを別室に移して、助産師さんなどに砂糖水か日中しぼって保存しておいた母乳を与えてもらえれば助かるでしょう。

夜間だけ別室にしていたとしても、母親が元気で乳房も張って苦しいほどなら、同室にして授乳させてもらうよう頼むとよいと思います。

決められた授乳時刻や赤ちゃんの泣きと乳房の張りがうまく合わない場合には、悲しくなってしまうかもしれません。

そんな場合には、母と子のどちらか深刻なほうの都合《つごう》で授乳したらいいのではないかと思います。つまり、赤ちゃんの要求が強ければ泣いたときに、乳房の張りがよければ催乳感覚《さいにゅうかんかく》(→53ページ)が起きたときにふくませるのです。決められた授乳時刻があっても、頼《たの》んで例外を認めてもらうのです。

そうしているうちに、たいてい少しずつか、ひょっとすると急に母と子がマッチするようになるもの。張りのよくなかった乳房も、およそ3〜4日目から大きくなりだすでしょう。

それでも、入院中はまったくスムーズとは言えず、産後1カ月以上経《た》って、ようやく本調子になるのがふつうの経過です。

授乳に疲れたとき、苦痛なとき

授乳するのがつらくなったときには、寝たままとか、リクライニングチェアで足を投げだして飲ませてみたらどうでしょう。音楽を聴きながらとか、テレビや本を見ながらでもかまいません。そのために赤ちゃんの情緒《じょうちょ》が育たないなどということはない。むしろ母親が無理していらいらしているほうが、よほど赤ちゃんによくないと思います。それに姿勢をさまざまに変えているほうが、乳頭を傷《いた》めるのを防ぐためにもよいくらいです。

しかし、どのようにしても授乳が耐えられなくなったら、しばらく赤ちゃんを離して、ゆっくり休ませてもらうにかぎります。1日くらい母乳を与えなくても、赤ちゃんはだいじょうぶなもの。砂糖水などで十分しのげます。それより罪悪感から無理して授乳しようとしているほうがよくない。かえって母乳が出なくなってしまいがちです。

座って授乳したくても、会陰《えいん》の傷や痔《じ》が痛くてたまらないときには、ドーナツ型の椅子《いす》を使うと、いくぶんは楽でしょう。

帝王切開《ていおうせっかい》で産んだ場合は、赤ちゃんが切開部位《せっかいぶい》にあたらないよう横に寝るか、座りたければひざに枕を置いて赤ちゃんの位置を高くし、赤ちゃんの足を傷から離すようにするのがよいでしょう。

乳房がぱんぱんに張って痛いのに、決められた授乳時間まで吸わせられないとか、赤ちゃんが飲んでくれないときには、搾乳《さくにゅう》したらよいかもしれません。

乳首が痛くなったときは、痛みの少ないほうの乳房を乳輪が深く入るようにふくませ、短時間で離し、授乳回数を増やすのがよい。また、乳首の傷はたいてい一部なので、ふくませるときの角度を工夫し、毎回抱く姿勢を変えるのもよいことです。

なお、赤ちゃんが吸っているのを途中でやめさせたいときには、小指を口に入れて抜くと離しやすいでしょう。

母乳のしぼりかた（搾乳《さくにゅう》）

なにより人間の手でしぼるのがいちばん。搾乳器は、乳管《にゅうかん》や乳頭《にゅうとう》を傷《いた》めやすいし操作でくたびれやすいので、勧められません。どうしても手でしぼれない場合にかぎって用いるべきものです。

自分でしぼるときには、親指と4本の指を使い、乳輪《にゅうりん》から乳房の中心に向かって押さえるようにするのがよいでしょう（図）。このとき、指をすべらせて乳頭に向けてしぼらないことと、ほとんど乳が出なくなるまでしぼることが大切です。

助産師《じょさんし》にやってもらうときは、痛くないよう遠慮なく頼むこと。じょうずな搾乳なら、さほど痛くないはずです。

母乳のしぼりかた

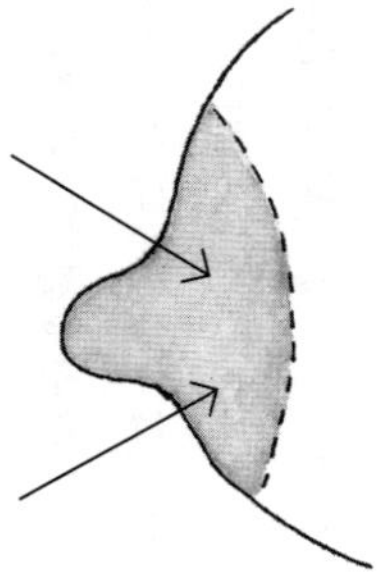

乳輪《にゅうりん》の部分から、乳房の中心に向かって、強く押すようにして、しぼる。乳輪をつまむように押したり、乳房をもんだり、しごいたりしてはいけない。

授乳がイヤなとき

乳房をふくませることそれ自体が気分的にどうしてもイヤという人もいて、不思議はありません。

そもそも親の愛は葛藤《かっとう》をはらみ、子への違和感や憎悪までもかくしもっているものなのです(くわしくは「つらいこと、悩むこと」の章を見てください)。

それに、産後は一時的に気分が落ち込みやすいし、自分の乳房への不満とかこれまでの性体験、あるいは子どもだったときの母親の乳房への思いが、授乳に潜在的《せんざいてき》にブレーキをかけていることだってありそう。まして、男との関係とか仕事や生活などに深刻な事情があれば、気分的にハッピーではいられなくて当然です。

そんなときには、あえて音楽を聴いたりテレビを見たりしながら授乳するか、思い切って乳房をふくませるのはやめて、しぼった母乳かミルクを、ほ乳びんで飲ませたらどうでしょう。

とにかく乳房をふくませるのがイヤというだけで、母親の資格がないなどと思わないでください。わが子を愛しているのなら、少なくとも愛したいと思っているのなら、決して母親失格ではありません。自分を責めないで、気分のまま子育てをしているにかぎります。子どもは乳房だけで育つのではないのです。

母乳を与えられないとき

母乳で育てたいのに母乳を与えられない場合は少なくありません。母親か赤ちゃんに病気など事情がある場合はもちろん、どう努力しても母乳が出ない人もいるのです。

そんなときでも、悲しむことはありません。むなしく母乳を出す努力に涙を流し続けることもありません。ためらうことなく、ミルクで育てればよいのです。オールミルクでも母乳と遜色《そんしょく》なく育ちます(→77ページのコラム)。

産院での日々

赤ちゃんにされる検査と処置

まず、生まれた直後に、赤ちゃんの状態が医学的に評価されます。その評価法としては、アプガー・スコア(↓次ページのコラム)と言われるものが広く用いられています。

そのほか、病院によっては、また障害の疑いをもたれた場合には、神経学的なくわしい検査をして評価されることもあるかもしれません。しかし、神経学的検査の結果は、医師の主観が入りがちだし、検査する時期によって違ってもくるので、慎重に判断してもらってしかるべきです。

また、生まれた直後には、身体の観察と計測(身長、体重、頭囲、胸囲、肩囲、大泉門《だいせんもん》)がなされます。

沐浴《もくよく》は、する施設が多いでしょうが、最近はしないほうがいいと言われています。からだの表面にべったりついている胎脂《たいし》には免疫物質《めんえきぶっしつ》が含まれているし、体温や水分が奪われないようにする働きもあるので、洗い流さないほうがよいのです。それに、時間とともに自然に吸収されもします。

おへそは、アルコールで消毒され、ガーゼで保護されることでしょう。

その後も、看護師による1日1回の体重、身長、頭囲、胸囲の測定のほか、1日3回くらいの体温と脈の測定、薬の点眼《てんがん》、おへその手当、沐浴などが決まりごととしておこなわれるのがふつうです。医師による診察も1日1回以上はおこなわれるでしょう。

そのほか、新生児メレナ(↓病気37ページ)や頭蓋《ずがい》内出血《ないしゅっけつ》(↓237ページ)の予防のために、生まれた直後と1週間前後にビタミンKを飲まされます。なお、ずっと後になりますが、1カ月健診時にもビタミンKが飲まされるはずです。

また、フェニールケトン尿症などの先天性代謝異常症《せんてんせいたいしゃいじょうしょう》や甲状腺機能低下症《こうじょうせんきのうていかしょう》など内分泌疾患《ないぶんぴしっかん》の早期発見のために、生後5~7日ごろ足の裏から血をとって調べられることがあるはずです(新生児マススクリーニング↓病気437ページ)。

黄疸《おうだん》が強すぎるときには、何回も血を調べ、場合によっては、光線療法《こうせんりょうほう》や交換輸血《こうかんゆけつ》がおこなわれるかもしれません(↓病気41ページ)。貧血、チアノーゼ(↓病気50ページ)、出血、呼吸困難、けいれん(↓病気38ページ)などの異常が認められたときは、それなりの早急な処置がとられるのは、もちろんです。

母親がB型肝炎のキャリア（原因のウイルスを体内にもっているひと）で、しかもHBs（エイチビーエス）抗原《こうげん》とHBe（エイチビーイー）抗原の両方が陽性の場合には、生後すぐに赤ちゃんにB型肝炎予防用の特別なγ《ガンマ》-グロブリンが注射されるでしょう。そして、その後1カ月経《た》って、赤ちゃんのHBs抗原を調べたうえで、たいてい2、3、5カ月の3回、B型肝炎ワクチンの接種を受けることをすすめられるはずです（→363ページ）。

アプガー・スコア

生まれて1分後と5分後に、心臓の鼓動《こどう》、呼吸、筋肉の緊張度、鼻や足を刺激したときの反応、皮膚の色を調べて、赤ちゃんの状態を評価する方法。

6点以下は、仮死《かし》と判断され、ただちに蘇生《そせい》がはかられるでしょう。しかし、生まれた直後は点数が低くても、たいていは時間とともに高くなってくるものです。

7点以上なら、正常と判断され、ふつうの扱いがなされることでしょう。

ただし、アプガー・スコアは、生まれた直後の状態を把握して的確な医学的対応をするための指標にすぎず、その子の将来の健康や知能を予測するものではありません。

赤ちゃんと母親と父親

赤ちゃんが新生児室にいる場合（母子別室《ぼしべっしつ》）は、授乳のとき以外にも、許されるかぎり頻繁《ひんぱん》に会いに行くことです。

母子同室の場合には、赤ちゃんと蜜月《みつげつ》でいられるけれど、母親が疲れ切ってひとりで休みたくなったら、そのあいだだけでも別室にしてもらうにかぎります。

父親は、無理してでも毎日のように赤ちゃんと妻に会いに行きたいもの。それも見舞いというスタンスではなく、あやしたり抱いたり、おむつを替えたり着せ替えをしたり、赤ちゃんの世話をこまめにしたいものです。そうすれば、わが子が実感できるようになるし、退院後の世話もとまどわずにできるようになりそうです。

また、妻が留守中の家事はもちろん、上に子どもがいれば、その面倒もできるだけ他人に頼《たの》まず引き受けたいもの。そうすれば、妻の苦労がわかるし、上の子とのつきあいも深まって、前よりよい家族関係ができそうです。

もし赤ちゃんか母親に異常があったら、父親が落ち着いて、医者にたずねるなどして状況をしっかりと判断し、行動する必要があります。

退院するとき

いつ退院するかは、産院によって習慣があるでしょうが、産後の体調の回復と赤ちゃんの成長、さらには気分によって、変えてもらってよいことだと思います。一般に日本の入院期間は、欧米に比べて長すぎるみたい。確かに異常がなく元気もよくて、家に帰りたい気持ちがはやるのなら、早く帰ったほうがいいはずです。

しかし、母子のどちらかの状態に不安があったり、家に帰ると休めない事情があるときは、長めに滞在したほうがいいかもしれません。

いざ退院するときには、聞きたいことがあったら恥ずかしがらずにたずねるにかぎります。

なお、経済的な困難があるときには、産院か役所の福祉担当係にたずねることです(→418ページ)。

家に向かうときには、赤ちゃんは機嫌《きげん》が悪いことが珍しくありません。たぶん、親の緊張と騒がしい雰囲気のせいなのでしょう。そこで、なるべく落ち着いて、授乳とおむつ交換をすませたあと、ゆっくり出発するのがよいと思います。

事情によって、徒歩でもマイカーでもタクシーでも電車でもかまいません。ただ、電車では混まない時間を選び、自動車なら渋滞を避けるべきはもちろんです。

世の一員に

誕生のお知らせ

たいていは、生まれたらすぐ、誰かれとなく知らせたくなるもの。それどころか、宇宙に向かって叫びたいような気持ちになるかもしれません。

そんななかから、誰を選ぶかは、たぶん緊密度《きんみつど》によるのではないでしょうか。ほとんどの人がいちばんに親に知らせるのは、それだけ親と子と孫のあいだには深いかかわりがあることを示すものにほかなりません。

友だちでも、早く知らせたくなる人は、きっと照れを感じなくてもすむほどの間柄《あいだがら》なのでしょう。結婚のときとか妊娠中に世話になった人たちにも、感謝をこめてお知らせすることになるはずです。

義理だけで知らせなければならない相手は、後まわしにしてかまわないと思います。ただ、相手は心から待ち望んでいることがあるので、あまり遅くならないほうがよいでしょうが。

障害のある子が生まれた場合でも、知らせをためらうべきではありません。かえって、そういう子こそ、広く世間に紹介して、仲間入りさせてもらうのが、親になった者の最初の務めだと思います。

面会

親戚《しんせき》や知人が殺到したり長居《ながい》をされると、対応に疲れがち。義理を欠いても寝るか、父親が気を利《き》かせてじょうずに面会の制限をするべきです。

もっとも赤ちゃんのほうは、少々大勢のひとにかまわれてもだいじょうぶ。親しくなってくれるひとが多いほうが幸せなくらいです。ただ、かぜなどうつる病気にかかっているひとには、面会を遠慮してもらう必要はあります。そのことを言う勇気を親はもたなければなりません。

名づけ

名前をつけるのは、本質的には、生まれた子を世の一員とする社会的な手続きです。だからこそ、役所に届けなければならないわけです。

しかし、親としては、名前には子どもへの思いをこめたいもの。当然、自分たちの生い立ち、その子を産んだふたりの間柄《あいだがら》、暮らし向き、将来の夢、子どもへの期待などが色濃く反映されるにちがいありません。また、それらの背景には、社会の状況と時代の感覚も強く働いていることでしょう。

それにしても、夫が勝手に決めてしまったとか、夫婦で相談したけれど結局は夫が押しきるといった話を聞くのはどんなわけでしょう。まだ社会的な面では男性優位なせいでしょうか。それとも、産後は女が疲れており、男がほかにすることがないせいなのでしょうか。とにかく、子どもの名前は両親が合意のうえで決めるのが本筋《ほんすじ》だと思います。

いずれにしても、名前をつけるにあたっては、字《じ》画《かく》、字面《じづら》、音のひびき、それに義理とか縁起《えんぎ》とか運勢も考慮されることでしょう。どのように決められたとしても、そこには親としての思いが深くこもることになるにちがいありません。

ところが、それは、実は親の側の一方的な思い。子どもにしてみれば、その名前は親から勝手に押しつけられたものにほかなりません。もしかすると、子どもにとって迷惑か重荷でさえあるかもしれません。そのことは自覚しておいたほうがよいと思います。

出生届

赤ちゃんが生まれたら、戸籍法によって、2週間以内に、現住所か本籍地か生まれた場所のいずれかの役所に届けなければならないことになっています。簡単なようですが、事情によっては面倒《めんどう》かもしれません。とくに法的に結婚していない場合は、ややこしくなりがちです。くわしくは、38ページの「子どもの籍《せき》の入れかた、認知《にんち》のしかた」を見てください。

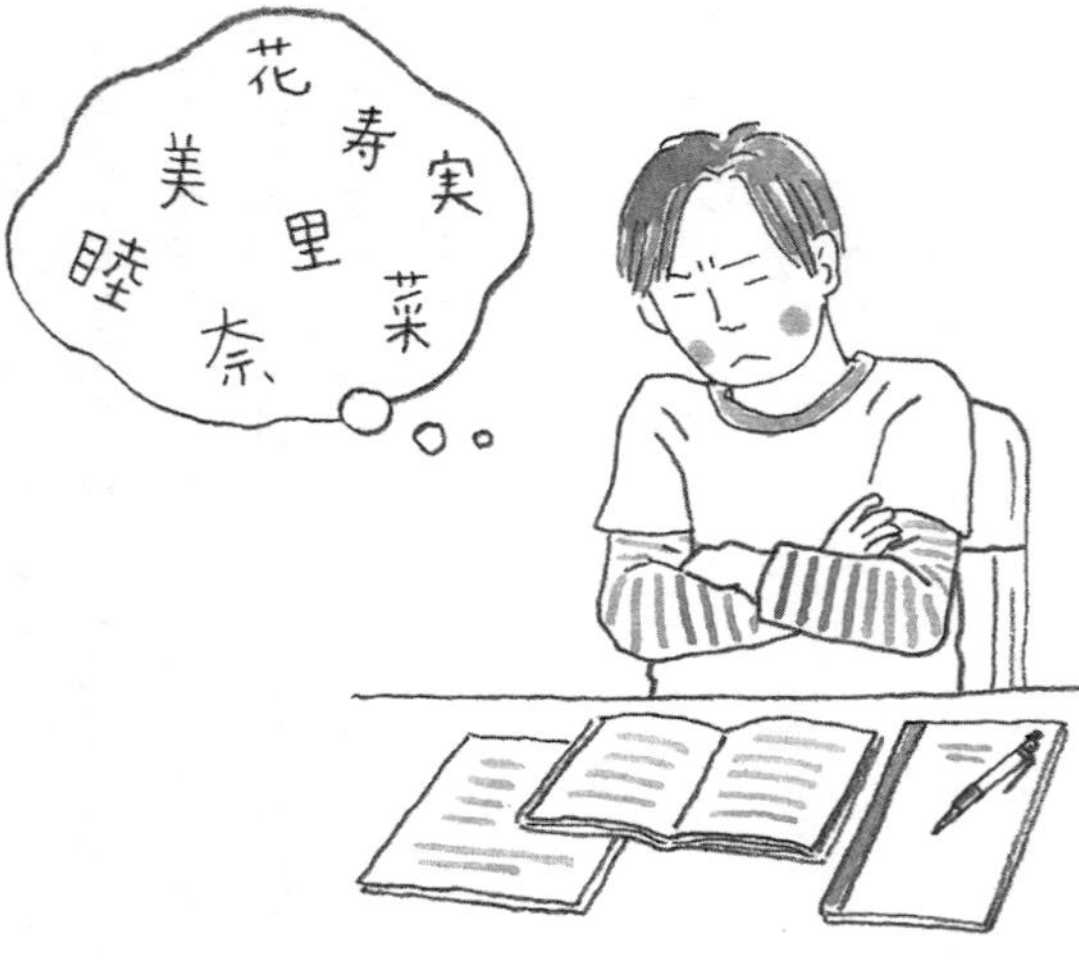

家に帰った赤ちゃん

1週間から1カ月のころ

産院から家に帰ったばかりの赤ちゃんは、いかにも小さく頼《たよ》りなげ。ほとんど眠っているけれど、ふいに泣きだしたり、おっぱいの飲みかたが定まらなかったりと、親をとまどわせることが多いでしょう。

しかし、少々育てかたがまずくても、赤ちゃんの育ちはめざましく、日増しに大きく、しっかりしてくるはずです。

疲れるので、なるたけ気張《きば》らずに、育児を楽しむようにしてください。父親は、最大限、協力しなければなりません。

赤ちゃんのようす

からだつき

裸にすると、奇妙なからだつきに見えるかもしれません。でも、それは、生まれたての赤ちゃんのプロポーションが4頭身で、胸に比べてお腹《なか》と頭が大きく、とりわけお腹がふくらんでいるためにほかならないのです。

全体に赤みを帯びていますが、むらがあったり、まだ黄みが残っている子もいるかもしれません（生《せい》理《り》的《てき》黄疸《おうだん》↓48、病気40ページ）。とくに母乳を与えていると長く残りがちですが、元気さえよければ、遅くても3カ月くらいまでには消えてしまいます。

皮膚《ひふ》は脂《あぶら》っこくすべすべしていて、たいていほっぺたやひたいに赤いぶつぶつがあったり、眉毛や頭にフケのようなものがついています。それらは脂肪によるもので、子宮のなかで母親からもらったホルモンと母乳からもらうホルモンのせい。発育の盛んな証拠です。

お尻などに見える青黒いあざは蒙古斑《もうこはん》で、成長とともに消えていくものです（↓48ページ）。

おへそは、へその緒《お》のとれたあとが乾かずに赤く、じくじくしている子もいるかもしれません（↓病気386ページ）。お風呂で洗って清潔なガーゼを当てておくだけで、ひと月もしないうちに乾いてくるはずです。

頭のかたちは、生まれた直後よりだいぶととのってくるでしょうが、まだ多少はいびつなのがふつうです。

頭のこぶのうち産瘤《さんりゅう》（↓47ページ）は消え、頭血腫《とうけっしゅ》（↓47、病気43ページ）はまだ残っているでしょうが、それも1歳くらいまでにはなくなってしまいます。口のなかに白いものが見えるのは、たいてい鵞口《がこう》瘡《そう》（↓病気381ページ）で、おっぱいが飲めていれば、心配のないものです。

からだの働き

おしっこ――おしっこは、赤ちゃんによって、また季節によっても、ずいぶん異なり、回数は1日に10～20回、色と臭《にお》いもそれに応じて、ほとんどないかやや濃いめと多様です。いずれにしても1回の量は少ないので、紙おむつだと気づかないこともあるかもしれません。

うんち――うんちは、母乳だけの子では、たいてい軟《やわ》らかく、色はきれいな黄色から緑がかったのまでさまざまで、多少とも甘酸《あまず》っぱい臭《にお》いがするものです。回数は、およそ1日に3～4回から5～6回。なかにはそれ以上の回数の子もいて、そんな子の便は水っぽく、粘液《ねんえき》やつぶつぶが混じっていることが多いようです。

ただし、母乳だけの子でも、回数が少なく1日に1～2回とか、生後1カ月近くなると3～4日に1回といった子も少なくありません。そんな子の便は、たぶん腸内で水分が吸収されるのでかためになるのでしょう。とにかく、機嫌《きげん》が悪くなく、おっぱいをよく飲んでいれば、心配のないことです。

ミルクだけとか、ほとんどがミルクの子では、わりと回数が少なく、したがってかための傾向がありますが、色は母乳の場合とあまり変わらないようです。ただ、臭いは母乳の場合と比べて強いことでしょう。

吐《は》き――この時期では、おっぱいを吐くこと(吐乳《とにゅう》)はふつう。飲んだあとはもちろん、抱き上げただけでも、よく吐きます。まだ胃の筋肉のしまりが弱いためにすぎず、吐いたあとけろっとしているのが特徴です(→病気41ページ)。しかし、吐き続けるとか、ひどく泣くようなら、病気かもしれません。早く医者に診《み》てもらう必要があります。

育ちのぐあい

体重の増えかたは、赤ちゃんによって、非常に大きな差があります。

平均では1日に30～40グラムですが、めきめき発育する子では50グラム以上、ゆっくり発育する子では20グラム以下ということも珍しくありません。

もともと生まれたときの体重に大きな差があったし、その後の発育のパターンも赤ちゃんによってさまざまなのです。ですから、せめて1日平均10グラム以上は増えていれば、ぐったりしていないかぎり、ようすをみていてよいと思います。最初のうちは増えかたが少なく、あとになって、めきめき増えだす子もいるのです(→134ページ)。

けれど、少しも増えないとか、途中から増えかたがどんどん鈍《にぶ》ってきた場合には、医者に診《み》てもらったうえで、ミルクを足すなど、何らかの手を打つ必要があるかもしれません。

ただし、体重は常に変動するもの。うんちとおしっこの出ぐあいや暑さ寒さに、かなりの影響を受けます。そのために、毎日のように測っていると異常はないのに減ることさえあるのです。ですから、測るのは、せめて1週間は間隔をあけたほうがよいと思います。

身長は、1カ月のあいだに5センチくらい伸びてきます。しかし、身長は測りかたがむずかしく測定《そくてい》

いことです。誤差《ごさ》も大きいので、多少高くても低くても気にしな

からだとこころの動き

家に帰りたてのころは、夜昼なくほとんど眠っていて、そのあいだに何度もちょっと目をさますといった状態でしょう。

ただ、眠り続ける時間は、赤ちゃんによってずいぶんと違います。長い子だと3〜4時間も静かにしているので、たいていの親が「死んでいるのでは」と心配してのぞきこむくらいです。短い子だと、眠ったばかりなのに30分か1時間も経《た》たないうちに目をさまして、親を疲れさせるかもしれません。なかには、長かったり短かったり不定期で、親を混乱させる子もいるでしょう。

目ざめたときは、ほとんどの子がぐずりだし、すぐにおっぱいをあてがわないと、大きな声で泣きだします。なかには突然激しい泣き声をあげて、びっくりさせる子もいます。

しかし、家での生活に慣れ、おっぱいを飲むリズムがつくにつれて、しだいにその子なりの睡眠《すいみん》のパターンが安定してくるはずです。ただ、夜中には2〜3回は泣くのがふつう。少ないと1回ですむ子もいますが、多ければ4〜5回にもおよぶ子がいます（夜泣き→85ページ）。

それでも、日中は活気が出て、目ざめているか、まどろんでいるときに、笑顔を見せたり、手足をまとまりなく動かすようになるでしょう。そのために、布団《ふとん》をけとばしたり、自分で顔にきずをつけることもあるかもしれません。

そのほか、ときおりピクッとしたり、あくびをしたり、おならをしたり、しゃっくりが続いたり、まつかな顔でいきんだりと、なかなかにぎやか。手を口にもっていって吸いだす子もいるでしょう。いずれも、元気がよく、おっぱいもちゃんと飲んでいるのなら、まったく心配のないことです。

それだけでなく、赤ちゃんがはっきり目ざめているときに、顔を近づけて声をかけてやると、けっこう反応してくれるもの。息づかいが変わったり、からだをくねらせたり、手足を振ったり、ときには顔を向けて微笑《ほほえ》むとか、声を出すこともあるでしょう。こちらが口をとがらせたり、舌を出したり、手をむすんだりしてみせると、その真似《まね》をすることさえあるかもしれません。

また、天気のよい日にカーテンを開けたり窓の近くに連れて行くと、そちらのほうに目を向けるかもしれません。あまりまぶしいと目をつむってしまうでしょうが。

耳も生まれたてより敏感になってくるので、ドアがばたんと閉まったり大人が大声を立てると、ピクッとするかもしれません。

しかし、からだの動きはまだまだ不安定。以下のような思いがけない動きをするものです。

おむつを替えるときや裸にしたときに、どの赤ちゃんも両脚をお腹《なか》に引きつけるように曲げて開きます。その脚を無理に伸ばしても、すぐバネ仕掛けのように曲げてしまいます。

手も、いつも曲げていて、衣服の着替えなどで伸ばしても、すぐ曲げてしまいます。手の握る力は強く、うっかり指や衣服のすそを握られると、かんたんにはほどけないほどでしょう。

また、頭を左右どちらかに向けると、たいてい、その方向の腕と脚を伸ばし、反対側の腕と脚を曲げて、あたかもフェンシングの構えのようなかっこうをします（緊張性頸反射《きんちょうせいけいはんしゃ》、下の右の**図**）。ただ、からだの動きはさまざまで、いつもこうした動きをするとはかぎらず、頭が向いたほうの手が曲がり、反対側の腕が伸びて脚を曲げるといったこともあるかもしれません。

腹ばいにしてしばらく見ていると、たいていの子がちょっとのあいだ頭をほんの少しもち上げるでしょう（下の左の**図**）。このとき、わずか横に向いたり指を吸うことも多いものです。ただ、いつまで待っても上げない子も珍しくないので、上げないからといって心配しないでください。

あと、大きな音がしたときや抱きそこねて落としそうになったときなどに、モロー反射（↓51ページ）を起こすのもふつうです。

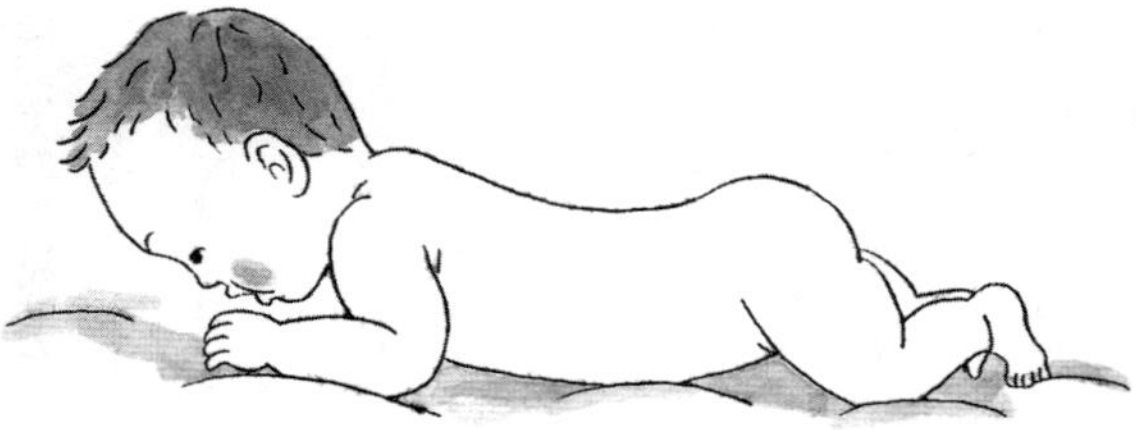

腹ばいにすると頭をもち上げる

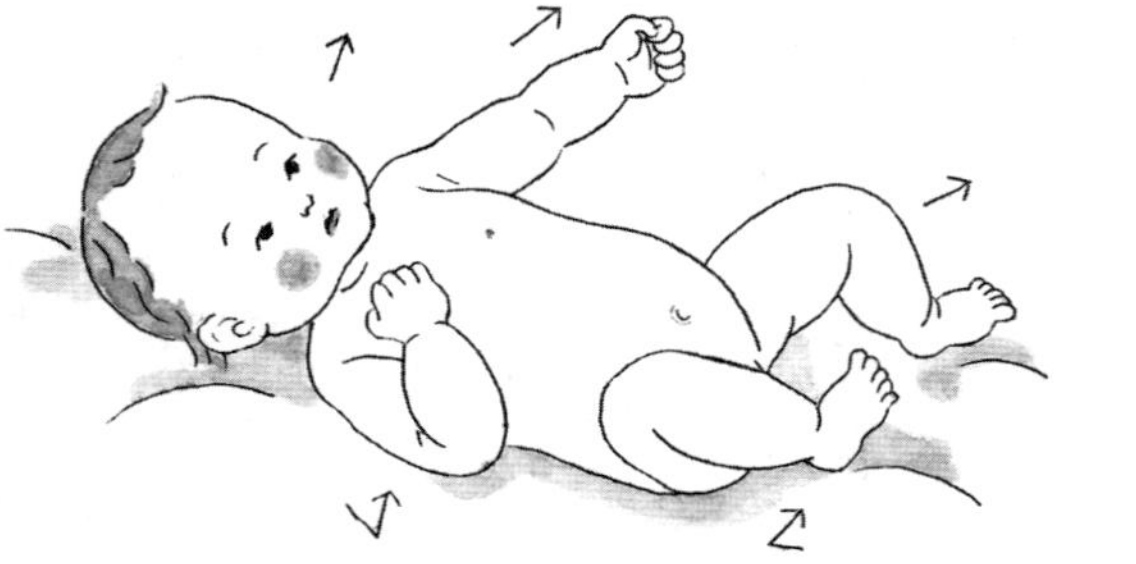

緊張性頸反射《きんちょうせいけいはんしゃ》

育てかた

赤ちゃんへのスタンス

赤ちゃんが家に帰ると、親か代わりの人が全面的に世話をしなければならなくなります。当然、誰でも緊張しがちです。でも、あまり固くなると、かえってうまくいかないので、以下のことに心がけてほしいと思います。

第1は、思い切って大胆《だいたん》にすること。割れものにさわるようにしていては疲れるし、赤ちゃんものびのびできません。それほど、赤ちゃんは、ひ弱《よわ》ではない。むしろ、大胆に扱うことで、丈夫に育つくらいなのです。

第2には、マニュアルどおりにしようとはしないこと。医者による指導や育児書の記述は、あくまで

ベビー用品について

最近は、ベビー用品があふれかえっています。目にすると、あれもこれもほしくなることでしょう。けれど、そのなかで必要不可欠なものは、実は、そんなに多くはありません。それに、赤ちゃんによって、また家庭の事情によって、必要性は異なるはずです。

ですから、いっぺんに買いそろえようとはしないで、赤ちゃんの世話をしながら、どうしても必要になった用品を、少しずつ買っていくのが賢明だと思います。

また、ものによっては、レンタルを利用するのも経済的。とくに高価なうえ使う期間が短い用品は、レンタルのほうがよいかと思います。

誕生祝いにいただいたベビー用品も、義理で使うのは、わずらわしさを増すばかり。さほど必要がなければ、使わないほうがいいと思います。幸い「何をあげようか」と聞かれたら、しばらく待ってもらって、どうしても必要となった品をいただくにかぎります。

上の子がいる場合、その子に使った用品で、まだ使えるものは、ぜひ使いたいもの。さらには、知り合いの子が使ったものを、危険がないかぎり、「まわし使い」させてもらうのも、微笑《ほほえ》ましいことと思います。むしろ、そういう年季《ねんき》の入った品は、それだけ利用価値が高いはずです。

なお、ひとくちにベビー用品といっても、ものによってかなり事情が異なるので、くわしくは、本文中のそれぞれの項目を参考にしてください。

も一般論にすぎません。赤ちゃんはひとりひとりがすごく違いますから、すべてがそのとおりにできるわけはない。むしろ、親子それぞれの性分《しょうぶん》と家庭の事情に合わせて臨機応変《りんきおうへん》にしているほうがうまくいくはずです。

第3は、ファッショナブルにしようとはしないこと。育児はごたごたした暮らしそのものですから、格好よくできるはずはない。むしろ、ごたごたとやっているほうが、子持ちらしくて、微笑《ほほえ》ましいくらいです。

おっぱいの飲ませかた

母乳のとき

授乳のコツ——生まれたときからよく母乳が出て赤ちゃんもよく飲んでくれているのなら、そのままの要領《ようりょう》(↓54ページ)で続けていればよいでしょう。

飲みかたは、たいてい1日に6~10回、1回に10~20分、2~4時間おきで、その間隔は夕方に短く夜間に長くなる傾向があります。

しかし、赤ちゃんによっては、しょっちゅう乳を求めて泣く子がいます。夜中まで30分とか1時間おきに泣かれたら、疲れきってしまうでしょう。そんな場合には、授乳の間隔をあけるのにかぎります。そのあいだ激しく泣くなら、母親以外の人が抱いてあやしてあげることです。軽くゆすったり外に連れだすと泣きやみやすいでしょう。あらかじめしぼっておいた母乳をほ乳びんで与えれば、母親をゆっくり休ませられますが、ほ乳びんだと吸いつかないかもしれません。いずれにしても、2カ月に入るころには、乳を求める間隔があいて規則的になってくるもの。もう少しの辛抱《しんぼう》です。

母乳はよく出るのだけれど赤ちゃんの飲みかたがへたで、ちょっと吸っては眠ってしまったり泣きだすようなら、そのままというわけにはいかないでしょう。しっかり飲ませないでいると乳房が張って苦しくなるし、しょっちゅう吸わせていると乳首が痛みかねません。

そんな場合には、おっぱいをあてがう前に軽くゆすったり明るいところに連れて行ったりして、十分に目をさまさせておくこと。授乳中に眠りかけたら、ほっぺたや足の裏を強めにつついて目をさまさせ、唇《くちびる》のまわりをちょんちょんとつついて口を開けさせ、乳首だけでなく乳輪《にゅうりん》まで深く口内《こうない》に突っこむようにすることです(↓55ページ)。泣きだしたときは、いったん乳房を離して抱きあやし、泣きやんだら軽くゆすりながら、やはり乳輪まで深く口内に突っこむようにすることです。

母乳の出かたがよすぎて赤ちゃんがむせるようなら、吸わせる前に少ししぼっておくとよいでしょう。

片方の乳房からしか飲まなくても、赤ちゃんが満足していて母親も平気なら、悪くはないと思います。しかし、乳房が痛んだり片方では足りなくなることはあるので、なるべくは両方の乳房から飲ませたいもの。そのためには、十分にお腹《なか》をすかせてから、嫌うほうの乳房から先にくわえさせるのがコツです。そのとき抱きかたと乳房のふくませかたをいろいろと変えてみるとよいかもしれません。たとえ嫌われても、できるだけ長くそうしているのがよいでしょう。ひどく泣かれたら好むほうの乳房を吸わせざるをえないでしょうが、それでも途中で嫌う乳房をくわえさせてみるのです。しかし、どうしても片方しか吸ってくれなければ、あきらめるほかありません。乳房の大きさの違いは、離乳がすむころにはあまり目立たなくなるようです。

乳房の痛みは、起きてからでは治しにくいので、予防するのがいちばん。そのためには、まず、授乳のとき乳輪まで深くふくませること。乳首だけくわえさせると、引っ張られて痛みやすいからです。そして、授乳の姿勢をときどき変えること。乳首の入る角度が同じだと痛みやすいからです。さらには、授乳時間を長くしないこと。片方の乳房でせめて15分までが無難《ぶなん》です。長くしゃぶらせていると乳首がふやけて切れやすくなるからです。なかなか離してくれないときは、赤ちゃんの口に小指を差し入れると抜きやすいでしょう。

手や腕が痛ければ、寝て飲ませてもよい

手や腕が痛くなったときは、寝て飲ますか、ひざの上にクッションか座布団《ざぶとん》を置き、赤ちゃんを乗せて飲ますか、ひじ掛け椅子《いす》に座り、腕と背をもたれさせて飲ませたらどうでしょう。その際、腕の下にクッションか座布団を置くと、もっと楽なようです。

乳房の手当——乳房の清潔については、授乳前に消毒薬やお湯に浸《ひた》したガーゼ類で強くふくのは禁物。かえって乳首を傷《いた》めかねません。それより、毎日シャワーを浴び、胸に清潔で柔らかいタオルかブレストパッドを当てて、乳首がすれず乾燥した状態にしておくほうが効果的。

授乳後は、ついた乳を、濡らしてしぼった柔らかいタオル、または薬物が使われていない市販の乳首ふきで軽くふき、そのまま空気にさらしたり日光にあてたりして乾かすのがよいでしょう。

乳首にきずができたときは、抱きかたをいろいろと変えてみて、もっとも痛くない姿勢で、乳房を深くふくませ、授乳時間を短くしてみたらどうでしょう。それでもあまりに痛ければ、2～3日授乳を休んででも、化膿《かのう》どめの薬を塗って治すにかぎります。

母乳不足の心配――赤ちゃんが太らなかったり体重の増えかたが少ないと、だれしもが母乳が足りないのではと心配になるようです。まして医者や保健師から「発育不良」などと告げられたら、そうとうなショックにちがいありません。

けれど、そのほとんどは、ただ発育がゆっくりした子(→68ページ)にすぎないのではないかと思います。ほんとうの母乳不足なら、弱々しい声でしきりに泣くし、体重の増えかたも極端に少ないはず。しょっちゅう泣いても元気だし、体重が1日平均で10〜15グラムは増えていれば、あわてることはありません。たとえ母乳が足りないようでも、1カ月くらいは、母乳でがんばっていてよいと思います。それで、けっこう育っていくものです。

しかし、明らかに母乳不足と考えられた場合には、ためらわずにミルクを足さなければなりません。

授乳中の母親が気をつけること――食事は、あまり特別に考えることはありません。母乳の出かたも食事とはほとんど関係なさそうです。ですから食欲に応じてバランスのとれた食事をしていればよいでしょう。食べる量が少々増えても、授乳中はカロリーを多く消費するためなので、気にしないでください。

ただ、赤ちゃんに害のあるダイオキシンとメチル水銀が多く含まれる食品はなるべく避けるように(→22ページ)。

また、食べたり飲んだりすると赤ちゃんが母乳を嫌うようになるものも避けるべきです。とくに甘いジュースやドリンク類は、その傾向が強いので、なるべく飲まないよう心がけてください。あと、脂《あぶら》っこいものと甘いものも、太りすぎたり乳腺炎《にゅうせんえん》を起こしやすいので、ひかえめにしたほうがよいでしょう。

コーヒーや紅茶や日本茶は、母乳への影響はないと言われています。

アルコールは、飲んだ量の90〜95%が母乳に出るので、飲まないに越したことはありません。けれど、飲まないではいられなくなったときには、飲んでもかまわないと思います。無理にがまんをしているほうがいらだって、赤ちゃんによくないだろうからです。ただし、できるだけ少量にして、飲んだあとの母乳はしぼって捨て、2〜3時間以上経《た》ってからの母乳を与えるのが無難《ぶなん》です。

タバコも、もちろんやめるに越したことはないけれど、あまりにいらいらするならば少々吸うのはやむをえないかと思います。ただ、タバコは煙が赤ちゃんの呼吸器に悪いので、吸うときは必ず赤ちゃんから離れた場所、たとえば別室とかベランダとかにしなければなりません。そして、その際は、赤ちゃんが安全なように配慮しておかなければならないのは、もちろんです。

アルコールにしろタバコにしろ、しょっちゅう、たくさん飲まずにいられないのなら、いっそのこと母乳をやめてミルクにしたほうがよいかと思います。

薬は、なるべく飲まないにかぎります。絶対に危険な薬か危険の大きい薬としては、抗腫瘍剤《こうしゅようざい》、代謝《たいしゃ》拮抗剤《きっこうざい》、ホルモン剤、フェノバルビタール、アスピリン、クロロマイセチン、エリスロマイシンなどがあります。母親の病状がどうしても薬を必要とする場合には、比較的に安全性の高い薬を授乳の直前に飲むように。そうすれば、次の授乳まで2〜3時間はあくので、そのあいだに薬が多少とも排泄《はいせつ》されるからです。ちなみに比較的に安全性の高い薬としては、抗生物質《こうせいぶっしつ》ならセフェム系とペニシリン系、解熱《げねつ》鎮痛剤《ちんつうざい》ならアセトアミノフェンと言われています。

ミルクを足すとき（混合栄養）

ミルクを足すときには、母乳との関係をどうするかが問題になるでしょう。つまり、母乳を与えたあとにミルクを飲ませるか、それとも母乳とミルクを交互に与えるかという問題です。これには正解はなく、とにかく赤ちゃんのようすと乳房の張りの両方にマッチしたやりかたをすることだと思います。

およそで言えば、乳房をふくませてもすぐ離して泣いてばかりいる場合には、まずミルクだけ与え、乳房が張るのを待って母乳だけ飲ませるのがよいでしょう。とくに寝る前をミルクにすると、夜泣きが減るかもしれません。たとえ泣かれても、夜間を母乳にすれば、調乳などの手間がいらないので、楽なはずです。

乳房をすぐには離さず、ある程度は飲んでいる場合には、母乳のあとにミルクを与える方法がよいでしょう。ただ、できるだけ長く母乳を飲ませる努力は続け、ミルクの量を増やさないようにしなければなりませんが。

いずれの場合も、ミルクを与えるときに父親が引き受けられれば、母親は休まるし、父親自身も楽しいのではないかと思います。

もし、ほ乳びんを嫌《いや》がるようなら、乳首の種類や穴の大きさを変えたり（→76ページ）、抱きかたを母乳のときとは変えるとよいかもしれません。それでもミルクを飲もうとしなければ、抱いてあやすか、泣かせたまま、最低1時間は乳房をふくませないでいたらどうでしょう。そうすれば、たいていの赤ちゃんが飲んでくれるものです。

ほ乳びんには吸いつくけれど飲みが悪い場合には、ミルクの銘柄《めいがら》を替えるとよいかもしれません。

飲むミルクの量は、あまり気にしないでください。それよりも、赤ちゃんの機嫌《きげん》と元気と、とくに体重の増えかたをみることです。それらがよくなってくれば、いまのやりかたでよいのです。

全部ミルクのとき（人工栄養）

ミルクで育てることの最大のメリットは、父親をはじめ母親以外の人も授乳できる点です。母乳だけだと、とくに父親は疎外感《そがいかん》を覚えがちですが、自分も授乳できれば多少ともさびしさを免《まぬが》れられそうです。たとえ回数は少なくても、そのことで妻と子への情が深まるし、ひいては人格に奥行《おくゆ》きを増し、仕事に対する感覚にも人間性がにじみでてくるのではないかと思います。

ミルクの銘柄《めいがら》——ミルクの銘柄は、どれでもたいした違いはありません。ただ赤ちゃんの好みはあるので、まずは親が気に入ったものを1缶だけ買ってみること。よく飲むならそれでよいし、好まないようなら別のに替えてみることです。

そして、赤ちゃんが飲み慣れたミルクを続けることが大切。他人に勧められたとか値段が安いとかで安易に銘柄を替えると、飲まなくなったり下痢《げり》や便秘を起こすおそれがあります。

なお、ミルクを飲ませるとたちまち「しっしん」が出たり嘔吐《おうと》や下痢を起こすなど、ミルクアレルギーがひどい赤ちゃんには、特殊なミルクを与える必要があります。また、フェニールケトン尿症などの先天性代謝異常《せんてんせいたいしゃいじょう》がある赤ちゃんにも、その種類に応じた特殊なミルクがそれぞれ用意されています。

ほ乳びんと乳首——ほ乳びんには、ガラス製とプラスチック製があって、それぞれ利点と欠点があります。ガラス製は重いけれど、傷つきにくく熱に強いうえ汚れを落としやすい。プラスチック製は軽くて持ち運びに便利だけれど、傷つきやすく汚れがちで劣化《れっか》が早い。そこで、そうした利点と欠点を考え合わせ、暮らしにマッチしたものを選んだらどうでしょう。両方を使いわけるのも賢明かと思います。

乳首には、素材と穴の大きさにさまざまの種類があるので、さぞ迷わされることでしょう。要《よう》は試してみないとわからないので、いちおうよさそうなものを買うほかなさそうです。およその目安としては、バルブタイプといわれる標準的な乳首(**図**)で、穴のサイズはSがいいでしょう。

しかし吸いつきにくいのなら、他のタイプの乳首に替えてみる。吸いつくけれどスムーズに飲めなければ、ほ乳びんのふたの締めかたをゆるめるとミルクが出やすくなって飲めるかもしれません。それでもだめなら乳首の穴をMに替えてみる。飲むときにむせるようなら、ほ乳びんのふたの締めかたをきつくしてみる。とにかく、そんなふうに試行錯誤しているうち、うまく飲ませられるようになるものです。

乳首のタイプさまざま

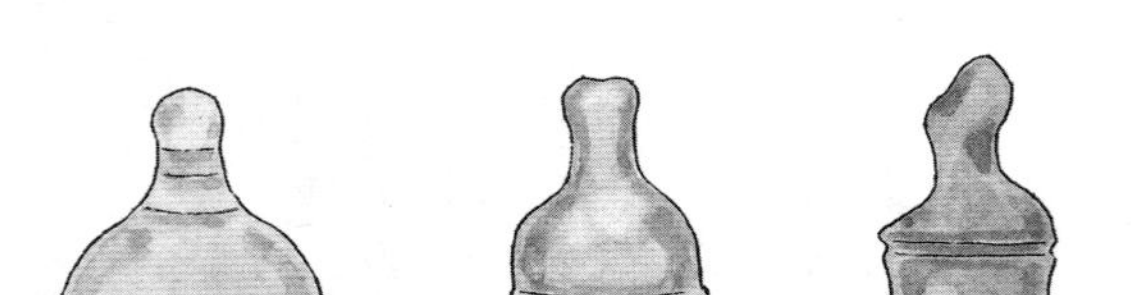

ほ乳器具の消毒法——ほ乳びんと乳首は、煮沸消毒《しゃふつしょうどく》したり薬物や器具を使って消毒する必要はありません。とくに、消毒液に器具を浸《つ》けてすますやりかた

は、薬物の害を考えると、すすめられません。また、電子レンジで滅菌《めっきん》するというやりかたにも賛成できません。電磁波と有害物質の発生が心配だからです。

そんなことをするよりも、授乳後すぐ、ほ乳びんとキャップと乳首をブラシですみずみまで水で丹念《たんねん》にこすり洗いするほうがよほど消毒になります。さらに、そのあと、器具を逆《さか》さまに立てて水切りをしながら、できれば、日差しと風通しのよいところに置いておけば十分です。消毒の基本は水洗いと日光なのですから。

ミルクの缶は、きちんとふたをして乾燥した涼しいところに置けば1カ月くらいはもつと言われます。しかし、サラサラしなくなったり、香りが失《う》せ溶けにくくなったら使わないことです。冷蔵庫に入れておくのは、とりだしたときに露《つゆ》がついてミルクがしめりやすいので、よくありません。共働きで家を密閉していて高温になる場合は、窓の外やベランダなどの日陰の安全な場所に置いたらよいと思います。

添付《てんぷ》のスプーンは、ほかの器具といっしょによく洗って乾かしておくこと。使ったあとそのまま缶のなかに入れておくと、ミルクを傷《いた》めるおそれがあります。

母乳でなくても育つ

赤ちゃんを育てるのに、母乳が絶対的によいとは言い切れないと思います。現に、オールミルクで育てた子のほとんどが、母乳で育てた子と遜色《そんしょく》なく育っているのです。

ですから、母親に母乳を与えられない事情があったり、どう努力しても母乳が出ない場合には、堂々とミルクで育ててください。母親失格などと嘆くことはありません。

赤ちゃんとの情の交流は、母乳でなくても可能。ミルクを飲ますときに抱いたり見つめたり話しかけたりしていれば、十分に情は通います。おむつを替えるときやお風呂に入れるときには、からだのふれあいもあるはずです。

栄養の点でも、ミルクは母乳とほとんど同等。したがって、発育のしかたに変わりはありません。ただ、ミルクでは大量生産による有害物の混入に注意しておく必要がある一方、母乳では母親のダイオキシン類の摂取《せっしゅ》に留意《りゅうい》している必要があります。

免疫の点でも、母乳でなければ得られないということはありません。病原《びょうげん》に対する免疫物質《めんえきぶっしつ》の抗体《こうたい》は、すでに大半を胎内《たいない》でもらっているからです。ただ、生まれて3日くらいまでの母乳(初乳《しょにゅう》)には免疫体《めんえきたい》が多く含まれているので、できれば初乳だけは飲ませておきたいものですが。しかし、初乳を飲ませられなかったとしても、しょげるほどのことではありません。母親ゆずりの抗体はどんどん減っていくし、それに代わって赤ちゃんは自分で抗体を作っていくからです(→病気152ページ)。

アレルギーについては、ミルクのほうが多いけれど、母乳でも母親の食べものによるアレルギーがないではありません。

ミルクの作りかた(調乳法)――ミルクの作りかたは、表示どおりでよいけれど、神経質なほどきちんとしなくてもだいじょうぶです。

ただ、濃度を低くすると栄養が足りなくなるので、薄くしすぎないように。溶かすときには、熱湯だとビタミンを壊《こわ》すので、ぬるま湯を用いるようにしてください。

また、ミネラルウォーターで溶かすとミネラルのとりすぎになって脱水を起こすなど害がありうるので、ふつうの水道水を使うこと。1度沸騰させてから、50〜60度に冷《さ》ました湯ざましで溶かすのです。いちいち湯ざましを作るのが面倒《めんどう》なら、自動的に適温のお湯を作ってくれるポットを使うと楽でしょう。

なお、飲み残したミルクは、20〜30分以内ならまた飲ませていいけれど、それ以上なら慎重《しんちょう》にする必要があります。残した量がわずか、まあ30ミリリットルくらいまでなら、捨ててしまうのが無難《ぶなん》。作った量の3分の1とか半分ほども残した場合は、冷蔵庫に保存して、湯煎《ゆせん》で温めて飲ませてもよい。ただし、決して長時間保存してはいけない。せいぜい3〜4時間までが限度かと思います。また、電子レンジで温めるのはしないほうがよい。ミルクの成分を壊すおそれがあります。

ミルクの飲ませかた――飲ますときの温度は人肌《ひとはだ》より少し温かめがよいとされているけれど、赤ちゃんの好みや季節によって適当に熱《あつ》めや冷《つめ》ためにしてかまいません。

飲ます量と回数と間隔も、赤ちゃんの食欲と生活リズムに合わせるのがよい。よく飲む子だと1回に140ミリリットル以上、1日に8〜9回におよぶことがあるけれど、たいてい2カ月か3カ月になれば減ってくるもの。せめて1日の総量を1000ミリリットルまでに抑えておけばよいと思います。

あまり飲まない子だと、1回に50ミリリットル以下と極端に少ないことがあるでしょうが、それでも元気があって体重が1日平均で10〜15グラムは増えていれば焦《あせ》ることはありません(→68ページ)。せめて間隔を2時間以上はあけるようにしていれば、たいていは飲む量が増えてくるものです。

夜中の授乳は、2〜3回にとどめるにかぎります。それ以上だと、母乳の場合は母親が睡眠不足になりがちだし、ミルクの場合は調乳しなければならないので夫婦で交代するにしてもそうとうにくたびれるでしょう。夜泣きには、授乳より別の対策をとることです(→85ページ)。

ミルクのふくませかたは、母乳と同じ姿勢(→54ページ)でよいけれど、ほ乳びんの底のほうを高くして、乳首に空気が入らない注意は必要です。手や腕が痛んだり家事などで忙しく抱いてやれないときは、ほ乳びんを枕やクッションに立てかけて、自分で飲ませるのもやむをえないと思います。ただ、そのあいだは赤ちゃんのようすがわかる範囲にいなければなりません。ほ乳びんがはずれることは多いし、だいいちミルクを吐いたときに窒息《ちっそく》するおそれがあるからです。

衣服と部屋

衣服は、およそ着せすぎになりがち。そのために汗びっしょりの赤ちゃんをよく見ます。せっかくの親心《おやごころ》があだになっているのです。

赤ちゃんは、大人より寒さに強く暑さに弱いもの。生まれて間もなくでも、そうなのです。

ですから、からだが冷たくなっていないかぎり、どちらかと言えば寒いのではと思うくらいの着せかたがよい。すくなくとも、汗をかいてたら1枚脱がす度胸《どきょう》が必要です。

それに、着せすぎは赤ちゃんにとって窮屈《きゅうくつ》。その点でも、なるべく身軽《みがる》にしてやりたいものです。

部屋も、なるべく開放的に。寒すぎず風が強くないかぎり、外気と日光を入れたいものです。赤ちゃんを寝かせる場所は、直接に日光が当たらない明るいところで、換気がよく、親の目が届くところがよい。

ただ、真夏と真冬には、冷暖房なしでは赤ちゃんにとって酷《こく》です。暑さ寒さのきびしい時間帯と眠りにつくときだけは、冷暖房を適度に使う必要があります。

扇風機は、首振りにして、壁に当てて間接に風がいくよう。エアコンも直接に風が当たらないように。夏は除湿をかけるのがよいでしょう。冬には加湿器があれば、赤ちゃんの皮膚と呼吸器は傷《いた》みにくい。加湿器がなくても、室内に洗濯物やバスタオルを干しておくだけでもよいでしょう。

おむつ

紙おむつは、便利だけれど、高くつくのと廃棄物を増やすことが問題。布おむつは、数がいるのと洗濯が問題。業者に頼《たの》めば、それだけ高くもつきます。ただ、「おむつライナー」をおむつの上に敷いておくと、うんちの始末も布おむつの洗濯も楽かと思います。

どちらにするかは、事情と考えかたで決めてください。外出時だけ紙おむつにするなど、両方を使いわける手もあるでしょう。

いずれにしても、おむつの交換は、およそ2～3時間おきにチェックして、濡《ぬ》れていたら替えるというのがよさそうです。それ以上ほうっておくとかぶれを起こしやすいし、あまり気にしていると1日中替えてばかりになりかねません。

夜中は、授乳のときに濡れていれば替えるだけにするか、紙おむつで朝までもつようなら替えなくてもよいでしょう。けれど、おしっこが出るたびに泣きだす敏感な子もいるかもしれません。そういう子はぐっしょりでないかぎり、布団《ふとん》の上からぽんぽんと軽くたたくなどして寝かしつけるようにしたらどうでしょう。

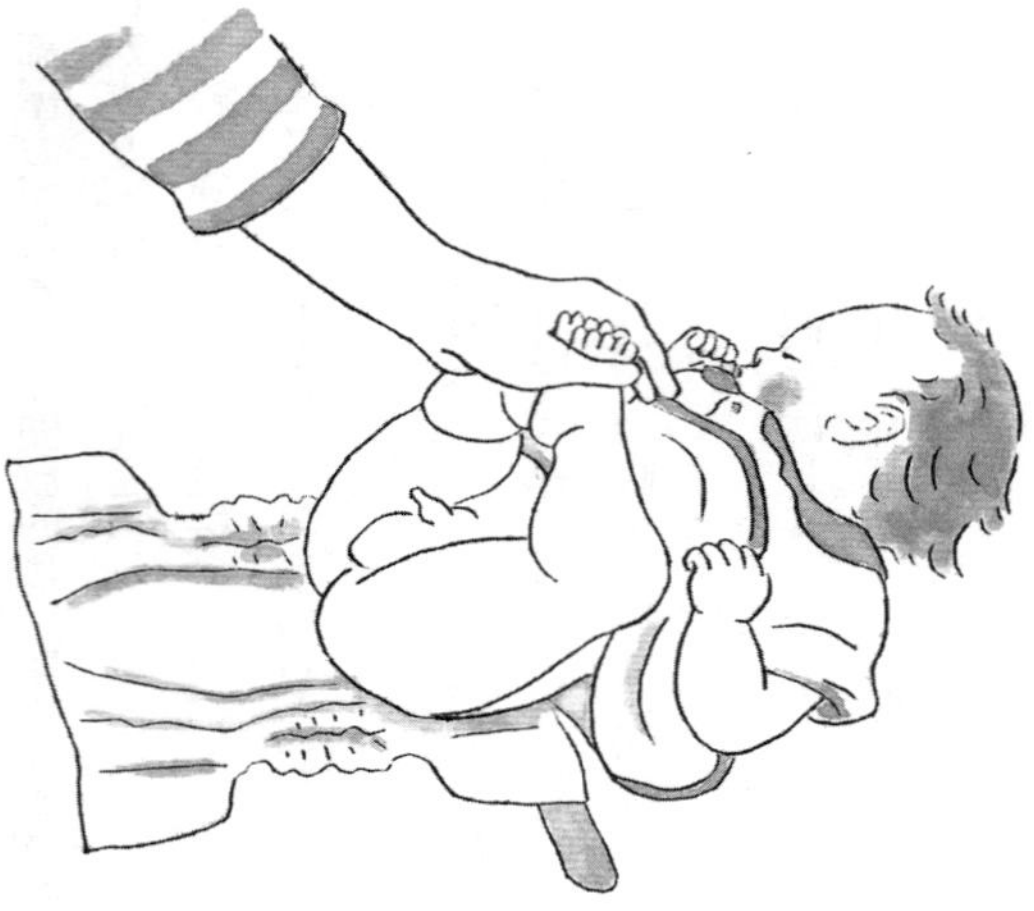

おむつのあてかた

寒い季節には、おむつを替える前に、親の手とおむつを温めてあげたいものです。

お尻をふくのは、お湯に浸《ひた》してしぼった脱脂綿《だっしめん》で十分。市販の「お尻ふき」を使うなら、薬物が使われていないものを選ぶことを勧《すす》めます。薬物でかぶれることがありうるからです。

ふくときには、女の子は膣《ちつ》や尿道《にょうどう》に細菌が入らないよう前から後ろに向けてふき、男の子は後ろから前にペニスと陰嚢《いんのう》の裏までふくのがコツです。

おむつをあてるとき、急に両足を引っ張り上げると、股関節脱臼《こかんせつだっきゅう》(→病気259ページ)を起こすおそれがあります。両ひざを外側に開き、両足裏を合わせて、ゆっくり持ち上げることです(**図**)。

お風呂

ベビーバスを使う場合

保健所や産院ではベビーバスを使っての「沐浴《もくよく》」のしかたが教えられたことでしょう。そのとおりにしたい人は試みてください。その手順は、およそ以下のようになりましょうか。

①あらかじめ洗面器、石けん、ガーゼ、バスタオル、お湯のなかで赤ちゃんを包む「くるみ布」、「さし湯」と「かけ湯」のためのポリバケツ、湯温計、着替えを用意する。

②部屋を寒くないよう20度くらいにし、湯温を大人よりぬるめの38度くらいにする。

③赤ちゃんを首の後ろとお尻のあたりでしっかりと抱き、お湯のなかに足のほうからそっと入れる。泣いたりふるえるなら、別の人が赤ちゃんの手を握ったり、くるみ布を赤ちゃんの胸から両手まで広げてかける。

④顔をお湯で濡《ぬ》らしたガーゼで軽くふいたあと、手かガーゼに石けんをつけてやさしく洗い、しぼったガーゼでそっとふく。

⑤頭をお湯に浸《ひた》したガーゼで濡らし、手に石けんをつけて洗い、洗面器のお湯で流す。

⑥胸と腹と手足を石けんをつけた手で洗い、お湯で流す。背中も手を回して洗ってよい。

⑦背中をちゃんと洗いたければ、片手で赤ちゃん

の頭をしっかり支え、他の手で赤ちゃんのお腹《なか》をかかえるようにしてうつぶせにする。

⑧ 洗面器で「かけ湯」をして、赤ちゃんをお湯から出し、バスタオルでくるみ、押さえるようにふく。

しかし、この方法では、お湯の温度を保つのがむずかしく、「さし湯」によるやけどの危険もともなうし、抱くのが不安定で腰と手足が疲れやすいという欠点があるのではないでしょうか。だいいち「沐浴」という言いかたがいかにも衛生的にすぎ、暮らしには不向きな感じがしてなりません。

そこで、できれば、ふつうのお湯で、大人がからだを洗ってから入れれば、細菌の感染は問題にならないはずです。新しいお湯で、お風呂に抱いて入れてほしいと思います。

お風呂に入れる場合

ふつうのお風呂に入れるほうが、ベビーバスよりも温度を保ちやすいし、しっかりと抱けるはずです。細菌の感染を心配する向きがありますが、古いお湯を使わず、出るときにかけ湯をすれば問題ないはずです。

ただ、母親は産後1カ月ほどは無理でしょうから、代わって入れてくれる人がいなければ、ベビーバスを使うのもやむをえないでしょう。

お風呂に入れる時刻は、父親が家にいるときか代わりの人が来てくれるときでよいと思います。夜でもかまいません。

お風呂の入れかたは、およそ次のような手順がよいと思います。けれど、このとおりにすることはなく、適当に自分と赤ちゃんに合った入れかたをしてください。

① バスルームを、大人が寒くない程度に、あたためておく。

② 先に父親がひとりで入り、自分のからだを洗ってしまい、湯かげんをぬるめにととのえる。その際、湯温計の数字よりも、からだの感じに頼るほうがいい。

③ 母親から裸にした赤ちゃんを受けとり、椅子《いす》は用いず、床に座り、ひざの上で「かけ湯」をしながら、石けんをつけたガーゼか手で全身を洗う。

順序は胸、首、お腹《なか》、陰部《いんぶ》、そして手足を洗い、とお尻を洗う。頭は湯に浸《ひた》したガーゼで濡《ぬ》らし、石けんを流してから、腹ばいに抱きなおして背中石けんをつけた手で洗ってから流す。顔は石けんをつけたガーゼか手でやさしく洗い、お湯を軽くしぼったガーゼでそっとふく。

なお、頭と顔を洗うときは、目に石けんが入らぬよう注意し、からだを水平に近くして、後頭部を片方の手のひらで支え、その手の指で両耳たぶを後ろからおさえておく。

どこを洗うときも、くびれたところを入念に。とりわけ耳の後ろ、首、わきの下、おへそ、陰部、肛門《こうもん》をよく洗う。おへそと陰部もおそれることはない。

④ 洗い終わったら、赤ちゃんを抱きしめて立ち上

がり、バスタブに入って、ゆったりとお湯に浸《つ》かる。

このとき滑《すべ》ることがあるので、慎重《しんちょう》にし、できれば母親に手伝ってもらう。

お湯に浸かるとき、かならずしも赤ちゃんに「くるみ布」をかぶせる必要はない。しかし、赤ちゃんがこわがるようなら、かぶせるとよいかもしれない。

⑤赤ちゃんをお湯に浸けたとき、気持ちよさそうな顔になり、全身がほぐれてくる感じがあれば、適温と考えてよい。
しかし、落ち着かずからだを固くしているなら、ぬるすぎるのかもしれない。湯温を上げるセットをして、静かにかきまぜる。蛇口《じゃぐち》から直接に熱い湯を入れるのは危険。

お湯に浸けたとたんに泣きだしたら、熱すぎるのかもしれない。すぐに引き上げて、ぬるくしてから入れなおしてみる。

こうして赤ちゃんの好みの温度をつかむことだが、なかには「お風呂嫌い」の子もいる。どうやっても泣くのなら、そのまま入れ続けるほかはない。

⑥ころあいを見て、バスタブから出て、バスタオルを広げた母親に赤ちゃんをしっかり渡す。
お湯に浸けている時間は、3〜4分というところでしょうが、季節と赤ちゃんのぐあいで適当に。冬は先にお湯に浸けて温め、外で洗ったあともう1度入れてもいいし、夏はたらいかシャワーで「かけ湯」だけで洗ってすませるのもよさそうです。

入浴後は、あわてて着せなくてもだいじょうぶ。10分以上も裸にしておかないかぎり、湯ざめはしません。まして、そのためにかぜはひきません。ちなみに、かぜはウイルスの感染でひくもの。むしろ湯温でのぼせるほうが赤ちゃんには悪いので、寒い日でもゆっくり着せてあげることです。まして暑い日には、入浴で体温が上がりすぎがちなので、バスタオルの上でしばらく涼ませてから、着せるにかぎります。

湯あがりのからだには何もつける必要はありません。ベビーパウダー(「シッカロール」など)は、汗など水気を吸ってかたまりを作り、肌を荒らすことがあります。ベビーローションも、ごく少量を手のひらでこするようにつけてもかまいませんが、使いすぎると肌を荒らすおそれがあります。ベビーオイルは日本の風土には合いません。せめて乾燥した季節に肌がカサカサしたときにかぎって使うことです。

ベビー・マッサージ

マッサージは、赤ちゃんの情緒《じょうちょ》を安定させ、成長を促進《そくしん》し、脳の発達もうながすと言われています。そのための手法も考案され、はやってもいるようです。

しかし、こうした効果を目当てに躍起《やっき》になるのは、どんなものか。さもしい感じがするし、形式にとらわれていたら無理をしてしまいそうです。

それよりも、ただただかわいいからと撫《な》でさすっているほうが、ずっと赤ちゃんにはこころよいはず。ひいては、効果だってマッサージをうわまわるのではないかと思います。

お風呂あがりとか、おむつ交換のときなど、気が向いたら赤ちゃんが喜ぶように撫でさすってやってください。

スキンケア（肌の手入れ）

とにかく暑すぎないように。汗をたくさんかかせると、すぐにあせもやかぶれなどを起こします。

たとえ暑すぎなくても、赤ちゃんは大人以上に汗とあかが出るので、毎日お風呂に入れて、とりわけ首とかわきの下とか脚のつけ根、陰部《いんぶ》をよく洗うように。ベビーパウダーは、つけないほうがよいでしょう。汗を吸ったかたまりになって、肌を傷つけることがあります。ベビーオイルも、湿度の高い季節には使わないほうが無難《ぶなん》。油が肌の表面を覆《おお》い、汗が蒸発するのを妨げて、かえってかぶれさせるかもしれません。

口のまわりは、汚れるたびに、濡らしてしぼった柔らかいタオルで押すようにふくこと。ウェットティッシュは、薬物が入っているものは、使わないほうが無難です。

目やには、ちょっとしたものなら、お湯に浸《ひた》してしぼった脱脂綿《だっしめん》かガーゼで、そっとふきとること。ウェットティッシュを使うなら、薬物が入っていないもので。目やにがひどければ、医者にかかったほうがよいと思います。

はな水も同様にふき、鼻くそは細い綿棒で、からめるようにとってやること。鼻が詰まっておっぱいが飲みづらいようなら、鼻に口を当てて吸ってやるか、市販の鼻取り器で吸い取ってやる。それでもおっぱいが飲めないのなら、医者にかかったほうがよいと思います。

耳あかは、耳かきでなく、細い綿棒でほんの入口のところだけとるように。奥まで突っこむのは危険だし、その必要もありません。

爪は、赤ちゃん用の爪切りで、1週間に1回は切ってやるように。伸ばしていると、顔を傷つけることが少なくありません。なお、顔を傷つけないようにと、手袋をはめるのには賛成できません。赤ちゃんは、手を使いながら、自分のからだだけでなく周囲の事物を認識していっているのですから。

寝かせかた

この時期の赤ちゃんの眠りかたは、眠っている時間は長いけれど、眠りの浅い状態(レム睡眠)が多いのが特徴です。そのために、寝つくときにはレム睡眠を多く経過してから、深い眠りの状態(ノンレム睡眠)に入っていきます。そして、深く眠っても、たいてい1時間も経《た》てば浅い眠りになっているのです。

ですから、眠っていても、ちょっと寝心地《ねごこち》が悪かったり空腹を覚えると泣きだしがち。とりわけ、おっぱいを3〜4時間おきくらいには求めて泣くはずです。当然、夜中でも2〜3回は泣くのがふつう。少ないと1回ですむ子もいますが、多ければ4〜5回にもおよぶ子さえいます。親はたまりませんが、もう子どもをもったが運のつき、と考えて耐えるほかないと思います。

ただ、泣きだした赤ちゃんを寝かせつけるのにはコツがあります。とにかく急がないこと。おっぱいを飲ませたり抱いたりして、ちょっと眠りかけただけでベッドに降ろすと、ピクッと驚いて泣いてしまいがちです。そこで、赤ちゃんのからだから力が抜け、手足がだらっとするのを待って、そうっとベッドに降ろすようにするのです。

日中にむずかっているときには、とにかく抱いてやること(→87ページ)。そして、うんとスローなテンポでゆすってやるのです。気が向けば、ゆすりに合わせて歌ったり語りかけたりしてやると、もっとよいでしょう。ただ、静かになっても、しばらくそのまま抱き続けてからベッドに降ろさないと、またぐずりだすかもしれません。

うつぶせ寝について

うつぶせに寝かせていると頭のかたちがよくなったり丈夫になるという説がありますが、証拠はなさそうです。実際、あおむけに寝かせていて頭がへしゃげていた赤ちゃんでも、ほとんど幼児になったら格好がよくなるもの。丈夫さも、寝かせかたには関係がありません。

ただ、赤ちゃんによっては、うつぶせにしたほうが落ち着く子がいるでしょう。そんな子はうつぶせにしてやりたいけれど、それだと顔をうずめて窒息《ちっそく》や突然死の危険があります。そこで、うつぶせ寝にするときは、敷き布団《ぶとん》を固いものにして、いつも大人が同じ部屋にいるようにしなければなりません(→病気430ページのコラム)。

寝具《しんぐ》

敷《し》き布団《ぶとん》は固めのものにかぎります。ふわふわしていると、寝かせたとき、からだが沈んでびっくりするかもしれないし、睡眠中に背骨が曲がるのでよくないと言われます。また、敷き布団にはバスタオルをのせておくと、おっぱいを吐いたときに処理しやすいでしょう。

ベッドの場合には、マットレスに吸湿性《きゅうしつせい》のパッドを敷いておくと、汗や尿も吸いとってくれて気持ちよいはずです。

上にかけるものは、室温が20度前後なら、軽い掛《か》け布団か毛布1枚、それより低ければタオルケットを加え、高ければタオルケットだけというのが「標準」のようです。しかし、そんな知識より赤ちゃんのようすを見て判断することが大切。顔色や機嫌《きげん》、汗のかきぐあいで暑いか寒いかはわかるものです。わからなかったら、自分が赤ちゃんの身になって、これだけ着ていたらどうかなあと考えてみるのも、よい方法だと思います。

よく泣く子

どのようにしても、よく泣いて起きる子(夜泣きも激しい子)がいます。そういう子は、たぶん、エネルギーが強い子なのでしょう。急に甲高《かんだか》い声で泣きだすのは、眠っているあいだにたくわえたエネルギーを爆発させるかのように見えます。眠りからさめてきたとか、手足を動かしたとか、物音がしたとかがきっかけになることが多いようですが、とにかく泣きかたが激しすぎます。

こんなとき、母乳の場合、足りないのではないかと心配になりがちですが、よく泣く子のほとんどはそうではなさそうです。母乳が不足しているのなら、乳房をあてがってもすぐ泣きだしたり、乳房に吸いついたまま離れようとしなかったりする。そして、しだいに泣き声も吸いかたも弱くなって、発育が思わしくなくなるはずです。そんなことがなければ、まず母乳不足ではありません。

乳房をあてがうとむしゃぶりついてきて、飲めばすぐ眠ってしまうのなら、きっと食欲が旺盛《おうせい》な子か「ちび飲み」のタイプの子なのでしょう。

ミルクの場合は、標準の量を飲んでいても、あまりよく泣くときは、1回の量を20ミリリットルくらい増やしてみたらどうでしょう。よく飲んで泣きが減れば、食欲が旺盛《おうせい》な子なので、増やした量をそのまま続けてよいと思います。やっぱり飲み残して泣きも減らなければ、たぶん「ちび飲み」のタイプ、飲ます回数を増やすほかないかと思います。

いずれにしても、おっぱい不足が考えられない場合には、ほかの原因も考えておかなければなりません。おむつや衣類が窮屈《きゅうくつ》ではないか、からだのどこかがかゆかったり痛いのではないか、暑すぎ寒すぎではないかなど、いちおうは点検してみてください。

あと、意外に多い原因として「大事にしすぎ」があります。抱くのはおっぱいを飲ませるときだけで、1日中寝かせきりだと、元気のいい赤ちゃんは身が

かんの虫

「かんの虫」という寄生虫は実在しません。どうやら和漢医学で子どもはときおり「変蒸《へんじょう》」という大きな心身の変化を起こしながら育つとされていた、その「蒸」がムシ、虫と呼びかえられたもののようです。ですから、むしろ「泣く子は育つ」で、元気がよいくらいに思っていてください。

でも、そういう子は育てるのがたいへんなので、「虫封《むしふう》じ」のおまじないにお宮さんなどに行くのは悪くはないと思います。そんなものは信じないという人でも、静かになってくれるのを祈るように望む気持ちには変わりないでしょう。とにかく、こういう子には、なにかと試してみることです。

添い寝

添い寝は、日本人の子どもへの感情と生活様式に根ざした昔からの風習。現代に生かしておいてよい伝統だと思います。

そばに寝かせていれば赤ちゃんを見つめ愛撫《あいぶ》することができるし、赤ちゃんがぐずりだしたときタイミングよくかまってやることもできます。たとえ親が眠っていても、万が一、赤ちゃんに異変が起きても、すぐ気づいて対処することができるはずです。

ただ、乳房をふくませながら眠ってしまうと窒《ちっ》息《そく》させる危険はあるので、疲れているときには避けたほうが無難《ぶなん》。また、添い寝させているときには眠れないとか、洋式ベッドでスペースもないといった場合には、親とは別に寝かせるのもやむをえないでしょう。しかし、その場合でも、せめて同じ部屋で寝かせておくべきです。別室だと、危ないことが起きたときに察知できないし、すぐに救えないからです(→病気430ページのコラム)。

もちません。まわりが静かになった夜中に激しく泣くのは無理ないことなのです。

そこで、夜泣きの激しい赤ちゃんは、昼間にできるだけ抱いてみたらどうでしょう。それも、ただ抱くだけでなく、軽くゆすったり、ゆっくりと「たかいたかい」をしてやるのです。もちろん急に激しくするのは避けなければなりませんが。それだけで夜泣きが減った話はよく聞きます。

けれど、こうした手当をしたのに、なおよく泣くのなら、その子はやはりエネルギーが強いのでしょう。日本流に言えば「かんの虫」(→前ページのコラム)ということでしょうか。

そんな子のなだめかたとしていちばん楽なのは、添い寝(→上のコラム)するか、手のとどく範囲に赤ちゃんを寝かせておいて、泣きだしたらすぐ声をかけたり、布団《ふとん》の上から軽くたたいてやることかと思います。引き寄せて抱きしめたり、胸の上に赤ちゃんをうつぶせに寝かせてみると落ち着くかもしれません。

それでも、激しく泣き続ける子は、もう抱き上げて撫《な》でゆすってやるほかはないと思います。抱きかたもいろいろと工夫し(→次ページ)、あまり泣きやまなければ、ゆっくり歩いてやることも必要かもしれません。

あまりしきりに泣く子は、はじめから「うつぶせ」に寝かせておくと落ち着いてくれるかもしれません(→84ページのコラム)。

どうやっても泣きやまない子は、しばらくほうっておくのもやむをえないと思います。とことん泣かせれば、過剰《かじょう》なエネルギーが解放されるせいか落ち着くこともあるようです。

しかし、近所に迷惑など事情が許さなければ、抱きゆすったり歩きまわったり外に連れ出すなど、なんとか泣きやます努力をするほかはないでしょう。ただ、それを母親だけで続けるのは無理。くたびれてしまいます。すくなくとも父親は、母親と交代で、その努力をするべきです。母親も「明日の仕事にさしつかえては」などと夫の眠りを妨《さまた》げないようにと気をつかうことはない。とくに産後は母親のほうが疲れているのですから。

抱きかた

抱きかたは、なるべく赤ちゃんが落ち着き、親も楽なようにするにかぎります。

落としはしないかと固くなっていると、赤ちゃんに泣かれがち、そのぶんよけいにくたびれてしまいます。

そこで、まずは気楽に自分がしたいように抱いてみてください。右抱きでも左抱きでもかまいません。母親の心臓の音を聞かせるのがよいという説がありますが、根拠がないので、無理して左抱きにすることはありません。いずれにしても、赤ちゃんも気持ちよさそうだったら、それでよいわけです。

けれど、赤ちゃんが落ち着かずもじもじするとか、まして泣きだすようなら、抱きかたを変えなければなりません。

もし水平に近く抱いていたのなら、赤ちゃんの頭を二の腕《うで》にもたれさせ、頭を高めの斜め抱きにしてみたらどうでしょう。水平だと、たいていの赤ちゃんが苦しいのです。

それでも泣き続けるのなら、肩にたてかけるように縦抱きにしてみたらどうでしょう。それで、ほとんどの赤ちゃんは泣きやむはずです。

それでもなお泣き続けたら、赤ちゃんの両腕をくるみこむように胸にしっかり抱きしめて、軽くゆすってみてください。ただ、あまりに泣くときは、お腹《なか》がすいているのではないか、おむつが濡《ぬ》れているのではないかなど、気配りを欠かせないことはもちろんです。

外に出るときには、キャリア(運ぶ道具)を使ったほうがよいでしょう。手抱きだと疲れるし、両手が使えず不便です。

キャリアには、いろいろあって迷ってしまいそう。抱っこやおんぶ、横抱きなど複数の抱きかたができるもの、肩と腰で支えるリュック型やスリング(図)、持ち歩きに便利なコンパクトなものまでと多種多様あるので、自分のからだと好みに合ったものを選ぶこと。成長や用途に合わせて使い分けも必要になるでしょう。ただ、生まれて間もない赤ちゃんには、

スリング

抱きぐせ

しょっちゅう抱いていると、くせになるとか、甘えん坊になるという説がありますが、それには根拠がありません。

むしろ、抱かずにいるほうがよくなさそうです。だいいち、寝かせたきりでは運動不足になります。赤ちゃんは自分では十分にからだを動かせないので、大人が抱いて動かしてやる必要があるのです。それに、抱いてもらえば、位置が高くなって、感じる世界も広がるはずです。

心の面でも、親を求めているときに抱いてもらえなければ、さびしいにちがいありません。とくにデリケートな子やエネルギーの強い子は、落ち着きを保ちにくいでしょう。親に手を離せない事情があるとか少しのあいだならともかく、抱きぐせをつけないためと意図的にほうっておかれたら、かえって孤立感を増して、自立しにくくなるかもしれません。

やはり、赤ちゃんは、事情が許すかぎり抱いてかまってやりたいものです。

横抱きか首当てのついたものにすべきはもちろんです。

おぶいひもは、生まれて間もない赤ちゃんには不向き。首が十分すわってから使うべきものです。

なお、クーハンといわれる籠《かご》は、ちょっとした外出には便利そうだけれど、持ち運びにけっこう力を要します。だいいち、荷物みたいで、いただけません。やっぱり、赤ちゃんは抱っこしてやりたいものです。

あやしかた

あやしかたに定型はありません。かたちだけであやしても、赤ちゃんがのってくるはずもないでしょう。それより、折々の赤ちゃんのようすに応じ、自分の気持ちと流儀《りゅうぎ》であやすのがよいと思います。

ふと赤ちゃんを見たときに目を開けていたら、たいていの人は思わず顔を寄せて話しかけるもの。頬ずりしたりキスしたり、抱き上げてしまうこともありそうです。そして、そうしたしぐさや声の出しかたは、人により、そのときの気分によっても異なるはずです。男の人や上の子だと、荒っぽくかまって、赤ちゃんを泣かせてしまうかもしれません。母親でも、悲しいときには、涙とともにかき抱いて、赤ちゃんをとまどわせてしまうことだってあるでしょう。

でも、それはそれで、あやしかたのバリエーションにはなっていると思います。そうしたことで、赤ちゃんは人間の多様さと心の複雑さを知っていくだろうからです。

ただ、赤ちゃんがぐずり泣きしているときには荒っぽい対応はまずい。かえって激しく泣かせることになりがちです。ですから、そっと声をかけたり、布団《ふとん》を軽くたたいたり、静かに抱き上げるなどしてほしいとは思います。たとえ気分がのらなくても、そのくらいのことはできるのではないでしょうか。

また、家事などでかまってやれない事情があるときには、ちょっと声をかけるだけで待ってもらってもかまわない。赤ちゃんにとって、ときにはほうっておかれることも、心の成長にプラスになるくらいです。それに、無理してかまおうとすると、気分がいらついて、かえって赤ちゃんを泣かすことにもなりそうです。

一方、親に余裕があり、あやしたくてしようがないときには、赤ちゃんがのってくれさえすれば、親子ともどもの遊びとして楽しんでよいと思います。「あやす」という行為には、大人から子どもへのサービスだけではなく、大人が勝手に楽しむという面もあってよい。その両方がうまくかみ合えば、最高にちがいありません。

ですから、夜遅く家に帰った父親が眠っている子を抱き上げて起こしてしまっても、赤ちゃんが大泣きしないかぎり、大目に見てあげてほしい。

どんな場合でも、心が通いさえすれば、赤ちゃんは多少とも顔をゆがめたり手足をパタパタさせて、応《こた》えてくれるのではないでしょうか。

外に出る

外に出るのは、順調に育っている赤ちゃんなら、この時期、生後1週間過ぎからでもかまいません。むしろ、積極的に外に出したほうが気持ちがいいし健康にもよいはずです。

ただし、紫外線《しがいせん》の害には気をつけて、それなりの対策はしておくように(→193ページ)。また、あまりに寒いときと暑いときは避けなければならないし、自動車にひとりだけにするとか、人混みに連れて行くのも禁物《きんもつ》なのは言うまでもありません。

気をつけたいこと　1週間から1カ月のころ

❶ 事故（→病気404ページ）

①**窒息《ちっそく》**――敷《し》き布団《ぶとん》がふわふわに柔らかいとか、掛《か》け布団が顔までかかっていると、窒息する危険があります。

とくに、うつぶせ寝をさせるときは危険です。敷き布団を固いものにし、かならず大人が同室にいる必要があります（→病気430ページのコラム）。

ベッドの周辺にビニールやぬいぐるみを置いていると、顔にかぶさって窒息するおそれがあります。

ネコやネズミなどの動物は、おっぱいの匂《にお》いがすると、赤ちゃんの顔に乗ることがあるので、いつも顔をきれいにふいておく必要があります。ペットを飼《か》っているときは、赤ちゃんだけひとりにしておかないことも大切です。

②**やけどと脱水**――ベビーバスに「さし湯」をするときは、やけどをさせないように。

熱湯を入れたポットは、倒れたとき危険なので、赤ちゃんのそばに置かないように。

湯たんぽ、電気あんか、使い捨てカイロは、直接に足に当たっていると、低温やけどをするおそれがあります。湯たんぽは栓《せん》から湯がもれないようにしなければなりません。

電気毛布は、温めすぎて脱水を招くおそれが大きいので、使わないにかぎります。

ストーブのすぐそば、とりわけクリーンヒーターの熱風のあたるところに寝かせていると、熱《あつ》すぎて脱水を起こすおそれがあります。

③**転落とけが**――親のベッドやソファーに寝かせておくと、落ちる危険があります。赤ちゃんのベッドでも、柵《さく》を閉めていないと落ちる危険があります。

抱き上げるときは、両手で左右から抱きかかえるように。抱っこから下に降ろすときは、姿勢を低くし、赤ちゃんがほとんど下に着くくらいにしてから降ろすように。キャリア（抱っこひもやスリングなど）から出すときは、キャリアごと下に降ろしてからにするのが無難《ぶなん》です。

お風呂では、抱いている大人が滑《すべ》らないように万全《ばんぜん》の注意を（→82ページ）。

赤ちゃんのベッドの近くに重い物を置くと、落ちたり倒れたりして危ないことがあります。

上からつるすおもちゃは、落ちると危険なので、しっかり固定しておく必要があります。

❷ 感染

① **かぜ**——かぜをひいているひとは、近づかないように。お客さんには遠慮してもらうか、遠くから見るだけに。

上の子は禁止すると、よけいに近づきたがるので、さりげなく遊びに注意をそらすのがよいでしょう。

母親がかぜのときは、別のひとが世話をするのがいちばん。それが不可能な場合や母乳を与えるときには、マスクをして、せきやくしゃみをかけないように。

② **こわい病気**——菌《きん》の出ている結核《けっかく》のひとは、絶対に近づけられません。たとえ母親でも世話は代わりのひとにまかせ、母乳はしぼって与えるように。結核に感染すると、赤ちゃんは、重い結核の髄膜炎《ずいまくえん》になるおそれがあります。

百日《ひゃくにち》ぜき(→病気111ページのコラム)や肺炎《はいえん》のような病気も同様。ただし、肝炎《かんえん》は予防法があるのでだいじょうぶです(→363ページ)。

❸ 重大な異常

以下のようなことがあったら、すぐに専門医に診《み》せなければなりません。

① **チアノーゼ**——唇《くちびる》、顔、からだが紫か青黒くなる(→病気50ページ)。

② **顔色が白く、からだが冷たくなって、もとにもどらない。**

③ **息があえぐように早く、苦しそう。息のたびに胸が引っこむ。しょっちゅう息が止まる。**

④ **ひきつけ(けいれん)**——手足を突っぱるとか目つきがおかしいとか「これは」という感じがする(→病気205ページ)。

⑤ **吐き続けて体重が減ってゆく。**

⑥ **大量の血便《けつべん》**(→病気150ページ)。

⑦ **黄疸《おうだん》が強い**(→病気39ページ)。

家族の暮らし

産後の母親の暮らしかた

産後3週間くらいは、お産の疲れが残っているし、からだの妊娠から産後への切り替えも進行中なので、ベッドを用意しておいて、気ままに寝たり起きたりしていられるように。家事はほどほどにして、主として夫にやってもらうにかぎります。そのために、男も育児休業(→420ページ)をとる勇気を持たなければならないし、自営業なら時間のやりくりに工夫《くふう》をこらしてほしいと思います。

たとえ夫が仕事の都合で家事を担《にな》えない場合でも、せめて身のまわりだけは自分でやらなければなりません。そのくらいはしなければ、赤ちゃんをかかえた妻は身がもちにくい。夫婦仲さえ、ひび割れかねません。

ただ、夫婦で協力するにあたっては、多少の家事の不備にはおたがい目をつぶる雅量《がりょう》をもちたいもの。以前と同じ家庭の状態を求めても無理なので、ぎくしゃくしてしまいそうだからです。

祖父母とかきょうだいに手伝ってもらえるのなら助かるけれど、その場合でも夫はできるだけ家事を分担するべきです。そうしないと、父親の存在が希《き》薄《はく》になるし、だいいち手伝ってくれる人が父親の面《めん》倒《どう》までみなければならなくなります。

父親にまったく余裕がないうえ手伝ってくれる親《しん》戚《せき》も知人もなく、母親が心身ともにダウンしてきたら、家計さえ許せば家事ヘルパー(→418〜419ページ)を頼むことです。

いずれの場合でも、自治体の「子育て支援事業(→418ページ)」を、必要に応じて、利用するとよい。シングルならば、「ひとり親」支援の制度(→422ページ)を、フルに利用するにかぎります。

上の子

上の子がいる場合には、その子にそうとうに気をつかう必要があります。なにしろ、これまで独占していた親の愛が、赤ちゃんが来たぶん減ってしまうのです。さびしさや嫉妬を感じていないはずはありません。

ですから、お兄ちゃん、お姉ちゃんになったのだからと突き放すのは禁物《きんもつ》。たとえさびしい素振りを見せなくても、できるだけかまってやるべきです。折を見て母親の布団《ふとん》のなかに招き入れたり抱きしめるだけでも安心すると思います。まして、やたらぐずったり授乳の邪魔《じゃま》をするほどなら、赤ちゃんを泣かせてでも、しばらく上の子の相手をしてやったほうがよいでしょう。

そんな余裕が母親にないときには、父親か祖父母が代わりにかわいがってやってほしい。「ぼくには私には、お父さんがいる、おばあちゃんがいる」という思いは、ずいぶんと支えになるはずです。

セックス

セックスは、産後1カ月の健康診断で女性性器が回復していることが確かめられればOK。それまでは、痛かったり出血しやすいので、愛撫までにとどめておくべきです。そして、OKになった以降も、たがいに気持ちを配慮しあい、とくに挿入は慎重にする必要があります。分泌液《ぶんぴえき》がまだ十分でない場合は不愉快な思いをしかねないし、会陰《えいん》の縫合《ほうごう》をしてある場合は激痛が走ることさえありえます。そんなときに無理をすると、その後の性生活が悲惨になりかねません。

ですから、不快感があるときは、はっきりと相手に告げ、性感が以前とは違っても気にしないにかぎります。そうしているうち、いつの間にか陰部の感覚や膣《ちつ》のしまりぐあいなどが元通りになっているのに気づくでしょう。

なお、次の妊娠を避けたいなら、セックスは月経が再開してからにしたほうが無難《ぶなん》。母乳を飲ませているあいだでも妊娠しないとはかぎらないからです。

落ち込んだとき——マタニティブルー

赤ちゃんを産んでしばらくは、だれでも気分の落ち込みを覚えることがあるものです。

それはそうで、まず、ホルモンの変動による精神の不安定は避けられません。そこに、お産の疲れと育児の疲れが重なります。夜泣きや夜間の授乳もあって、睡眠不足に陥《おちい》らない人はいないでしょう。そのうえ、赤ちゃんの育ちについての心配と育てかたへの迷いまで加わりがち。ときには赤ちゃんが、うとましくなることさえあるかもしれません。

そうなったときは、なによりもたっぷりと眠るにかぎります。できれば丸1日くらい眠りこける。少なくとも夜に7～8時間は続けて眠る。自宅では眠れなければ、実家に行くかホテルに泊まってでも眠ることです。そのあいだは、父親に赤ちゃんの面倒《めんどう》をみてもらうのがいちばん。それが無理なら、祖父母に頼むか、シッターに依頼すること。母乳でも、搾乳《さくにゅう》して(↓58ページ)ほ乳びんで飲ませてもらえます。とにかく、こうして1日かひと晩でもぐっすり眠れば、たいていの人は気分が爽快になるにちがいありません。

そのほか、日中にちょっとした気晴らしをするのもひとつの手でしょう。たとえば美容院に行くとかマッサージをしてもらうとか夫と散歩するとか。気の置けない友だちと電話で話したり、ネットでおしゃべりしたりするのも気が晴れそうです。役所や民間の電話相談サービスも、試してみて気分がよかったら、おおいに利用することです。

そんなあれこれをしても気が晴れず、あまりにつらかったら、もっと徹底的な対策をとる必要があります。いちばんいいのは、しばらく赤ちゃんとともに実家で過ごすか、自宅に実母にきてもらうことでしょう。それが不可能なら、日中だけでもシッターに頼むか保育所の「緊急一時保育」の制度(↓419ページ)を利用すること。夜も赤ちゃんといるのが耐えられないなら、乳児院(↓423ページ)ほか、24時間、何日でも預かってくれるところを役所に聞いて、そこにお願いしてください。

もし、何をしてもダメで、憂鬱《ゆううつ》が続き、育児も家事も手につかず、眠れず、憔悴《しょうすい》しきってしまったら、精神科や心療内科を受診するのをためらってはいけません。父親をはじめ周囲の人たちが「しっかりしろ」などと励ますのは禁物《きんもつ》。かえって本人を窮地《きゅうち》に追いやりかねません。

しかし、落ち込みは、ほとんどが治ってしまうもの。たいていはひと月以内、長くても産後100日まででしょうか。それまでにはホルモンは安定するし、疲れもとれ、育児に慣れてもくるからでしょう。

1カ月から3カ月のころ

1カ月から3カ月にかけては、安定に向かう過渡期《かとき》と言えるでしょう。

赤ちゃんは頼《たよ》りなさが減って、しだいにしっかりしてくるし、親も育児に少しずつ慣れてくるからです。

なるたけ肩の力を抜いて、赤ちゃんとの暮らしを楽しむようにしてください。

まだたいへんだけれど、もう少しの辛抱《しんぼう》。生後100日に近づいてくると、かなり楽になるものです。

赤ちゃんのようす

からだつき

生後1カ月も経《た》つと、それまでのお猿さんみたいな感じがなくなって、急に赤ちゃんらしい感じがでてくることでしょう。

およそ肉づきがよくなって、ほっぺたがふくらみ、頭も丸みを帯びてきます。肌は、赤みが薄れ、張りがよくなり、つややかになってきます。

そして、その感じにも、太り型、やせ型など、個性が目立ってくるものです。

2カ月に入ると、さらに肉づきがよくなって、お腹《なか》がふくらみ、ももや腕も太くなり、目鼻立ちがととのって、ますます赤ちゃんらしい感じになることでしょう。ただ、手足はまだ胴体にくらべてかなり短く、頭のかたちもいびつで、どこかがひしゃげていることが多いものです。

髪の毛は、薄くまばらなのがふつうで、ときに、はげに近かったり、黄色みを帯びていることもあります。頭をよく動かす子だと、後頭部がこすれて薄くなってくるかもしれません(↓病気378ページ)。しかし、どんな髪の子でも、2～3歳になると、かならず、ふさふさしてきますから、心配はいりません。

からだの働き

おしっこは、これまでにくらべると、かなり少なくなっているはずです。ただ、その減りかたは、おっぱいの飲みぐあいや季節によって異なることでしょう。

うんちも、およそ減ってくるものですが、おっぱいの飲みが急によくなると、逆に増える場合もあるかもしれません。うんちの回数と性状は、まだ生まれたてと同様、赤ちゃんによってまちまちです(↓49ページ)。

乳を吐くことも減ってきて、3カ月近くになるとあまり吐かなくなってくることでしょう。

一方、汗をかいたり涙を出すことは増え、病気ではないのに、鼻をぐすぐすさせたり、胸をゼロゼロいわせることも珍《めずら》しくありません。

肌は、脂肪の分泌《ぶんぴ》が増すため、頭や顔に「しっしん」ができることが多いでしょう(↓病気272ページ)。

育ちのぐあい

1カ月から3カ月までは、赤ちゃん時代でいちばんの発育ざかり。たいていは「めきめき」といった感じでしょう。

そのようすは、ひと目でわかるので、かならずしも体重など測らなくてよいと思います。けれど、記念や楽しみのためとか、いくらかでも不安があるのなら、もちろん測って悪くはありません。

ただ、体重を測る間隔は、せめて1週間はあけるように。体重の増加には波があるので、毎日のように測っていると「増えていない」といった無用の心配が起きがちだからです。

体重の1日平均増加量は、たいていの子が30〜40グラムです。しかし、個人差が大きくて、多い子だと60グラム、少ない子だと15グラムということもありますが、この範囲内ならふつうと言えます(→134ページ)。

身長は、測定上の誤差が大きいし、無理に両脚を伸ばすと股関節脱臼《こかんせつだっきゅう》(→病気259ページ)を起こすおそれもあるので、あまり頻繁《ひんぱん》に測らないように。せめて1カ月は間隔をあけて測るか、3カ月になって測るのがよいと思います。そして、測るときには、片脚だけ伸ばして測るのが無難《ぶなん》と思います。

身長の平均増加量は、正確に測れば、1カ月に3〜4センチでしょう。

胸囲は、太りぐあいで違いますが、たいていはこの期間に頭囲とほとんど同じになるでしょう。

からだとこころの動き

1カ月から3カ月は、睡眠のパターンがしだいに確立してくる時期です。そのために、眠っているときと目ざめているときとの違いがはっきりしてくることでしょう。眠る時間帯も、およそ夜にまとまってくるものです。

なかには昼間によく眠る子や、夜にしょっちゅう起きる子もいますが、それでも深夜には眠っている時間のほうが長くなっているはずです。

そして、これにともなって、目ざめているときには、動きが活発になり、まわりの「ひと」や「もの」への関心を示すようにもなってきます。

親にとっていちばん嬉《うれ》しいのは、よく笑いだすことでしょう。1カ月のころは、機嫌《きげん》のいい表情を見せるだけですが、2カ月を過ぎるころから、あやせば、人の顔を見つめてはっきり笑い、身をよじらせるようにもなるでしょう。アーアーとかウックンとか、声もあげるかもしれません。相手は母親でなくても、心からあやしてやれば、だれであっても喜ぶはずです。

これを「3カ月微笑《びしょう》」とか「社会的微笑」と言いますが、この時期の赤ちゃんが人なつっこい、十分に社会性をもった存在になっていることをよく示すものです。

　そういえば、赤ちゃんがしっかり目ざめて機嫌のよいときに、顔を近づけて舌を出して見せると、赤ちゃんも舌を出すことがあるかもしれません。これは「模倣《もほう》」と言われていますが、はたして、ただの真似《まね》でしょうか。少なくとも、赤ちゃんにとっては、真似をすることに意味などはないでしょう。やっぱり赤ちゃんは、社会的存在として、ほかの人間と同調する情動を、生まれながらに、もっているからだと思います。

　もちろん目の見えかたもよくなっていて、自分の手を見つめていたり、ちょっと離れたところにいる人を眺めていることも多くなります。そのためでしょう、赤ちゃんにまばたきもせずに見つめられて「にらまれている」とか「こわい」と感じる人さえいるようです。

　ですが、これは「強制注視《きょうせいちゅうし》」と言われるように、いったんあるものを見ると、そこに視線が固まってしまうためと考えられています。とすれば、「じっと見つめる」のは、注意を集中できるようになったためではないと思われます。その証拠に、3カ月を過ぎるころになると、興味に応じて視線を移すことができるようになっていきます。

　また、この時期には、見ることと聞くことが連動しはじめ、音楽が聞こえてくる方向に目をきょろきょろさせたり、声をかけてあやせば顔を向けて笑うようにもなってくるでしょう。

　そんな連動は動作にもあらわれ、指しゃぶりは、手が口に近づき、それに応じて口も手に近づくといったふうになるにちがいありません。手足や首の動きも、盛んになるだけでなく、しだいにバランスがとれ、しっかりしてきます。そして、生まれて間もないころのいきばり(→69ページ)やピクッとする反《はん》射《しゃ》(→51ページ)も減ってくるはずです。

　1カ月を過ぎると、親に手をさしのべようとしたり、寝ているときに掛け布団《ぶとん》をけとばしたり、上にずりあがったりもしだすでしょう。

　2カ月を過ぎると、顔におもちゃなどを近づけると、見つめるだけでなく、手でたたくしぐさをするかもしれません。

　さらに3カ月近くなると、手にガラガラなどを握らせれば、ちょっとのあいだは持っていることができるようにもなるでしょう。

　はらばいにしても、生まれたてのころのように苦しそうではなく、足を軽く曲げるか伸ばすかしてリラックスしているでしょう。なかには「はいはい」するように動かす子もいるかもしれません。

　そして、たいていの子が、はらばいで、頭を上げることができるようになります。ただ、その上げかたはまちまちで、ほんの一瞬、わずかに上げるだけの子も、数秒間45度近く上げる子もいます。横を向いて頭を上げないときには、顔を布団に向けておくと上げることが多いようです。しかし、1〜2カ月では頭を上げない子も少なくないので、頭を上げなくても、それだけで心配することはありません。

また、この時期には、抱いたときに、しっぽりとした安定感が出てくることでしょう。さらに、むずかっているときに、あやしてやろうと近づくだけで静かになることも多くなることでしょう。そうしたことは、おそらく赤ちゃんが相手との関係でふさわしい行動がとれるようになってきたことを示すものだと思います。

育てかた

リラックスして

まずはリラックス、ひと息入れること。これまでの緊張を続けていたら、身も心ももちません。もう赤ちゃんは生まれたての危《あや》うさを脱したのだし、親も世話に慣れてきたはず。ここで、ほっとしない手はないでしょう。

むしろ、そうして自分をとりもどせたら、これからの育児を自分らしくすることができそうです。それに、エネルギーの消耗《しょうもう》を防げて、これからの長い育児に備えることにもなるかと思います。

おっぱいの飲ませかた

母乳のとき

飲ませる回数や間隔や時刻にこだわる必要はありません。なにより赤ちゃんがおっぱいをほしそうなようすをみせたときにふくませてみるにかぎります。そのようすは急に泣きだしたり、むずかりだしたり、落ち着かない顔つきになったりとさまざまでしょうが、もう親にはわかるようになっているはずです。

しかし一方で、母親のほうの都合《つごう》も少なからずあることでしょう。たとえ赤ちゃんがおっぱいをほしがっているようでも、母親が与える気になれなかったり用事で手がふさがっているときなどには、しばらくはがまんさせるのもやむをえない。逆に赤ちゃんが眠っているときでも、母親がおっぱいをふくませたい気分になったり乳房が張って吸ってもらいたいような催乳感覚《さいにゅうかんかく》(→53ページ)に襲《おそ》われたときには、赤ちゃんを揺り起こしてふくませてかまわないと思います。

そうこうしているうちに、赤ちゃんが求めるときと母親が飲ませたくなるときとのギャップはしだいに埋まって、2カ月ごろにはたいていうまく合うようになってくるものです。

間隔で言えば、およそ1カ月を過ぎると3時間くらいあくことが多くなり、2カ月になるとほとんどの子が4~5時間はあくようになっているでしょう。なかには生まれたてと変わらず1時間半~3時間で泣く子や5~6時間以上も眠っている子もいますが、それなりに母子の呼吸は合ってくるかと思います。

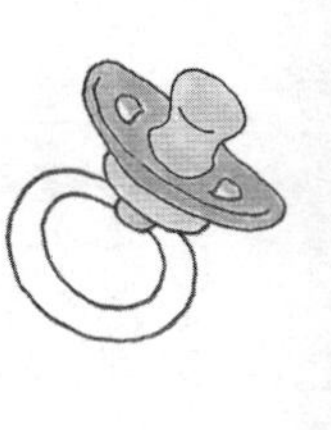

母乳の悩み

① しょっちゅう乳を求めて泣く

そういう子は、すごく発育がよいか、1回に飲む量が少ないのでしょう。いずれにしても、授乳の間隔を2時間、せめて1時間半はあけるようにするべきです。そうしないと、母乳がたまるひまがないからです。

そのあいだは、抱いてあやしたり外に出たり、砂糖水か湯ざましをほ乳びんかスプーンで与えてしのぐようにしたらどうでしょう。それでも泣きやまなければ、あえてほうっておくこと。泣き声を聞くのはつらいけれど、泣くのも運動になるし、がまんを覚えるのもよいと思いなして、心を鬼にしているのです。

しかし、母乳が足りていない場合もあるので、いちおうはチェック(↓次ページ)をしてみる必要はあります。

② 夜中に乳を求める

赤ちゃんは夜中にも乳を求めて泣くもの。この時期では最低でも1～2回、多い子だと3～4回がふつうです。

ただ、疲れるので、赤ちゃんをそばに寝かせておき、起きあがるのがつらかったら横になったまま乳房をふくませたらよいと思います。うつらうつらでもかまいません。

しかし、夜中の授乳で母親が睡眠不足に陥《おちい》るほどだったら、そのままにはしておけません。まずは、日中に赤ちゃんをうんと動かしてやり(↓114ページ)、外にも出して、できるだけ起こしておくように。それだけで、けっこう夜中の泣きが減るものです。そして、母親のほうは思い切りずぼらをし、赤ちゃんといっしょに昼寝をするように。

それでも睡眠不足が深刻だったら、日中に母乳をしぼって貯蔵《ちょぞう》しておき(↓129ページのコラム)、夜間は父親か祖父母かにほ乳びんで飲ませてもらうのがいちばん。ひと晩かふた晩だけでも、ずいぶん助かると思います。

ただ、夜中だけではなく日中もしきりに泣く場合には、母乳不足を疑ってチェック(↓次ページ)する必要があるのはもちろんです。明らかに母乳が足りていないのなら、寝る前か深夜に1～2回はミルクを飲ませるほかはないでしょう。

③ 乳房をなかなか離さない

乳の出が悪くなさそうなら、たぶん、一気に飲む力がないのか、半分眠りながら吸うタチなのか、遊び飲みを楽しんでいるのでしょう。

飲む力が弱いようなら、ほっぺたをつついたり乳房を深く押し込みながら、片方で10～15分ずつくらい吸わせるのはしかたがないと思います。

しかし、途中から半分眠りや遊び飲みになっているようなら、両方合わせて20分くらいで切り上げたほうがよいと思います。たいていは、最初の5～6分でほとんどの量を飲んでしまっているはずですから。

乳房の離しかたは、吸うのをやめた瞬間にさっと抜くのがコツ。しかし、離そうとすると強く吸うようなら、赤ちゃんの口に小指を差し込むのがよい。そうすると乳首を傷《いた》めないですむでしょう。

④ 乳首のきず、乳房の痛み

授乳を始めるときからの注意と同じです（→58ページ）。

⑤ 手、腕、肩の痛み

リラックスして授乳するように。力を入れずに授乳できる方法（→54ページ）も試してください。

⑥ 母乳があふれる

授乳中に吸わせていないほうの乳房から母乳があふれるときは、タオルを当てて手のひらで少し強く押すか、母乳パッドをかぶせておくのがよさそうです。

外出時にはパッド入りのブラジャーを当て、それでも流れ出るならタオルを当てておくのもしかたありません。衣服の上から乳首を手のひらで押すかつまむと、しのげるかもしれませんが、たぶん一時的。いずれにしても、あまりに張って苦しければ、トイレなどでしぼるほかないでしょう。

性的行為では母乳がほとばしることが多いけれど、それはまあ一興《いっきょう》でしょうか。

⑦ 母乳が足りない

母親の感じで母乳が足りないと思っても、当たっているとはかぎりません。かといって「ほ乳量の測定」をしても、かならずしもあてにならないのが実情です。

そこで、まずは、体重の増加量を測ってみること。1週間の増加量が1日平均20グラム以下なら、母乳不足が疑われます。けれど、赤ちゃんの機嫌《きげん》が悪くないのなら、あわててミルクを足すことはない。しばらくようすをみていると、体重が順調に増えだすことが珍しくありません。しかし、しだいに機嫌が悪くなり乳を求める間隔が短くなったら、ミルクを足すことを考えたほうがよいでしょう。

⑧ 母乳を与えるのがいや

だれでも、そういうときはあるもの。母親失格などと考えることはありません。たいていは疲れが原因ですから、とにかく休むにかぎります。たいていはそれだけで、たいてい授乳する気になるものです。

しかし、いくら休んでも乳房を差し出す気にならないなら、こだわらないのが肝心《かんじん》。こだわっていては、つらさが増すばかり、赤ちゃんによいはずはありません。だいいち、母乳でなければならないことはないのです（→77ページのコラム）。

そうなるまでは、ふくませても十分に飲まなければ、いちおう飲ます努力（↓72ページ）はしたうえで、あっさりあきらめたほうが気が楽です。たいていの赤ちゃんは乳首をふくませれば反射的《はんしゃてき》に吸いつき力強く飲み始めますが、なかには飲みかたの強くない子や少ない子も珍しくないのです。

ただ、あまりに泣き続けるのなら空腹以外の原因を考えてその対策をし、乳房の張りが苦しければしぼって、冷凍保存するか、その必要もなければ捨てるのもしかたないかと思います。

いずれにしても、赤ちゃんの育ちがよく、母親も耐えられるなら、いまのやりかたでよいはずです。たとえ育ちが悪いようでも、体重を測って1日平均20グラム以上増えていれば心配ありません。ただ、母乳不足が明らかなときや母親が耐えられないとき（↓前ページ）には、それなりの対策をとる必要があるのはもちろんです。

こうして2カ月に入ってくると、たいていの子が「遊び飲み」を始めだすようです。飲み始めは力強く吸うけれど、すぐちびちびだらだら飲みになり、母親を見て笑ったり、まわりに気をとられて吸うのをお留守にしがちになるのです。

そうなったときには、飲ますことに懸命《けんめい》になるより、遊びながら飲ませるようにするほうがよさそう。いったん乳房を離して、声をかけたりゆすってやってから、あらためて抱きかかえて乳房を深くくわえさせると、しっかり飲みだすことが多いようです。

しかし、どうやってもだらだら飲みを続ける子もいて、疲れるだけでなく乳首を傷《いた》めることがあるかもしれません。そういう場合には、泣かせてでもきっぱりと離すにかぎると思います（↓102ページ）。

乳房は、母乳の出かたが増え赤ちゃんの吸いもよくなるにつれてふくらんできますが、そのふくらみかたには個人差が大きいみたい。巨大でやわらかいのや、盛り上がりは少なくてもパンパンに張るのや、大きくて固いのや、さまざまです。けれど、そうしたタイプだけでは、母乳の出かたを判断することはできません。ただ、母乳の出かたがよい場合には、赤ちゃんに吸いつかれたとき、乳房が盛り上がって固くなり、乳があふれでていく感じを覚える人が多いようではあります。

母乳は両方の乳房から飲ませたいものですが、そのコツは片方が空《から》になった感じがしたら、もう一方にうつすようにすることでしょう。赤ちゃんのほうが片方からしか飲もうとしない場合には、それなりの工夫《くふう》がいります（↓72ページ）。

ミルクを足すとき（混合栄養）

ミルクを足すのは、ゆっくり考えてからにしてください。たとえ体重の増えかたが少なくても、1日平均10グラム以上は増えていて、機嫌《きげん》も元気も悪くなければ、半月かひと月ぐらいは母乳だけでやっていてよいと思います。そのうち、たいていは、なんとか育っていくものです。

しかし、ひと月近くも体重が1日平均10グラムを割り続けるのなら、機嫌と元気が悪くなくても、ミ

ルクを足してみるべきです。

　また、体重はそこそこ増えていても、機嫌が悪く、飲ませたばかりなのにすぐ泣きだして泣きやまないとか、乳房をふくませてもちょっと吸っただけで怒ったように泣きだすとか、ふくんだ乳房をなかなか離そうとしなくなったら、ミルクを足してみるべきだし、だいいち足さないではいられないでしょう。

　いずれにしてもミルクを足すことになったときには、きっぱりと気持ちを決めてしまうにかぎります。母乳にこだわっていると、赤ちゃんが空腹に耐えられず泣き続けることになりかねません。

　ミルクの種類、ほ乳器具などについては75～76ページを見てください。

　ミルクの足しかたは、およそ1カ月未満のとき(→75ページ)と同じでよいけれど、この月齢では、まず母乳の出がとくに悪い時間帯に1～2回ミルクだけを与えるのがよさそうです。それでも足りなければ3回以上になってもかまいませんが、母乳が出るかぎり両方で続けていきたいものです。

　そうしているうち、たいていは混合のまま離乳期まで続くか、しだいに母乳が出なくなってオールミルクになるようです。

　しかし、もしかすると、急にミルクを嫌いだして、母乳しか吸わなくなることがあるかもしれません。そうなったときは、たぶん母乳の出がよくなっているのです。自分ではそんな感じはなくても、2～3カ月ごろには母乳の出がよくなることは珍しくありません。少なくとも赤ちゃんの機嫌が悪くならず体重も増えているのなら、母乳だけに戻してよいと思います。

　また、3カ月近くなると、母乳との違いがわかるようになるせいか、ミルクを嫌う子もでてきます。そんなようすがうかがわれたら、たぶん、かなり成長しているのです。ですから、少々体重の増えかたが減っても、ミルクを飲まそうと懸命《けんめい》になる必要はありません。ただ、あまりにぐずるようなら、果汁か砂糖水を与えるか、早いようでも離乳食を始めてみるのがよいと思います。

ミルクの悩み

① ほ乳びんを嫌う

これまで母乳だけだった子は、およそすぐにはほ乳びんに吸いつきません。また、母乳とミルクの両方をじょうずに飲んでいた子が、3カ月近くになって突然ほ乳びんを受けつけなくなることも珍しくないようです。

そういうときは、十分にお腹《なか》をすかせてから、ほ乳びんをあてがうのがよい。それでも受けつけなかったら、さらに泣かせてでも時間をあけるのがよいと思います。

あと乳首が嫌いな場合もあるので、いろいろな種類を試してみること。多くの場合、ゴムの臭《にお》いがなく柔らかい乳首か、母乳と同じ吸いかたのできる「ヌーク」が好まれるようです。

② 飲む量と体重の増えが極端に少ない

たとえ1回量が100ミリリットルに満たなくても、機嫌《きげん》がよく元気で体重もふつうの範囲(↓98ページ)で増えていれば、そのままようすを見ていてよいでしょう。

たくさん飲ませようと、泣けばすぐほ乳びんをふくませていると「ちび飲み」になり、かえって総量が減りかねません。それより、ぐずり泣きくらいはほっておいて、空腹に耐えられず激しく泣くのを待つのがよい。そのあいだ、外に出したり運動をしてやればもっとよい。そうしていたほうが、結局は飲む量が増えてくると思います。

ただし、泣き声が弱く1日量が600ミリリットルを割り、体重の増加も1日20グラム以下が続く場合には、なにかの異常があるかもしれません。いちおうは調べてもらったほうがよいでしょう。

③ 飲む時間が長い

なかなかほ乳びんを離さない子は、たいてい「遊び飲み」(↓104ページ)をしているのです。そんなようすがうかがえたら、20分くらいを限度にほ乳びんを離してしまうにかぎります。そのかわり、余裕さえあれば、抱いて揺らすなどあやしてやりたいものですが。

しかし、遊ぶどころか、あえぐように吸い続けているのなら、ミルクの出かたが悪いのかもしれません。まずはほ乳びんのキャップをゆるめてみたらどうでしょう。それでも同じなら乳首の穴を大きくするか、クロスカットに替えるとよいかもしれません。

④ 眠りがけだとよく飲む

そういう子は、たぶん目ざめているときにはまわりの刺激に敏感で、落ち着いて飲めないのでしょう。1日に飲むミルクの総量が少ないならば、あえて眠りがけに与えるのがよいと思います。

しかし、目ざめているときだけで600ミリリットル近く飲んでいるのなら、赤ちゃんが求めないかぎり、わざわざ眠りがけに飲ませることはないと思います。そんな習慣をつけると、よけいに目ざめているあいだに飲まなくなりそうです。

⑤ 急に飲まなくなった

ほかに変わったことがなく機嫌《きげん》もよいのなら、しばらくようすをみていてよいと思います。

これまでよく飲んで体重もめきめき増えていた子なら、たぶん、ここでひと休みしているのでしょう。

ならば、自分で食欲を調節し、成長をコントロールする脳の働きが成熟した証拠で、喜ぶべきこと。飲むだけやっていれば、また量が増えるときがくるものです。無理に飲ませようと努めると、よけいに飲まなくなってしまうおそれがあります。

なお、暑い季節には、ミルクを水道水くらいに冷たくして与えると、よく飲んでくれるかもしれません。それでも飲まなければ、冷たい果汁、麦茶、水などを与え水分不足にならないよう気をつけていてください。

ただし、どんな季節でも、機嫌が悪く元気もなくなってきたら、病気を疑っておくべきです。

⑥ 飲みすぎる

驚くほどたくさん飲む子は、たぶん、まだ食欲のコントロールが十分成熟していないのか、この時期の発育のピークが高いタイプ（→134ページ）なのか、そのどちらかでしょう。どちらにしても、3〜4カ月になれば落ち着いてくるはずなので、そのまま飲ませていてよいと思います。

それに、そもそもどれだけの量なら「飲みすぎ」なのかが明確ではなくて、1日1000ミリリットルまで、まあ1回200ミリリットルくらいかといった程度のことでもあるのです。ですから、1回が220ミリリットルでも1日5回とか、240ミリリットルでも4回とかなら、かまわないだろうと思います。

たとえこの期間にひどく太ったとしても、そのまま太り続けるわけはなく、たいてい歩き始めるころから皮下脂肪が減ってくるもの（→199ページ）。まして、大人になっての肥満と結びつくとはかぎりません。

ただ、大量を飲んだあとすぐに吐くのなら、対策を考える必要があります。まずほ乳びんのキャップをきつく締めたり、乳首を「ヌーク」のタイプにかえたり、Sサイズにして、ミルクの出かたを悪くしてみたらどうでしょう。そのうえ飲む回数まで多いときには、あやしたり外に連れ出したりして、間隔を4時間はあけるようにするのがよいと思います。

全部ミルクのとき（人工栄養）

全部がミルクになっても、引け目を感じることはありません。まったく母乳を与えなくても、赤ちゃんは十分に育てられます（↓77ページのコラム）。むしろ、ミルクだと父親をはじめだれでもが与えられて、母親もその分だけ自由になれるというメリットがあるくらいです。

ミルクの作りかた（↓78ページ）

ほ乳びん、乳首、ミルクの保存（↓76、77ページ）

飲ませる量と回数――標準にとらわれず、ほしがるときに、飲むだけ与えるのがよいと思います。この月齢では食欲に大きな個人差があるので、どの子も標準どおりに飲むとはかぎらないからです。

1～2カ月では、1回に飲む量が130～140ミリリットルの子が多いけれど、なかには100ミリリットル以下とか、160ミリリットル以上の子もいるでしょう。1日の回数は、5～6回の子が多いけれど、1回に飲む量に応じて7～8回とか、4～5回の子もいるでしょう。1日の全量は、800ミリリットル前後になる子が大半ですが、なかには600ミリリットルを割ったり1000ミリリットル近く飲む子もいるはずです。

2～3カ月になると、1回に飲む量が140～160ミリリットルの子が多いけれど、なかには120ミリリットル以下とか180～200ミリリットル以上の子もいるでしょう。1～2カ月のときと飲みっぷりが変わることも多く、これまで大量に飲んでいた子が急に減ってきたり、これまで少ししか飲まなかった子が、にわかにたくさん飲みだすことも珍しくありません。

1日の回数は5～6回の子が多いけれど、なかには、1回に飲む量に応じて4～5回から6～7回の子もいるでしょう。1日の全量は800～1000ミリリットルの子が大半ですが、少ないと600ミリリットル前後、多いと1000ミリリットル以上という子もいるでしょう。

どんな飲みかたでも、機嫌《きげん》と元気がよく、体重もふつうの範囲（↓98ページ）で増えていれば、それがこの子の飲みかたと思っていてください。

ただ、体重がふつうの範囲を超えて少ない（↓106ページ）とか、極端に飲みすぎる（↓前ページ）場合には、それなりの工夫をしなければなりません。

果汁、水分

果汁も水分も、かならず与えなければならないものではありません。母乳不足をミルクで足さないで乗り切ろうとするときと、オールミルクで1日量が800ミリリットルに満たないとき以外は、必要のないものです。

ただ、水分は、暑い日とかお風呂あがり、旅行中、とくに車のなかなどで、口が乾いたようなようすが見てとれたときに、与えてみるのはよいこと。ゴクゴクと飲むようなら十分に与える必要があります。

与える水分としては、煮沸《しゃふつ》したあとの湯ざましとか薄い麦茶がよい。スポーツドリンクは、電解質《でんかいしつ》

(ナトリウムやカリウムなど)が多いので、飲ませないことです。電解質が多いと、浸透圧《しんとうあつ》の関係で、脱水を起こしかねません。

また、果汁は、親が飲ませてやりたければ、与えてかならずしも悪くはありません。

果汁の作りかたは、なるべく無農薬の果物を選び、農薬がついている可能性のある皮はむき、レモンしぼり器かジューサーでしぼって、ガーゼか茶こしでこすのがいちばん。そのとき、器具はよく水洗いしておくこと、ガーゼはよく洗ったあと日光消毒するかアイロンがけを十分にしたものを用いることが必要です。ただし、3カ月に近くなったら、こす必要はないと思います。

もし、それだけの手間をかけるのが面倒《めんどう》なら、市販の赤ちゃん用ジュースを与えるのもやむをえません。しかし、工業製品だけに心がこもらないし、大量生産のための加工による害が気になります。せめて、疲れているときとか外出時にだけ利用するようにしたいものです。

果汁の飲ませかたは、母乳の出かたが少ないとき、ミルクを飲んですぐ泣いたとき、散歩や入浴のあとなどに、専用の小さいほ乳びんで与えるのがよさそう。3カ月が近ければ、スプーンで与えてみるのはよいことです。

いずれにしても、嫌《いや》がったら、果汁の種類や濃さを変えてみたらどうでしょう。どうしても嫌がるなら、無理強《むりじ》いはしないにかぎります。喜んで飲むなら量を増やしてもいいけれど、あまりたくさん飲ませるとおっぱいの飲みが減るおそれがあります。せめて1回を50ミリリットルまで、1日2回くらいにとどめるのがよいと思います。

なお、便秘がちの赤ちゃんには、効《き》きめのある果汁を濃いめに与えるのがよさそう。うんちが軟らかくなりすぎたら、しばらくやめて、またやりたくなっても果物の種類を変え、濃度《のうど》も2分の1以下から再開するのが無難《ぶなん》でしょう。

着せるもの

なにより着せすぎないことが大切(↓79ページ)。赤ちゃんは大人より寒さに強く、暑さに弱いのですから。

どのくらい着せるか判断に迷ったときは、とにかく赤ちゃんの身になって考えてみること。それで気持ちがよいと思われる着せかたをすれば、まずはよいでしょう。ただ寒がりの親だと、赤ちゃんには着せすぎになりがちなので、少し寒いのではと思われるくらいにしておくほうがよさそうです。

そして、着せてからは、赤ちゃんのようすをうかがっていることです。寒ければ顔色が白っぽくなって元気がなくなるし、暑ければ赤い顔になって胸元に手を入れてみると汗ばんでいるはず。そうした状態に応じて、もっと着せたり脱がせたりする必要があります。なお赤ちゃんは、よく手と足の先が白く冷たくなりますが、機嫌《きげん》と元気がよければ、まったく心配のないことです(→病気393ページ)。

布団《ふとん》をかけているあいだは、肌着だけにして、体温は布団の枚数で調節すること。どちらかといえば、暑すぎず、動きやすいように気をつけるべきです。布団をけとばすからと、オーバーオールなどでくるんでしまうのは赤ちゃんを苦しめるだけです。

靴下は寒い季節の外出のときだけ、帽子は冬と夏のほか、日差しとか風の強い日の外出のときだけでよいと思います。

お風呂

お風呂に入れる時刻は、いつでもかまいません。家族の都合《つごう》と赤ちゃんの生活リズムとのかねあいで適当にすればよいのです。

たいていは夜の寝かしつける前になるようですが、夫婦でお風呂に入れるのが楽しみだとか、ふたりとも働いている場合には、夜おそくなってもかまいません。

また、母親がひとりで入れるほかないときには、日中とか夕方にすますほうが楽なら、そうしてもかまいません。

ひとりで入れる場合

およそ次のような手順が楽かと思います。しかし、事情とか手加減《てかげん》がありますから、自分のやりやすい方法を工夫《くふう》してください。

① 冬には、脱衣場と浴室を大人が寒くない程度に暖めておく。

② 赤ちゃんを衣類を着せたまま脱衣場に寝かせて、大人が先に入浴をすませてしまい、湯かげんを少しぬるめにしておく。

③ 大人が軽くからだをふいてから、赤ちゃんを裸にして抱き、浴室の床に座って、ひざの上で「かけ湯」をしながら、石けんで全身を洗う。洗いかたは、これまでで慣れた手順がよいけれど、とくに耳の後ろ、首、わきの下、おへそ、陰部《いんぶ》、肛門《こうもん》などくびれたところを入念《にゅうねん》に洗う。この月齢では頭や顔があぶらぎってくるので、そこも目に入らないよう気をつけて石けんで洗う。どこを洗うときも、強くこすらないようにする。

④ 洗い終わったら、赤ちゃんを抱きなおして湯ぶねに入り、ゆっくりと浸《つ》かる。

⑤ お湯に浸けたとき、赤ちゃんが気持ちよさそうにしていれば、あやしながら楽しむ。お湯が熱《あつ》そうなら少しずつ水をさし、ぬるそうなら温度を上げるセットをして静かにかきまぜる。蛇口《じゃぐち》から熱い湯を注ぐのは危険。「さし湯」も赤ちゃんを引き上げてからにする。

⑥ お湯から上がったら、赤ちゃんを脱衣場に敷いたバスタオルに寝かせてくるみ、大人が先に着てから赤ちゃんに着させる。そのくらいのあいだは湯ざめしないので、ゆっくりでよい。脱衣場でな

く部屋に連れて行ってからでもよい。

手伝うひとがいる場合

「ひとりで入れる場合」とおよそ同じ要領《ようりょう》でよいけれど、だれが入れて、だれが手伝うかは、事情と希望をつき合わせ、相談のうえ決めるようにしたいものです。

お風呂を嫌う子

裸にしただけで泣きだす子は珍しくありません。ましてお湯に浸《つ》けたり洗い始めると、ふるえて激しい泣き声をたてる子はたくさんいます。まだ、からだが不安定なためなのです。ですから臆病《おくびょう》などと決めつけないでください。

そんな子は、しっかりと抱きしめ、洗いは手早くし、お湯に浸けるのも10数《かぞ》えるあいだといった感じでさっとすませたらどうでしょう。

夏には洗うだけにして、お湯に浸けなくてもよいと思います。

抱き、おんぶ、外出

この時期には、思い切ってからだを動かしてやり、戸外にもどしどし出してやるべきです。もう首はしっかりしはじめているし、動きも盛んで、バランスがとれてきています。それに、感覚や社会性もかなりはっきりしてきているのです(↓98～100ページ)。そうしたことに応《こた》えてやらない手はありません。

抱きかた

水平に抱くのは、赤ちゃんが嫌うでしょう。赤ちゃんが落ち着かないときは、少し斜めにして、からだを丸めるようにしっかりと抱くのがコツです。なかなか泣きやまないときは、肩にもたれかからせると落ち着くことが多いようです。ぐらつくようなら、頭を支えてやればすむことです。

外出のときは、前抱き式キャリア(抱っこひも)を使うと、片手が自由になり、腕も疲れにくくていいかもしれません。足元に気をつけること、ときどき抱きかたを変えることは必要です。

■抱っこひもについて参考になるサイト

・babycom「抱っこひも(ベビーキャリー)の上手な選び方」
http://www.babycom.gr.jp/goods/dakko.html

おんぶのしかた

よく「おんぶは4カ月から」と言われますが、事情によっては、おんぶをしてもよいと思います。

家事や仕事などに長時間かかりきりになるときは、赤ちゃんをひとりで置いておくよりも、おぶっていたほうが事故など心配をしないですみます。外出でも、上の子の手を引いてやらなければならないとか、両手を必要とする買い物のようなときには、抱っこよりおんぶのほうが楽でしょう。

スナグリ

おぶいひも

しかし、この月齢では、ぐらつくことが多いので、頭を含めて全体をしっかり包める「スナグリ」のタイプか、頭支えと背もたれのついたおぶいひもを使うほうがよいでしょう(図)。

そして、おぶうときには、赤ちゃんが苦しくないように、とくに股《また》を十分にひろげ太ももを強くしめつけないように固定しておくこと。また、おぶう人の髪が赤ちゃんにかぶさらないよう、上に羽織《はお》るコート類で呼吸しにくくさせないよう、気をつけることも大切です。

■「スナグリ」について参考になるサイト

・babycom「スナグリ」
http://www.babycom.gr.jp/goods/dakko_s.html

また、おんぶだと車に乗るときや門をくぐるときなど、赤ちゃんの頭をぶつけやすいので注意が必要。その点、前抱っこにすると安全だし、赤ちゃんのようすも見えるので、よいかもしれません。いずれにしても、おんぶしているあいだは、常に赤ちゃんに気を配っていて、ぐずりだしたり、深く眠ってしまったら、なるべく早く降ろすようにするべきです。

外に出る

1カ月を過ぎたら、外に出してだいじょうぶ。買い物や上の子の外遊び、幼稚園の送り迎えに連れて出てかまいません。それだけでなく、散歩もしたほうがよいくらいです。

外に出れば、広い空間、陽光《ようこう》、風などさまざまな自然にさらされます。そのことで新陳代謝《しんちんたいしゃ》が活発になり、心身ともによい結果がもたらされるはずです。

また、外に出れば、多くの人々とその活動にもふれることになります。見ず知らずの人がふいにのぞき込んだり、あやしてくれたりもする。ときには抱っこしてくれるかもしれない。その感じは、親とはずいぶんちがうことでしょう。車の響《ひび》きや店の喧騒《けんそう》も、否応《いやおう》なく迫ってきます。その刺激は家にこもっていては体験できないものでしょう。こうして、外出は、赤ちゃんにとって、これから生きていく人間の社会を知る機会ともなるはずです。

ただ、そうはいっても、無造作《むぞう さ》に連れ出すわけに

抱きぐせ

この時期になると、抱かないと泣きやまなくなる子が多くなってきます。まるで「くせ」がついたみたいなので、親や祖父母が抱きすぎているせいだと非難《ひなん》されがちです。

けれど、それは冤罪《えんざい》。事実、抱きすぎてはいないのに、泣きだしたら抱かないと泣きやまない子がけっこういるからです。

この時期に「抱きぐせ」がつくのは、赤ちゃんが以前に増して人を求めるようになり、からだも動かしたくなったためと考えられます。ですから、とりわけ神経が繊細《せんさい》な子とか活力があまっている子は抱かれたがる傾向が強いのでしょう。

というわけで、「抱きぐせ」はほうっておかないのがよい。むしろ、できるだけ抱いてやってほしいと思います。しょっちゅう抱いていると「甘えん坊」になるということもないと言われています。

ただ、他方、親の事情もあるでしょう。手が離せないとか疲れているときには、しばらくほうっておくのもやむをえません。たまには赤ちゃんに耐えてもらうことも、人間形成上あってよいこと。

そのかわり、抱けるときにはうんとあやしてやり、外にも機会あるごとに連れ出していれば、愛情不足になることはないと思います。

もいきません。外出のときは、なるべくしっかり抱き、やむをえずおんぶするとしても、危険のないように(→113ページ)。ヒールの高い靴や突っかけサンダルは転びやすいので禁物。しっかりした平靴《ひらぐつ》にかぎります。

ベビーカーを使うのなら、寝かせられるタイプかリクライニングが深くできるタイプにし、ベルトをきちんとして、ゆっくり走らせること。いつも赤ちゃんに気をつけていて、ずり落ちてきたら引き上げ、泣きだしたらすぐ抱いてやるように。でこぼこ道では、ベビーカーはたたんで赤ちゃんを抱いてやらなければなりません。

クーハンと言われるぶらさげ式の籠《かご》は、近所にでかけるときには便利だけれど、長時間持っているのは困難でしょう。また、自動車に乗せるときには、チャイルドシートに寝かせておかなければなりません。

外に出ている時間は、事情と赤ちゃんのようすを照らし合わせて判断するのが実際的かと思います。買い物や上の子を遊ばせるためなら30分かせめて1時間まで、散歩なら20〜30分といったところでしょうか。もちろん季節やその日の天気にも左右されるでしょうが。

ただ、スーパーやデパートなどに混む時間に入るのはもちろん避けるべきこと。赤ちゃんが疲れるし、思わぬ重い病気をもらいかねません。

言うまでもないけれど、車のなかに赤ちゃんをひとりでおくのは、非常に危険。酸素《さんそ》欠乏《けつぼう》に陥《おちい》ったり、暑い季節には熱中症《ねっちゅうしょう》で死ぬおそれが大です。

あやす

あやしかた

あやしかたにマニュアルなどありえません。

なにより、赤ちゃんをいとしく思う気持ちが大切です。その気持ちのないお愛想《あいそ》は、赤ちゃんには通じません。まして、知能をつけるためにあやそうとするなどは本末転倒《ほんまつてんとう》。そんな魂胆《こんたん》では、赤ちゃんに泣かれるのが落ちでしょう。それより、親の情であやしているほうが、ずっと地についた知能がついてくると思います。

ですから、かわいがりたい気分にならないときには無理してまであやすことはない。心の奥からかわいがりたくなったときに、あやせばいいと思います。そんなときは、だれでも笑顔を近づけて、やさしく声をかけてやることでしょう。それだけでも赤ちゃんは喜んでくれるはずですが、そのうえおどけた表情を見せたり、声にも歌うようなトーンの変化をつけたりすると、もっと喜ぶかと思います。

いずれにしても、もっとしてやりたいのは、からだを動かすこと。たとえば、赤ちゃんのわきの下を両手で支えて抱き上げ、少し上下させたり、時計の振子《ふりこ》のようにぶらぶらさせる。横抱きにして舟のようにゆすったり「たかいたかい」をするなど、思い切ってやってみることです。

すると、初めは目をむいたりからだを固くしてこわそうなようすを見せるでしょうが、しだいに慣れてくるもの。それに合わせて、少しずつ大きく動かすようにしていけばよいのです。そのうち、たいていの子は楽しそうなようすを見せだすでしょう。

ゆっくりとやりさえすれば、「ゆさぶられっこ症候群」など起こしません。それは、虐待などで、よほどひどく扱った場合に起きることなのです(↓病気406ページのコラム)。

ただ、泣きだしたときは、すぐにやめて、抱きしめてやる必要があります。また、いつもこわがる動きは、しばらくやらないでおくべきです。

おもちゃ

生まれたての子と同じで、まだ、とりたてておもちゃはいりません。ただ、ガラガラなど、大人がかわいがりたい気持ちの道具として、あって悪くはないと思います(↓164ページのコラム)。

寝かせる

寝かせつけ

およそ1カ月までの子と同じ(↓83ページ)でよいでしょう。しかし、月齢がすすむにつれて、寝つきが悪くなったり、ちょっとした物音などで目がさめることがあるかもしれません。

そうなったら、起きているあいだに、できるだけ外に出したり、からだを動かして、適度に疲れさせるのがいちばんです。

どうしても寝つきが悪く、ぐずるときには、抱いてゆすったり添い寝をしてやるにかぎります。用事があって抱いてやれないときにはおんぶ(↓112ページ)するか、リクライニングが深くてスイングできるベビーラックがあれば、それに乗せてゆすってやるとよいかもしれません。

また、赤ちゃんによっては、ベビーベッドに入れられること自体を嫌いだす子もいるでしょう。睡眠中の動きが激しくて、ベビーベッドのなかでは狭すぎになっているのかもしれません。そんな感じがしだしたら、もうベビーベッドをやめてもよいころです。ただ、親が赤ちゃんをそばに寝かすと眠れなくてつらいのなら、ベビーベッドを使うのもやむをえない。けれど、夜中に何度か泣かれることは覚悟しておかなければならないでしょう。

よく泣いて起きる

眠ったと思っても、すぐ泣いて起きだす子がいます。あまりによく泣くと異常かと心配になるでしょうが、発育がふつうで目ざめているときは元気も機嫌もよければ、まず心配はいりません。むしろ活力にあふれた子と思っていればよいでしょう。

そういう子は、とりわけ夕方の忙しい時間にきまって泣きだして、なかなか泣きやまないことが多いかもしれません。これは、欧米で「3カ月コリック（疝痛《せんつう》）」とか「イブニングコリック」などと名づけられる現象で、別に病気というわけではないのですが、まっかな顔をして激しく泣くので、ほうってはおけないでしょう。しかたがない、用事を中断して、抱き上げ、ゆすってあやすほかはなさそうです。抱き上げるのが早ければ、泣きやむかもしれません。

しかし、抱くのが遅れると、少々ゆすったくらいでは泣きやまない。戸外に出せばたいてい泣きやむけれど、家に入ればまた泣きだすでしょう。おっぱいや水分は、飲ませようとしても、まず受けつけてはくれません。そうなったら、用事はあとにしてでも抱きつづけるか、背中におぶって、ゆすりながら用事をするよりほかないと思います。

かなり疲れますが、もうちょっとの辛抱《しんぼう》。この頑《がん》固《こ》な夕方の泣きも、3カ月を過ぎるころには、いつの間にか治ってしまうものです。

夜泣き

夜中に1回や2回泣いて起こされるのは、赤ちゃんをもったが運のつき、避けられないことと思ってください。なにしろ赤ちゃんは、睡眠と食欲のパターンが大人とはまったく違うのです。

けれど、この時期には、ひと晩に3～4回以上、ひどいと1～2時間おきといった夜泣きを始める子も少なくはない。それほどになると、たまったものではないでしょう。

そうなったら、まずは、夜によく眠れるようになりそうなことをできるだけやってみること。日中に外に出る時間を多くする、暇《ひま》をみては、うんとからだを動かしてやる（→114ページ）、寝かしつける時間を遅くする、夕方に寝る習慣のある子は早めに起こす、昼と夜とをとりちがえたみたいな子は日中に長くは眠らせないなどです。

そして次に、夜間の熟睡を妨《さまた》げる原因になりがちな状況をチェックし、疑わしいものはあらためてみること。部屋と布団《ふとん》のなかの温度（寒さ、暑さ）、おむつと衣服（窮屈《きゅうくつ》さ、しわ、着せすぎ）、ベッド（よく動く子だと狭くて苦しい）、姿勢（うつぶせ寝がよい子もいる）、それにかゆみ（湿疹《しっしん》、あせも）、痛み（おむつかぶれ）などです。ただし、うつぶせ寝については注意が必要ですが（→84ページのコラム）。

以上のことをひと通りやってみても夜泣きがおさ

まらなければ、親の性質が遺伝したのかも。とにかく、そういう子として、覚悟を決めて対応するしかないと思います。そういう子は、たぶん、大きくなってもどこか活動的でしょうから、それを楽しみにしていてください。

寝かせる場所は、親のそばにかぎります。いちばんいいのは添い寝をすることですが、親が眠れなければ、せめて手のとどくところに寝かせるのです。そうすれば、泣き始めたときに、すぐなだめることができます。寝たまま乳をふくませたり、赤ちゃんを胸の上に腹ばいに乗せて楽に抱き続けてやることもできるでしょう。

しかし、どのようにしても激しく泣き続ける子は、もうしかたない、抱き上げて座るか立ってゆすってやる。それでも泣きやまなければ、抱いて歩きまわったり、戸外に出たりするほかなさそうです。

いずれにしても、早く寝かせようと焦《あせ》るのは禁物《きんもつ》。おそろしいことに、赤ちゃんはその焦りを敏感に感じ取るもの。すると、よけいに激しく泣きだしかねません。

やっと眠ってくれた子をベッドにもどすときも、焦りは禁物。寝息をたてはじめても、すぐ降ろさず、赤ちゃんのからだがずっしりと重い感じになってから、抱いたままベッドにいっしょに寝こむようにするのです。そして、赤ちゃんが深く眠っているのを確かめてから、そうっと下になっている腕を抜くようにすると、ふたたび泣きだされることは少ないかと思います。

気をつけたいこと　1カ月から3カ月のころ

❶ 事故(↓病気404ページ)

生まれたてより手足を動かすようになっているし、親も慣れが起きているので、事故の危険は増しています。

生後1カ月までと同じ注意(↓90ページ)を続けながら、あらたに以下のことに気をつける必要があります。

① **ベッドのまわり**——手をばたばたさせるので、枕元にパウダーやティッシュ、とくにビニール袋などは置けません。それらを顔にかぶって窒息《ちっそく》するおそれがあります。

また、からだをずらしてベッドの隅に頭や足を押しつけるからといって、タオルやクッションなどを置くのも危険。それで顔をふさいで窒息するおそれがあります。そんな子は、ベッドから出して寝かせたほうが安全と思います。

② **やけど(火傷)**——お風呂、湯たんぽ、電気あんか、電気毛布、ストーブなどの注意は生後1カ月までと同じ(↓90ページ)。

掘りごたつに寝かせておくと、ずり落ちてやけどしたり、窒息するおそれがあります。

③ **うつぶせ寝**(↓84ページ)

④ **落ちる(転落)**——ベッドの柵《さく》はかけ忘れないように。万一のため、床に分厚《ぶあつ》いマットかカーペットを敷いておくのがよいでしょう。

ソファーやテーブルの上に寝かせるのはたいへん危険。この月齢でも、ずり落ちることがあります。

⑤ **車に乗せるとき**(↓126ページ)——法律で義務づけられているとおり、チャイルドシートにしっかり固定しておくこと。

駐車中は、絶対に車内にひとりで置くべきでないことはもちろんです。

❷ 感染

しだいに抵抗力がついてくるので、生まれたての子ほど厳重に隔離《かくり》することはありません。むしろ、この時期は母親からもらった免疫質《めんえきしつ》(抗体《こうたい》)が急速に減るので、軽い病気にはかかったほうが、自分で抗体をつくって丈夫になるくらいです。

しかし、そうはいっても、重い病気の感染だけは防がなければならないのはもちろんです。

❸ 重大な異常

生後1カ月を過ぎれば、死ぬほどの異常はほとんどクリアしているので、あまり神経をとがらせている必要はないと思います。

しかし、この時期になって気づく異常もあるので、以下のようなことがあったら、なるべく早く専門医に診《み》せなければなりません。

① **黄疸《おうだん》が強く、うすくならない**（↓病気39ページ）。

② **おっぱいの飲みが弱々しく、極端に発育が悪い**——異常がなくてもこういう子はいるけれど、体重の増えかたが1日10グラムを割り続けていれば心配。

③ **からだの動きが変**——手足の動きがぎこちなく、しょっちゅうからだを固くしてのけぞるとか、逆にぐにゃっとしてほとんど動かないといった場合は心配。3カ月近くなっても笑わない場合も心配。

④ **頭だけ、どんどん大きくなる**（↓病気335ページ）。

親と子の暮らし

日々の暮らしかた

ペースをつかむ

この時期は、生まれてすぐの慌《あわ》ただしさから脱して、しだいに安定へと向かう過渡期《かとき》です。

赤ちゃんはおっぱいの飲みかた、眠りかたなどに個性を見せはじめ、親も以前の暮らしを取り戻し、自分なりの育児をしたくなる時期でもあるでしょう。

ですから、日々の暮らしでは、赤ちゃんと親との調整をどうするかが微妙な問題になるかと思います。

しかし、そこは家族の間柄《あいだがら》、おたがい多少のわがままは許し合いたいもの。もちろん基本的には赤ちゃんの要求やペースは尊重しなければならないけれど、たまには親の都合《つごう》や気分を通させてもらってもよいのではないでしょうか。そんなせめぎ合いのなかで、いつの間にか、いっしょに暮らしている者どうしの無理のないハーモニーが形成されていくのだろうと思います。

朝から晩までのタイムテーブルにしても、赤ちゃんと母親と父親とでギャップが大きいでしょうが、そこはおたがいにゆずり合っていれば、いつの間にか自分たちのペースが見つかってくるものです。

とにかく、このようにしてペースさえつかめれば、慌ただしかった暮らしも、かなり要領《ようりょう》よくやれるようになるはずです。

用事とつきあい

用事で出かけなければならないとき、家で赤ちゃんをみてくれる人がいなければ、どうするかをよく考えなければなりません。

ちょっとのあいだ、ゴミを捨てるとか近くまで買い物といった程度なら、赤ちゃんを置いて出かけても、だいじょうぶと思います。ベッドの柵《さく》がきちんとしているか、布団《ふとん》が赤ちゃんにかぶさらないようになっているかなど安全を確かめたうえで、急いで用事をすますのです。ただし、決してうつぶせにしておいてはいけない。ちょっとの時間でも、窒息《ちっそく》するおそれがあります。

帰ってくるまで30分以上もかかる場合は、赤ちゃんだけ置いて出かけてはいけません。地震や火事など重大な危険が起きたとき、対応が間に合いません。ですから、だれかに預けるか連れて行くしかないけれど、どちらにするかは、用事の性質と親子の体調と気分、天候などによって判断することです。

気楽な用事で、道中は安全、天気も上々なら、のんびりと親子で出かけるのは楽しいでしょう。気の張る用事でも、赤ちゃんに無理をかけないですむのなら、いっしょに連れて行ったほうがまぎれてよいかもしれません。

しかし、雨天とか非常に寒いか暑いときには、長時間連れて行くのは無理。親子ともダウンしてしまいそうです。たとえ天気はよくても、親が疲れていたり赤ちゃんの機嫌《きげん》が悪いときには、置いて行くほうが無難《ぶなん》と思われます。また、用事によっては、赤ちゃんを連れて行くのをはばかられる場合もあるでしょう。

いずれにしても、預ける必要を感じたときには、遠慮せずにだれかに頼むことです。頼むのは、祖父母やきょうだいが気楽でしょうが、長時間でなければ近所の人がよいと思います。それを機会により親密に助け合える間柄になれそうです。ただ、平素《へいそ》から礼をつくしていること、預けるとき相手の都合も考えずに勝手をしないことが大切ですが。

知り合いに頼める人がいない場合には、役所の「子育て支援センター」(→418ページ)か、民間の託児所に相談して預かってもらうことを勧めます。

つきあいについては、この時期から積極的に考えておくのがよいと思います。赤ちゃんが生まれて1カ月ほどは無我夢中《むがむちゅう》で、交際が疎遠《そえん》になっていただろうからです。

以前からの友人との関係さえ、赤ちゃんができたことで、微妙な影響を受けているはず。なにしろ赤ちゃんの存在は濃厚《のうこう》に「ファミリー」の雰囲気を漂《ただよ》わせます(→37ページ)。そのため、まだ子どものいない友人はちょっと入りこみにくい感じをもちそうだし、すでに子をもっている友人も、その生活がわかるだけに遠慮したり、子どもを媒介《ばいかい》にしたつきあいに偏《かたよ》りがちです。

それはそれで友人関係の新展開になりえるでしょうが、これまでよりつきあいが薄まるとすれば、もったいない気がします。

とりわけ母親になった人は、そうなりがちで、新しくできる友人も、産院や子育てセンターなどで知りあうとか赤ちゃんを媒介にしたつきあいにかぎられることが多いようです。

それでは、世間を狭くするような感じがしてなりません。やっぱり、ここらへんで、赤ちゃんを通りこした友人関係を復活するか、新しくつくるように努め始めたほうがよさそうです。

冠婚葬祭《かんこんそうさい》など世間との儀礼的《ぎれいてき》なつきあいは、赤ちゃんをもつと増えるでしょうが、これも自分たちの価値観で取捨選択《しゅしゃせんたく》したらよいと思います。ただ、儀礼は赤ちゃんを世間のメンバーに加える手続きでもあるので、そうした面は大切にされてよいことです。

このあいだのバランスをどうとるかは、これからの親と子の生きかたを予告するもの。よく考えてかかる必要があります。

祖父母とのつきあいは、育児をめぐっては、おおまかにしておくのが利口《りこう》(→42ページ)。細かいことで争うのは、つまらないことです。しかし、家族としての関係は、きちっとしておく必要はあります。そのために、祖父母が孫以外の楽しみと生きがいをもっていることと、若夫婦も親に甘えない、とりわけ経済的に大きく世話になるとか、勝手に手伝いに使うようなわがままをしないことが大切だと思います。

　同居するか別居するかについては、どちらかといえば別居、実母であろうと姑《しゅうとめ》であろうと元気なあいだは、食住、家計とも別にしたほうが、トラブルが少なくてよさそうです。住まいの距離もあまり近すぎず、たがいに訪問するのもときおりというのが、新鮮でうまくゆく秘訣《ひけつ》かもしれません。

　しかし、いっしょに住みたいとか、事情で同居せざるをえない場合もあるでしょう。その場合には、なるべく気さくにつきあい、少々のことにはこだわらないのがよいと思われます。ただ、がまんしきれなくなったら、はっきり言ったほうがよい。一時的にトラブルになっても、がまんしつづけるよりはましかと思います。

　なお、祖父母を介護しなければならない場合には、同居のほうが便利でしょうが、赤ちゃんと両方の世話では、身がもちそうにありません。高齢者介護と、育児支援の制度(→418ページ)をフルに利用するにかぎります。

親の遊び

　親になったからといって、遊んではいけないという法はありません。だいいち、人間、遊びがなかったらやってはいけないでしょう。

　ところが、赤ちゃんをかかえると、事実上「遊んではいけない」状態に追い込まれます。なんともつらいことですが、ある程度はしかたがないことではあります。なにしろ以前と同じように遊ぼうとすれば、赤ちゃんの世話はほとんどできず、命さえ危険に陥《おとしい》れかねません。そんな無茶は許されないのはも

お宮参り

　生まれてから30日くらい経《た》ったころ、近くの氏《うじ》神《がみ》さまにお参りをすることを「お宮参り」と言います。

　むかしからの風習で、このころには赤ちゃんが生命の危険な時期を脱するので、「忌《い》みが晴れた」ことを感謝し、「むら」の一員としての氏子《うじこ》にするための儀式です。

　日取りは、たいてい家族のメンバーがそろう休日の晴れた日が選ばれるようです。

　形式は、赤ちゃんが晴着の上に実家から贈られたかけ衣装を羽織《はお》り、父方の祖母か仲人に抱かれてお参りするのがふつう。母親はまだ忌みが晴れないとされ、抱かせてもらえないのです。

　しかし、これはいかにも時代錯誤《じだいさくご》。夫婦だけでお参りしてもいいし、衣装も抱きかたも、すべて自由にして当然と思います。

　また、伝統的には神酒《みき》と赤飯を供《そな》え、帰りに親《しん》戚《せき》をまわり、近所の子に赤飯を配って仲間入りとしていたようですが、これもお好みで、してもしなくてもよいと思います。

ちろんです。

しかし、だからといって、すべての娯楽を禁欲したり、赤ちゃんに合う遊びだけにかぎったりするのはどうかと思います。

少なくとも、テレビや音楽などは、自分たちの好みを楽しんでいて、いっこうにさしつかえありません(↓次ページのコラム)。好みでもないのに、赤ちゃん向けの音楽だけ流しているほうが、かえって不自然。むしろ、子どもは親の趣味を通じて、文化を身にしみこませていくものなのです。ただ、1日の大半《たいはん》テレビをつけっぱなしにしたり大音量を響かせたりするのは、赤ちゃんのために避けるべきではありますが。

なお、父親だけ、育児を母親にまかせて、遊びを続けるのも、あまりにも勝手すぎ。それでは母親の心身がもちにくいし、夫婦のあいだにもすき間風が吹いてきそうです。

種々のゲームやカード遊びも、赤ちゃんが妨《さまた》げられずに眠れる別の部屋があるのなら、やって悪くはないと思います。ただ、夫婦して夢中になると、長時間赤ちゃんをほうっておくことになりがち。大変危険なので、交代で赤ちゃんのそばにいるか、せめて常に赤ちゃんの気配に気を配っていて20分おきくらいにはようすを見に行き、2〜3時間で切り上げる節度が必要です。

来客とのおしゃべりには、赤ちゃんを抱いたり、そばに寝かせて参加させたほうがよいと思います。そのことで、赤ちゃんは、社会の雰囲気といろいろ

赤ちゃんとテレビ

赤ちゃんがいる家庭では、テレビとビデオの視聴をひかえるよう、授乳中や食事中の視聴はしないよう、という忠告があります。テレビやビデオをつけていると、赤ちゃんの表情がとぼしくなり、ことばの発達も遅れるというのです。

確かに、この月齢では、「強制注視《きょうせいちゅうし》」(→99ページ)と言われる行動特性があるので、テレビの画面から目を離せなくなって、疲れさせるだけでなく、ほかのこと、とくに実在の人間への関心を奪ってしまうおそれがあります。テレビから響いてくる音響にも、同様のおそれがあるでしょう。

ですが、この忠告は、なんとも酷《こく》な話だと思います。どの親だって見たい番組はあるだろうし、ぼうっと眺《なが》めるだけでも疲れたときの気休めになるはずです。授乳のときでも、テレビを見ながらだと、くつろげて楽でしょう。それにテレビなしでは情報に不足して、世間とのつきあいにも事欠《ことか》きかねません。

そういう現実があるのに、テレビをつけずにいたら、親のほうの気分がいらいらして、かえって赤ちゃんに当たったりしかねないのではないでしょうか。

もちろん、赤ちゃんの近くで1日中テレビをつけっぱなしにするとか、子守り代わりにしょっちゅうテレビを見せておくというのが、よいわけはありません。

とすれば、結局は程度問題。つけっぱなしにはしないで、見たい番組を見終わったら消す。子守り代わりにつけておきたいときにも、なるべく短い時間にとどめる。そして、家事に余裕のあるときには、赤ちゃんに話しかけたりあやしたりするよう心がけていさえすればよいかと思います。

な人物を体験できそうです。ただ、このときも不注意になったり、タバコとお酒の危険を忘れたりしてはなりませんが。

カラオケは、音量をしぼり、禁酒禁煙にし、大騒ぎさえしなければ、短い時間、友人と楽しんでもよいと思います。

デパートや商店街でのショッピングも、避けたほうが無難《ぶなん》ですが、すいた時間にさっと楽しむくらいなら許されてもよいでしょう。

しかし、映画館や劇場のような人の密集するところに連れて行くのは、この月齢では早すぎます。疲れさせるだけでなく、とんだ重い病気までもらいかねません。

赤ちゃん連れの旅行

どんなとき連れて行く

赤ちゃんを旅行に連れて行くかどうかは、月齢よりも、その目的や性格で判断するべきものだと思います。

お産のため妻だけが実家に行っていた場合には、なるべく早く赤ちゃんを連れて夫のもとに帰ったほうがよいのは当然。夫はさびしく、赤ちゃんともなじめないし、あまり長く実家の世話になっているのは夫婦の成長にとってよいことではないからです。

お産を自分たちだけですませた場合には、赤ちゃんをいつ実家に連れて行くかが問題になるでしょう。祖父母が1日も早く孫の顔を見たいと矢のように催《さい》促《そく》、こちらもそれに応じてあげたい気持ちが強ければ、少々早めでも連れて行ったほうがよいと思います。

しかし、気がすすまないのに義理で連れて行くのはやめたほうがいい。行っても、ぎくしゃくして、赤ちゃんを両親と祖父母のあいだで不安定にしてしまうおそれがあります。そんなときには、急がないで、赤ちゃんがもっとしっかりするまで待ってもらうのが無難《ぶなん》と思います。

母親が疲れ果てて、実家に帰りたくなったときには、赤ちゃんを連れて行くほかはないでしょう。ただ、その場合の旅行には、できるだけ夫が付き添うようにしたいものです。

遊びで旅行をしたくなったときは、なにより赤ちゃんの状態を考え合わせる必要があります。この場合はまったく親の勝手で、赤ちゃんはつきあわされるだけですから、無理をかけたらかわいそう。赤ちゃんの体調を考えてがまんするか、無理のない程度にとどめるかしなければなりません。ただ、この時期は、母親が落ち込みがちなので、軽い旅で気分転換をはかるのは、おおいに考えられてよいことだと思います。

旅行のしかた

どんな場合でも、赤ちゃん連れの旅行は、ふたり以上の大人でするほうがいい。母親だけが世話のしつづけでは、旅の解放感が味わいにくいし、かえって、ふだんの疲れを倍加《ばいか》させてしまいそうです。ですから、できるだけ夫婦でか、祖父母か友人といっしょに出かけるようにしたいものです。

旅行のペースは、なにより赤ちゃんに合わせるようにしなければなりません。赤ちゃん連れで移動する時間は、せいぜい2時間。それ以上かかるのなら、途中でおむつを替えたり、おっぱいを飲ませたり、ゆっくり休むひとときが必要。そのための用意も持参しなければならないのはもちろんです。

もし赤ちゃんの機嫌《きげん》がひどく悪くなったり、まして病気になったときには、予定を変更する度量《どりょう》ももっていなければなりません。また、乗りものとかホテルなどの環境が赤ちゃんに悪影響をもたらしそうなら、抗議し改善してもらう勇気をもたなければならないと思います。

電車

すいている電車を選べば、となりの空《あ》いてる席に赤ちゃんを寝かせられて、親子とも楽でしょう。ただし、急停車にそなえて、転げ落ちない工夫はしておかなければなりません。

混む可能性があるときには、指定席がとれれば、ぜひとっておくこと。予算に余裕があれば、グリーンシートなど特別席にすると楽なのはもちろんです。

禁煙車または禁煙席のついている電車があれば、そこに乗り、ない電車なら、近くでタバコを吸う人にはやめてもらう勇気をもたなければなりません。冷暖房が効《き》きすぎているときには、車掌《しゃしょう》に申し出ていいし、混んでいて授乳やおむつ交換しにくいときには車掌室を使わせてもらったらと思います。新幹線なら、授乳のためのスペースを備えた便《びん》を選ぶとよいでしょう。

ミルクを作るお湯は、保温ポットに入れて持参する必要があります。作ったミルクを冷ますのは洗面所でできるでしょう。

泣きだして、座席でどうやっても泣きやまないときには、立ってゆするか、通路を歩くか、デッキに出てみるほかないでしょう。他人の手前せつないけれど、早く泣きやませようと焦《あせ》ると逆効果。かえって激しく泣きがちですから、努めて落ち着いて対応することです。

自動車

まず、思わぬ渋滞に備えて、計画を立てておかねばなりません。1日の行程は6〜8時間までにとどめるのがよさそうです。

幼い赤ちゃん用のチャイルドシートに、しっかりと固定しておくべきはもちろんです。

授乳とおむつ交換を目安《めやす》に車を止め、車内は禁煙。冷暖房をかける場合は、大人だけのときよりゆるめに。パーキングのたびに、しばらくドアを開けて換気する必要があります。長い休憩で、車内が暑くなりすぎたり冷えすぎたときは、先に冷暖房を効《き》かせてから乗せるのがよいでしょう。

飛行機

生後2週間を過ぎれば乗せられます。料金は、航空会社により、また国内線と国際線でも異なるようなので、調べてください。座席は乗務員が近くにいるところを選ぶと便利でしょう。赤ちゃん用ベッドを備えた便《びん》があれば、それに越したことはありません。

ミルクを作る湯は、乗務員に頼《たの》めばもらえるはず。授乳やおむつ交換に不自由を感じたときも、頼めば便宜《べんぎ》をはかってくれるでしょう。

離着陸のときは、おっぱいをふくませておくと耳が痛いのを防げると言われます。泣きだしたときも、おっぱいをふくませればいいわけですが、その泣くこと自体で耳の痛みはおさまることが多いようです。

飛行中は、いつもしっかり抱いて、親がベルトをしめておくこと。親だけトイレなどに立つときは隣の人か乗務員に預け、絶対にひとりだけ寝かせておかないこと。揺れがひどいと、赤ちゃんは通路や天《てん》井《じょう》に飛んでいってしまいます。

■参考になるサイト

・babycom「子連れ旅Guide」
http://www.babycom.gr.jp/care/ikuji/

持っていく物

行き先で長いあいだ滞在する場合は、道中必要な物以外は宅配便で送っておき、現地で調達できる物は持っていかないにかぎります。

移動中必要なミルクは1回分ずつわけて保存できる容器に入れ、あらかじめ洗ったほ乳びんと乳首を必要な数だけ持っていくほうが楽で安全です。ミルクを作るお湯は飛行機ならもらえますが、電車や車の場合はお湯入りの保温ポットは不可欠。それとは別に、水筒で湯ざましか麦茶を持っていくことも必要でしょう。

おむつとお尻ふきは多めに用意して、家にいるときと同じように替えるべきです。

着替えの衣類は、暑い季節には1日2組は用意し、冷房の効《き》きすぎのときに羽織《はお》るアフガンかおくるみも持っていくのがよいでしょう。

仕事をもつひとの場合

仕事をもっているひとは、子どもを産む前に、その心づもりと生活設計を立てていたことと思います(→9ページ)。しかし、産後1〜2カ月と経《た》つうちに気づかされる問題も多いことでしょう。ここでまた考えなおしておいたほうがよさそうです。

外勤を始めるとき

産休(→416ページ)が終わってすぐ働きに出るときは、産む前から赤ちゃんをどうするかを算段《さんだん》しておかなければなりません。

保育所に預けるつもりなら、赤ちゃんが生まれてからなるべく早く申し込みをすること。くわしくは165ページを見てください。また、市町村の「保育ママ」制度とか民間の保育援助サービス事業などを利用する手もあります(→421、418〜419ページ)。

幼い赤ちゃんを保育所に預けることには多少ともためらいがあるでしょうが、信頼できる保育所を選べば、ちゃんと育つはず。むしろ家庭で育てるよりよいくらいです(→166ページのコラム)。

祖父母に頼むときは、なによりも無理な押しつけをしないことが大切。孫だからかわいいはずだと勝手に考えて、世話のさせっぱなしでは、祖父母自身の人生を奪ってしまいそうです。それに、育児は年輩者にはかなり疲れること、自分の子ではないために気も遣《つか》うだろうことも考えてあげる必要があります。

そのうえで、できるかぎりの心遣《こころづか》いも不可欠。たとえば仕事から帰ったら早く子どもを引きとる、祖父母に疲れがみえたり用事ができたときには預けるのを遠慮する、「保育料」を取り決めてさしあげるとか折をみてプレゼントする、まとまった休みがとれたときに旅行に出してあげるなどなど。

祖父母との人間関係や育児のしかたをめぐるトラブルは、それぞれの人格を傷つけないよう、おおまかにやる(→42ページ)にかぎります。

知人かベビーシッターを頼《たの》むときは、預ける時間帯とお礼など、ビジネスライクに取り決めをしたうえで、家族的なつきあいをするのがよいと思います。

頼む相手としては、気心《きごころ》の通じた人がいちばんですが、そういう人がいなければ、子どもが好きで注意のいきとどく、元気な人がいいでしょう。ベビーシッターを頼む場合には、紹介所の評判を聞いておくことと、資格の有無《うむ》より人柄と経験を重視して選ぶのがよいと思います。

頼める知人がなく、ベビーシッターを頼む経済的余裕もないのに就労の時期が迫ったら、不特定にでも預かってくれる人を探すほかはない。手当たりしだい、近所の人やお店で聞くとか、掲示板に張り紙するとか、チラシを作ってまくとか、とにかく積極的にやってみるにかぎります。幸い応じてくれる人がいたら、赤ちゃんを連れて訪れ、人柄と条件を確かめあってから、慎重《しんちょう》に契約することです。

預けかたは、ベビーシッターのほか保育援助サービス事業だと家に来てもらうことが多いでしょうが、知人などの場合は、たがいの都合《つごう》で先方に預けるか家に来てもらうかを選んだらよい。ただし、どちらかといえば、預けるほうが先方はやりやすいし親も気楽だとは思います。

母乳をどうするかは、仕事と赤ちゃんを預ける事情や気分にそって、無理のないようにするにかぎります(→167ページ)。

よく母乳が出て、赤ちゃんの預け先と職場が近ければ、オール母乳を続けやすいでしょう。そのための「育児時間」は、労働基準法で1日1〜2回、30分間ずつが保障されている(→420ページ)ので、堂々ととること。母親が預け先に行くのでも預かっている人に赤ちゃんを連れて来てもらうのでも、どちらでもかまいません。

預け先と職場が遠い場合でも、出勤前と帰宅後に授乳するほか、日中の2回分の母乳を保存(→次ページのコラム)して預け先で飲ませてもらえば、ミルクを足さずにすますことができるでしょう。

また、職場で与えたければ、おなじく労働基準法によって、先に述べた育児時間を請求することができます。

このやりかたは慣れれば面倒《めんどう》ではないでしょうが、職場にその条件がなければ、不可能かもしれません。そんな場合には、母乳にこだわらない気分の余裕もあったほうがよいと思います。

預け先でミルクを飲ませてもらっている場合は、家ではできるだけ母乳を飲ますようにしたいもの。そのために、職場で乳房が張ってきたら、しぼって

捨てておかねばなりません。そうしないと、母乳が出にくくなったり、乳腺炎《にゅうせんえん》を起こすおそれがあります。母乳があふれるほど出る人は無理に止めようとしないで、応急手当(↓103ページのコラムの⑥)をしながら、家での授乳は続けたほうがよいと思います。

ただ、勤めを始めると、母乳が出なくなったり、赤ちゃんがミルクのほうを好むようになるかもしれません。そんなときは、こだわらないこと。それはそれで、やっていけばよいのです(↓77ページのコラム)。

働く人の母乳の保存

①ほ乳びんをあらかじめ煮沸消毒《しゃふつしょうどく》して冷蔵庫にしまっておく。

②夜から朝にかけて、授乳時以外で乳房が張ったときに母乳をしぼり(しぼりかたは58ページ)、①のほ乳びんに注ぎ、そのままか市販の母乳バッグに移して、冷凍庫にしまう。

③出勤時に預け先に持ってゆき、そこでも冷凍庫に入れておき、必要に応じ解凍(④)して飲ませてもらう。持ち運びは保冷袋で。保存は、24時間以内なら、この方法で安全。ただし、持参に時間がかかるとか暑い日には、アイスボックスに入れて運んだほうが無難《ぶなん》。

④冷凍母乳を解凍するには、母乳バッグに水道水を流して液状にし、次いでぬるま湯(30〜40度)で湯せんをする程度がよい。

急ぐあまり火にかけたり、電子レンジに入れると、母乳に含まれる免疫体《めんえきたい》が壊れてしまう。

⑤在宅中だけでは2回分の母乳が確保できないときは、職場に冷凍庫つきの冷蔵庫を用意してもらい、勤務時間中でも①②③④と同様にする。

自宅で仕事をするとき

農家やお店をしている家などで、家族ぐるみの仕事をしている場合は、産後半月かひと月も経《た》つと「床上《とこあ》げ」などと言われ、自分だけ育児に専念しにくくなるかもしれません。

しかし、体調が回復するまでは、軽い仕事だけにさせてもらうにかぎります。無理をすると、異常をきたして、かえって長期間休まなければならなくなるおそれがあります。祖母などお産の先輩からどう言われようと、遠慮することはありません。産後の体調は、その人そのときどきで異なるものですから。

まして、自分だけ楽をしているなどと引け目を感じることはありません。もしそのように見られているようだったら、夫と相談して、家族のありかたを赤ちゃんができた事態にふさわしくあらためてもらう必要があります。それもできなくて、つらさに耐えられなくなったら、断然、実家に帰るなり、休む

算段《さんだん》をするべきです。

また、体調が回復したらしたで、元通りの仕事が押し寄せてくることでしょう。そうなったら、赤ちゃんの世話もままならなくなるにちがいない。授乳の時間がきても、泣きだしても、いつもすぐ面倒をみてやれるわけはありません。そういうときは、安全だけには注意しておいて(↓118ページ)、なるべく早くほかの人に仕事を頼《たの》んで駆《か》けつけるほかはないと思います。

しかし、少々ほうっておいたくらいで赤ちゃんの心がおかしくなることなどないので、ひとつも気にすることはありません。むしろ、そうして親が働くのを見ながら育つほうが、たくましく生きられるようになりそうです。

母親が内職とかフリーの仕事をしながら育てる場合は、受注や製品の届けなどで外出しなければならないときが困ることでしょう。しかし、そう時間をとらなければ、子連れで行って、相手を慣らせてしまうのがいちばんと思います。遠いとか途中が危険なら、赤ちゃんを近所の人に預けるか、自治体の子育て支援事業(↓418ページ)または民間の一時預かり施設を利用するか、どれも不可能なら家計の許すかぎりベビーシッターを頼むことです(↓419ページ)。

また、家での仕事中に泣かれるとせつないけれど、すぐ面倒をみるか、心を鬼にして泣かせておくかは、そのときの気分と仕事の都合《つごう》で、どちらでもよいと思います。ただし、どちらにしても、迷わずきっぱりと態度を決めてしまうほうがよさそうです。

3カ月から6カ月のころ

この時期になると、赤ちゃんは、かなりしっかりしてきます。

親も育児に慣れてきたことでしょう。

そこで、これからは、落ち着いて、どちらかといえば大胆《だいたん》に育てるようにするのがよいと思います。

　そうして赤ちゃんを家族の一員としてなじませていけたら、暮らしが楽しくなるにちがいありません。

赤ちゃんのようす

からだと育ち

からだつき

この時期に入ると、すっかり「赤ちゃん」のからだつきになっているでしょう。

全体がぽっちゃりし、頭が丸くなり、お腹《なか》がふくらんで、胴体と頭部とのバランスもとれてきます。

頭の大泉門《だいせんもん》（おどりこ、ひよめき）は以前より大きくなっているでしょうが、1歳半から2歳ごろには閉じてしまうので心配はいりません。

歯はたいていまだですが、歯ぐきに歯が隠れているのが見え、早い子だと1～2本生《は》えてくるかもしれません。

胸も厚みを増しますが、お腹のほうが大きいのが目立つでしょう。そのために、胸郭《きょうかく》（胸をとり囲む骨）の下部が上向きにそっている子も珍しくありません。

脚は、まだ丸くわん曲《きょく》しているのがふつうです（O脚《オーきゃく》）。

からだの働き

おしっこの出かたは赤ちゃんによってかなり違い、季節やおむつの種類、替えかたによっても異なってくるはずです。でも、しだいに回数が減って、1回の量が増える傾向にはなるでしょう。

うんちも赤ちゃんによる違いは大きいのですが、母乳だけの子にミルクを与え始めたり、混合栄養の子のミルクを増やしたり、まして離乳食を食べさせだすと、回数や量、色、かたち、かたさに変化を起こすことが多いでしょう。まだ便秘がちの子も珍しくありません（→68ページ）。

乳を吐くのは、3カ月になればかなり減って、5カ月ともなれば、ほとんど吐かなくなるはずです。

汗をかいたり涙を流すことが増え、よだれをたらすことも多くなってくるでしょう。

鼻をぐすぐすさせることは少なくなるようですが、胸をゼロゼロ鳴らす子は、けっこういます。このゼロゼロは、機嫌《きげん》も元気も乳の飲みっぷりもよいのなら、心配のないもの。喘息《ぜんそく》ではなく、まだ呼吸器の組織が振動しやすく、分泌《ぶんぴ》物《ぶつ》が多いためにすぎません。

育ちのぐあい（発育）

発育のスピードは、たいていの子が、これまでにくらべて鈍《にぶ》ってきます。それは、からだを急速に大きくすることから、からだとこころの動きを活発にするほうへとシフトするためと考えられます。

ただ、それにしてもさまざまなパターンがあって、これまで小さかった子が急に大きくなったり、逆に大きかった子が並みに近づくといったことも起きるでしょう。

そのようすを体重の増えかたのパターンで見ると、およそ下の**図**のような5つのタイプにわけられるようです。

当然、体重の増加量も、一様《いちよう》ではありません。大半の子は3カ月で1日20～25グラム、4～5カ月で1日15～20グラムといったところでしょうが、なかには1日平均が30グラムとか10グラムといった子も珍しくないのです。

ですから、体重の増加量だけで発育のよし悪しを判断することはできない。まして、大半の子の増加量を「標準」として比較するわけにはいかないと思います。

実際、そんな数字よりも、赤ちゃんの全体のようすのほうが、はるかに育ちのぐあいを見てとれるもの。少なくとも、赤ちゃんが元気で、一見して「これは」というほどやせていたり太っていたりせず、まあまあの感じなら、問題などあるはずはないでしょう。

しかし、どうしても数字的に確かめたかったら、カウプ指数を計算してみることです。

カウプ指数というのは、2カ月以降の赤ちゃんから4～5歳くらいまでの幼児の発育状態を、平均値とか標準値との比較ではなく、その子自体で評価するために考案されたもの。いわば絶対評価で、からだの密度つまり実質を計算する方法で、かなり理《り》にかなっています。カウプというのは、この方法を考案した学者の名前です（↓病気439ページ）。

表に示《しめ》した「やせすぎ」や「太りすぎ」などの評価は他の育児書とは異なりますが、いまの日本の親としては、およそこのように受けとればよいと著者毛利は考えています。評価というものはすべて、それをする人の立場と感覚によって左右されるし、時

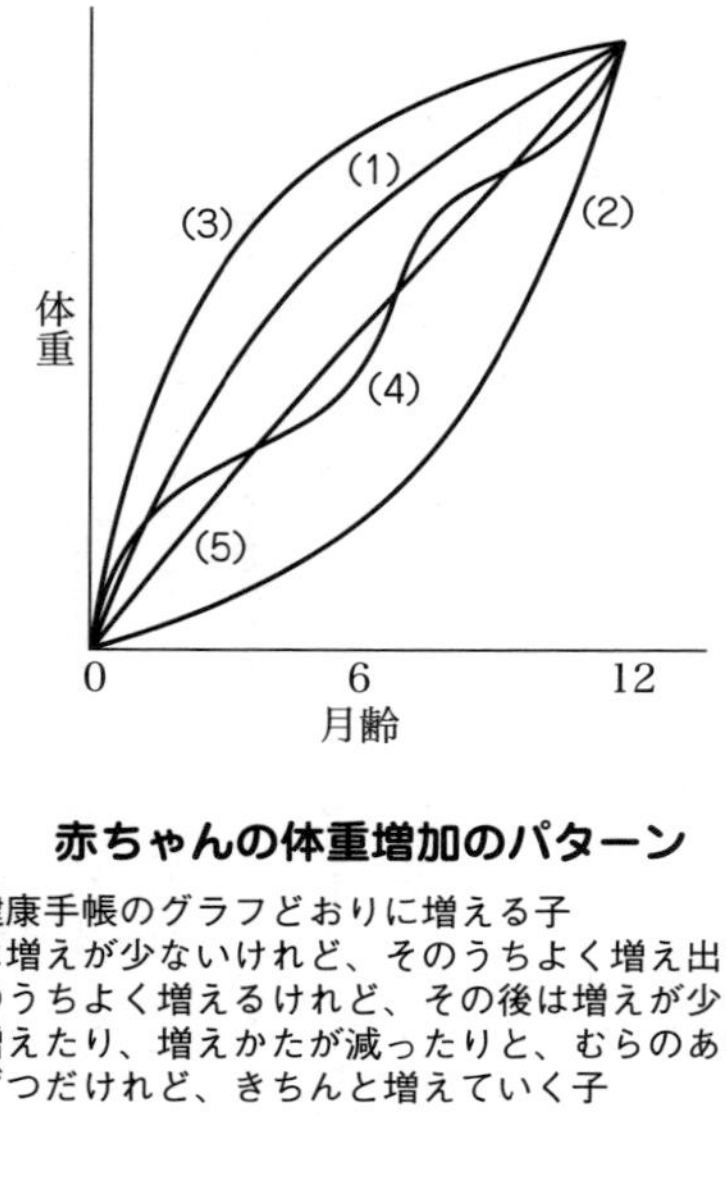

赤ちゃんの体重増加のパターン

(1) 母子健康手帳のグラフどおりに増える子
(2) 初めは増えが少ないけれど、そのうちよく増え出す子
(3) 初めのうちよく増えるけれど、その後は増えが少なくなる子
(4) よく増えたり、増えかたが減ったりと、むらのある子
(5) 少しずつだけれど、きちんと増えていく子

カウプ指数＝体重 g÷身長 cm の 2 乗×10	
15〜19	ふつう
13〜15	やせ型
19〜22	太り型
13 以下	やせすぎ （発育がわるい状態だけれど，その後しだいに数値が上向いてくれば安心）
22 以上	太りすぎ （発育がよすぎる状態だけれど，その後しだいに数値が下向いてくれば安心）

注）著者毛利子来の評価法

代によっても変わってくる性質をもっているのですから。

事実、古典的には13〜15をやせ、13以下を栄養失調症、18〜22を優良、22以上を肥満と評価していたのですが、しだいに13〜15をやせぎみ、13以下をやせすぎ、19〜22を太りぎみ、22以上を太りすぎとする学者が増えてきました。最近では、カウプ指数は一般に赤ちゃんで大きく、幼児になると小さくなる傾向があるというので、年齢別に評価したほうがよいという意見も出ているくらいなのです。

いずれにしても、親としては、さほど厳密に考える必要はない。少々異常の数字が出ても、親から見てふつうの感じで赤ちゃんも元気なら、まず心配はない。たいていは発育のパターンの差(↓前ページ)で、その子のその時期の体型にすぎないでしょう。すくなくとも数字が異常との境界線すれすれなら、あわてずに経過を見ていてよいと思います。

また、母子健康手帳にのっている、体重と身長のパーセンタイル値のグラフ(左の図)にも、とらわれ

乳児身体発育曲線（厚生労働省 2010 年調査）

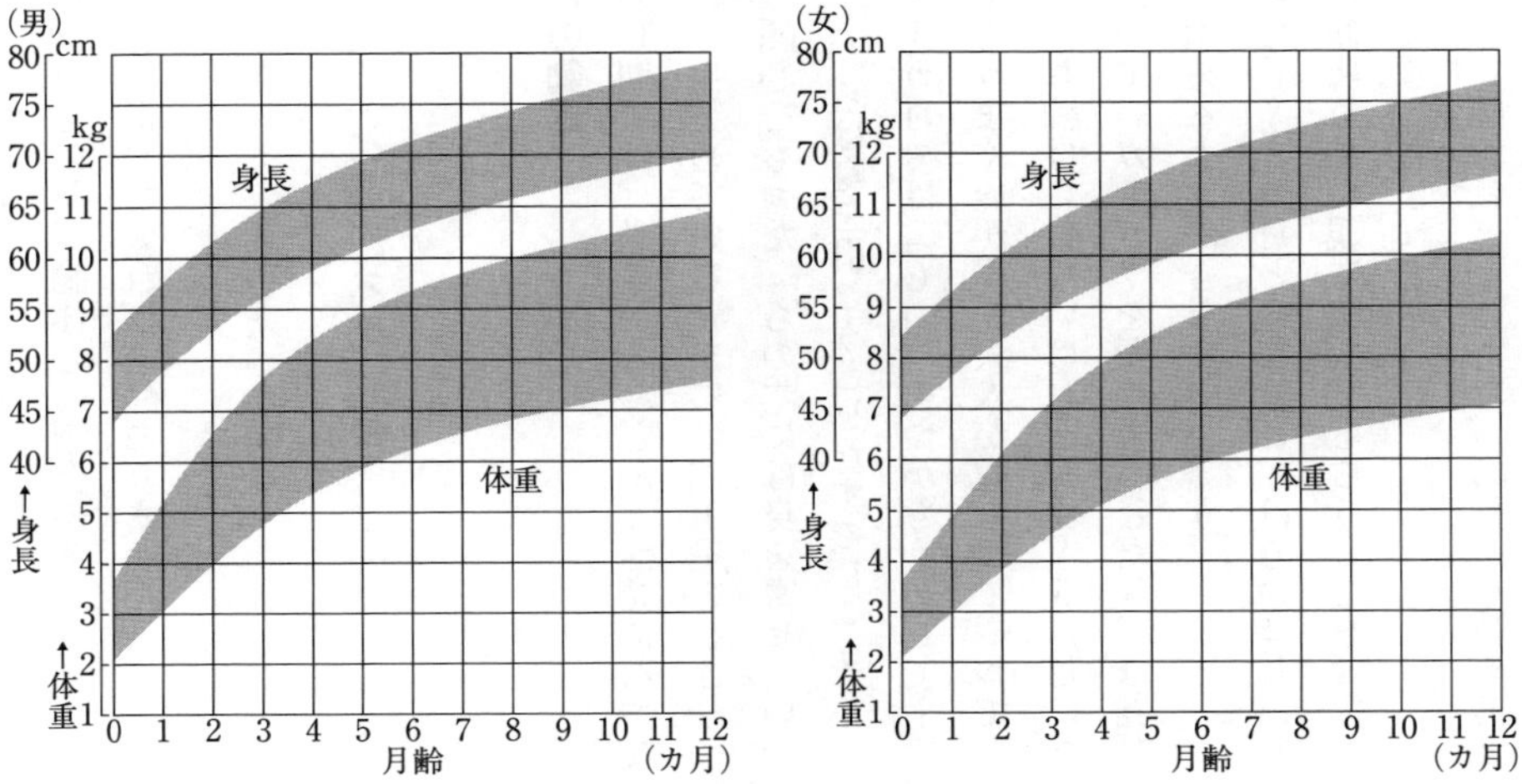

ないほうがよいと思います。パーセンタイル値というのは、統計による体重や身長の分布をパーセントであらわしただけのもの。当然、体重とか身長が、あの黒い帯のなかに入っていなくても、かならずしも異常ではない。事実、帯の上下にはみだしていても、なんの異常も病変もない赤ちゃんが多いのです。ですから、こんなグラフは気にしないで、赤ちゃんが元気で機嫌《きげん》もよければ、おおらかに育てていることです。

ただし、元気も機嫌もよくないとか、測定値のカーブと帯との差がどんどん開いていく場合には、何か異常があるかもしれません。ぜひ小児科で診《み》てもらってください。

頭囲と胸囲は、この月齢で、たいていの子が同じくらいになります。しかし、太り型の子だと胸囲のほうが大きく、やせ型とか頭の大きなタイプの子だと頭囲のほうが大きくなっていて当然です。

頭が大きくても、たいていは、そういう体型。大《だい》泉門《せんもん》(↓47ページ)が盛りあがっておらず、頭囲の増えかたも極端に多くなければ、だいじょうぶです。

頭が小さいのも、ほとんどが、そういう体型。大泉門が開いており、胴体との割合がそれなりに保たれて大きくなっていれば心配ありません。

からだとこころの動き

からだの動き

この時期には、動きがどんどん活発になってくるもの。目覚めているときには、手足をしきりに動かし、関心をもった「もの」には身を寄せ、いやな「もの」からは身を引こうとしだすでしょう。

3〜4カ月では「もの」をつかもうとして手を伸ばしてもうまくいかず、大人が握らせてやってもしっかり持ち続けられないけれど、4〜5カ月になると、たいていガラガラを振りまわしたり、ほ乳びんに手を添えるようにもなるでしょう。

さらに5〜6カ月ともなると、自分のほしいものに手を伸ばして、親に取ってもらうことを要求するようになるかもしれません。

脚も、布団《ふとん》をけとばしたり、おむつを替えるときに、けっこう強く動かすようになってくるでしょう。さらに活動的な子だと、抱いたときに、脚をつっぱったり、ピョンピョン跳ねだすかもしれません。もっとも、大半の子はちょっと脚を伸ばすだけで、すぐ縮ませてしまうし、おっとりした子だといっこうに伸ばそうとはしないでしょうが。

頭も、しきりに左右に動かしだすので、ほとんどの子の後ろ頭に、はげができるくらいです。

こうした手足と頭の動きに支えられて、胴体の動きもしだいに盛んになってくるもの。お尻を振ったり、からだをくねらせて横向きになろうとしだします。腰を丸めて足をしゃぶりだす子もいて、なにかと赤ちゃんのからだの柔軟さには感心させられることでしょう。

寝返り――とにかく、こうしたことの結果、ひょこっと寝返りをすることも起きてきます。けれど、うつぶせの嫌いな子も少なからずいて、そんな子は偶然寝返りしてしまうと、泣きだしたり、それ以後、寝返りしようとしなくなるかもしれません。それはそれで、その子の性分《しょうぶん》。寝返りしなくても、おすわりやひとり立ちにさしつかえはありませんから、心配は無用です。でも、たいていの子は、寝返り自体がおもしろいのか、うつぶせが好きなのか、それをきっかけに、しきりに寝返りをするようになるので要注意。ソファーの上などに寝かせていると、寝返りして落ちることがあります。

首すわり――うつぶせにしたとき、ほんの一瞬でも、頭を上げるのなら、首はすわっていると思ってよいでしょう。より正確に首すわりを確かめたければ、あおむけに寝かせた赤ちゃんの両手をしっかり持って、上半身をそっと引き起こし、おすわりさせるようにしてみることです。それで頭がうしろに垂《た》れずについてくるのなら、完璧《かんぺき》に首はすわっていると言えます。そうなったら、赤ちゃんを少々揺らしても、頭がグラつくことはなくなるでしょう。当然、安心しておんぶもできます。そして、こうなった赤ちゃんは、世の中を見る目が安定し、うつぶせでも頭が高くなって、見聞《けんぶん》を広めだしているにちがいありません。

おすわり――さらに、首がすわるころには、胴体と手足を柔軟に動かす支点もしっかりしてきて、からだ全体をまとめて動かすことができるようになっていきます。この時期おすわりができるようになるのも、腰が上体と下肢《かし》のあいだを支える働きをしだすためと考えられます。

ただ、おすわりには段階があって、寄りかからせれば、しばらく座っていられる状態、ひとりで座れても、すぐぐんにゃりしてしまう状態などを経《へ》て、しだいにしっかりと座れるようになっていくものです。とにかく、こうして座りだした赤ちゃんは、視界をうんと広げていることでしょう。

こころの動き

この時期は、こころの動きが急速に活発になるのが特徴です。そのもようは、だれにでも見てとれるほどでしょう。そのことで、赤ちゃんは、この世の「ひと」とか「もの」とか「こと」との関係をとり結ぼうとしているかのようです。

まず、ほとんどの子が、日中の大半、目ざめているようになります。その間2〜4回、1〜2時間くらい昼寝をすることが多いでしょうが、それでも目ざめている時間は飛躍的に増えるはずです。そのことによって、赤ちゃんは、まわりの「ひと」や「もの」や「こと」に気づく機会に恵まれていくにちがいありません。

そのためでしょう、親がそばにいなくなると泣きだしたり、顔を見せれば嬉《うれ》しそうに微笑《ほほえ》んだり、声をかければ「あ〜あ〜」と「おはなし」(喃語《なんご》)したり笑ったりさえします。どうやら、「ひと」を好ましく感じさえすれば、その「ひと」を求め、同じ動作をしようとしているかのようです(同調作用《どうちょうさよう》、共《きょう》鳴反応《めいはんのう》)。

見ることでは、関心をもった「ひと」や「もの」をじっと見つめ、それらが動けば目で追いかけるようにもなります。その見つめかたはまさに凝視《ぎょうし》、見られるほうは恥ずかしいほどで、もしかすると、内心を見抜かれている感じさえするのではないでしょうか。

さらには、「ひと」が見ている「もの」を視線をたどっていっしょに見るようにさえなるかもしれません。

その場合、「ひと」は当然、母親にかぎりません。だれでも、赤ちゃんが好きで心底《しんそこ》から親しみをもっている人なら、情をかわすことができるはず。逆に心にもない愛想《あいそ》に、赤ちゃんが応《こた》えてくれるはずなどありません。

5カ月近くにもなると、「いないいないばぁ」に喜ぶ子や「人見知り」をする子もでてくるでしょう。それは、きっと、自分にとって好ましい「ひと」をしっかりと覚え、その「ひと」の存在を確かめられれば嬉しいし、確かめられなければ不安に襲《おそ》われるためかと思います。そこには、区別するという認識能力の発達だけでなく、自分がいま生きている人間関係への愛着と固執《こしゅう》が、働いているにちがいありません。

だからこそ、母親とは別の人でも、子ども好きの人や優しくしてくれる人ならこわがらないということが起きるのです。「いないいないばぁ」の場合には、顔が隠れたりあらわれたりする変化がおもしろいということがありそうですが、それでも自分にとって好ましくない人なら、こわがりこそすれ喜びません。

「ひと」以外の「もの」や「こと」に気づくのも、それらを自分に関係があるととらえる感性がめばえたためではないでしょうか。ただ視覚や聴覚などの発達だけでは、そうした気づきが起きるわけはありません。大人でさえ、見えたり聞こえたりしていても、関心がなければ、気を向けることはないのですから。

さらに、赤ちゃんは、しだいに複雑な行動を見せるようにもなってくるはずです。音のしたほうを見る、見たものにさわる、さわったものを口に入れるといったしぐさが盛んになるにちがいありません。それも、ただ異なる行動を協力させる「協応能力《きょうおうのうりょく》」が発達したというより、いろいろな感覚が統合して働くようになるためかと思われます。耳が媒介《ばいかい》になって気を向けた「もの」や「こと」に、目も手も口もそれぞれが動いていく、といったふうに見えます。「なんでも口に入れる」時期と言われるのは、それらのうち口に入れる動作がとくに目立つためだろうと思います。

そうこうしているうち、相手の「もの」や「こと」も、赤ちゃんに対して、なにかの新しい気づきをもたらしてくるはずです。頭を向けて見つめたガラガラは、音だけでなく、色とか形としてもあらわれている。手を伸ばして握ったガラガラは、冷たさや固さや重さとしても感じられていることでしょう。

こうした新しい気づきが、いろいろな「もの」や「こと」に、それまでよりしっかりした存在感を覚えさせてくれないわけはありません。

もちろん、それは、しだいにではあって、3〜4カ月では見たものからすぐ目をそらしたり、握ったものを落として見向きもしないといったことは多いでしょう。それでも、そうした行為を何度もくり返しているうちに、関心の深い「もの」や「こと」には執着《しゅうちゃく》ができ、見続けたり握り続けたりしだすし、忘れることも少なくなっていくはずです。

また、これと同時に、赤ちゃんは自分自身の存在にも気づき、それを確かめるようなしぐさも始めているのではないでしょうか。以前からやっていた指しゃぶりは、もう手と口の反射的《はんしゃてき》な連動というより、指を吸いながら自分の世界にひたっているかのように見えます。手と手をからませてながめるのも、もう偶然ではなく、そこに自分のからだを発見し、からだの部分どうしの関連を試しているかのように見えます。

とにかく、以上のようにして、この時期には、赤ちゃんは、人間の感情のほとんど——不安、苦痛、悲しみ、怒り、安心、快《こころよ》さ、喜び、愛着などなどを身につけるようになっていくのです。

とはいっても、泣くことだけはしだいに減ってくることが多いでしょう。その理由としては、生理機能が安定し、睡眠が深くなってリズムもでき、おっぱいの飲みがよくなって空腹が少なくなる、などがあげられています。でも、それより、暮らしのパターンで、親、とくに母親と赤ちゃんとのあいだで同《どう》調《ちょう》がしっかりとできてき、室内など周囲の風景への慣れも生じてくることが大きいかと思われます。

育てかた

落ち着いて大胆《だいたん》に

赤ちゃんが生まれて間もないうちは、もう無我夢《むがむ》中《ちゅう》、毎日がバタバタと飛ぶように過ぎてきました。

でも、およそ100日を過ぎるころには、かなり落ち着いてくるのではないでしょうか。ほかならぬ赤ちゃんが安定してきたし、親も赤ちゃんのいる暮らしに慣れてきたはずですから。

そこで、どうでしょう。ここらへんで、親と子それぞれのゆく末《すえ》に想いをいたしてみたら。赤ちゃんの将来をどう想いえがき、どのように育てるか、親自身は今後どう生きていくか、父母となったふたりの関係をどう構築していくか、そんなことを考え、話し合ってみるのです。赤ちゃんがすやすやと眠ったのをよいことに、ワインでも傾《かたむ》けながら、しんみりと語り合うのもオツなものでしょう。

赤ちゃんについては、この時期に入ったら、もう腫《は》れものにさわるように対することはありません。むしろ、思い切って大胆《だいたん》に動かしてやる必要があるくらいです。

世話も、おおまかにしてけっこう。それよりも、家族のメンバーとして、暮らしをともにする感じで、つきあってやることのほうが大切かと思います。

おっぱいの飲ませかた

母乳のとき

順調な場合——この時期には、たいてい母親と赤ちゃんのあいだで呼吸が合ってくるもの。飲ませる時刻と間隔にリズムができ、赤ちゃんの飲みかたも能率がよくなるからでしょう。

それにつれて、母親のほうは、およそ乳房の張りをつらく感じなくなり、催乳感覚《さいにゅうかんかく》(→53ページ)の強さも減って、授乳が楽になってくるようです。

赤ちゃんのほうも、飲む力が強くなり、ゴクンゴクンとリズミカルに短時間に飲めて、いかにも満足そう。なかには嬉《うれ》しげにキュッキュッと声をたてて飲む子もいるくらいです。そのあげく余裕が出てくると、飲みながら母親の顔を見つめたり、わき見をしたり、母親の衣服や胸をいじったりもしだす。そのためにいっとき飲むことがおろそかになっても、催促《さいそく》すればまた力強く飲みだすといったぐあいでしょう。

　このように順調に進んでいる場合は、そのまま続けていればよいわけですが、ただ、5カ月にもなったら、母乳以外の食事、いわゆる離乳食を与え始める必要がでてきます。たとえ5カ月以前でも、赤ちゃんが親の食べているのを見て、ほしそうな素振《そぶ》りを見せだしたら、離乳食を与えたいものだと思います(↓144ページ)。

　離乳食を食べるようになっても、量が少ないので、母乳の飲みかたはほとんど変わらないでしょう。いくぶん飲む量が減ったり間隔がかわってくることはあるでしょうが、もう母子ともにベテラン、それなりにじょうずにやっていけるはずです。

飲みかたが悪くなった場合――この時期とくに3カ月前後には、急に飲みかたが悪くなることも珍しくありません。乳房をふくませても吸いつこうとしなかったり、吸いついてもすぐ離してしまったりするのです。

　しかし、機嫌《きげん》が悪くならず、よく眠ってもくれるのなら、まず心配はいりません。これまでの発育がめざましかった子では、ここでひと休み、自分で太りすぎにブレーキをかけているのでしょう。当然、体重の増えかたも鈍《にぶ》りがちですが、2~3週間くらいはようすを見ていてだいじょうぶ。そのうち、たいていは、また飲みだすものです。

　飲む回数や1回の時間が減ったのに、ちゃんと育っていくときには、たぶん母乳の出がよくなり赤ちゃんの吸いかたもじょうずになっているのでしょう。実際に赤ちゃんが飲んでいる量は母親の感じではわからないものなので、ちゃんと育っているかぎり、安心していてだいじょうぶです。

　しかし、機嫌が悪く、しょっちゅう乳を求めるのに、乳房をふくませてもほとんど吸わなくなったときには、赤ちゃんのようすをよく見る必要があります。乳首に舌が巻きついてくる感じがなく、すぐ離してしまうようなら、たぶん飲みかたが変わって、上下のあごで乳房をしぼりたくなっているのです。ためしに、乳房を深く乳輪《にゅうりん》の部分までふくませるようにして、赤ちゃんの後頭部《こうとうぶ》を押すようにしてみたらどうでしょう。

　吸いつきはよいけれど、周囲に気をとられて飲まなくなっているようなら、できるだけ静かな場所で授乳すること。部屋をうす暗くすると、よいかもしれません。

　上の子が邪魔《じゃま》をする場合には、その子がいないときとか眠っているあいだに授乳時間を変更するのもやむをえないでしょう。しかし、どうしても静かな環境を望めなければ、そのまま慣れさせるほかはない。むしろ、そのほうが赤ちゃんはたくましく育つかと思います。

ミルクを足すとき(混合栄養)

　母乳だけでは足りないようで、赤ちゃんがしきりに泣く日が続くと、つらさのあまりミルクを足したくなるでしょう。けれど、元気はよく体重も1週間で1日平均10グラム以上増えていれば、せめて2週間くらいは待ってみることです。そのうち赤ちゃんが泣かなくなって体重の増えかたもよくなることがあります。

しかし、機嫌《きげん》はよくても、体重の増えかたが悪く、1カ月近くも1日平均10グラム以下が続いたら、躊《ちゅう》躇《ちょ》せずにミルクを足す必要があります。

ミルクの足しかたは、母乳の出かたのいちばん悪いときにミルクだけを与えるのがよい。そうすれば、乳房は休んでいるあいだに乳をためることができます。

ミルクを足す回数は、赤ちゃんの食欲と母乳の出かたに応じて何回でもかまいません。ただ、夜中とか朝の起きたては母乳のほうが楽でよいでしょう。

ミルクの作りかたは78ページを見てください。

ミルクの温度はいちおう人肌《ひとはだ》ぐらいで与えて、好まなければ温度を上げたり下げたりしてみること。それでも飲まなければ、粉ミルクでなく、ふつうの牛乳を3分の2ほどの濃さに薄めて与えると飲むかもしれません。新しい牛乳なら煮沸《しゃふつ》する必要はなく、湯を加えて好みの温度につくればいいのです。その際、砂糖を少々加えれば、カロリーの補《おぎな》いになります。しかし、さっぱりした味を好む子もいるので、糖分にこだわる必要はない。そんな子は離乳食を好むでしょうから、そちらでカロリーと、牛乳では不足する鉄分を補《おぎな》うようにすればよいと思います。

ほ乳びんを嫌うなら、乳首をかえたり、泣かせてでも間隔をあけて与えてみることです(↓106ページ)。

どうしてもほ乳びんでは飲まない子には、コップで与えてみるのもひとつの手。こぼしながらでも少しは飲みこむようなら、続けていればじょうずになっていくはずです。また、4カ月くらいの子だと、ストローでじょうずに飲める子もいるかもしれません。

コップでもストローでも飲んでくれなければ、これ以上、手間と時間を費《ついや》すまではありません。栄養が心配なら、プレーンヨーグルトをスプーンで食べさせてみてください。ほんの少々砂糖を加えてもかまいません。それで牛乳に近いタンパク質を補給できます。

いずれにしても、体重の増えかたが極端に悪い場合には、ふつうより早く離乳食(↓144ページ)を与え始める必要があります。

全部ミルクのとき(人工栄養)

母乳がまったく出なくなったとか、仕事などの事情で母乳を与えられないときは、ためらわずオールミルクにすることです。母乳でなくても十分に育ちますから(↓77ページのコラム)、気にすることはありません。

ミルクの作りかたは78ページを見てください。

飲ませる量と回数——飲ませる量と回数は、赤ちゃんがほしがるときに飲むだけ与えていればよい。ミルクの缶に書いてあるとおりに、月齢に応じて増やさなければならないわけでもありません。

飲みかたは、赤ちゃんによって、ずいぶん違うもの。大半の子は1回180～200ミリリットルを1日5回といったところですが、少食の子だと、1回120～140ミリリットルを1日5～6回、よく飲む子だと、1回220～240ミリリットルを1日4～5回ということがまれではありません。

およそ、少食の子は小柄《こがら》でやせ型、大食《たいしょく》の子は大《おお》柄《がら》で太り型になりやすいでしょう。けれど、これといった異常がなく、機嫌も元気もよく、カウプ指数(→134ページ)もふつうの範囲なら、それがその子の発育のしかたと思って安心していてください。

ただし、1日の総量が600ミリリットルを割る日が半月も続いたら、牛乳を与えてみたり(下段)、タンパク質を主として栄養価《えいようか》の高い食品による離乳食を早めに始めたほうがよいと思います。また、1日の総量が1200ミリリットルを超えだしたときも、早く離乳食を始めることが求められていると知るべきです。

飲みかたにむらがあるとき――3～4カ月以降は、たいていの子が飲みかたにむらが出てきます。つまり、たくさん飲むときと少ししか飲まないときとが生じてくるわけです。それだけ、お腹《なか》のぐあいに応じて食欲をコントロールできるようになった証拠。ですから、1日の総量がふつうの範囲で、機嫌にかわりがなければ、気にすることはありません。

夜中に飲みたがるとき――この時期に入っても、夜中に1～2回はおっぱいを求めるのがふつう。しかたないと思ってください。しかし、耐えられないとか回数があまりに多ければ、どうにかしたくなるでしょう。対策としては、日中によく運動させること、寝る前にミルクを多めに飲ませること、腹もちのよい離乳食を与えることが考えられるので試してください。それでも効果がなければ、あきらめるほかなさそうです。

飲む量が減ったとき――急に飲む量が減ったときは、なにより、機嫌と元気に注目することが大切。それらが悪ければ病気を疑っておかなければなりません。けれど、元気も機嫌もよければ、あわてることはないでしょう。よく太っていた子なら、たぶん、ここでひと休みしているのです。

それに太っていようといなかろうと、この時期には、周囲に関心が強くなって、飲むのがおろそかになることが多いのです。そういうわけなら、お腹が減りしだい、またよく飲みだすはずです。

そのほか、4～5カ月の子では、ミルクの味を好まなくなったのかもしれません。水分だとよく飲むようなら、3分の2ほどの濃さに薄めた牛乳を試してみたらどうでしょう。そのほうがよく飲むのなら、ミルクの元は牛乳ですから、それでやっていけばよいわけです。ただ、カロリーと鉄分など多少とも栄養に不安があるので、離乳食(→次ページ)をふつうより多く与えるようにしてください。

また、離乳食をよく食べだした子だと、そのぶんミルクを飲む量が減って当然。そういう子は、もともと甘味よりさっぱりした味を好むたちだったのかもしれせん。とりわけ離乳食を食べたあとは、牛乳が好まれそうです。そんな場合には、離乳食を早めにすすめ、食後は牛乳を飲ませ、そのほかのときにミルクを飲めるだけ与えるというやりかたでやっていったらと思います。

食べさせ始めかた（離乳の開始）

むずかしく考えない

離乳というと特別なことと思われがちですが、実はそんなにたいしたことではありません。なぜなら、離乳というのは、「食べさせること」にすぎないのですから。

それに、赤ちゃんは人間の子、当然、人間の食べるものは自然に食べだすようにできているのです。

ですから、始める時期とか食品とか順序とか、むずかしく考えないでよいと思います。専門家からはいろいろと指導されるでしょうが、それにも引きずられないようにすることです。だいいち、食べかたはひとりひとり違いますから、指導されたとおりにするのは無理、楽しいはずの食事が修羅場《しゅらば》になりかねません。

そんなわけで、離乳は、とにかく気張《きば》らず我流《がりゅう》ですること。実際、2人め3人めの子になると、だれしも「適当に」やっていて、そのほうがじょうずにできているくらいなのです。

始める時期

何カ月からとか、体重が何キロになったら、といった基準にとらわれる必要はありません。どの子も同じ時期に始められるとはかぎらないからです。また、歯が生《は》えているかどうかも関係ありません。歯ぐきでけっこう噛《か》めるからです。

そんなことよりも、赤ちゃんのようすと親の気持ちに応じて食べさせ始めるほうが、ずっと自然でしょう。ひとりひとりの事情にマッチするだけ無理がないし、だいいち楽しいと思います。

まずは、赤ちゃんが、親が食べるのを見て身を乗り出したり、口をもぐもぐさせたり、手をばたばたさせたりしたとき。そんなときは、たいてい食べたがっているのです。試しに、赤ちゃんが食べられそうなもの（↓148ページ）をほんの少し、スプーンかお箸《はし》で口に入れてみたらどうでしょう。嬉《うれ》しそうな顔はしなくても、受け入れるようだったら、もう食べられるのです。しかし、のけぞったり口から押し出したりしたら、その食品が嫌いなのかもしれません。別の食品をあれこれと試したらどうでしょう。どれも受けつけなければ、まだ咀嚼《そしゃく》（かむ）とか嚥下《えんげ》（のみこむ）の機能が十分ではないのかもしれません。そんな感じがしたら、無理に押し込むのは禁物。窒《ちっ》息《そく》させる危険があります。あせらず、半月ほど待って、また試してみることです。

次に、親のほうが、自分の食べているものを与えたい気持ちに駆《か》られたとき。そんなときは、きっと赤ちゃんの成長を望み、赤ちゃんと暮らしをともにしたい願いが高まっているのでしょう。たとえ赤ちゃんが食べたい素振《そぶ》りを見せていなくても、与えてみてよいと思います。たとえば、食卓のそばに連れてきてあやしながら食事をしたり、片手に抱いて食卓に向かったりして、自分の食べるようすを赤ちゃんに見せびらかし、「おいしいよ」とか言いながら、赤ちゃんが食べられそうなものを口に入れてみたらどうでしょう。ただ、受けつけてくれたら嬉《うれ》しいけれど調子にのって与えすぎないことと、嫌われたら無理をしないことが大切です。

こうしていろいろと試していれば、食べだす時期はたいてい4~5カ月、早ければ3~4カ月、遅くとも6カ月くらいになるでしょうか。

お食い初《ぞ》め

むかしからの日本の風習で、生後100日ごろ、赤飯、尾頭《おかしら》つきの魚を膳《ぜん》にととのえて、ごはん粒《つぶ》をいくつか口に入れてやる一種の儀式です。

そこには赤ちゃんの成長を愛《め》で、早く食べさせてやりたい心が込められているのでしょう。

余裕があればやりたいし、気が向かなくても祖父母が望んだらやってあげたいものです。やってみれば、けっこう楽しいのではないでしょうか。

離乳食とアレルギー

食物アレルギーは、心配しすぎないようにしてほしいと思います。そのために、3大アレルゲン（抗《こう》原《げん》つまりアレルギーの元）と言われる牛乳と卵と大豆を避けるなどして、不必要に食事がさびしくなったり栄養に支障《ししょう》をきたしては、つまらない話です。

少なくとも、母乳を与えている母親がなんでも食べていて赤ちゃんがどうもなければ、だいじょうぶなはず。現に赤ちゃんに「しっしん」ができていても、母親の食べたもので明らかに悪化しなければ、食物アレルギーではないはずです。たとえアレルギーがあるとしても、たいしたことはないと思われます。

また、赤ちゃんがミルクを飲んでいてなんともなければ、その子は牛乳アレルギーはないはず。ミルクは牛乳を粉にしたものだからです。

そんな場合には、3大アレルゲンを含めて、とにかくなんでも与えてみてください。どうしても心配なら、ごく少量から与え始めてみることです。その結果、なにごとも起きなければ、大胆《だいたん》に品数も量も増やしていくにかぎります。それでも異常が起きなければ食物アレルギーはないのです。

また、特定の食品を与えると口のまわりが赤くなることは多いものですが、ちょっとならアレルギーとしてもきわめて軽度、そのまま与え続けて慣らしていったほうがよいと思います。1カ月も経《た》てば、たいてい、なんともならなくなるものです。

しかし、特定の食品を与えたとたんに、ひどい「しっしん」や嘔吐《おうと》や下痢《げり》を起こしたら、その食品はアレルゲンの可能性が大と考えざるをえません。しばらく避けておいたほうが無難《ぶなん》です。けれど、食物アレルギーは消化力がついてくると消失することが多いので、3カ月ほどたったら、ごくごく少量を与えてみることを勧《すす》めます。それで異常が出なかったら、少しずつ量を増やしていくのです。異常が出たら、与えるのをやめざるをえませんが、それでも3カ月おきくらいに試し続けてみてください。

また、母親が特定の食品をとると赤ちゃんにひどいアレルギー症状が出る場合には、母子ともにその食品を避けなければならないし、赤ちゃん自身にミルクアレルギーがあることが確かな場合には、乳製品は与えられないのはもちろんです。けれど、そんな場合でも成長とともにアレルギーから脱していけるものなので、あきらめてしまわないこと。やはり3カ月おきくらいには試し続けてみたらと思います。

とにかく、食べ物のレパートリーは極力減らさないように努めたいもの。食べることは、大きな楽しみだし、暮らしの中心でもあるのですから。

なお、食物アレルゲンを特定することは、血液検査ではできません。血液検査で「特定の食品にアレルギーがある」と言われても、かならずしもその食品を与えられないとはかぎらないのです。ですから、そんな検査結果にはこだわらず、実際に食べさせてみるにかぎります。食べさせてもどうもなければ、その食品へのアレルギーはない、食べさせたら症状が出るのなら、その食品へのアレルギーがある、そう考えたほうが理《り》にかなっています。なお、アレルギーのくわしいことは病気編（→病気170ページ）を見てください。

離乳食に向く食品、向かない食品

離乳食として与える食品は、栄養とか消化より、まずは安全を重視して選ぶ必要があります。

いちばん気をつけなければならないのは、材料に含まれる農薬やダイオキシン、放射性物質などの有害な物質です。そのうえ最近は、材料自体も、遺伝子組み換えによるものとか、BSE(狂牛病)の病原を含む可能性があるものとか深刻な害をもたらしうるものまで登場しています。さらに、離乳食品が工業化され、商品化が進められていることも気になります。大量生産には保存料とか安定剤とかが不可欠ですし、商品化には着色料とか光沢剤《こうたくざい》とかが使われがち。それら添加物による害がおおいに心配です。

ですから、材料は、なるべく有害物質に汚染されていない環境で採《と》れ、生産の過程でもできるだけ有害物質を用いていないものを選びたい。そのためには、自家生産できる家庭ではそのように作り、できない家庭では、少々手間《てま》がかかり、高くついてもそうした食品を手に入れる努力をしなければと思います。ただ、このごろでは「自然食品」と銘《めい》うっていても、怪《あや》しいものがあるので、だまされないようにしなければなりませんが。

本物の自然食品が手に入らない場合には、家庭で、なるたけ有害物を取り除くように努める必要があります。たとえば、果物は皮をむき軸に近い部分は捨てる、野菜は念入《ねんい》りに洗って皮のむけるものはむき、葉のつけ根に近い部分は用いない、魚貝類は内臓を捨てるなど。もったいないけれど、しかたがありません。

添加物については、表示をよく読んで、有害と思われる添加物がないか、せめてうんと少ないものを買うようにするべきです。一般に、使用されている材料が多種で、加工度の高い製品は、避けたほうが安全。なかでもレトルト食品は危険が大きそうです。インスタント食品は、比較的安全性の高いものも出

ダイオキシンを避けるには——その1

母乳を続けているのなら、母親はまだダイオキシンの少ない食品をとるように努めているべきです。

離乳食を始めた赤ちゃんには、ダイオキシンに汚染されている可能性の高い近海魚《きんかいぎょ》、とりわけ太平洋岸でとれた脂肪の多い魚をなるべく与えないように。たとえば、アジ、サバ、イワシ、ハマチ、ブリ、太刀魚《タチウオ》などは、避けたほうが安全です。

しかし、脂肪の少ない魚介類、たとえばエビ、カニ、タコ、イカ、貝類などは、ダイオキシンをほとんど含んでいないので与えてよい。また、遠洋でとれたカツオ、マグロ、サンマなどもだいじょうぶです。

そのほか、体内に入ったダイオキシンを排出するために、食物繊維《しょくもつせんい》と葉緑素《ようりょくそ》に富む野菜と果物を与えるのもよいこと(→187ページのコラム)ですが、この月齢ではリンゴ、バナナ、スモモくらいでしょうか。

なお、メチル水銀についても、多少の注意が必要です(→22ページ)。

だしましたが、よく確かめて選ぶ必要があります。
容器に包装されていない食品、たとえば計《はか》り売《う》りの「そうざい」などは添加物の表示義務がないので、色や光沢《こうたく》、試食してみての感じで選ぶか、信用できる店で買うほかないでしょう。パンは天然酵母、めん類は乾めん、豆腐は大豆から作っている店があればそこで求めるのがよい。カマボコ、竹輪《ちくわ》は、添加物が加えられていないか、きわめて少ないものを選ぶのが無難《ぶなん》と思います。

しかし、こうした注意さえしていれば、たいていの食品は、赤ちゃんにも与えることができます。もともと人間の食べるものなら、与えても大過《たいか》はないはず。実際にも、離乳の初期から食べさせられない食品はほとんどないことがわかってきています。

もちろん、赤ちゃんは内臓の働きなどがまだ十分ではないので、与えてはいけない食品はあります。たとえば、こしょう、わさびなどの香辛料《こうしんりょう》、塩辛、みそ漬けなどの塩分の多いもの、コーヒー、紅茶などの興奮作用の強いもの、奈良漬け、かす汁などのアルコールが含まれているものなど。でも、いずれも常識的に悪いとわかるものだし、だいいち赤ちゃんが受けつけないでしょう。

このほかの食品は、少々固かろうと、脂《あぶら》っこかろうと、塩気《しおけ》があろうと、匂《にお》いがあろうと、調理のしかたを工夫するだけで、なんとか与えられるものにすることができると思います。あとは食べさせかたと、その赤ちゃんの好みしだいです。

なお、細菌の汚染に注意を欠かせないのはもちろんです。しかし火を通したものしか与えないとまで神経質にするのは、いきすぎです。食事が味気《あじけ》なくなるし、無菌のものだけ食べさせていたら免疫《めんえき》がつかず丈夫に育ちません。せいぜい大人の食べものと同じ程度の気をつけかたをすれば十分かと思います。

離乳食の作りかた(調理法)

好みに応じアレンジして——とにかく形式にとらわれないこと。専門家からは、離乳の初期(5〜6カ月)にはどろどろしたもの、中期(7〜8カ月)には舌でつぶせるもの、後期(9〜10カ月)には歯ぐきでくだけるもの、といった指導を受けるでしょうが、かならずしも、このとおりにしなければならないわけではありません。

なにしろ、赤ちゃんにより、また食品によって、好まれる調理法はさまざまなのです。最初から重湯《おもゆ》やフレークがゆのようなものより、おかゆや豆腐、半熟卵や煮魚、マッシュポテトのような舌ざわりのあるものを好む子がいます。ひょっとすると、ご飯粒を2〜3粒ずつなら受けつけたり、食パンのひと切れを牛乳やみそ汁に浸《ひた》しただけで食べてしまう子さえいるかもしれません。

ですから、いろいろと試してみて、赤ちゃんが好むものを与えてやるのがいちばんだと思います。もちろん、食べさせたら下痢《げり》したとか発疹《ほっしん》が出た食品は避けなければなりませんが。

次は、あまり見ためよく作ろうとしないこと。本のグラビアを飾るような料理をそのまま実現させようとするとたいへん。材料何グラム式のレシピも守ろうとすると面倒《めんどう》です。とくに練《ね》ったり裏ごししたりは手間がかかりすぎます。

赤ちゃんをかかえた毎日はたいへんなのですから、そのうえ離乳食作りに根《こん》を詰めるのは考えもの。それに、一生懸命《いっしょうけんめい》に作っても、赤ちゃんが食べてくれなければがっかりするし、その焦《あせ》りが無理強《むりじ》いになって、かえって赤ちゃんの食欲を削《そ》ぐ結果を招きかねません。

そんな羽目《はめ》に陥《おちい》らないためには、なるべく赤ちゃんのためだけに特別な調理をしないにかぎります。それよりも、大人が食べるものを適当に取りわけ、アレンジして与えるほうが、ずっと手間《てま》がかからず経済的だし、食事をともにするので楽しくもあると思います。

アレンジのしかたとしては、以下のやりかたが考えられるでしょう。

① そのまま食べさせられそうなものは、熱《あつ》ければ冷《さ》ます、大きければちぎる、ほぐす、ちょっとだけすくいとる。

② そのままでは固くて無理そうなものは、つぶす、汁に浸す、もう少し煮込む。

③ 味が濃いものは薄める、あらかじめ塩出し、あく抜きをしておく。

④ 舌ざわりが悪そうなものは、片栗粉《かたくりこ》やバター、マヨネーズ、ホワイトソースなどを使ってとろりとさせる。

また、アレンジのためには電子レンジも便利なもの。忙しいときにかぎり、軟らかくしたり、煮込んだり、冷凍庫のものを解凍したりするのに、使うのはよいと思います。ただ、ラップをかけると、その材料のプラスチックや添加物など有害物が溶け出るので、覆《おお》う必要があるときは陶器を用いるほうが無《ぶ》難《なん》です。

ベビーフード

ベビーフードは、なるべく使わないに越したことはありません。なにしろ大量生産の工業製品ですから、人間が食べるにはヘンなもの。防腐剤とか着色剤とか調味料などが入っているし、原料も何が使われているか気になります。

しかし、親が病気とか疲れたとか、急ぐときとか旅行のときなどに、いっときベビーフードでがまんしてもらうのはやむをえないことかと思います。また、レバーペーストのような、栄養の面から与えたいけれど自分で作るのはむずかしい食品では、ベビーフードが役に立つかもしれません。

あと、ベビーフードをベースにして、いろいろな食品を加え、バラエティに富ませる調理法もあながち悪いとは言い切れません。けれど、そこまでするなら、初めから手づくりにしたらどうでしょう。

調理の実際——大人が香辛料《こうしんりょう》を入れたい場合には、赤ちゃんの分を取りわけてからにすること。ただし、香辛料といっても、ショウガを少々とかケチャップ、子ども用の甘口カレーとかなら、そうまでしなくても食べてくれる赤ちゃんが多いでしょうが。

みそ汁、すまし汁、スープなどの汁ものは、香辛料を入れる前に取りわけ、水か牛乳を加えて薄め、冷ましさえすれば与えられます。みそ汁は上ずみでなく、みそもいっしょに、スープは肉や油が入っていても飲ませて、まずだいじょうぶです。

汁もののなかの具も、豆腐はそのままで、ワカメやシラスなどは箸《はし》でほぐして、ジャガイモ、タマネギ、ニンジンなどはとろけるくらいになっているのをスプーンでつぶせば与えられます。汁ものにちらした卵も、箸やスプーンですくって食べさせることができるはずです。

野菜の煮つけやクリーム煮は、ジャガイモ、サツマイモ、カボチャ、タマネギ、ニンジンはもちろん、少々繊維《せんい》の多い長ネギ、ダイコン、カブのようなものでも、小さくきざんだりよく煮込みさえすれば、裏ごししなくても、スプーンでつぶして与えられるはずです。

ジャガイモ、サツマイモ、カボチャのマッシュは、そのままで食べられる子が多いでしょう。

しかし、ひどく繊維の固いゴボウとかタケノコ、山菜の類は、よほど長時間煮込まないと無理だし、ピーマンとかニラ、ミツバといった匂《にお》いの強い野菜も嫌われるかもしれません。

生野菜は、せめてトマトをちょっぴり口に入れてみるくらいで、そのほかは無理でしょう。ただ、キュウリとニンジンはすり下ろして、ほんの少しのレモンか、しょうゆをたらすと食べてくれるかもしれません。

卵は、生でなければ、どんな調理でもかまいません。ゆで卵とかぎったことなく、目玉焼きでもスクランブルでもオムレツでも、半熟くらいの軟らかいのなら食べてくれることが多いもの。卵が固めなら、牛乳やスープに浸《ひた》して与えれば、食べやすくなるでしょう。卵とじや茶わん蒸しも好まれることが多いようです。

豆腐も、生は避けるべきですが、どんな調理をしても、たいていの子が好んで食べるもの。

パンは、牛乳といっしょに煮込んで「パンがゆ」にすると喜ばれるでしょうが、小片を牛乳やスープなどに浸しただけで食べてくれる子もいるでしょう。また、パン入りのスープも、味を薄くすれば飲んでくれるかもしれません。

うどんは、くたくた煮にするか、少しのびたのを箸できざんでそのままか、スプーンでつぶして汁に浸して与えれば、たいていの子が食べてくれるでしょう。

米飯は、大人のご飯をそのままか、お湯や汁をさして軟らかくしただけで食べてくれる子もいますが、たいていはおかゆかおじやにしなければ食べないでしょう。

おかゆは、お米から炊《た》かなくても、炊きあがった

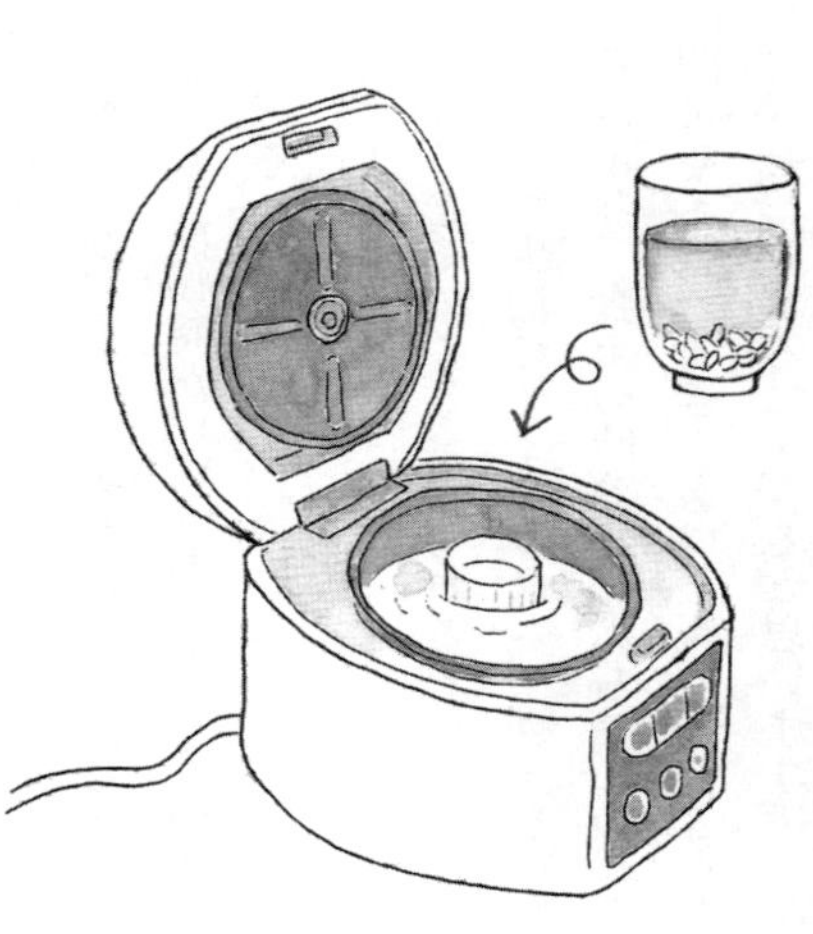
炊飯器と湯飲み茶碗でおかゆができる

ご飯に水を加えて炊いてもかまいません。お米から作りたければ、大人のご飯を炊くときに、炊飯器の真ん中にお米と水を入れた湯飲み茶碗を置いておけば、水加減で好みのおかゆができます(左の図)。なお、おかゆは多めに作って、パックに小分けして冷蔵庫にしまっておくと楽でしょう。

魚は、脂《あぶら》っこくなければ白身でも赤身でもかまわない。薄味に煮るかムニエル風にしたら食べやすいでしょう。いちばん手軽なのは、そぼろでしょうか。なお、シラスは塩出しするか、少量をほかのものにまぜて塩分を薄める必要があります。

肉類では、レバーペーストだけが初期から与えられるでしょう。ちょっと食事に慣れてきたら、ひき肉入りのうどんやおじやとかグラタンなら食べるかもしれません。ただ、肉だんご、ハンバーグ、焼肉などは、まだ無理かと思います。しかし、6カ月近くなれば、赤ちゃんによっては食べだすかもしれません。

いずれにしても、調理の前に、脂の少ないところをたたくか、二度びきしておくのがよいかと思います。肉の種類は鶏でも牛でも豚でも好みでよいけれど、ただ飼料に加えられる有害物とBSE(狂牛病)には気をつけておく必要があります。なお、ハムとソーセージは、塩分の強いものは避けなければなりません。

チーズも、バターと同じく、初めのうちからパンやおかゆに溶かしたりつけたりして食べさせられますが、やはり塩分の強いものは避けるべきです。

食べさせかた

技術よりも、大人といっしょに食べさせることがいちばんです。抱いて食卓をともにすれば、赤ちゃんは大人の食べるのを見て食欲をそそられるし、食べかたも真似《まね》ができて覚えやすいでしょう。大人も、疲れていないかぎり、赤ちゃんといっしょのほうが楽しいし、おいしいものを赤ちゃんにあげたい気持ちがわいてくるでしょう。

暮らしの面でも、赤ちゃんだけ別にするより、家族がいっしょに食べるほうが支度《したく》も片づけもいっぺんにすんで楽。そのうえ、食べるものもいっしょにすれば(→149ページ)、特別に調理する手間が省《はぶ》けるし経済的でもあります。大人が食べているものをわけ与え、赤ちゃんが残したものは食べてしまうというのも、経済的なだけでなく、楽しいのではないでしょうか。

食事の時刻など、むずかしく考える必要はありません。「午前10時がいい」などという向きがありますが、そんな説にとらわれていたら、たいへんな無理を強《し》いられかねません。なにしろ、どの赤ちゃんもちょうどそのころ食べられるわけではないし、家庭によって生活のサイクルはさまざまなのです。

それより、食事の時刻は、赤ちゃんの起きている時間帯やお腹《なか》のすきぐあいと親の都合とを突きあわせて、セットするにかぎると思います。

幸いに、大人の食事のときに赤ちゃんが目ざめていて、食卓に抱いてくると食べるようなら、それでいい。しかし、ほとんど食べなかったら、授乳の時刻を前倒しする。おっぱいでお腹がふくれていれば、食べてくれるわけはないからです。かといって、大人の食事の前2〜3時間以上もおっぱいをおあずけにできるとはかぎらないでしょう。

その場合は、大人の食事の時刻を赤ちゃんに合わせてずらすのがいい。しかし、どうしても合わせられないとか、合わせられてもその時間帯は慌《あわ》ただしくてゆっくりやれないという場合には、赤ちゃんだけ別にするのもしかたないかと思います。

また、赤ちゃんといっしょでは、疲れるとか、親が食べた気がしなくて耐えられない場合には、むしろ別にするほうがいいかもしれません。

しかし、赤ちゃんだけ食べさせるときにも、いっしょに食べているような気分はもっていたいもの。そのためには、時間の余裕のあるときに、遊んでいる感じで、お話をしながらでも食べさせるにかぎります。

用意した料理をすべて食べさせようとか、早く終わらせようと急《せ》かすのはつまらないこと。せっかくの食事が修羅場《しゅらば》になりかねません。

離乳のすすめかた

なにより赤ちゃんの食べぐあいに応じることです。離乳の初期とか中期とか後期とか、そんな順序にこだわる必要はありません。順序は、赤ちゃんによってすごく異なる(→148ページ)のですから。

「1日1品1さじ」ずつ増やせとも言われますが、それも赤ちゃんの食欲や好みと食品の種類で、そのとおりにできるとはかぎりません。少ししか食べなかったら、その場で別の食品を与えてみたらよい。それなら、たくさん食べるかもしれません。嬉《うれ》しそうに食べるのに、1さじでやめるのはかわいそう。その食品が汁ものやパン、うどん、野菜の煮つけのような消化のよいものなら、1さじ以上与えても悪くありません。

ただ、いくら好むとしても、肉や脂《あぶら》っこい魚、バター、チーズなどを1日1さじ以上も与えるのは禁物。下痢《げり》を起こさせるかもしれません。卵やレバーペーストなども1日1さじずつ増やすわけにはいかないのはもちろんです。

1日に食べさせる回数も、赤ちゃんしだい。最初は1回、1カ月たったら2回、生後9カ月くらいから3回にするといった決まりを守る必要はありません。赤ちゃんの食欲と家庭の都合《つごう》に合わせて、もっと早く増やしても、遅れても、どうということはないのです。

食べさせるものは、そのときどきで赤ちゃんが好むものを与えること。食べれば、その食欲に応じてどんどん増やすのがコツです。慣れないものだと、初めのうちはおいしそうな顔をせず、口から出してくることが多いでしょうが、すぐにはあきらめないで、出してきたものをスプーンや箸《はし》ですくってはまた口に入れてみる。すると、たいていは、なんとか食べてしまうものです。

しかし、何度口に入れても出してしまうとか、のけぞって怒るようなときは、さっさと切りあげてしまうこと。しつこくすると、かえって食べなくなるおそれがあります。それより、日をあらためて、また試してみるのがよい。ほんの2〜3日おいただけで、食べてくれることが珍しくないようです。

母乳やミルクは、食後に飲めるだけ与えてかまいません。ただ、食べる量が増えるにつれて、飲む量は減ることが多いでしょう。なかには、わずかしか食べないのに飲みかたが減る子もいるけれど、心配はない。たぶん、ちょっととまどっただけ。飲めるだけ与えているうちに、1週間もすれば、またよく飲みだすことが多いようです。

離乳の悩み

食べものを受けつけない——口に入れた食べものを出してしまうことは、珍しくありません。とりわけ食べさせ始めには、たいていの子がそうでしょう。手を替え品を替えても出してしまうのなら、たいていは食べる気がないのです。

そんなふうに見えたら、はやる気持ちを抑《おさ》えて、しばらく離乳を見合わせるほうがよい。たとえよく食べたとしても栄養の量は知れているので、半月やひと月遅らせてもどうということはありません。

そのあいだは、親が食べるのを見せてやるようにしていたらどうでしょう。赤ちゃんは親の食べるのを見て食べる気がそそられるもの。やがて、じっと見つめたり、口をパクパクさせたりするようになるはずです。そんな素振《そぶ》りを見せだしたら、親の食べているものをアレンジして口に入れてみるのです（→149ページ）。そして、受け入れてくれたら少しずつ増やす。それでもダメだったら、さっさと食べさせるのをあきらめてしまう。そんなふうにのん気にやっているほうが楽だし、結局は食べてくれるようになるものです。

ただし、口に入れた食べものを出す場合、食べさせかたをじょうずにする必要もあります。この時期の赤ちゃんには「押《お》し出《だ》し反射《はんしゃ》」があるので、どの子も口に入ってきた食べものを多少とも押し出すもの。それを「食べる気がない」と誤解しては赤ちゃんに気の毒。本当に食べる気がないなら、のけぞったり口を固く結んだりするはずです。

　ですから、ただ口に入れたものを舌で押し出してくるだけなら、たぶん押し出し反射にすぎないので、あきらめずに出してきた食べものをスプーンなどですくって、何度か入れなおしてみること。そのとき食べものを、口の少し奥に入れて流しこむようにするのがよさそうです。

　また、赤ちゃんによっては、初めて口にするものに抵抗を感じるのかもしれません。味が強いとか固さやかたちがマイルドでない食べものだと、びっくりしたようにのけぞる子がいます。なかには、それ以来、食べものを見ただけで泣きだしてしまう子もいるかもしれません。

　そんな場合には、赤ちゃんが落ち着いているときを見はからって、マイルドな食べものから与えるようにするのがよさそう。ヨーグルトやプリンや豆腐などつるんとして軟らかいもの、牛乳に浸《ひた》したパン、つぶして牛乳でのばしたバナナなどはどうでしょう。そのほかつぶつぶしたものは、片栗粉《かたくりこ》やコーンスターチでまるめたり、卵でとじたりすると食べられるかもしれません。

離乳がすすまない――離乳のすすみかたは、赤ちゃんによってかなりの違いがあるもの。食べるには食べるけれどほんのわずかで、レパートリーもなかなか増えないといった赤ちゃんも珍しくありません。

　そういう子はたぶん、まだおっぱいのほうがよくて、食べものにはなじまないのでしょう。そのようだったら、ゆっくりすすめていればよい。わずかでも食べさせ続けていれば、いつかはたくさん食べだすはずです。

急に食べなくなった――食べさせ始めて1～2カ月のころに、急に食べなくなることはよくあります。食べさせようとすると手で払いのけたり、口から吹き出したりしだしたなら、食べることに慣れて遊びが入ってきたのかもしれません。そう思われたら、食べさせることに懸命《けんめい》にならないで、スプーンとかガラガラを持たせたり、お話や歌であやしながら、少しずつでも食べさせるようにするのがよいでしょう。食べる量が増えなくても、食事を楽しい遊びにしてやることのほうが大切。そうしていれば、また食べだすときがくるものです。

　食べなくなったのが気候が急に暑くなったときなら、水分が多く、冷たくさっぱりしたものを与えてみたらどうでしょう。

　ただし、赤ちゃんのようすがどうも変で、元気もないときには、病気を考えておかなければならないのはもちろんです。

お菓子、甘いもの――6カ月近くになれば、親がケーキやアイスクリームなどを食べていると、たいていの赤ちゃんがほしそうなようすをみせだします。それを見ると、親のほうも食べさせたい気分に駆《か》られるでしょう。上の子が、自分のお菓子を赤ちゃんの口にねじこもうとすることもありがち。祖父母や客が、おみやげに持ってきたお菓子を与えようとすることもあるかもしれません。

そういうときは、そのお菓子類が赤ちゃんに害のあるものでないかぎり、食べさせてやったほうがよいと思います。虫歯のもとになるとか、甘いものの味を覚えさせたくないとか、ごはんを食べなくなるとか、お腹《なか》をこわすとか、そういった心配から与えないとすれば、どこか冷たい。人間的な情よりも頭で考えた育児法に支配されすぎの感じがしてなりません。

そもそも、親にも祖父母にも上の子にも赤ちゃんをかわいがる楽しみはあってよい、いや、あったほうがよいのです。赤ちゃんだって、家族のだんらんに加わりたいし、おいしいものを味わえば嬉《うれ》しいはず。このとき、お菓子類は、食べものを超えて、人間どうしの心を通わせるご機嫌《きげん》な仲介者になっているのです。

それに、実際にも、ボーロとか、ビスケット、ウエハース、カステラ、ふわふわの塩味の少ないせんべいなどなら、食事への影響はないはず。だいいち、まだそんなにたくさんは食べません。甘味の強いチョコレートや和菓子は避けたほうがよいけれど、さっぱりした和菓子やチーズケーキやパイのようなものはひとつまみくらい、ショートケーキのクリームやアイスクリームでもスプーンにちょっぴりくらいなら、与えてもどうということはないでしょう。

万が一食べた直後にじんましんが出たり、吐いたり下痢《げり》したら、もちろん、そのお菓子はしばらくひかえなければなりません。けれど、そうした失敗も、暮らしのなかでは許されてよい微笑《ほほえ》ましさではないでしょうか。

ただ、そうはいっても、見さかいなく与えていては、食事に影響が出そうだし、糖分のとりすぎなど、お菓子類そのものの害もありえます。1日に1回、せいぜい2回にとどめるべきはもちろんです。

おむつと衣類

おむつ

まだ、おしっこやうんちが出たかどうかは、ほとんどわかりません。なかには出す前に泣く子もいますが、たいていの子は泣かないか、泣いてもほかの原因との区別がつかないことが多いでしょう。

ですから、おむつは、ころあいをみて替えてやるほかありません。けれど、そのタイミングは、もう親にはわかってきているのではないでしょうか。替えかたは、これまでと同じ(↓79ページ)でよいでしょう。

ただ、尿量の多い子だと、動きが激しくなっているせいもあって、おしっこがカバーからもれることがあるかもしれません。とくに夜間には背中やお腹《なか》を濡《ぬ》らして、かぶれを生じることがあります。そういう場合は、たとえ夜中でも早く替えてやりたいものです。

　けれど、疲れていたりして、起きるのがつらいときもあるでしょう。そんなときには、おむつのあてかたに工夫《くふう》をこらすほかはありません。布おむつの場合は、1枚多く重ね、もれる側をとくに厚くあてるとか、カバーをおむつがはみでないようなものにかえてみる。紙おむつの場合は、その上にふつうのおむつカバーかトレーニングパンツを重ねてみるのです。ただ、いずれの場合も、あまり窮屈《きゅうくつ》にするのは赤ちゃんに気の毒。夜泣きのもとにもなりかねません。

　それでももれてしまうのなら、ベッドにタオルかおねしょパッドを敷くにかぎります。そのほうが赤ちゃんは気持ちがいいに、ちがいありません。

衣類

　衣類は、これまでとはかなり変えなければなりません。活発になり汗もたくさんかくようになるので、思い切って薄着にし、手足とからだを動かしやすいタイプにする必要があります。

　肌着は吸湿性《きゅうしつせい》がよくごわごわしないもの、上着は丈が短く腰くらいまでで、袖《そで》も手が十分に出るものがよい。そして、その2枚を基本にして、暑い季節は肌着だけ、寒い季節はベストのようなものを上から羽織《はお》らせるのがよいでしょう。

　衣類が上にまくれて、お腹が出てしまうことが多いけれど、そんなことでは「かぜ」などひかないので、気にすることはありません。ちなみに「かぜ」

はウイルスか細菌の感染で起きるもの。ですから、首から股下まで覆《おお》うタイプの上着は、かならずしも必要ないと思います。むしろ脱《ぬ》ぎ着《き》に手間《てま》がかかるだけではないでしょうか。

4〜5カ月からは、もっと脚を自由にしてやるために、ゆったりしたズボンを、暑い季節には半ズボンをはかせたいもの。上着とズボンがくっついたロンパースは、おむつ替えのときなど不便かもしれません。

よだれかけは、よだれが多くなったら欠かせないもの。ひもをしゃぶらないよう後ろで結ぶタイプをたくさん用意して、ぐしょぐしょになったらすぐ替えてあげてください。すぐ小さくなるので、大きめのを用意しておいたほうがよいでしょう。

食べものを与え始めたら、よだれかけのほかにエプロンがいるようになります。布のエプロンがよいけれど、こぼしがひどいならビニールでコーティングしたものもやむをえません。しかし、固いのや重いのは赤ちゃんに気の毒。少々衣服や下の床を汚すのは、赤ちゃんのために目をつぶってほしいと思います。

衣服を汚さないようにと、スモックをいつも着せているのもどんなものか。窮屈《きゅうくつ》そうだし、衣服をいつもきれいにしておくのは赤ちゃんにはそぐわない感じがします。少々汚れていても気にしないくらいのほうが、親子とものびのびしてよさそうです。

からだの清潔

お風呂

かなり汗をかくようになっているので、お風呂はなるべく毎日入れたいもの。とくに夏場はシャワーを含めて1日に2〜3回は入れてやりたいものです。寒い季節には、かならずしも毎日でなくてもいいけれど、おむつかぶれや首のただれなどができていたら、毎日洗ってやる必要があります。

ちなみに、少々のはな水やせきが出ていても、たとえ熱があっても、元気と機嫌《きげん》がまあまあなら、お風呂に入れてもだいじょうぶ。そのために病気が悪化することはないし、むしろよくなるくらいだと証明されています（↓日本赤十字社医療センターの研究による。なお、病気編27ページも見てください）。

もうベビーバスでは小さすぎるので、お風呂に大人といっしょに入れることになるでしょう。

お風呂に入れるときは、腰を落としてしっかり抱いていること。3カ月を過ぎると動きが活発になり、急にのけぞって落とす危険があります。

また、赤ちゃんによっては「お風呂嫌い」になって、入れようとすると激しく泣きだすかもしれません。そんな場合は、お湯の温度をぬるめにし、きつく抱きしめて、洗いはさっと要所だけにとどめ、早くすませるにかぎります。そのうちに、かならず慣れるときがくるはず。めげずに続けていてください。

なお、病気などなにかの事情でお風呂に入れられないときには、お尻だけ洗うか、シャワーかかけ湯だけで洗ってやるのも一法《いっぽう》です。

爪《つめ》、髪などの世話

爪を切ったり、耳あかをとったり、鼻をきれいにしたりは、生まれてすぐからと同じでよいでしょう(→83ページ)。

髪はよく伸びだして、耳にかぶさったり、頭部にあせもやただれをおこしやすいので、こまめに切ってやる必要があります。髪形はかわいくしたいでしょうが、あまり長髪にしたり、かみそりをあてるのは考えもの。長髪は髪がこすれたり汗がたまって耳切れをおこしやすいし、かみそりは肌にきずをつけるおそれがあります。赤ちゃんは姿だけでかわいいのですから、美容に凝《こ》るのはほどほどにしてほしいと思います。

寝かせる

寝かせつけ

これまでと比べて、夜の寝つきが悪くなるかもしれません。かまっているといつまでも目ざめているし、ほうっておけばぐずりだすといったことが起きがちです。

そうなったら、昼間にうんとからだを動かしてやるのがいちばん。運動をすれば、よく眠れるはず。もうからだがしっかりしているので、3カ月まで(→114ページ)よりずっと大胆《だいたん》にしてだいじょうぶです。

ひとりでは寝つかないようなら、部屋を薄暗くして、親がいっしょに寝てやったらどうでしょう。

それでも寝つかなければ、いっそ腰を据《す》えて、それとなく家族のだんらんに包みこむふうにしていたらどうでしょう。ただし、なるたけ静かな雰囲気で、かまいすぎないようにしなければなりませんが。そのほうが、先に寝かせようとするより、かえって楽に寝てくれるものです。

蚊《か》よけ、虫よけ

蚊取《かと》り線香《せんこう》は、煙が呼吸器を刺激するので、避《さ》けたほうがよい。スプレー式の虫よけは、そのガスがからだに有害なので、避けるべきです。

そこで、電気式のマットかリキッドの蚊取りを、赤ちゃんの手が届かない高いところに置くのが無《ぶ》難《なん》だと思います。赤ちゃんのそばに置くと、赤ちゃんが口に入れるおそれがあります。

虫よけの効果があるアロマオイルを使うのも、よい方法と思います。

蚊が嫌う臭《にお》いとか音波を出すという器具は、はたして、どんなものか。とくに腕輪は、赤ちゃんがしゃぶるかもしれないので、賛成できかねます。

夜泣き

5カ月ごろになると、急に夜泣きが始まることがあります。昼間に慣れないところに連れて行ったとか、来客があったとか、きっかけがはっきりしていることもありますが、さっぱりわけがわからないことのほうが多いでしょう。

いずれにしても、夜泣きが始まったら、考えられるだけの対応策を試み(↓116ページ)、それでだめだったら、腰を据えてかかるほかはありません。

まずは、とにかくおっぱいを飲ませること。それで泣きやむなら、たとえ夜間の授乳のくせがつくとしても、飲ませるにかぎるでしょう。

しかし、たいていは、おっぱいに吸いつかないで泣き続けるか、飲んでもまた泣き始めるもの。そんな場合には、つらくても起きて、ひたすらあやすしかないでしょう。

そのうえで最後的には、周囲の事情さえ許せば、泣くのをほうっておくのもやむをえないかと思います。

でも、初めから「泣かせておけば泣かなくなる」という考えでほうっておくのは赤ちゃんに酷《こく》。なにか苦しいことでもあるかもしれないし、切実《せつじつ》に親を求めているのかもしれません。

気をつけたいこと

3カ月から6カ月のころ

❶ 事故(↓病気404ページ)

予想以上に動きが盛んになってくるので、油断ができません。3カ月までと同じ注意(↓118ページ)を続けながら、新しい事態に気をつける必要があります。

① **落ちる(転落)**――足を突っぱったり寝返りした拍子《ひょうし》にベッドやソファーなどから落ちることがあります。寝ている位置がずれたり、横向きになろうとしだしたら要注意です。

とくにソファーにはひとりで寝かせておかないこと、ベビーラックに長くひとりで置かないこと、ベビーベッドの柵《さく》をかけ忘れないことが大切です。

夜間、大人のベッドに寝かすときは、夫婦のあいだか、壁にぴったりつけた側が安全。ベッドと壁のあいだにすき間があると、落ちて挟《はさ》まる危険があります。

万一落ちた場合のことを考えて、床に毛布や布《ふ》団《とん》などを敷いておくとよいでしょう。

② **ベビーカー**――ずり落ちないようにしっかり固定し、動かす前にブレーキと留《と》め金《がね》などの安全を確認する習慣をつけておきたいもの。

たとえちょっとのあいだでも、赤ちゃんをベビーカーにひとりで置くのは非常に危険です。

③ **自動車**――法の規定を守って、チャイルド・シートに座らせて固定しておくべきはもちろんです。ひざに抱くのは、いくらしっかり抱いていても、急ブレーキがかかると飛んでしまうおそれがあります。おんぶして乗るのは、頭を打つことが多いし、急ブレーキのとき危険です。

駐車中の車内に赤ちゃんをひとりにすることは、ほんのちょっとのあいだでも、絶対にしてはなりません。

④ **ものを口に入れる(誤飲《ごいん》)**――口に入れると危険なものは、ちょっとのあいだでも手に持たせず、そばにも置かないように。

とくにビニール類はそばに置くと、顔にかぶさって窒息《ちっそく》する危険があります。

壊れかけたおもちゃや、壊れやすそうなおもちゃは与えないにかぎります。

⑤ **やけど(火傷)**――食べさせ始めると、コップやお椀《わん》をつかんでひっくり返すことがあるので、熱いものは手のとどくところには置けません。

キッチンに立つときは、赤ちゃんを下に降ろしておいたほうが無難《ぶなん》。おんぶしていると、油がとんだり、後ろを向いたとき赤ちゃんの足を火にかざしたりしがちです。

❷ 突然死（↓病気430ページ）

きわめてまれなことですが、この月齢では突然死が起きることがあります。長時間赤ちゃんをひとりでほうっておいたときによく起きているようです。

ですから、なるべくいつも赤ちゃんのそばにいるようにしたいもの。用事などで離れざるをえないときは、せめて赤ちゃんのようすが感じとれる範囲にいたいものです。外出のときはいっしょに連れて出るように、夜間は同じ部屋に寝かすにかぎります。

そうしていれば、突然死はかなり防げるはずだと思います。なぜなら、「突然」といってもあっという間に死んでしまうわけではなく、うなるとか吐くとかひきつけるなど苦しむ時間があるので、その気配《けはい》を察して抱きあげるだけで息を吹き返すことが多いからです。たとえすぐ息を吹き返さなくても、救急処置（↓病気407〜412ページ）をし、救急車で病院に運べば助かる可能性があります。

しかし、そばにいるだけではなく、以下の注意も必要です。赤ちゃんが眠っているあいだは、昼間ならときどき、夜間なら親がふと目ざめたとき、ようすをうかがい、布団《ふとん》が顔にかぶさっていれば降ろし、うつぶせで鼻がつぶれていれば頭の位置を変えてやること。うつぶせに寝かせるときは、敷き布団は固いものにして顔が埋まらないようにすること。

❸ かくれている異常

この月齢になれば、生まれつきの重大な異常はクリアーしているので、かくれている異常に気づいても、たいしたことはないと思っていてよいでしょう。しかし、いちおうは以下の異常がひそんでいないか注意しておく必要はあります。

① **先天性の心臓病**（↓くわしくは病気47ページ）――顔色がすぐれず、泣き声が弱く、極端に発育が悪くて体重の増加量が1日平均10グラム以下を続け、カウプ指数（↓134ページ）も13以下といったときには、専門医に診《み》てもらったほうがよいでしょう。

② **脳性まひ、知的障害《ちてきしょうがい》（知恵おくれ）**――5カ月になっても首がすわらずガクンとするとか、表情と手足の動きが鈍《にぶ》い、からだが固いか逆にぐにゃっとしてほとんど動かないといった場合には、何か先天性の障害があるかも。小児科医の診察を受けたほうがよいでしょう。しかし、速断はしないで、落ち着いて経過を見ながら、育てかたを工夫《くふう》してほしいと思います（↓病気330、病気336ページ）。

親と子の暮らし

日々の暮らしかた

親子で楽しむ

もう家にこもって大事に育てるという時期は過ぎました。これからは、親子して積極的に楽しく暮らすライフスタイルに切り替えるのがよいと思います。

赤ちゃんは大胆《だいたん》に扱ってだいじょうぶだし、それなりに受けとめてくれるようにもなっているので、まずは親子で遊ぶことを始めたらどうでしょう。これまでの「あやす」というスタンスから一歩すすめて、いっしょに遊ぶという関係に脱皮《だっぴ》するのです。

いっしょに遊ぶ――余裕があって気が向いたときに、目の合った赤ちゃんとお話をする。だっこしたり、ひざの上に向きあって座らせれば、もっと会話ができるでしょう。その会話は、「お父ちゃん遅いねえ」といった愚痴《ぐち》でも、「今晩のごはん、どうしようか」といった相談でもかまわない。けっこう表情やしぐさで話し相手になってくれるものです。

着替えをするときなどに、機嫌《きげん》がよければ、「こちょ、こちょ」とくすぐれば、赤ちゃんは身をよじって笑う。つられて親も笑い声が出るでしょう。

また、親に元気があるときに、「たかいたかい」をしたり、お腹《なか》の上で「ヒコーキブンブン」をしたり。慣れさえすれば、勢いをつけて放り上げたり、逆《さか》さにぶら下げても、平気どころか声を出して喜ぶでしょう。親もおもしろければ、どちらかが嫌《いや》になるまで、楽しませてもらってよいと思います。ただ

ブックスタート

「ブックスタート」というのはひとつの社会運動で、絵本を介《かい》して赤ちゃんとことばと心を通わすことを応援しようとするもの。健康診断のときや子育て支援センターで絵本をもらったら、たぶん、それででしょう。

その絵本を、赤ちゃんを抱いて読み聞かせるのは、もちろん悪くはない。親子ともども楽しかったら、おおいにやってよいことと思います。

しかし、あまり懸命《けんめい》になるのはどんなものか。少なくとも赤ちゃんがのってこなかったら、また親が面倒《めんどう》になったら、さっさとやめるにかぎります。まして、それでことばを覚えさせようとか情《じょう》操《そう》を身につけさせようとかかるのは、この運動の趣旨《しゅし》に反するかと思います。

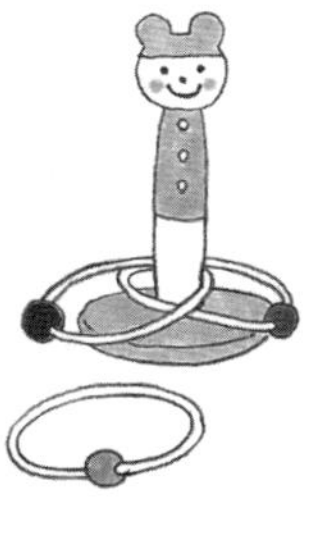

し、あまり乱暴にしてはいけない。泣かせてしまったり、度が過ぎると脳に障害すら与えかねません。とくに逆《さか》さにしたり放り上げるときには、ゆっくりとする必要があります。「ゆさぶられっこ症候群」の心配については、115ページを見てください。

とにかく、こうした大きな動きは、赤ちゃんにとってめくるめく幻惑《げんわく》だし、全身の機能を高める刺激であるでしょう。とくに「たかいたかい」は、赤ちゃんの視野を広げ、その姿勢を維持するのに大きな力を出させます。これを戸外でやれば、もっと赤ちゃんの世界は広がるはずです。親のほうも、わが子を重みで実感し、「大きくなあれ」という願いをこめて、天に向けて差し出しているような気分になるのではないでしょうか。

おもちゃで遊ぶ――おもちゃ(↓次ページのコラム)を持ちだして、いっしょに遊ぶのも、楽しいこと。目の前におもちゃを見せて、手を伸ばしてくるのを誘ってみたらどうでしょう。ただ、このとき、親も遊び気分でいることが不可欠。その気分が赤ちゃんにも伝わってこそ、親子ともども楽しめるのです。ですから、視覚を刺激するとか手の働きを訓練するといった教育的意図でやっては興《きょう》ざめ。だいいち赤ちゃんがのってこないのではないでしょうか。

そして、赤ちゃんがおもちゃを握ったら、なるたけ手を貸さずに、もて遊ぶようすを見て楽しむのがよいと思います。いっしょに遊ぶときには、相手に干渉《かんしょう》しすぎないのがルール。ここでは赤ちゃんにまかせることが、赤ちゃんの熱中を誘い、そのかわいいしぐさを見る親に幸せ感をもたらすのです。たとえおもちゃを落としそうになっても助けず、落としてもしばらくほうっておくほうが、たがいにおもしろいでしょう。もし落としたままおもちゃの存在を忘れたようなら、拾《ひろ》ってやって見せれば、前にもまして喜んでくれるはずです。

かまってやれないとき

用事などで相手になれないときには、ベビーチェアかラックに座らせて、親のすることを見せておくのもひとつの手。かまってやりたくなったとき、顔を近づけたり声をかけるのに便利でしょう。また、そばに赤ちゃんの興味をそそるおもちゃを置いたりぶら下げておくと、けっこうひとりで遊ぶし、それを見る親も心なごむかもしれません。

どうしても手が離せず、赤ちゃんが泣き続ける場合は、おんぶするか、ロッキングチェアに座らせて足元に置き、ときおりゆすってやると、泣きやむかもしれません。

外に出る

この月齢では、ベビーベッドに入れっぱなしは許されません。それどころか、外に出ることが否応《いやおう》なしに求められてくるでしょう。少なくとも、夜泣きするとか日中でもしきりにぐずるときには、外に出すことがいちばんの対策になります。それに、お天気で気持ちのよい日には、親のほうから連れ出したい気分に駆《か》られることでしょう。

動機はどうであれ、外に出るときには、前抱きのキャリア(抱っこひも)で抱くか、ベビーカーに乗せるのがいいかと思います。赤ちゃんのようすがわかり、顔も見やすいからです。ただ前抱きだと足元が見にくいのでゆっくり気をつけて歩くこと。あまりすっぽり包みこむタイプのキャリアだと赤ちゃんがまわりを見にくいし、季節によっては暑すぎるかもしれません。

ベビーカーは荷物のあるときに便利だし、赤ちゃんも視野が広いけれど、なにぶん目の位置が低いのと、ほこりや排気ガスを吸いやすい位置にあることが気になります。状況に応じて抱いてやる配慮はしたいものです。また、日よけや雨よけのための覆《おお》いは、暑すぎたり空気が悪くなったりしやすいので、深くかぶせないようにして、ときおりたたんでやる必要があります。

少し遠くに出かけるときは、おんぶかベビーバギー(折りたたみ式のベビーカー)が便利かと思います。

おんぶでは、赤ちゃんが苦しくないようにおぶうことと、背中の赤ちゃんに注意を払っておくことが必要。

ベビーバギーは電車やバスに持ちこめるけれど、階段の昇り降りでは赤ちゃんとバギーの両方を抱きかかえることを覚悟しておかなければなりません。困ったら、まわりの人に助けを求めてよいと思いま

おもちゃ(幼い赤ちゃん用)

おもちゃは、わずかあればよいと思います。おとなの生活に関心を寄せ始めた赤ちゃんには、日用品がいちばんのおもちゃです。

既製のおもちゃとしては、目に楽しく快い音がして、容易に握り、振り、放すことのできるおしゃぶりとか軽いガラガラ、愛着を感じさせるぬいぐるみなどが喜ばれるようです。ただし、壊れにくく、傷つくおそれがなく、赤ちゃんが飲みこめないものを選ぶべきです。また、買うときよくよく注意して、素材や塗料などに有害物を含むものは避けなければなりません。とくに塩化ビニールは内分泌《ないぶんぴ》攪乱作用《かくらんさよう》があると懸念《けねん》されているので、要注意です。

天井《てんじょう》からつるすモビールやオルゴールは、親の楽しみとしてはいいけれど、赤ちゃんはすぐ飽《あ》きてしまうようです。また、つるすおもちゃの場合は首にひもがまきつかないよう注意が必要でもあります。

「教育玩具」は、効果が怪《あや》しいし(→375ページ)、だいいちそんなもので脳の発達をよくしようとかかったら、赤ちゃんが気の毒。遊びでなくなってしまいます。

す。なお、ベビーバギーを新しく買うときには、製品の安全性に十分の注意を払っておくことです。

とにかく、少々の苦労があっても、外に出るのは、それだけのメリットはあるはず。楽しさも解放感もあるし、交際や見聞《けんぶん》も広まります。公園や子育て支援センターなど、おなじ境遇《きょうぐう》の親子が集まるところはもちろん、たとえ親のレジャーや趣味で出かけるのであっても、ある程度は、赤ちゃんにつきあってもらってもよいと思います。近ければベビーカーで、遠ければ電車や車で連れて行き、目的地では目のとどく安全なところでベビーカーに座らせておくか、抱いているならだいじょうぶ。旅行でさえ、往復に無理をしないかぎり連れて行けないことはないでしょう（↓124ページ）。

仕事をもつひとの場合

外勤を始めるとき

この時期から働きに出るのは後《うし》ろ髪《がみ》を引かれる思いがしそうです。なにしろ、産んで間もなくだし、それでいて赤ちゃんとの愛着が強くもなっています。とりわけ母乳で育ててきたひとは、おっぱいがよく出る時期でもあり、赤ちゃんが求める時間に与えられないのが悲しいかもしれません。また離乳を始めていると、預け先でどうしてくれるのか気になるでしょう。

しかし、悲壮感《ひそうかん》にとらわれないでほしいと思います。親がおどおどしていると、つられて赤ちゃんも落ち着かなくなりそうです。

ですから、この際、親は働きに出る意志をしっかりと赤ちゃんに伝えるようにするのがよい。初めのうちは「ごめんね」といった気分がするのはしかたないけれど、なるべく早く「行ってくるからね、お利口《りこう》にしててよ」といった感じに切り替えるのです。

こうして仕事に向かう親と預け先で過ごす赤ちゃんとが、苦楽をわかちあう共同生活者の関係になっていけば、むしろ結びつきの深い親子関係が築いていけるのではないかと思います。

預け先の選びかた——預け先は、なによりも信頼でき、子どもを安心してまかせられるところを選ぶべきです。

そして、そのなかから親の仕事と通勤の事情を考えて選ぶのがよいと思います。いくら信頼できる預け先でも、あまりに不便では、赤ちゃんに迷惑をかけることになりかねません。とくに満員電車に長時間乗せなければならないところは避けるべきです。

保育園に預けたければ、産休明けのとき（↓127ページ）と同じ努力が必要です。育児休業をとっていたなら入れやすいけれど、退職していた場合には役所が難色《なんしょく》を示すかもしれません。しかし、働きたいのなら、粘り強く交渉するにかぎります。仮に親戚《しんせき》や知人に預けて仕事に出て、その勤め先から就業証明をもらって示せば、かなり有利になるはずです。

赤ちゃんを保育園に預けてだいじょうぶか
——「3歳までは母親の手で」説について

3歳までは母親が手元で育てないと、子どもが情《じょう》緒不《ちょふ》安定《あんてい》になるという説があります。世間で「3歳児神話」と言われるものです。

しかし、「神話」という言いかたのとおり、この説には根拠がありません。

そもそも、母親だけが手元で育てるようになったのは、高度経済成長期以来の数十年のことにすぎません。それまでは、大家族のなかで多数の手で育てられていたのです。しかも、たいていの母親は野良《のら》仕事《しごと》に出ていましたから、子どもの面倒《めんどう》をみていたのはおよそ母親以外の人でした。それでも、子どもはほとんど情緒不安定にはなっていなかったのです。

しかも、最近になっては、むしろ母親だけが手元で育てるほうが弊害《へいがい》が多いと指摘されるようにさえなっています。どうしても母子が密着しすぎるからと思われます。

となると、母親が仕事をすることも悪くはないはず。事実、母親の就労と子どもの発達には関係はないことが多くの研究で明らかになりつつあります。

また保育園に預けることについても、産休明けから預けていた子どもの追跡調査で、家庭で育てていた子とひとつも遜色《そんしょく》がない、かえってしっかりするという事実が示されているくらいなのです。ただ、そうはいっても劣悪で無責任な保育では弊害がありうるので、保育園選びは慎重《しんちょう》にしなければなりませんが。

■参考になるサイト

・日本赤ちゃん学会「3歳児神話を検証する2——育児の現場から——」大日向雅美
http://www.crn.or.jp/LABO/BABY/SCIENCE/OHINATA/

祖父母、知人、ベビーシッターに頼むときの注意も産休明けのときと同じに考えればよいでしょう(→128ページ)。

預け先とのつきあいかた——ただ預かってもらえればよいといった態度は禁物《きんもつ》。それでは預け先とよい関係になれないし、赤ちゃんが荷物みたいでかわいそう、だいいち危険でもあります。

赤ちゃんが預け先で幸せに過ごせるためには、親と預け先とが礼節《れいせつ》を保ちつつ、親しく率直に言いあえる間柄《あいだがら》になることが大切だと思います。

まずは、預ける時間だけはきちんと守りたい。そのためには、契約のときに無理な約束はしないにかぎります。送り迎えには多少とも余裕をもたせておかないと、約束が守れなくて迷惑をかけることになりかねません。「育児時間」は母乳でもミルクでも取れるし、勤め先と預け先の距離が遠くて授乳できない場合には、通勤時間にふりむけることもできます(労働基準法↓420ページ)。

預け先と親とで育てかたに違いがあるときは、とことん話し合って調整しておく必要があります。あいまいなまま、たがいに不満をかかえているのはよくありません。

この月齢では、授乳のしかたと離乳食の与えかたが問題になるのではないでしょうか。

それまで母乳だけで育ててきた場合には、親としては母乳を続けたい。職場が近ければ、育児時間をとって授乳することを勤め先と預け先に認めてもらうのは法的に認められた権利です(↓420ページ)。預け先との距離や仕事の性質で直接の授乳ができないときには、保存母乳(↓129ページのコラム)を飲ませてもらうよう預け先に頼み、職場でも母乳をしぼって保存できる条件をつくってもらってよいことです。

母乳とミルクの混合の場合は、預け先ではミルク、家では母乳というやりかたにできれば、いちばんぐあいがいいでしょう。そのためには、仕事先での乳房の張りを抑《おさ》え(↓103ページ)、家で乳房を極力吸わせるようにすることとです。

ミルクは家で与えていた銘柄《めいがら》を、預け先でも使ってもらうのがいちばん。とくに別メーカーのミルクだと下痢《げり》や便秘をする子は、かえないように頼むべきです。ミルクアレルギーがあって特殊ミルクを使っている場合には、それを飲ませてもらうよう頼まなければなりません。

しかし、そうした特別の事情さえなければ、どのメーカーのミルクでもたいした違いはないので、預け先と家とで別のミルクを与えても、どうということはないでしょう。ただ、どちらかといえば、預け先のミルクを家でも与えるほうが、混乱がなくてよいかと思います。

授乳時間は、預け先の都合《つごう》に合わせるべきでしょうが、赤ちゃんの飲みたがる時間とのずれが大きかったら、多少の融通《ゆうずう》はしてもらうよう頼むべきだと思います。

離乳のしかたは、保育園だと、たいてい決まりが設けられていて、家庭での協力を求められるでしょう。それにはなるべく協力したほうがよいけれど、まったくそのとおりにするまではない。すくなくとも、保育園の決まりが赤ちゃんに合わないときには、配慮してもらわなければと思います。

一方、親が保育園で食べているから家では食べさせなくてよいと考えるなら、あまりに横着《おうちゃく》。赤ちゃんがかわいそうだし、発育にもさしつかえかねません。

もちろん共働きでは朝夕とも慌《あわ》ただしいでしょうから、赤ちゃん用の「離乳食」など作らないで、ありあわせのものを与える方法(↓149ページ)でやったらいいのです。ただ、消化しにくいものをたくさん食べさせるとか、店屋《てんや》ものや外食を見さかいなく与えるのは禁物《きんもつ》。月曜日には下痢をする子が多いという保育士さんの話をよく聞きます。

逆に保育園の食事のすすめかたが慎重《しんちょう》すぎて、そのためにかえって食欲が落ちることがあるかもしれません。家では何でもよく食べるのに園では食べないというのなら、その可能性があります。そう考えられたら、園でももっとすすめてもらうよう頼んでしかるべきです。

また、保育園に食事に対する主義があって、あまり極端だったり、自分たちとの違いが大きすぎるときにも、突っこんだ話し合いをする必要があります。たとえばアレルギーを避けようと、すべての子に3大アレルゲン(↓146ページ)をいっさい与えないといった場合、現に家でそれらの食品を与えていてなんともないのなら、そのことを伝えて園でも与えてもらうよう頼んで当然です。

　反対に親のほうに主義があるときは、園でも守ってもらうよう申し入れてよいと思います。食事は、プライベートなこととして尊重されるべきものだからです。ただ、保育園は集団生活の場なので、ほかの子に合わせることも必要だし、調理員や保育士の労働のことも考えてあげたいもの。そこらへんの調整はむずかしいけれど、率直に話し合い、折りあいがつく方法を探るべきでしょう。

　祖父母に預かってもらっている場合は、祖父母にまかせるのがよいと思います。子どもを育てた経験があるし、孫には十分に手をかけてくれるはず。年寄りじみた献立《こんだて》でも、赤ちゃんはちゃんと発育するものです。

　知人や近所の人に預けている場合は、食べさせてもらうかどうかは、先方と相談して決めることになるでしょう。気持ちよく食べさせてもらえるのなら、お願いしたほうがよいと思います。ただし、食費を取り決めたうえで、食事内容をたがいに連絡しあうようにしたいですが。もし食べさせてもらうのが無理なら、日中の食事にこだわることはない。朝と晩の家での食事だけで、しばらくは十分に足りるはずです。

　ベビーシッターに預ける場合は、食べさせることまでは無理でしょうから、朝夕だけ赤ちゃんの食欲に応じて、親が食べさせるようにしたらよいと思います。

連絡のとりかた——預け先と親との連絡には、十分に気を遣《つか》っておく必要があります。なにしろ、子どもはその両方で育てられるのです。まったく同じである必要はないけれど、違いが大きすぎると混乱するし、だいいち子どもが落ち着かなくなりかねません。

　いちばんいいのは、送り迎えのときにゆっくりことばをかわし、問題が起きたときには突っこんで話し合える時間をつくることです。

　連絡帳は、そうした話し合いができていれば、ほとんど必要がないくらいだと思います。むしろ、形式的に連絡帳をかわすのは、書くのが面倒《めんどう》だったり、真実が書かれないことさえ少なくなさそうです。

　ですから、連絡帳は形式にとらわれず、必要な最低限のことを要領《ようりょう》よく書くようにしたい。たとえば、忘れそうなこととか、文章にしたほうが意を伝えやすいことだけを書くようにしたらどうでしょう。すくなくとも、あまり意味のないことまで書く必要はないと思います。たとえば、寝起きの時間は、いつも同じなら書くまでのことはないし、書くとすれば時間より寝つきと目ざめのぐあい、夜泣きの有無《うむ》などのほうが保育には参考になるはず。授乳や食事の時間と内容にしても、飲みっぷりや食べかたを書いたほうがずっと役立つはずです。まして、うんちのことなら、回数や時間より便の性状《せいじょう》と赤ちゃんの機《き》嫌《げん》のほうがはるかに大事なのです。

ただ、そうはいっても、書くことを決められていたら書かざるをえないかもしれません。そんな場合は、無意味なことはなるべく簡単に書くようにしたらどうでしょう。また、送り迎えのときにゆっくり話す時間がないとか、担任の保育士さんとなかなか会えないといった状況なら、連絡帳はむしろおおいに利用するべきだと思います。

病気のとき——子どもを預けて働いていて、いちばんつらいのは病気をしたときでしょう。とりわけ保育園のような大勢《おおぜい》の子どもと大人のいるところに預けている場合は、病気をうつされる機会が多いから深刻にちがいありません。そうでなくても、一般に3〜4カ月を過ぎるころからは、よく病気をするようになってくるものです(→177ページ)。

そんなわけで、病気はするものと覚悟して、あらかじめそのときの態勢《たいせい》をととのえておくにかぎります。

もっとも望ましいのは保育園がその態勢をととのえてくれることですが、いまのところ、ごく少数の例外をのぞき、病気の子どもは預かってくれません。これは、本当はおかしなこと。保育園に子どもを預けなければならない事情は、病気になったときでも変わらないはずですから。

さすがに最近は、少々の病気なら預かってくれる園が増えてきているし、病児保育の制度(↓422ページ)を整備する自治体も増えてはいます。そこで、園には預かってもらうよう頼み、役所には問い合わせて、その制度があるのならおおいに活用するようにしたいもの。それだけでなく、園の態度や制度に不満があったら、改善してもらうよう働きかけてもよいはずです。まして住んでいる自治体に病児保育の制度がないのなら、作ってもらうよう力を合わせて運動するべきだとも思います。

しかし、病児保育の制度ができるまでは、個人的に態勢をととのえておくほかはない。手っ取り早いのは、祖父母なり知人なり近隣の人なりに頼んでおくことでしょう。そういう人がいなければ、ファミリーサポートセンターとか民間の保育援助サービス(↓418ページ)で病気の子の面倒をみてくれるところを探すこと。また、親どうしがある程度親しくなってきたら、病気の子を交替で面倒《めんどう》をみるネットワークを組んでおくのはよいことかと思います。

ふだんから祖父母か知人に預けている場合は、看病を頼みやすいでしょうが、それでも病院には親が連れて行かなければとか、病状によっては仕事を休まなければならないことは起きてくるはず。まして、無理を言えない人に預けている場合は、病気の子まで頼むわけにはいかないでしょう。そんなときにもファミリーサポートセンターにあたってみるか、病気の子も請《う》け負《お》ってくれるベビーシッターを探すことです(↓418〜419ページ)。

なお、子どもが発病したけれど仕事を休めないときに、預け先に病気を隠して置いてくるのは非常に危険なこと。熱があるのを薬で抑《おさ》えたり、前夜ひきつけたのをないしょで預けたため、プール遊びや日光浴をして悪化させてしまったという例は少なくありません。そんなときは、病状の許すかぎり、隠さずに事情も告げて、なるたけ預かってもらうよう頼むべきです。そのかわり、悪化したときにはすぐ迎えにくる約束をして、連絡先も告げ、実際にもそのとおり行動しなければなりません。そうした信用ができてくれば、預かってくれることも増えてくるのではないかと思います。

また、保育中に発病して勤め先に電話が入ったときも、その場しのぎはしてはならない。「すぐ行きます」と返事していて、行かないでは、ますます早手まわしに電話がかかる羽目《はめ》に陥《おちい》りそうです。すぐ行けなければ、子どもの容態《ようだい》が急を要しないことを確かめたうえで、事情をわかってもらい、迎えに行ける時間を伝えて、そのとおり実行すること。しかし、子どもの容態が明らかに重そうなときは、何をおいても、すぐかけつけなければならないのはもちろんです。

このように、病気は働く親泣かせですが、およそ小さい時期に病気をすれば早く免疫ができて丈夫になるもの(↓177ページ)。とくに赤ちゃんのときから集団保育に入れた子は、1歳のお誕生を過ぎるころからうんと丈夫になるのはよく知られた事実です。それまではつらいけれど、ピンチをじょうずに切り抜けていってほしいと思います。

職場との折りあい――子どもをもつと、およそ従前《じゅうぜん》どおりの勤務はできなくなるでしょう。子どもの預け先への送り迎えだけでも、勤務時間は制限されます。とくにさしつかえるのが子どもの病気。突然休まなければならなくなったり、大事な仕事中に迎えを強《し》いる電話がかかってもきます。

そのぶん同僚や上司に負担をかけるので、平素《へいそ》から仕事をきちんとして礼もつくしておくことが必要かと思います。

それでも勤務時間については制度化されている以上、まあ反発は少ないでしょう。問題はなんといっても子どもが病気のとき。そのときの対策は十分に考えておかなければなりません。

まずは、勤めに出た最初の日に、ふいに休むときがあるかもしれないことを上司と同僚にはっきりと告げて、勤務条件としてはもちろん、職場の態勢と感情の面でも了解をとってしまうのにかぎります。そのうえで、看護休暇の制度(→421ページ)があれば、それをフルに使うことです。

次は、共働きの場合、そのときどきの仕事の性質上、休みやすいほうが病気の子の面倒をみるよう取り決めておくのがよい。いつも母親だけが休むというのでは、彼女の勤めが困難になりかねません。病気の回数が多いと、ひとりの年休をつぶしただけでは間に合わなくなるケースも少なくありません。また、保育中に病気になったとき、どちらが迎えに行くかについてもルールを決めておくとよい。そして、そのことを預け先にも告げておくのです。そうでないと、たいてい母親のほうにばかり連絡がいって、不公平になりがちです。

自宅で仕事をしながら育てているとき

農家やお店をしている家、あるいは内職やフリーなどで手元で育ててきた人たちは、もうかなり赤ちゃんをかかえた仕事と暮らしに慣れ、要領《ようりょう》もよくなってきたことでしょう。この月齢からは、おんぶもできるので、仕事もしやすくなっているかと思います。

しかし、それだけに赤ちゃんも成長して、かまってもらうことを求めるようにもなっているでしょう。これからは、そうした赤ちゃんとの綱引《つなひ》きになりそうです。

ですが、「かわいそう」などと思いつめないで、仕事と暮らしの迫力で赤ちゃんに対すればよい。その気分は必ず赤ちゃんにも伝わって、けっこう協力してくれると思います。

もちろん、赤ちゃんも耐えがたいことがあれば必死に訴えてもくるはずですから、その土壇場《どたんば》の悲鳴だけは聞きつけて、きちんと対応してやらなければなりません。でも、そうしていさえすれば、心配なく、いや、むしろたくましく育つのではないかと思います。

6カ月から9カ月のころ

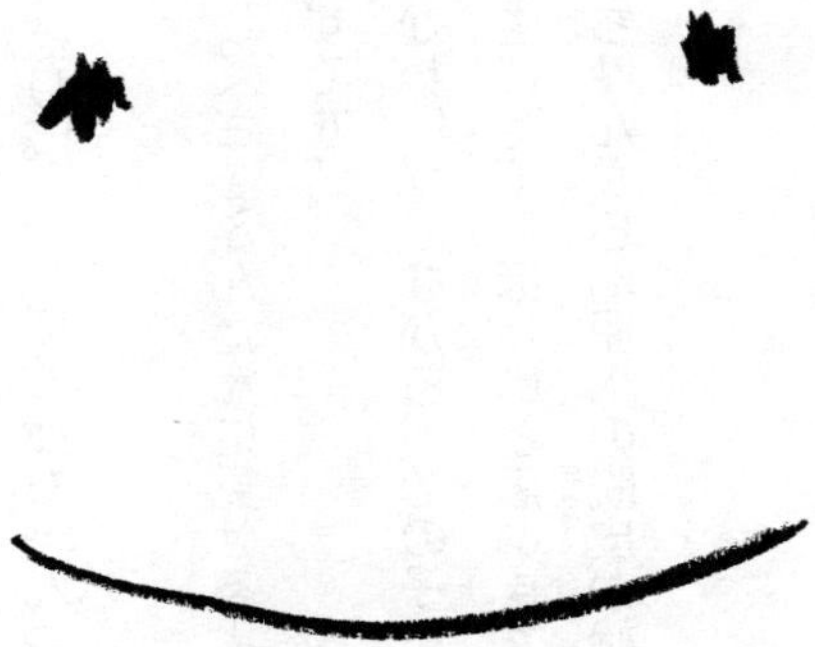

このころは、いわば「赤ちゃん盛《ざか》り」。いかにも赤ちゃんっぽい風情《ふぜい》を発散《はっさん》しだします。

動きも盛んになって、愛らしいしぐさをふんだんに見せるようになり、個性も際《きわ》だってくるはずです。

そうした赤ちゃんを、おおいにかわいがりながら、その子らしさを生かすよう、できるだけ自由に育ててほしいと思います。

この時期の終わりごろには、赤ちゃんから幼児への脱皮《だっぴ》が始まりかけてくることでしょう。

赤ちゃんのようす

からだと育ち

からだつき

からだつきは、大なり小なり、ぽっちゃりとした感じがするでしょう。もちろん個人差はあって、やせ気味の子やぼってり太った子、手足の長い子や短い子、頭の大きな子や小さな子などさまざまですが、いずれにしても「赤ちゃん盛り」という感じがするかと思います。

ただ、8～9カ月ごろになると、手と足が伸び、胴体も締まってきて、幼児期が近い感じを漂《ただよ》わせだす子もいるかもしれません。

もし「やせすぎ」とか「太りすぎ」が気になったら、「育ちのぐあい」を見てください(↓177ページ)。

歯

この時期に入ると間もなく、歯が生《は》えたのに気づくことでしょう。ただ、その時期と順序は赤ちゃんによってかなり異なります。

歯が生える時期は、たいていは6～8カ月ですが、早いと3～4カ月、遅いと1歳近くなってやっと、ということもあります。遅いからといって心配することはありません。むしろ、遅いほうが立派な歯が生えることが多いくらいです。

歯が生える順序は、たいていは下の前歯(中切歯《ちゅうせつし》)が1本ずつか2本同時に生えてきますが、上の前歯が先に生えたり、上か下の前歯の両わきの歯(側切《そくせつ》歯《し》)が先に生えることもあります。どんな順序でも、いずれ、ちゃんと生えそろってきます。

なお、歯が生えるときに熱が出ることはありません。そのころ、よだれが多くなったり機嫌《きげん》が悪くなることはあるようですが。

歯の生《は》える順序

順序	歯	生える時期	歯の数
1	下中切歯	6～ 8カ月	2
2	上中切歯	6～12	2
3	上側切歯	8～12	2
4	下側切歯	8～12	2
5	第1臼歯《きゅうし》	12～16	4
6	犬《けん》　歯《し》	16～24	4
7	第2臼歯	22～36	4

この表の「生える時期」は大半の場合にすぎず、実際には個人差が大きい(→251ページ)。

からだの働き

おしっこ――おしっこの回数は、1日に10~15回くらいで、目ざめているときに多くなります。しかし、個人差が大きく、季節によってもかなり異なることでしょう。

おしっこが出たかどうかはわかりにくいですが、赤ちゃんによっては、出る前にむずかったり、出たあとにぐずることがあるかもしれません。おっぱい以外のものを飲んだり食べたりし始めると、当然、おしっこの色が多少とも濃くなってきます。

うんち――うんちの回数は、赤ちゃんによってかなり異なります。たいていは1日1~2回ですが、2~3日に1度とか、1日に3~4回という子も珍しくありません。何日に何度でも、赤ちゃんの機嫌《きげん》と食欲さえふつうなら、心配しなくてよい。それがその子のうんちのしかたなのです。2日や3日出ないからといって、機嫌も食欲もよいのに、肛門《こうもん》をこよりや綿棒で刺激するのは、赤ちゃんにとって迷惑でしかありません。

うんちの状態は、食べるものの種類と量によってそうとうに変化するはずです。たいていはおっぱいだけのときよりかたくなりますが、よけいに軟らかくなることもあるでしょう。色と臭《にお》いは、しだいに大人に近くなってくるはずです。どんなかたさ、色と臭いでも、機嫌と食欲に変わりなければ心配いりません。

なお、便がかたいと顔を赤くしていきむことがありますが、ほうっておいてもいいし、親の気持ちとしてほうっておけなければ、声をかけて励ますか、お腹《なか》をさすってやるだけでよい。この場合も、肛門をこよりや綿棒で刺激するのは、赤ちゃんにとって迷惑でしかないでしょう。

しかし、泣き叫ぶのなら、便秘の手当(→病気129ページ)をしてやらなければなりません。

免疫《めんえき》――赤ちゃんは、母親のお腹のなかにいるときに、母親から病気に対する免疫をたくさんもらって生まれてきます。ただし、すべての病気に対する免疫をもらっているわけではありませんが。

おかげで、たいていの赤ちゃんが、幼いうち、あ

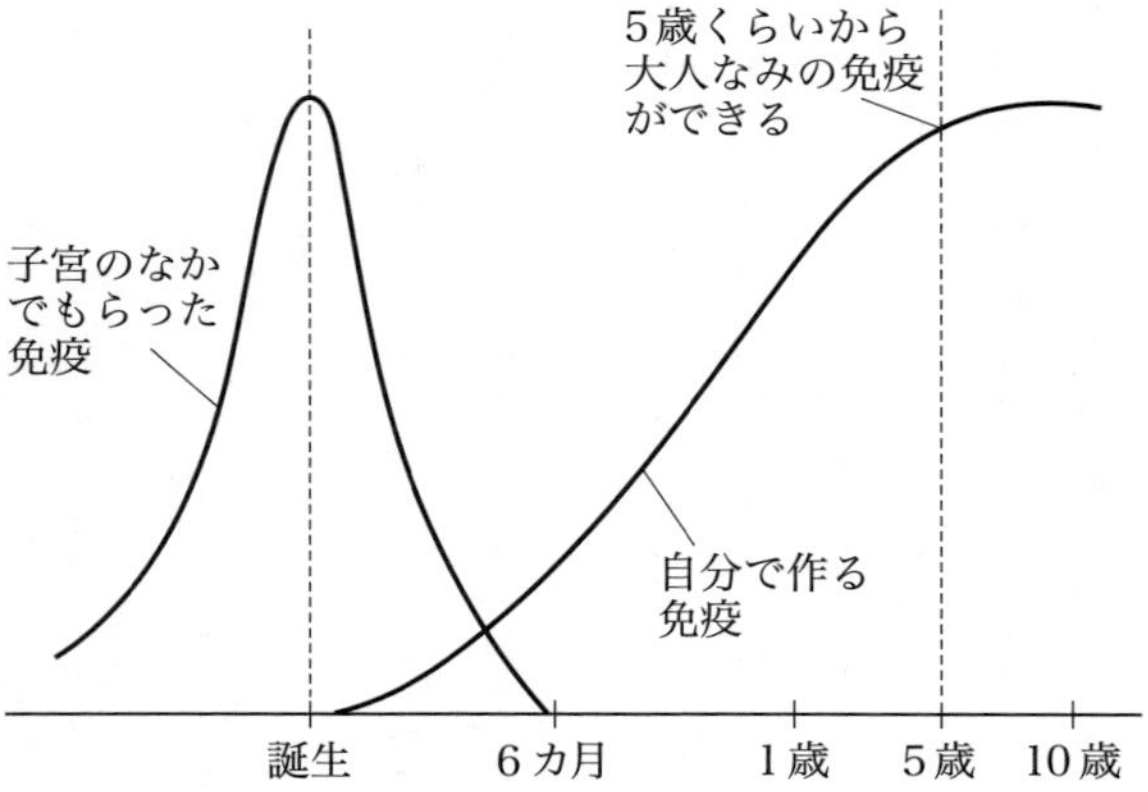

子どもの免疫《めんえき》の推移

まり病気をしないですんできたわけです。

ところが、その母親からもらった免疫は、生後どんどんと減って、およそ半年くらいでなくなってしまいます（前ページの図）。ですから、これからは自分で免疫を作っていかなければなりません。

この時期からよく病気をするようになるのは、実はそのため。病気をすることによって、世に満ちている細菌やウイルスなどに対する免疫を作っていくのです。

育ちのぐあい（発育）

体重は、だいたい8キログラム前後ですが、10キログラム近くもある子や、7キログラムを割る子もいます。

体重の増加量も、1日平均で5〜15グラムと赤ちゃんによってかなり差があります。およそ、これまで発育のめざましかった子は増加量が減るし、発育のよくなかった子は増加量が多くなるようです。

身長は、だいたい70センチ前後ですが、75センチ近くもある子や、64センチを下まわる子もいます。

体重や身長がどうであれ、赤ちゃんが元気で、見るからにやせすぎとか太りすぎでないかぎり、心配はないと思います。でも、客観的に確かめたければ、カウプ指数を計算して判断してください（↓135ページ）。

その結果、発育が悪ければ授乳のしかたと食べさせかたに配慮を加え（↓183ページ）、肥満ならば運動を十分にさせる（↓187ページ）必要があります。

からだとこころの動き

からだの動き

この時期には、からだの動きが全体としてスムーズになり、自分の感情や意志でまとまった行動をするようになってきます。

そのことは、「寝返り」と「おすわり」と「はいはい」と「つかまり立ち」に、はっきりと見て取れるでしょう。

寝返り——およそ6カ月ごろには、自分の足の指を持って遊んだりしゃぶったりしだしますが、そうしているうち、ひょこっと、からだをねじって横を向いてしまうことが増えてくるでしょう。

そのあげく、7〜8カ月ごろには、たいていの子が肩やひじを支点にして、コロリとうつぶせに寝返りをするようになります。最初は偶然らしく、びっくりしたようすを見せることが多いけれど、すぐに寝返る動作そのものを楽しむようになり、さらには周囲に関心をもつものがあると、意図的にすばやく寝返りをするようにもなるでしょう。

そして、腹ばいになると、両手を突っぱって胸をそらしたり、手足をバタバタさせたり、お腹《なか》を支点にしてぐるっとまわったり、あとずさりもしだすかもしれません。とにかく、そんなことをしている赤ちゃんは、寝たきりのときとは変わった視界と、か

寝返り

らだの動きを楽しんでいるかのように見えます。

しかし、すべての赤ちゃんが、このように寝返りをするわけではありません。寝返りはおろか、腹ばいさえ好まない赤ちゃんも珍しくはないのです。それに、寝返りをしなくても、その後の運動機能にひとつも支障はない。むしろ、そういう子はおすわりや「立っち」が上手で、はいはいもしないで早く歩きだす傾向があるくらいなのです。ですから、寝返りをしないといって心配しないでください。赤ちゃんが嫌うのに、寝返りの練習をさせるのは酷《こく》だし、よけいに嫌いにしてしまいそうです。

おすわり——赤ちゃんを支えなしで座らせたとき、6カ月では、ほとんどの子が両手を前につき背中を丸くして、ほんの数秒間しか座っていられません。それどころか、ぐにゃっとして、腰を支えてやらなければ座れない子も少なくないようです。

ところが、7カ月に入ると、たいていの子が手をついてしばらく座れるようになってくるもの。赤ちゃんによっては、背筋《せすじ》を伸ばし、おもちゃを持って遊びながら座れるようにもなってきます。

おすわり

さらに8カ月に入るころには、もっとしっかり座れるようになり、からだをねじって、後ろや横のものを取ることができるようにもなってくるはずです。

はいはい——おすわりができ視界が広がった赤ちゃんは、近くに興味のあるものを認めると、たいてい腹ばいに転じて近づこうとしだします。

ただ、腹ばいになっても、すぐには目標に近づけません。よつんばいになって、前後にからだをゆすっているだけ。なかには、お腹を床につけたままあとずさりしたり、くるくるまわってしまう子もいます。

けれど、間もなく、目標に向かって「はいはい」をするようになってきます。

初めは両ひじをそろえてか、片ひじだけで漕《こ》ぐように進む子もいますが、やがては手と脚《あし》を交互に前に出して驚くほど速く進むようになるでしょう。しかも、目標に到達すると、両脚をからだに引きつけて自分で座ることもできるようにもなるでしょう。

こうなった赤ちゃんからは目を離せません。知らぬ間に思わぬところに行っていることがあるので要注意です(→190ページ)。

はいはい

もっとも、赤ちゃんによっては、おすわりしたまま動こうとしない子やお尻を床につけたまま移動する子もいるでしょう。

けれど、はいはいをしなくても、ほかのことがふつうなら、ひとつも気にすることはありません。少なくとも、はいはいをしないと、立ったり歩いたりができなくなるわけではない。現に、はいはいをしない子は20〜30人にひとりくらいはいるのです。しかも、そういう子は、脚を突っぱったり、つかまり立ちをするのが早い傾向さえあります。横に移動するより、立ち上がることのほうに気が向いているのでしょうか。

やはり、人間はもともと、よつんばいでなく、2本足で立ち歩くようにできている。そのことは、すでに生まれたてから、強《し》いられていました(→51ページ)が、この時期にもまた顕著《けんちょ》にあらわれてきたのです。だからこそ、はいはいをしない子がいるし、はいはいはしても長くは続かないわけなのでしょう。

とにかく、はいはいの時期に入った赤ちゃんは、もはや立ち、さらに歩きだす目前にあります。それは自然のなりゆき。訓練の必要などはありません。

はいはいを十分にさせないと、歩くようになって転んだときに手が前に出なくなるとか、腕や背中の筋肉が鍛《きた》えられないといった説が聞かれますが、そんなことはないはず。転んだときに手が出るのは、生来《せいらい》の姿勢反射《しせいはんしゃ》でしょうし、活発に遊んでいればすばやくもなってくるものですから。

つかまり立ち

つかまり立ち——赤ちゃんをひざの上に立たせようとしたとき、6カ月では、脚を曲げて立とうとしない子が珍しくありません。けれど、なかには嬉《うれ》しそうにピョンピョン跳ねる子や、両脚を突っぱってしっかり立つ子もいることでしょう。

そうこうしているうち、7カ月に入れば、ほとんどの子が両脚で体重を支えるようになり、8カ月に入れば、椅子《いす》や机につかまらせれば立っていられるようになり、9カ月に入ると、自分で何かにつかまって立ち上がるようになってきます。

ただ、10カ月ごろまでは、こうした「つかまり立ち」をしない子も珍しくありません。お産に異常がなくふつうに育っているのなら、心配は無用。遅ればせでも、必ずし始めるし、たいていは1歳2～3カ月、遅くても1歳10カ月くらいまでには歩きだすはずです。

手と指の動き——いたずら

この時期には、からだの動きがスムーズになるのと並行して、手と指の動きが巧みになり、それにともなって「いたずら」も盛んになってきます。

6カ月に入ると、お目当てのものにさっと手を伸ばして、つかみだします。つかみかたも、手全体でか、親指に人さし指と中指を向き合わせて、けっこう強くなっているでしょう。つかんだものを引っぱったりたたいたり、手から手へ持ちかえるようにもなってきます。

さらに7カ月くらいにはテーブルの上をかきまわしはじめ、8カ月には親の食べているものを取りにきたりもします。9カ月近くなれば、ちょっと離れたところにあるものや下に落ちているものにまで目をつけ、それらを取りにいこうともしだすでしょう。

そして、こうした過程で興味深いのは、赤ちゃんが関心を寄せていたずらをしたがるものが、たいてい親の使っている身のまわりのものということです。とくにネックレス、眼鏡《めがね》、ボタン、腕時計、携帯電話、鍵《かぎ》、スプーンなど。これらは生まれてからずっと赤ちゃんのそばにあって、親とともに見たりふれたりしてきたもの。それだけに愛着が深く、手が使えるようになったいま、いじることで、自分のものにしたくなったにちがいありません。そのことは、親の顔、とりわけ目や口、鼻をいじりたがるしぐさにもっとも端的《たんてき》にあらわれていると思われます。

こころのもよう

この時期には、こころの動きが急速に鋭敏《えいびん》になってきます。それは、とくに対人関係に目立ってくることでしょう。対応に繊細《せんさい》な気配りを要する時期です。

人見知り ── まず始まるのが、いわゆる「人見知り」でしょう。親以外の人物をこわがる現象です。もっともここで「親」というのは、親をはじめ赤ちゃんが慣れ親しんでいる人たちのことを言いますが。

この人見知りは、一般に、赤ちゃんの認識能力と社会性が発達したために起きると言われています。だが、はたしてどんなものか。

赤ちゃんは、親とそのほかの人とを見比べて、ただ違う人だと理知的にわかったから泣くのではない。もっと感覚的な恐怖に襲《おそ》われて泣くのだと思います。

そのことは、なにより人見知りしたときのあの「わななき」に、はっきりとうかがえます。ただ親とは違う人というだけでは、あれほどおそれわななくはずはないでしょう。現に初めて見る人でも、その人とその場の状況によっては、じっと見つめはするものの、泣かないことがあります。それは、きっと、その人とその場に感覚的な恐怖をもたずにすんだからだと思います。つまり、その人とその場に赤ちゃんをおびやかす雰囲気がなかったからなのです。

なにしろ、これまで赤ちゃんは親と溶けこむように一体化してきました。肉体でふれあい、情愛で結ばれ、こまごまと面倒をみてもらってきているのです。その過程で、自分と溶けあい一体化できる人物を嗅《か》ぎわける感覚を身につけてきたにちがいありません。

ですから、赤ちゃんは、親と一体の世界を崩《くず》しそうではない人物には、おそれを抱かない。たとえば、心底から赤ちゃんと親とに好意をもった人が、赤ちゃんをあやしながら親とも親しく話し合い、ゆっくりと近づけば、泣かないだけでなくにっこり笑ったりもするのです。

しかし、親と一体の世界に割りこみ、それを崩《くず》しそうな人物には猛烈《もうれつ》な恐怖を抱く。たとえば、親に抱かれていたとき、いきなり他人が顔を近づけたり、まして赤ちゃんを抱き取ろうとでもしようものなら、悲鳴をあげて親の胸にかじりつくのです。

とすれば、人見知りの激しい子は社会性に欠けるとか、まして臆病《おくびょう》だとかは言えなくなります。また、人見知りをしない子もいて、そういう子は生まれながらに社会性に富み大胆《だいたん》だとも言い切れません。ただ、感受性の差はあって、ちょっとのことで激しく泣く子もいれば、だれに対しても愛想《あいそ》のよい子もいることだけは確かですが。

また、人見知りが感覚的なものである証拠に、いったんある人、ある場でこわい思いをすると、別の人と別の場でも似た状況に出くわすと、区別がつかずにこわがることが珍しくありません。たとえば、注射で痛いめにあったことのある赤ちゃんは、たいてい別の病院でも入るなり泣きだします。

しかし、それにしても、その別の人と別の場がこわいものではないことが体験されるにつれて、しだいに泣かなくなることも、また珍しくないのです。たとえば注射で痛いめにあったことのある赤ちゃんでも、別の医者がその子の気持ちを察し、優しく接していると、間もないうちに泣かなくなってきます。

あと、微妙なのは赤ちゃんの周囲の人間関係でしょう。たとえば、祖父母を見ると泣く場合、親が祖父母に強い拒否感を抱いていたり、逆に親が祖父母に牛耳《ぎゅうじ》られていることがあります。たぶん、赤ちゃんは敏感に不安を感じるのです。ですから、そうしたことからくる泣きを「人見知り」で片づけてはいけない。できるだけそうした人間関係を改善する努力はしなければと思います。でも、こうしたことは世《よ》の常《つね》。赤ちゃんは、そんななかで揉《も》まれて成長していくので、だいじょうぶ。その赤ちゃんの力を信じながら努力を続けてください。

人なつこさ——大なり小なり「人見知り」をしてきた赤ちゃんは、次には「人なつこさ」も見せるようになります。矛盾《むじゅん》するようですが、どちらも人間に対する感情。ベクトルが逆なだけなのです。

当然、人なつこさは好きな人だけに向けられます。気に入った人を赤ちゃんはじっと見つめ、笑顔を見せ、手を振ったり声をあげたりもします。その人が近くにくれば、身をのりだし、衣服を引っぱり、顔や手をなめたりもするでしょう。

とくに子どもには、なみなみならぬ興味を示すようです。おそらく、子どもは赤ちゃんと同じ気分をもっているからなのでしょう。

ことば、お話——親とのお話は3〜4カ月からしていましたが、6〜7カ月にもなると、アーアーなど大きな声を出して親を呼んだり、ブーとかダーといった破裂音《はれつおん》も発して、けっこうおしゃべりをするようにもなるでしょう。

真似《まね》、芸当——この時期には真似ができるようにもなってきます。たとえば、親が「アーン」と口を開けて見せると赤ちゃんも開けるといったことが多くなるでしょう。それは以前から見られた同調作用《どうちょうさよう》とか共鳴反応《きょうめいはんのう》と言われるもの(→138ページ)が、より強化されたためかと思います。

そのためでしょう、教えこめば、たいていの赤ちゃんが芸当をするようになります。たとえば、「いないいないばぁ」は5カ月ごろから喜んでいたものですが、この時期に入ると声をたてて笑ったり、ひょっとすると自分の顔に手を当てたりするかもしれません。

「いい顔」も親がして見せていると、自分からするようになることが多いものです。さらには「バイバイ」さえする子もいるかもしれません。

しかし、こうした芸当は、すべての赤ちゃんがするわけではありません。赤ちゃんの性分《しょうぶん》によって、ほとんどしない子もいます。たとえば静かなおっとりしたタイプだと、せいぜい「にんまり」するくらいでしょう。

育てかた

育てかたの基本――赤ちゃんに自由を

この時期からは、赤ちゃんを自由にさせるよう努めてほしいと思います。

もう赤ちゃんは自分の意志で果敢《かかん》に行動するようになっているのです。そして、そのことで自立に向けて踏み出しかけているのです。このステップを妨《さまた》げてはならないでしょう。

そのためには、できるだけ赤ちゃんにまかせること。赤ちゃんがやりたいようにさせることが大切。親としては不安だけれど、ぎりぎりまで耐えて、見守っていたいものです。

さらに、やりたいようにさせた結果、少々の不都《ふつ》合《ごう》や失敗があっても、きつくとがめないことが大切。強く責めると、赤ちゃんによっては萎縮《いしゅく》してしまうおそれがあります。また、親のほうも、失敗にしょげることはない。育児は失敗の連続、どの親も失敗しながらなんとかやっていくものですから。

もちろん、どうしても自由を制限しなければならない場合も少なからずあるでしょう。しかし、そんなときでも、頭ごなしではなく「やめてね」と頼む感じで、優しくとどめるのがよいと思います。

おっぱいと食べること

授乳が順調なら、そのまま続ければよいのはもちろんです。一方で食べること(離乳)も進めていれば、栄養に問題はありません。たとえ食べることが進まなくても、ふつうに発育していれば、おっぱい(母乳かミルク)だけで栄養は足りているのです。

ただ、発育が極端に悪い場合(↓134ページ)には、おっぱい(母乳かミルク)よりも食べることのほうを優先させるのがよいと思います。授乳の間隔《かんかく》をあけて回数を減らすとか、授乳は食べさせたあとにするとか。なかなかむずかしいでしょうが、与える食品にも工夫《くふう》をこらす(↓186ページ)など、いろいろと努力してみてください。

また、母乳の場合、授乳も発育も順調でも、与えられなくなることがあるかもしれません。母親が仕事に出るとか、赤ちゃんにうつすと危険な病気にかかったなどの場合です。そんなときは、張ってくる乳房への対策(↓103ページ)をしながら、よく食べる

乳首を噛《か》まれる

乳首を赤ちゃんに噛まれるようになったら、まずは乳房のふくませかたを工夫《くふう》する必要があります。およそどんなときに噛むかわかるでしょうから、早手まわしに以下のような対策をとるのです。

①飲む勢いが少し鈍《にぶ》ったときに噛むのなら、そのときを見はからってすばやく乳首を抜く。それで不満そうなら、もう一方の乳房をふくませる。

②じゃれるような目つきになったり、口の動きが噛むような感じになったときは、口元に指を添えておくか、いっそ乳首を抜いてしまう。

③飲み始めて間もなく噛むのなら、噛まれそうになる前に授乳をやめ、そのかわり回数を多く飲ませる。

市販の乳首保護パッドを試してみるのもよいけれど、吸いつかない赤ちゃんもいるようです。

噛まれてしまったときは思わず悲鳴をあげて突き離してしまうでしょうが、かまわないと思います。そのことで赤ちゃんは悪いと感じるでしょうから。ただ、赤ちゃんによっては、よけいにおもしろがって噛むかもしれません。そんなときは、泣かせてでも、きつくしかるにかぎります。ただ、たたいたり、くどくしかるのは禁物《きんもつ》。母親から拒否されたと感じさせたら、かえって逆効果になりそうです。

あと、乳首を噛むようになったら、固形の食物、たとえば米飯、パン、ボーロなどを食べさせるようにしたほうがよいでしょう。そんな子は、たいてい固い食物を好むもの。そのことで乳首を噛むのが減るかもしれません。

しかし、以上のどんなことをしても、あまりに噛むことが多ければ、母乳をやめて食事だけにするのもやむをえないかと思います。

子なら思い切って量を増やし、牛乳を調理に使ったり、吸い口のついたマグカップかコップで飲ませるようにすればよい。ほとんど食べない子なら、粉ミルクをほ乳びんで与えるようにしたらどうでしょう。

授乳も発育も順調でなく、とりわけ赤ちゃんが乳房に吸いつかず泣き続けるようになった場合には、これはもう母乳にはこだわらず、きっぱりとやめてしまうのがよさそうです。そういう赤ちゃんは、およそ食べることのほうが好きで、牛乳もよく受けつけてくれるものです。

もし食べものも受けつけなければ、粉ミルクをほ乳びんで与えてみてください。たとえ初めのうちは飲まなくても、間もなく飲みだすものです。いずれにしても、そういう赤ちゃんも、やがては必ずちゃんと発育しだすので、あわてないことです。

牛乳はいつから

いろいろなものを食べるようになったら、少しずつ牛乳を与えてもよいと思います。とりわけ母乳や粉ミルクをあまり飲まなくなったら、食事中と食後にかぎって、牛乳を与えてみてよいと思います。牛乳のほうが、糖分が少なく味がさっぱりしているので、食事には合うかもしれません。

ただし、牛乳はタンパク質が多く消化しにくいので、お湯を加えて、3分の2くらいの濃度にして、つまり3分の1ほどをお湯にして薄める必要があります。温度は母乳や粉ミルクと同じくらいがよいでしょう。

与えかたは、なるべくほ乳びんでなくコップにしたい。そのほうが食事にはマッチしそうです。いずれにしても、赤ちゃんの飲みぐあいによって、温度を熱《あつ》くしたり冷《つめ》ためにしたり、バニラなどのフレーバーを加えたりしてみることです。

そうこうしていると、たいていはコップのふちからこぼしながらでも飲んでくれるものです。コップは受けつけなくても、ほ乳びんで与えると飲むかもしれません。

こうして好んで飲んでくれて、下痢《げり》やアレルギーなどの異常も起こさなければ、多少とも量を増やしながら続けてかまわないと思います。

しかし、食事以外のときは、この時期ではまだまだ母乳か粉ミルクを飲むだけ与えている必要はあります。牛乳ばかりにすると、鉄分(→212ページ)をはじめ、栄養の不足と偏《かたよ》りを生じるおそれが大きいからです。

ですから、どうしても牛乳を受けつけない子には、これまでどおり母乳か粉ミルクを与えていてよい。逆に、母乳も粉ミルクも飲まなくなったときは、全部を牛乳にするかわり、離乳をふつうより早く進めて栄養の不足と偏りを起こさないように努める必要があります。

しかし、母乳や粉ミルクを全部フォローアップミルク(→213ページのコラム)にかえるのはどうかと思います。フォローアップミルクは、母乳や粉ミルクにくらべ、タンパク質が多く含まれているので、この時期の赤ちゃんの消化力には負担が大きすぎて、離乳を遅らせてしまうおそれがあります。

食事(離乳)のすすめかた

赤ちゃんの好みで楽しく —— 離乳は、とにかく、赤ちゃんが食べたがるときに、食べたがるものを、食べるだけ食べさせるというやりかたをするのがいちばんです。このことは、離乳を始めたときと変わりありません(→144ページ)。

とりわけこの時期には、赤ちゃんが食べることに慣れ、親も要領《ようりょう》がよくなっているでしょうから、そうした親子の呼吸で、楽しんですすめていけばよいはずです。

むしろ、「離乳食のすすめかた」といった形式にこだわって、慎重にしすぎると、親がたいへんなばかりで、赤ちゃんの食欲や好みには添わず、あげく離乳がすすまなくなりがちです。

大人と同じものを —— この時期には、もう大人の食べるものをほとんど何でもあげられます。そもそも離乳の初期からそうなのでした(→148ページ)から、消化力がほとんど大人と同じくらいになるこの時期なら、たいていのものは食べさせてだいじょうぶです。極端なようですが、お寿司でも天ぷらでもステーキでも与えられないことはない。現に、与えたら喜んで食べ、なんの不都合《ふつごう》もなかったという話を聞きます。ただ、農薬やダイオキシン、放射性物質など有害な物質が含まれている可能性のある食品は、極力、避ける必要があることは、言うまでもないでしょう(→147、408ページ)。

そして、与えるときには、赤ちゃんが食べられるように、小さく細かく切ったり、つぶしたり、練《ね》ったり、薄めたりして、少量ずつ口に入れる必要があるのはもちろん。もし、下痢《げり》したり「しっしん」が出たりしたら、すぐやめなければなりません。また、赤ちゃんにも好みがあるので、それに合わせた食品を与えるのがよい。栄養があるからと、好まない食品を無理に食べさせようとすると、よけいにその食品を嫌いにさせてしまいそうです(→153ページ)。

味つけは、薄味が基本とされていますが、赤ちゃんによっては味のはっきりしたものを好む子もいます。ですから、薄味を受けつけないときには、試しにやや濃いめの塩味や、しょうゆ味の調理にしてみたらどうでしょう。そうしたらよく食べるのなら、与えてよいと思います。もちろん大人の味つけよりは薄くして、あまりたくさんは与えないようにしなければなりませんが。

いずれにしても、こうして、大人と同じものをテーブルを囲んで食べていれば、赤ちゃんは食事の楽しさを知り、食べたいものの範囲も広がっていくにちがいないと思います。

食べさせる限度――食べることは赤ちゃんにまかせるのが原則(前項)としても、そこにはおのずから限度というものがあるはずです。

しかし、それも専門的な知識に頼《たよ》るまではない。常識と経験で判断すればよいと思います。たとえば、バターやチーズを何さじも食べさせたり、お寿司や天ぷらを1個の半分も与えたら、お腹《なか》を壊すと考えるのが常識というもの。まして卵を1度に2個も与える人はいない。反面、ごはん類やめん類やパン、野菜、汁ものなどは少々食べすぎてもだいじょうぶと考える人が多いでしょう。

もちろん、食べさせすぎて、赤ちゃんが吐《は》いたり下痢したりと、失敗することもあるかもしれません。

けれど、そうした苦《にが》い経験を経《へ》て、しだいに限度をわきまえられるようになってくるもの。無茶《むちゃ》はしてはならないとしても、少々の失敗はおそれないで食べさせていくほうがよいと思います。

太りすぎのようでも、発育期の赤ちゃんには、大人のようなダイエットはするべきではない。あまりにカロリーの高い油ものや甘いものなどはひかえるとしても、ふつうの食事は制限を加えないほうがよい。それよりも、うんとからだを動かしてやるほうが肥満の予防には有効なはずです。

偏食《へんしょく》の心配――好きなものを食べさせるというやりかただと、栄養の偏《かたよ》りが気になるかもしれません。

実際、赤ちゃんによって、食事の好みはずいぶんと違います。洋食党もいれば和食党もいる。酒飲みが好むウニやイクラなどを喜ぶ子もいる。軟らかいものしか受けつけない子もいれば、固いものを好む子もいるといったぐあいです。

しかし、食べることはおいしいのがいちばん。好きなものを与えていてかまわないと思います。むしろ、そうしていたほうが食べることが楽しみになって、しだいに食品のレパートリーが増えていきそうです。

栄養については、この月齢ではおっぱいで大半の養分をとっているので、まずは心配はいりません。それに、食品はまんべんなくとらなくても代替《だいたい》ができます。たとえば、ごはんは食べなくてもパンやめん類を食べれば、また肉を嫌っても卵や魚を好めば、栄養価《えいようか》はほとんど同じです。

ですから栄養を考えたいとしても、せめてタンパク質と鉄分に富んだもの、たとえば肉、レバー、魚のうち、好むものを少しずつでも与えるよう努めていればいいでしょう。あとは成長期の貧血を防ぐのにすぐれた食品(↓212ページ)のうち、どれでも受けつけてくれるものを与えるようにしていれば、もう十分でしょう。

ダイオキシンを避けるには――その2

その1(↓147ページのコラム)に書いたことのほか、体内に入ったダイオキシンの排泄《はいせつ》をうながすために、食物繊維《しょくもつせんい》と葉緑素《ようりょくそ》に富む食品をなるべく与えるように。

この月齢では、食物繊維としては、たとえば、芽《め》キャベツ、オクラ、ブロッコリー、オートミール、グリーンピース、ソラマメ、エダマメ、キウイ、スモモなどが食べやすいでしょう。

葉緑素としては、たとえば、コマツナ、キョウナ、チンゲンサイ、ホウレンソウ、キャベツ、ブロッコリーなどが食べやすいでしょう。

うんちとおしっこの世話

この時期には、うんちとおしっこをする時刻と回数が、たいてい決まってきます。親も経験で見当《けんとう》がつくので、おむつ替えは要領《ようりょう》がよくなっていることでしょう。

ただ、それにしても、おむつ替えは最低限、朝目ざめたときと、日中はおよそ2～3時間に1度、夜は赤ちゃんが眠るときと親が床につくときには、してやりたい。そのほかにも、夜中に泣いたときに濡《ぬ》れていれば替えてやり、朝びっしょりになるなら、夜中に1度くらいは替えてほしいものではあります。

親がひどく疲れているときはしかたないけれど、要領がよくなりすぎて、ずぼらをきめこんだら、赤ちゃんがかわいそうです。

あと、うんちが出る前に泣きだすようなら、おむつをはずして両脚を軽く持ち上げ、「ウーン、ウーン」と励ましてやるのがよい。便がかたくて、泣き叫んだり肛門《こうもん》が切れて出血するほどなら、それなりの対策も必要です(→病気130ページ)。

また、おしっこの前とか、したあとにぐずり泣きするようなら、できれば声をかけたり抱いたりしてやりたいものです。

寝かせる

ベッド

この時期に入ったら、赤ちゃんによって、ベビーベッドでは狭《せま》すぎるかもしれません。すくなくとも、頭や手足を柵《さく》にぶつけて泣きだすことが多くなったら、ベビーベッドはやめるべきだと思います。

日本式の布団《ふとん》だと、ころがり出ることが多いでしょうが、そのためにカゼをひくことはないので、心配しないでください。ちなみに、カゼは、ウイルスや細菌などの感染がなければ、ひくものではありません。

ただ、近くに危険なものは置かないように。ころがり出たときがかわいそうなら、まわりに平《ひら》べったい座布団かタオルケットなどを敷いておいたらどうでしょう。

いずれにしても、敷き布団は固いものにしておかなければなりません。ふわっとした敷き布団だと、うつぶせになったとき、窒息《ちっそく》するおそれがあります。

そして、赤ちゃんが眠っているあいだは、その気《け》配《はい》がわかるところに大人がいて、異変に注意していなければならないのはもちろんです。急な病気のほか、この月齢でも突然死(→病気430ページのコラム)がありえます。

添い寝

添い寝は、なかなかいいものだと思います。寝ながら赤ちゃんをかわいがることができるし、深夜に泣いたときなどにすぐ気づいて世話もしやすいからです。それに、この時期では、乳房の下敷きにして窒息させるおそれもありません。

ただ、赤ちゃんのからだが大きくなり動きも激しくなっているので、親のほうは多少とも窮屈《きゅうくつ》でしょう。それでも便利さのほうがうわまわるとは思いますが、もし眠れないほどなら、添い寝はあきらめるほかありません。

大人のベッドで添い寝させる場合は、赤ちゃんを落とさない注意が必要です。ダブルベッドなら赤ちゃんをふたりのあいだに寝かすこと。シングルベッドなら、隣にベビーベッドを密着させるか、夫婦が別のベッドにして片親だけ添い寝するのが安全でしょう。

日本式の布団で添い寝させる場合は、同じ布団のなかに入れるか、それでは寝苦しかったら、そばに赤ちゃんの布団をならべて敷くにかぎります。

夜泣き

夜泣きは、生後8〜10カ月がピークのようです。前の章で述べたように対応する（→159ページ）ほか、この月齢では、日中にうんとからだを動かし、外にも出してエネルギーを発散させてやると効果的なことが多いようです。大人が日中にスポーツをすると夜によく眠れるのと同じなのでしょう。あとは、寝かせつける前に腹もちのよいものを食べさせるのも、効果的かもしれません。

しかし、どんな試みをしても無駄《むだ》なことが多いでしょう。そんな場合は、もう腰を据《す》えてかかるほかなさそうです。どんなしつこい夜泣きでも、2〜3カ月も経《た》てば、たいていおさまってくるもの。もし、それまで耐えられなかったら、夫婦が交代で対応するとか、日中に実家の親やヘルパーに赤ちゃんを頼《たの》んで、睡眠不足を補《おぎな》うことです。

気をつけたいこと

6カ月から9カ月のころ

❶ 事故（↓病気404ページ）

寝返りや「はいはい」をするなど動きが盛んになってくるので、6カ月までと同じ注意（↓160ページ）を続けながら、新しく以下のことに気をつけておく必要があります。

① **ぶつかる（打撲《だぼく》）**――家具や道具類をなるたけ少なくし、倒れやすいものは置かないようにし、角《かど》がとがっているものは、けがをしないような器具を取り付けておくのがよいでしょう。

② **落ちる（転落）**――階段や玄関、縁側などには柵《さく》などの障壁を作れるところは作っておくのがよいけれど、とにかく目を離さぬようにすることが大事です。

ベビーチェア、ベビーラック、ベビーカーなどは固定をしっかりすることを忘れてはなりません。

③ **ものを口に入れる（誤飲《ごいん》）**――赤ちゃんが行きそうなところに、飲みこんで危険なもの（洗剤、防虫剤、タバコ、電池、刃物、ピンなど）は置いてはなりません。

お箸《はし》やフォーク、スプーン、鉛筆、ボールペンなど、先のとがったものを持たせたままにするのも危険です。

④ **引っぱる、指を入れる**――電気のコードやガス管は赤ちゃんがさわれない場所に固定し、扇風機《せんぷうき》は遠くに置く必要があります。

テーブルクロスは、引っぱると食卓の熱いものをこぼしてやけどすることが多いので、使わないにかぎります。

⑤ **やけど（火傷）**――ストーブはやけどしそうなタイプのものは使わないにかぎりますが、使うならば柵が不可欠です。

アイロンを使うときは赤ちゃんとは別の部屋か、テーブルの上で使うにかぎります。

調理をするときには、赤ちゃんをベッドかサークルに入れておくのが、いちばん安全です。それができない場合には、常に足元に赤ちゃんがきていないかに気をつけている必要があります。

食事をするときは、赤ちゃんの手のとどくところに熱いものを入れた食器や鍋、ポットやトースターなどを置かないように。

❷ 突然死

この月齢では、まれですが、やはり注意は欠かせません(→病気430ページのコラム)。

❸ かくれている異常

この月齢では新しく異常に気づいても重いものはないでしょうが、それにしてもいちおうは以下のことに注意しておく必要があります。

① **先天性心臓病**――顔色がすぐれず、極端に発育が悪いときには専門医に診《み》てもらうべきです(→病気47ページ)。

② **脳性まひ、知的障害《ちてきしょうがい》(知恵おくれ)**――8カ月になってもおすわりができないとか、手でものをつかもうとしないと、こうした異常が疑われるでしょうが、落ち着いて経過を見ながら育てかたを工《く》夫《ふう》するようにしてください(→病気330、病気336ページ)。

9カ月近くなっても寝返りをしないとか、足を突っぱらないとしても、そのほかの運動機能とか知恵のつきかたがふつうなら異常とはかぎらないので、やはり落ち着いて経過を見てください(→病気330、病気336ページ)。

❹ 急な重い病気

このころから病気をすることが増えますが、そのほとんどはたいしたものではないでしょう。ただ、この時期ではとくに次のふたつの病気に注意しておきたいものです。

① **腸重積症《ちょうじゅうせきしょう》**(→病気117ページ)

② **川崎病《かわさきびょう》**(→病気180ページ)

親と子の暮らし

日々の暮らしかた

殻《から》を脱して開放的に

ここらへんで暮らしかたを外向きに切り替えたらどうでしょう。生後3カ月くらいまでは育児に没頭《ぼっとう》する暮らしだったけれど、今では赤ちゃんはしっかりし、親も育児に慣れてきたはず。もう内向きにこもっていることはないと思うのです。

まずは、赤ちゃんを遊び仲間にし、親子して外に出ることを多くする。世間とのつきあいも広げる。そのように意図的に努めることです。そうすれば、親子とも、ぐっと楽しくなるし、友人も増え、生きかたまでふくらませることができそうです。

そして、親自身も、赤ちゃんにだけかまけていないで、できるだけ自分のしたいことをやるようにするのです。そうすれば、自分を失わないですむし、楽しみが倍増しそうです。

ただ、そうはいっても、つきあいが苦手の人もいるでしょう。そんな人は赤ちゃん連れでショッピングを楽しんだり、遊園地や動物園などで遊ぶといいかもしれません。

また、赤ちゃんとふたりでいるだけで十分に楽しいという人もいるでしょう。そんな人には、努めてでも、自分のしたいことを見つけて、少しずつでも始めてほしいと思います。だれでも、必ず、したいことはあるはずですから。なのに、赤ちゃんにばかり、かまけていると、そのしたいことが遠のいてしまい、気がついたときには手遅れになってしまうおそれがあります。だいいち、あまり育児にのめりこむと、過保護になって、赤ちゃんにとって迷惑になるかもしれません。

いっしょに遊ぶ

この時期からは、赤ちゃんとは「あやす」というスタンスより、いっしょに「遊ぶ」という感じになったほうがよい。そのほうが、親子ともずっと楽しいはずです。

ですから、遊びかたは、まず親のやりたいようにする。そして、赤ちゃんが喜べば、そのまま続ける。しかし、赤ちゃんが嫌ったら、別の遊びかたに変える。そんなふうにして、とにかく、親も子も、ともに気分が乗るように遊ぶにかぎると思います。

外に出る

とにかく、日課のようにして、外に出ることです。買い物など用事があるときは、できるだけ連れて行く。そのほか、暇《ひま》があるときはもちろん、時間を作ってでも、散歩に連れ出すのです。

寒い季節には昼の比較的暖かい時間、暑い季節には陽《ひ》が傾《かたむ》きかけてからが出やすいでしょうが、少々の雨風でもだいじょうぶ。赤ちゃんはふつう考えられているよりずっと強いですから。

そうして外に出れば、高い天空、広がる大気、きらめく陽光《ようこう》、そよぐ木々など、家にこもっていたのでは得られない豊富な自然を体感することができます。

ただし、オゾン層の破壊が深刻な今では、紫外線《しがいせん》の害には気をつけておいたほうがよい。帽子をかぶらせ、目に日光が差さないようにし、春秋冬でも直射日光には10分以上は当たらせず、夏は日差しの強くない朝夕だけ外に出すといった配慮は必要です。もっとも、紫外線の量は地方によってかなり違うので、できれば次のサイトを参考にしてください。

■参考になるサイト

・環境省「紫外線環境保健マニュアル２００８」
http://www.env.go.jp/chemi/uv/uv_manual.html

さらに、草や土や砂場に降ろしてやれば、もっと直接に全身で自然を体感できるでしょう。細菌の感染などは気にしないことです。そういうところにい

おもちゃ（6～9カ月のころ）

このころの赤ちゃんにとっては、親の使っている日用品、とりわけ鍵《かぎ》とか携帯電話とかリモコンが、なによりのおもちゃでしょう。壊されないようにしながら、できるだけいじらせてあげてほしいと思います。壊されるのが心配なら、不要になっているものをダミーとして与えたらよい。そのことで、赤ちゃんは、親の暮らしに参加した気分になれるし、日用品になじむこともできるだろうからです。

しかし、いじって危険なものや貴重なものは、手を出さないよう厳しく制止しておかなければならないのはもちろんです。

売っているおもちゃは、6カ月までのおもちゃ（→164ページのコラム）をそのまま使えるでしょうが、この月齢からは自動車やボールのような動くもの、太鼓《たいこ》やピアノのような音のするもの、積木のようなたたき合わせたり投げたりする多様な遊びができるものが喜ばれると思います。また、お風呂で浮かせるおもちゃも喜ばれることでしょう。

いずれにしても、遊ばせるというより、いっしょに遊ぶようにしたいものです。

ただ、意図的に、積木などを、はめこませたり重ね合わさせたりする教育玩具は感心できません。だいいち、赤ちゃんが興味をもたないだろうと思います。

る細菌は毒性が知れているし、むしろ幼いうちに感染を受けたほうが免疫《めんえき》ができて丈夫になるくらいですから(↓177ページ)。

しかも、外に出れば、いろいろな人たちにあやされ、ときに抱き上げられもするでしょう。その体験が、どれだけ赤ちゃんの「ひと」に対する情感を育ててくれることか、想像以上のものがあると思います。

また、屋外ではなくても、子育て支援センターとか児童館などに行けば、親子とも多くの友だちが得られて楽しいことでしょう。

旅行

この月齢では、ほとんど不安なく旅行に連れて行くことができます。

もちろん、まだ十分な配慮(↓125ページ)が必要だし、車の場合、この月齢ではチャイルド・シートにしっかり座らせておかなければなりません。

親の遊び

赤ちゃんがいるからといって、親が禁欲ばかりしていることはありません。かえって、遊びたいのをがまんしているほうが、ストレスを高めて、赤ちゃんによくないくらいです。

音楽は、赤ちゃんがおびえたり眠りにくそうなときはひかえなければならないけれど、そういうことはこの月齢では少なくなっているはずです。少なくとも、赤ちゃんがご機嫌《きげん》なようすなら、遠慮することはない。むしろ、抱いて踊ったり、いっしょに楽しんだほうがよいと思います。

テレビとビデオは、赤ちゃんの目とことばの発達への悪影響が問題視されていますが、ほとんど1日中見せているのでないかぎりは、問題はないはずです(↓124ページのコラム)。ただ、画面がちらつかないように調整し、暗い部屋では見せないことと、親の見たいものが一段落したら、すぐ消すように努めることとが求められますが。

パソコンやゲームなどは、赤ちゃんの存在を忘れない程度なら、やって悪くはないと思います。

映画やライブなどに行きたいときには、赤ちゃんを実家の親かシッターまたは子育て支援事業(↓418ページ)に預けるのがいちばん。しょっちゅうではよくないけれど、そのことに罪悪感を抱くことはないと思います。

仕事をもつひとの場合

外勤でも自宅で仕事をする場合でも、赤ちゃんに悪いと思うことはありません。それより、赤ちゃんとは仕事仲間として苦楽をわかちあう関係をつくっていくのがよいと思います(↓くわしくは165ページ)。

預け先の探しかた

この月齢からは預かってくれる保育園を見つけやすくなっているでしょうが、預け先の探しかたは、基本的に産休明けや3～6カ月のときと同じです(↓127、165ページ)。

なお、赤ちゃんを保育園に預けることの是非については、166ページのコラムを見てください。

預け始め

人見知りが始まっている子だと、最初のうち泣かれることを覚悟しておかなければなりません。しかし、1～2週間もすれば慣れるはずですから、めげないように。

泣かれても、保育士さんにしっかり抱いてもらい、きっぱりと離れるにかぎります。未練がましくしていると、かえって泣く期間を長引かせそうです。

たいていの保育園で「ならし保育」といって預ける時間を少しずつ長くするやりかたをしているので、その期間のあることは計画に入れておく必要があります。けれど、赤ちゃんの慣れのぐあいで、融通《ゆうずう》をきかせてもらってもよいと思います。

預け先とのつきあいかた

預け先とのつきあいかたと連絡の取りかたは、基本的に「3カ月から6カ月のころ」と同じです(↓166ページ)。

ただ、この時期は離乳が始まっているでしょうから、食べさせかたなど、必要に応じて預け先と調整することが大切です(↓167、168ページ)。

病気のとき

この月齢からは病気をしやすくなるので、その対策は十分にとっておく必要があります(↓169ページ)。

職場との折りあい

半年以上は休職していたので、職場とはじょうずに折りあいをつけることが大切かと思います(↓171ページ)。

9カ月から1歳半のころ

この期間は、赤ちゃんから幼児へと脱皮《だっぴ》する過渡期《かとき》です。からだもこころも活発になり、自分を押し出してきます。それだけに、赤ちゃんは、不安も強く、事故の危険も増えるので、注意深くサポートしながら、大胆《だいたん》に活動できるようにしむけたいものです。

赤ちゃんのようす

からだと育ち

からだつき

しだいに丸っこさが減って、やせてきた感じがすることが多いでしょう。

それは、大なり小なり、皮下脂肪を減らし始めるためと、手足が長くなってくるためにほかなりません。

こうして、赤ちゃんは身を軽くし、歩きやすいように体型を変えようとしている。つまり、赤ちゃんの体型から幼児の体型へと転換していく過程にあるのです。

もっとも、こうした変化も赤ちゃんによってさまざま。変わり始めるのが早い子も遅い子もいるし、脱皮の姿にも個性が鮮《あざ》やかにあらわれてくることでしょう。

歯

歯《は》が生える時期と順序は、たいていは6〜8カ月に下の前歯(中切歯《ちゅうせっし》)が生え、次いで上の中切歯が8〜10カ月に生えてくることが多いようです。

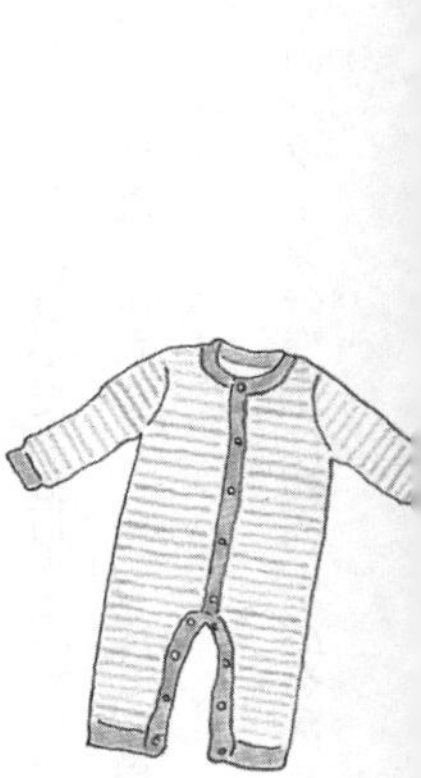

しかし、個人差が大きくて、最初の歯が3〜4カ月に生える子がいるかと思えば、上の歯が生えるのがお誕生近くなる子がいるし、それより先に上か下の前歯の両わきの歯(側切歯《そくせっし》)が生えてくる子もいます。

いずれにしても、遅くとも10カ月からお誕生すぎまでには、上下4本の歯が出そろいます。ですから、少々遅れても、心配しないでください。歯が生えない無歯症《むししょう》は、からだ全体に多くの奇形をともなう先《せん》天性多《てんせいた》発奇形症候群《はっきけいしょうこうぐん》の場合にかぎって、ごくごくまれに見られるだけです。

また、歯と歯のあいだがあいているのも正常。前歯のならびがカタカナの「ハ」の字のさかさまになっていても、やがてあごの発育とともにかっこうがついてくるはずです。

いわゆる「受《う》け口《くち》」、つまり下の歯が上の歯より前に出ている状態も、上あごが発達するにつれて、しだいに均整《きんせい》がとれてくるもの。赤ちゃんの顔は、下あごのほうが先に発達し、あとから上あごが張り出してくるからです。

逆のいわゆる「出《で》っ歯《ぱ》」は、その子の顔立ち。みっともないと思うことはありません。むしろ、愛《あい》嬌《きょう》とか勢いを感じさせるくらい。「出っ歯」という言いかたは侮辱的《ぶじょくてき》。そんないわれのない差別意識にはとらわれないでほしいと思います。

　また、乳房やほ乳びんを長く吸わせていると歯ならびが悪くなるという説がありますが、どんなものでしょう。むかしの日本では母乳を2歳近くまで吸わせるのがふつうでしたが、大半の人の歯ならびが悪かったとは聞きません。いまのアメリカではダミーという人工乳首をよくくわえさせていますが、とくにアメリカ人に歯ならびの悪い人が多いとは見えません。

　なお、歯が生えるときに熱が出ると言われますが、ほとんど問題になりません。出ても、せいぜい微熱《びねつ》くらい、ほっておいてよいものです。ただ、歯が生えるにしたがって、歯ぎしりを始めたり、やたら噛《か》みつきだす子は珍《めずら》しくないようです。しかし、これもそのままさせておいて害はありません。気になったら「歯がため」をしゃぶらせても悪くありませんが、ほうっておいても、いつのまにかしなくなるものです。

　なお、歯についての問題は、病気編を参照してください(→病気319〜322ページ)。

からだの働き

おしっこ——腎臓《じんぞう》の働きが大人に近くなってくるので、おしっこの回数がかなり減ってきます。夜間も、たいていの子が、おむつを1回替えるだけですむようになるでしょう。もしかすると、朝までおむつを替えないですむ子もいるかもしれません。
　しかし、おしっこの回数は、腎臓の働きだけでなく、その子の気質もおおいに関係するので、神経質な子だと夜間に何度も泣いて、そのたびにおむつを替えさせられることも珍しくありません。

うんち——消化の働きがしだいに成熟してきて、いろいろな食品を食べるようにもなるので、たいていは、うんちの性状《せいじょう》が大人の便に近くなり、回数と時刻もおよそ定まってきます。
　しかし、消化の働きはまだ不安定だし個人差も大きいので、うんちがかたくて出にくかったり、水みたいなうんちが回数多く出る子も少なくありません。機嫌《きげん》と食欲に変わりなければ、ほうっておいてかまわないものです(→176ページ)。

睡眠——睡眠時間は、しだいに減り、眠りたくなければ、起きていることもある程度できるようになります。そのために、昼寝の時間がこれまでと同じだと夜中に起きることが増えるかもしれないし、親の就寝が遅ければ、赤ちゃんも夜更《よふ》かしになるのを避けにくいかと思います。

　また、昼寝の時間が変わり、これまで午前と午後の2回昼寝していた子が1回に減ると、当然、夜の寝つきと朝の起きる時刻に影響することを避けられないでしょう。その1回が昼前だと夜早く寝ついて未明《みめい》に目ざめることになりがちだし、夕方だと夜更かしになることが多いようです。

　こうした眠りのパターンの変化は親の生活を乱す

でしょうが、それはもうしかたのないこと。覚悟《かくご》を決めてつきあうほかはないと思います。ただ、あまりにつらければ、いくつかの方法がないではありません(↓218ページ)。

育ちのぐあい(発育)

「からだつき」の変化(↓199ページ)にともなって、体重はあまり増えなくなるのがふつう。逆に減ることさえあるでしょう。元気で病気らしいようすがないかぎり、心配はいりません。

いずれにしても個人差が大きく、9カ月で7.4~10.2キログラム、お誕生生で8~11キログラムといった開きがあるほどです。

また、身長も個人差が大きく、9カ月で67.5~75センチ、お誕生生で71~78.5センチといったぐあいです。ただ、頭囲と胸囲は、これまでと変わらずほとんど同じで、9カ月で45センチ前後、お誕生生で46センチ前後、せいぜい1~2センチの差があるくらいでしょう。

からだとこころの動き

からだの動き

おすわりから、つかまり立ちへ ―― おすわりがしっかりし余裕もできて、からだをねじったり、背筋《せすじ》を伸ばしたり、リズミカルに腰を浮かしたりもしだすでしょう。そのようすは、もっと動きたい、姿勢を高くしたいかのように見えます。

とにかく、そうなった赤ちゃんは、両手を持ってやると、腕に力をこめ、腰を伸ばして立ち上がろうとするはずです。

まだ9カ月では腰くだけしたり、両ひざをつく「ひざ立ち」で終わったり、立ててもふらつくことが多いけれど、10カ月にも入れば、たいていの子が大人の手を支えにしっかりと立てるようになるでしょう。

さらに、そこまでになった赤ちゃんは、すぐにも自分から積極的につかまるところ、たとえば引き出しの取っ手とか椅子《いす》を探して、ひとりでつかまり立ちをするようになるはずです。

そして、やがてはつかまり立ちが安定し、片足を上げたり横にずらすといった余裕を見せるようにもなってくるでしょう。そのようすは「つたい歩き」が近いことを思わせます。

はいはい ―― すでにはいはいをしている赤ちゃんは、9カ月から10カ月のころになると、その動きがすばやくなってくるでしょう。

興味を引くものを認めるやいなや、パッと腹ばいに転じ、驚くほどのスピードで、正確に目標に向かってはいはいをしていきます。はいかたは、赤ちゃんによって両腕で漕《こ》ぐようにする子、クロールのように片腕ずつ前に出す子、尺取り虫《しゃくとりむし》みたいに進む子などさまざまで、時期によって変わってもいくでしょう。とにかく危険もありうるので、目が離せません。

とりわけ四つ足動物のように「高《たか》ばい」をしだした赤ちゃんは、おむつを替えるときに逃げだすので、たいへん。親は追いかけながらおむつを当てなければならないでしょう。

一方、この時期になっても、いっこうに「はいはい」をしようとしない子や、すわった姿勢のままずり動く子も少なくはありません。親としてはまどろこしい思いがするかもしれませんが、しかし、はいはいをしなくても、おすわりがしっかりし、つかまり立ちもするのなら、ひとつも気にすることはないはずです(→前ページ)。

つたい歩き——つかまり立ちがしっかりしてきた赤ちゃんは、次には「つたい歩き」を始めることでしょう。

つかまっていた椅子《いす》や座卓《ざたく》などを回ったり、すぐ隣にある別の椅子などに手を伸ばして乗り移ったりもしだします。ときには失敗して転んだりもするでしょうが。

10カ月にもなると、両手を持ってやれば、ひょこひょこと歩くかもしれません。そんなことをしたら骨を痛めると心配する向きがありましょうが、赤ちゃんが嬉《うれ》しそうにしているかぎり、だいじょうぶなはず。望むままに歩かせてよいと思います。ただし、途中で腰くだけになったり泣きだしたら、すぐにやめなければなりません。

さらに11カ月ごろになると、ほとんどの子が手当たりしだいに支えになるものをつたって、行きたいところに行こうとしだすでしょう。赤ちゃんの性質にもよりますが、けっこう大胆《だいたん》に移動しだすので、油断がなりません。

もしかすると、椅子によじのぼろうとしてひっくり返ったり、階段を昇っているのを発見してびっくりさせられることさえあるかもしれないのです。

ただし、つたい歩きをしだす時期は個人差が大きく、早い子と遅い子ではゆうに半年近くの開きがあるくらいです。ですから、少々遅くても、おすわりもつかまり立ちもしっかりしているのなら、気にすることはありません。

ひとり立ち——こうして月日が経《た》ち、1歳のお誕生日の前後になると、今度は親をすごく感激させるできごとが起きてきます。

つかまり立ちや、つたい歩きをしていた赤ちゃんが、気がつけば、なんとひとりで立っている。どうやら赤ちゃん自身は気がついていないようで、なにかの拍子《ひょうし》に立ってしまったらしい。たとえばおもちゃを両手に持ったときとか、つたい歩きの途中とか。それだけに、体勢が十分でないためか、すぐに尻もちをついてしまいますが。

とにかく、それを発見した親は、思わず喜びの声をあげてしまうことでしょう。しかし、あまり大声ではやしたてると、赤ちゃんを泣かせてしまうかもしれません。まあ、最初は嬉《うれ》しさのあまりでしかたないけれど、2度目からは感激はなるべくひかえめに、静かに励ましてやりたいものではあります。ただし、立たせようとばかりしていると、赤ちゃんはこわがって立とうとしなくなるおそれがあるので、ほどほどに。

そのうち、赤ちゃんは、ひとりで立ち、尻もちをついてはまた立ち上がる動作を楽しむようになってくる。やがては、やたらに立ちたがり、たとえば食卓で椅子に座ってはいられず、落ちそうになったり食器をかきまわしたりと、手におえなくなってくるものです。

そして、そのようにまでなった赤ちゃんは、片手さえ持ってやれば、よっこらよっこらと歩けるようにもなっていることでしょう。

ただし、ひとり立ちをしだす時期も、つかまり立ちと同様に個人差が大きいので、半年くらい遅れても、つかまり立ちやつたい歩きをしているのなら、気にしないでください。

ひとり歩き(歩き始め)——ひとり歩きは、ひとり立ちに増して、親を感激させるできごとにちがいありません。

けれど、これも、どうやら赤ちゃんの意志によるものではない。なにかの拍子に歩き始めてしまうかのようです。たとえば、つたい歩きをしていて離れたところにおもしろそうなものを見つけたとか、ひとり立ちしたとき親が手招《てまね》きしてくれたとかをきっかけに、思わずといったふうなのです。やっぱり、人間がもともと2本脚で歩くようにできているからなのだと思います。

いずれにしても、初めのうちは、ぎこちなく、ヨイショヨイショといった感じで、たいていは2～3歩も歩いたら尻もちをついてしまうでしょう。親が近くにいれば、その胸に倒れこんでくるかもしれません。

なんともユーモラスでかわいい一瞬。おおいに拍《はく》手《しゅ》喝采《かっさい》、歓声をあげてください。そのことで、赤ちゃんも励まされているフシがあります。ただ、あんまり大騒ぎをすると、赤ちゃんによっては、おびえて泣きだしたり、歩こうとしなくなることがあるので自重《じちょう》は必要ですが。

なお、こうしたひとり歩きを始める時期には、驚くほど大きな個人差があります。たいていの子は1歳2～3カ月ごろですが、早い子だと10～12カ月、うんと早いと7〜8カ月でひとり歩きする子もいないではありません。逆に遅い子だと1歳半近く、うんと遅いと1歳7〜8カ月になってやっと歩きだしたという子もいます。そして、ほかに特別の異常がないかぎり、ひとり歩きの早い遅いと、その後の運動能力や知能とは関係がないのです。

どうやら、ひとり歩きの早い遅いには、その子の性格も大きく働いているかのようです。よく言えば大胆な、悪く言えばむこうみずの子は早く歩いてしまうし、よく言えば慎重《しんちょう》な、悪く言えば臆病《おくびょう》な子は歩くのが遅れるフシがあります。そうだとしても、それがその子の個性なのですから、それに応じた育てかたをしてやってほしいと思います。

こころのもよう

いたずら――高まる感受性　この時期の赤ちゃんは、手の力が強くなり、しぐさも巧《たく》みになってきます。

9カ月では、たいていの子がお茶わんを両手でつかんで口に持っていったり、おもちゃを手から手へ持ちかえたり、引き出しを開けてなかの物をつまみだしたりしだすでしょう。パチンコ玉くらいの小さな物でも、つまむことができるかもしれません。

10カ月になれば、引き出しを開けたり、コップやお皿を逆《さか》さにひっくりかえしたりと、いたずらが盛ん。軽いドアや仕切りは押し開けることもあり、目を離せなくなります。

1歳の誕生日が近くなると、箱やびんのふたを開けたりしめたり、電気のコードを抜いたりさそうとしたり、テレビのつまみをまわしたり、パソコンをいじったり、ますます油断できなくなります。

けれど、一方で、ほ乳びんを自分で持つとか、絵本を無造作《むぞうさ》にでもめくるとか、鉛筆やボールペンを持ってめちゃめちゃ書きするとか、知恵がついたと親を喜ばせるようなこともし始めるでしょう。

こうしたしぐさを見ていると、ただ知恵がつき手が器用になっただけとは考えられません。たぶん、赤ちゃんは、この時期、身のまわりの「もの」や「こと」や「ひと」に、すごく感受性を高めているのです。しかも、その感受性は、3カ月から6カ月ころに始まった「気づき」(→138ページ)より、ずっと確かで敏感なもののようです。

だからこそ、次から次へといろいろなものに手を出す。大人のやっていることの真似《まね》をする。それでいて、ほかの「もの」や「こと」や「ひと」にも注意が向いていて、見さかいなく乗り換えたりもする。たとえば、いたずらに忙しくしていても、たまたま音楽が聞こえてくると、リズムに乗って踊りだしたりもするのです。

ちなみに、リズムに乗る赤ちゃんを見ると、親としては「音楽の天分《てんぶん》がある」と思いたくなるでしょう。しかし、残念ながら、かならずしもそうとはかぎりません。ほとんどの子が、お誕生のころには、音楽に敏感な反応をするようになるのです。

からだいじり――自分への意識　こうした赤ちゃんの感受性の高まりは、当然、自分のからだに対しても向けられます。外界の「もの」や「こと」や「ひと」と、自分とのかかわりを意識するに至った赤ちゃんは、その自分をも客観視せざるをえなくなるのでしょう。

しかも、自分を成り立たせているからだは、常に間近《まぢか》にあります。これとは否応《いやおう》なく、かかわらないではいられないはずです。だからこそ、赤ちゃんは、しきりにからだをまさぐるのでしょう。とりわけ耳たぶとかおへそとかペニスや膣《ちつ》をいじるのは、くぼんでいたり飛び出しているので興味がそそられるためでしょうか。もちろん、手のいきやすいところにあり、かゆくなりやすいという事情も関係しているかもしれませんが。ただ、性器には格別の感覚が秘められている感じはします。

しきりに指をしゃぶるのも、こうした事情が根底《こんてい》にありそうです。指しゃぶりをしている赤ちゃんは、自分のからだを確かめ、自分の世界に閉じこもって、こころを安定させようとしているかのように見えてなりません(→病気363ページ)。

自分で頭をベッドや壁にぶつける赤ちゃんもいますが、それも自分の頭を意識し始めたためと考えられます。欲求不満のためという説もあるけれど、とくにそんなことはなさそうなのに、頭打《あたまう》ちをする赤ちゃんが珍しくないのです(→病気379ページ)。

さらに、この時期には、後ろを振り返って見るようにもなってくるもの。自分の後ろにも何かがあることに気づいてきたからなのでしょう。

とにかく、このようにして、赤ちゃんは、しだいに自分と周囲の世界とを関連づけていっているのにちがいありません。

後追《あとお》い、人見知り――存在の不安　こうしたことの反面、1歳少し前から1歳半くらいまでの赤ちゃんは、ひどくこわがりでもあります。

そこに自分だけで存在していることの不安、頼《たよ》りなさに襲《おそ》われるのでしょうか。たいていの赤ちゃんが、急に後追《あとお》いを始めます。親がそばにいなくなったのに気づくと、さっと顔色を変え、泣きべそをかきながら、必死に追いかけます。まして親がトイレに入って見えなくなれば、戸をたたき涙をふりしぼって泣き叫ぶことでしょう。そんなときには、自分ひとりではないことを保証してあげたいもの。できるだけ早く抱いてやったり、トイレにはいっしょに入れてやってほしいと思います。

また、激しい人見知りをしだす赤ちゃんも多いもの。そのようすを見ていると、どうやら、相手と自分との関係のわからなさに原因があるかのようです。その証拠に、親にしっかりと抱かれていても、目の前にいる人がまったくなじみのない人か、まして何をされるかわからない人だと、じっと見つめたあげく泣きだします。その点が、親への愛着を動機としていた6カ月ころの人見知り(→138ページ)とは違っているのではないでしょうか。

そんなときには、相手から危害を加えられるおそれがないことを示すために、いったんはちょっと離れて、親が相手と親しげな会話をかわすようにする。

幸い、そのあいだに赤ちゃんが泣きやんだら、少しずつ相手に接近する。どうしても泣きやまなかったら、できるだけ早く相手から離れるのがよいと思います。

人真似《ひとまね》——ひとへの同化《どうか》　この時期の赤ちゃんは、こわがることと裏腹《うらはら》に、人の気持ちを読みとって、それに同調《どうちょう》するようにもなってきます。

たとえば、親しい人が見ているものを、その人の視線を追って見つめる。そして、その人が真剣なら真剣な顔に、楽しいなら楽しい顔になったりもするのです。

幼い子どもを見て喜ぶのも、たぶん、自分に近い人間を発見して親近感を覚えるのではないかと思われます。とにかく、幼い子どもを見ると、身をのりだし、嬉《うれ》しそうな声を出して、からだをゆすったりすることがあるでしょう。

さらに1歳前後になると、身近な大人の真似もよくするようになります。パソコンのマウスを動かそうとしたり、くしを使って後頭部をこすったり、もしかするとお化粧までしようとするかもしれません。

こうした行為は、からだ全体が指の先まで意図にそって、協力して動かせるようになったことを物語るものです。しかし、どうもそれだけではない。そうしたことのうえに、人間にもともと備わっている他人と同じ行動をしたい衝動が赤ちゃんを強くつき動かしているように思えてなりません。生まれたばかりの赤ちゃんは、意識しないで他人を求めていたのだけれど、この時期になって、他人を見習い、同化しようというふうに意識化してきたのではないでしょうか。

なお、この時期になると、親の顔を撫《な》でたり親をあやそうとしたり、もしかすると親の口に物を入れようとすることさえあるかもしれません。そうした行為は、赤ちゃんにも「親性《おやせい》」、つまりひとの面倒《めんどう》をみる性質が備わっていることをうかがわせてあまりがあります。

芸当から操作へ——能動的な主体へ　いわゆる芸当をしだすのもこのころ。親がしこみさえすれば、たいていの子が「バイバイ」とか「イヤイヤ」とか「いい顔」、「オツムテンテン」などをするようになります。そして、大人たちがやんやの喝采《かっさい》をすれば、得意になってくり返すでしょう。

どうやら、自分を認めてもらいたい気持ちが強くなってきたかのようです。

しかし、ひとつも芸らしいことをしない赤ちゃんも珍しくはありません。赤ちゃんにもいろいろな性質があるので当然なこと。心配したり無理にやらせようとはしないでください。

そのうち、手にしているおもちゃを親に渡そうとしだすし、さらに歩けるようになると、頼《たの》めば新聞を持ってきてくれるようにもなるでしょう。そうなると、「やりもらい遊び」といわれる遊び、つまり持っている「もの」を人に渡し、すぐに返してもらう遊びを喜ぶようにもなるものです。たぶん逆方向の動作がおもしろいのと大人と心を通わせることが嬉《うれ》しいからなのでしょう。

そのころには、また、ひとりでしたがることも増えてくるもの。たとえば、スプーンを握って食べようとし、うまくできなくても、親が手伝おうとすると、その手を払いのけて怒りだすでしょう。

それだけ、赤ちゃんは「もの」の操作をマスターしかけている。すくなくとも、マスターできるという自信をもち始めたにちがいありません。

そのうえ、この時期の赤ちゃんは、「できごと」のちょっと先を読むことができるようにもなっているみたい。その証拠に、おもちゃが机から落ちて見えなくなっても、ころがったであろう先を探したりします。親が衣服の着替えを始めると、外出することに気づいて、嬉しそうに抱きついてきたりもするでしょう。

すべて、こうしたことが、赤ちゃんを能動的な主体へと脱皮させているのだと思います。

ことばの芽生え

ことばの理解——「ひとへの同化《どうか》」(→前ページ)を意識化し始めた赤ちゃんは、当然、ことばへの関心を高めざるをえません。もともと赤ちゃんは、生まれながらに言語を理解し言語を発するプログラムを備えています(→401ページ)。それが、「ひとへの同化」の意識化とともに表にあらわれてくるのです。

その時期には個人差があるけれど、たいていの子が10カ月を過ぎるころから、自分の名前を呼ばれれば振り向くようになります。いたずらをしていても、「いけません」と言われれば、一瞬でもやめようとするでしょう。なにかを持っていたとき「ちょうだい」と頼むと、渡してくれることさえあるかもしれません。

さらに1歳になると、目の前に存在しない「ひと」や「もの」や「こと」を、ことばを聞いて理解するようにまでなってきます。たとえば、「パパは」とたずねると出て行った玄関を指さしたり、「ママ食べようね」と誘うと食卓に座ろうとしたりするでしょう。

お話の始まり——ことばの理解が進むにつれて、次にはことばの使用が始まります。

たとえば、「ごはん」と聞いて食卓に座るだけで

ベビーサインについて

ベビーサインという、赤ちゃんとのコミュニケーションのしかたがはやっています。

赤ちゃんはじょうずに話せないから、表現したいことをサインとして示《しめ》させようというわけです。そのために、赤ちゃんがからだの動きで表現していたら早く理解してやり、さらには親のほうからも手や足や口などを使って表現するかたちを教えてあげることが大切なのだそうです。

たとえば、「もっと」を言いたければ、人差し指で反対の手のひらを軽くたたくといった動作をサインとして教えることが勧められています。そうしていると、赤ちゃんとのあいだで意志の疎通《そつう》が進むし、赤ちゃんのことばと知能の発達もよくなるというのです。

しかし、サインをしこもうと懸命《けんめい》になっても、ひとつもやってくれない赤ちゃんは珍しくありません。そうなると、親はいらだってしまいがち。かえって赤ちゃんとのコミュニケーションがとれなくなってしまいます。

ことばと知能にしても、べつにベビーサインをしこまなくても、ふつうの育てかたをしていれば発達していくものです。

ですから、ベビーサインには、はまらないほうがよい。そんな形式よりも、ごく自然に、赤ちゃんの表情やしぐさで、赤ちゃんが求めていることを感じとるようにしているほうが、ずっといいはずです。また、親も、赤ちゃんに何かを伝えたいときに自然に出てくる表情やしぐさで訴えたほうが、無理がなくて楽だと思います。

それに、ベビーサインのような単一の形式では誤解するおそれが大きい。たとえば同じ「もっと」でも、程度の違いがあるだろうし、内容が食べることか遊ぶことかでも微妙に違うので、指で手のひらをたたくといったサインだけでは不十分なのです。

なく、自分のほうから「マンマ」とか言って食事の催促《さいそく》をするようになるでしょう。逆に食べたくなければ、「ナイナイ」とか言って逃げだすこともあるでしょう。

外に行きたくなると「アーアー」と玄関を指さしたり、嫌いな病院の前に来ると「イヤイヤ」と叫んで泣きだしたりするかもしれません。また、帰りたくなったら「バイバイ」と手を振ったりもしだすでしょう。

しかし、赤ちゃんのことばのマスターのしかたは、学校で英語を習うのとは、まったく異なっています。そのようすを見ていると、意味を知ってではなく、経験上「感じ」を覚えるといったふうです。だからこそ「パパは」と聞かれてよその男のひとを指さしたり、「ごはんよ」と食事に呼ばれたのに抱きついてきたり、見当違《けんとうちが》いが起きがちなのでしょう。

話し始める順序も、かならずしも単語とか一語《いちご》文《ぶん》からとはかぎりません。いきなり「ワンワン　アッチ　イッタ」のような一連のことばを発して驚かされることすらあるでしょう。そんなことから、ことばは、赤ちゃんの頭のなかで、まとまった意味をもつ構造として熟成《じゅくせい》されてくるものと思われます。

ただ、その過程で、赤ちゃんが使うことばの意味も、かならずしも大人と同じとはかぎりません。「ワンワン」がネコやトリを指していることは珍しくないし、もしかすると「イッタ」が来たことなのかもしれません。どうやら、そうした表現は、その子なりの事物やできごとに対する自分本位の認識を示しているのです。

しかし、だからといって、ことばの使いかたを性急にあらためさせようとするのは、どうかと思います。動物をすべて「ワンワン」と表現するのは、絶対に誤りとは言い切れません。動物に対する認識のしかたと命名法《めいめいほう》が、大人と赤ちゃんのあいだで異なっているだけ。そうしたことは、文化の異なる民族のあいだではよくあることなのです。赤ちゃんという異文化の人と暮らすいま、しばらくはそのことばを楽しむのもよいではないですか。

そのために、ことば遣《づか》いがいつまでも赤ちゃんに留まるということはありえません。同じ日本で大人といっしょに暮らしている以上、赤ちゃんは必ず大人の日本語を使うようになってきます。

ネコを見て「ワンワン」と言えば、たいていの大人が「ニャンニャンね」と訂正のことばを発するでしょう。すると、赤ちゃんは真似《まね》をして「ニャンニャン」と言いだすもの。そうして犬と猫とを表現上で区別していくのです。このとき「ネコ」という大人ことばを教えることはない。むしろ、赤ちゃんの感性と発声のしかたに沿って、大人も「ニャンニャン」と言ったほうが赤ちゃんにはなじみやすいはずです。

とにかく、赤ちゃんとお話ができるようになりたければ、学校式に教えこむのではなく、暮らしをともにし、心を通い合わせていることがなにより大切なのだと思います。

なお、この際、しゃべり始めるのが早いか遅いかは気にしないこと。なにしろ、しゃべり始める時期は子どもによって非常に大きな開きがあるのです。たいていは1歳で単語のひとつふたつしゃべりだしますが、早い子だと10カ月くらいでしゃべりだすし、遅い子だと2歳近くなっても「ア、ア」くらいしか言わない子も珍しくありません。もっと遅い子だと3～4歳になっても、ほとんどしゃべらない子さえいます。

しかし、いくら遅くても、耳が聞こえていて、「ゴハンヨ」とか親の言うことがわかり、自分が好きな大人や子どもと遊べたりするかぎり、心配はいりません。そういう子は、きっと、たくさんのことばを、それも豊かな文章として頭のなかに蓄《たくわ》え続けているのです。ですから、しゃべり始めたら、せきを切ったように話しだすことが多いのでしょう。もちろん、あまりしゃべらない子もいますが、それはその子の性質、躍起《やっき》になってしゃべらせようとはしないにかぎります。親が躍起になると、赤ちゃんが緊張して、かえってしゃべらなくなるおそれがあります。

育てかた

暮らしの一員として

この時期の赤ちゃんは、大人といっしょのことをしたいし、自分を認めてもらいたくて、うずうずもしています。そうして赤ちゃんは成長していっているのです。

ですから、あまり「しつけ」で支配しようとはしないで、できるだけ大人の暮らしに、かわいい一員として仲間入りをさせたいものだと思います。

ただ、事故が多くなるときなので、その注意だけは、しっかりしておかなければなりません（↓220ページ）。

母乳をやめる時期（断乳《だんにゅう》、卒乳《そつにゅう》）

母乳をやめる時期は、赤ちゃんと母親それぞれの事情によって考えるのがよいと思います。

つい最近までは「断乳」と言って、生後1年したら母乳をやめなければならないと指導されてきましたが、そんなに一様《いちよう》にやめられるはずはありません。それで今では「卒乳」と言われだしましたが、学校みたいに卒業しなければとかまえるのも固すぎる気がします。

まずは、赤ちゃんが乳房を求め、少しずつでも食べものを食べ、発育もふつうで、ひとり遊びもするようなら、赤ちゃんにとって母乳をやめる必要はないはずです。むしろ、心ゆくまで乳房を吸わせていれば、情緒《じょうちょ》も安定しやすいでしょう。

また、母親におっぱいを与えたい気持ちがあり、赤ちゃんを寝かしつけたりするのに便利と感じているのなら、母親にとっても母乳をやめる必要はありません。むしろ、赤ちゃんを乳房から離すのはさびしいもの。それまでは、母子の蜜月《みつげつ》を楽しんだほうがよいと思います。

そのうち、いつかは必ず、赤ちゃんは乳房から離れていくもの。さびしいことですが、それを待っていればよいのです。ただ、その時期は赤ちゃんによってそうとうに異なるので、早い遅いを気にすることはありません。

およそで言えば、よく食べる子だと、そちらの魅力のほうが大きいのでしょうか、わりに早く母乳を求めなくなります。活発に動く子も、母親の胸にく

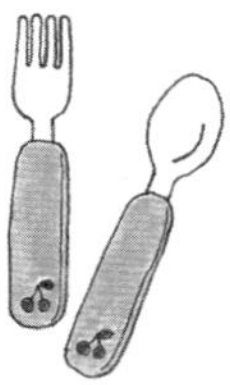

つついている暇《ひま》がなくなるせいでしょうか、あっさりと離れてしまう傾向があるようです。それに反して、食べるよりおっぱいが好きで、乳房への執着《しゅうちゃく》が強い子やおとなしい子だと、なかなか離れないことが多いようです。

そんななかで、たいていの子は、日中の大半は離れているけれど、寝つくときとか夜中に目をさましたときには乳房を求めるといった過渡期《かとき》を長く続けるでしょう。日中でもさびしいとき、こわいとき、泣いたあとなどには母親の胸にすがってくるのがふつうです。

いずれにしても、ふつうで2歳か2歳半くらい、遅くても4歳までには、完全に離れてしまうもの。気長につきあってやってください。

しかし、赤ちゃんが、食べものをひとつも口にせず、発育が悪くて活気もなく、ほとんど1日中母親の胸にくっついて離れないのなら、母乳をやめさせたほうがよさそうです。母乳をやめると、よく食べだして活気が出てくることが多いものです。

また、たとえ赤ちゃんに問題はなくても、母親にやめさせたい気分がつのったり、まして授乳が苦痛で耐えがたいほどになったら、やめたほうがよいと思います。無理して与え続けると、育児がイヤになり赤ちゃんにもつらく当たってしまいそうです。栄養はこの時期なら母乳に大きな価値はないし、情緒《じょうちょ》も授乳だけで安定するものではない。子どもを思う気持ちさえあればだいじょうぶです。

なお、母乳をやめさせると決めたら、いくら泣かれても心を鬼にして、きっぱりとやめるにかぎります。そのかわり、抱いたり、あやしたり、外に出したりと、できるかぎりかまってやりたいものですが。しかし、そんな余裕などないときには、泣きわめかせても、断固として与えないにかぎります。中途半端に与えてしまうと、よけいに泣かれて、やめにくくなりがちです。断固としていれば、まあ1週間以内には、あきらめてくれるものです。

乳があふれて困ったら、乳房を適度に冷やし、楽になるまでしぼったらどうでしょう。それで早ければ半月、遅くも1カ月までには張らなくなるはずです。

牛乳を飲ます

オールミルクか母乳にミルクを足していた場合は、そろそろ粉ミルクを牛乳に切り替える時期です。とりわけいろいろな食品をよく食べるようになったら、牛乳を主にしたほうがよいくらいです。

もう牛乳でも消化し、吸収する機能が成熟してきているし、粉ミルクだと甘くカロリーが高いので、食欲を妨《さまた》げる可能性があるからです。それに牛乳のほうがタンパク質が多いという利点もあります。

アレルギーについては、これまでミルクを飲ませていてなんともなかったのなら、心配ないはず。ミルクも牛乳から作られているからです。母乳だけで育ててきた場合でも、母親が牛乳を飲んでいたのなら心配ないはず。その母乳からは牛乳の成分が分泌《ぶんぴ》されているからです。

しかし、いずれの場合でも、牛乳はいきなり大量には与えず、まず100ミリリットルくらいを2〜3日与え、なにも異常が起きなければ、徐々に増やしていくほうが無難《ぶなん》かと思います。

ただし、牛乳ばかりだと鉄分やビタミン類やミネラルなどが不足するおそれがあるので、同時に食べるものを大胆《だいたん》に増やしていく必要はあります。

鉄分の多い食品としては、コマツナ、レバー、牛肉、豚肉、鶏肉のもも、ひじき、シジミ、アサリ、ハマグリ、大豆、インゲンマメ、アズキ、エンドウ、納豆があります。ただ、ひじきは、ヒ素をかなり含むので、しょっちゅう食べさせず、与えるときには水戻《みずもど》しを十分にしておくのがよいと思います。

実際には、まず食事の前後の授乳を牛乳に切り替えてみたらどうでしょう。最初は水を加えて3分の2くらいの濃さに薄め、支障なく飲んでくれるなら、半月ほどして薄めずに与えたらよいと思います。温度は、これまでと同じが慣れていてよいでしょう。

飲ませかたは、できればコップかスプーンで飲ませたいけれど、牛乳だけはほ乳びんという子が多いようです。

コップかスプーンの場合、最初のうちはほとんどこぼしてしまうでしょうが、かまわずに飲ませていると、だんだんじょうずになってくるもの。もしこぼしてばかりなら、マグ(両手つきの吸い口もつい

牛乳の選びかた

できるだけ努力して、乳牛の飼料《しりょう》に抗生物質《こうせいぶっしつ》や農薬など薬物や遺伝子組み換え作物の入らない生産地の牛乳を選びたいもの。

そのうえで、成分無調整、ノンホモジナイズ(非均質化《ひきんしつか》)、低温殺菌(62〜65度、30分)の牛乳を勧めます。

なお、ラベルに「加工乳」とあるのは、ほんものの牛乳ではありません。ほんものの牛乳でもホモジナイズ(均質化)してあるのは、脂肪球《しぼうきゅう》を壊《こわ》しているために、心臓に有害な酵素《こうそ》が体内に吸収されやすくてよくないと言われています。

■参考になるサイト

・大地を守る会「牛乳」
http://www.daichi.or.jp/corporate/item/nyuuseihin/01/

・生活クラブ連合会「パスチャライズド牛乳」
http://www.seikatsuclub.coop/item/milk/01.html

・自然派食品系オンラインショッピングのナビゲーション「牛乳・乳製品」
http://naturalfood.jp/link/milk/

た赤ちゃん用のコップ)を使うとよいかもしれません。

また、牛乳が嫌いなようなら、温度を低めにしたり、薄めにしてみたらどうでしょう。暑い季節には水道水くらいの冷たさのほうが好まれるかもしれません。それでも嫌うなら、はちみつか砂糖を少し入れたりバニラなどのフレーバー(風味料)を落としてみたらどうでしょう。それだけで飲みだすこともあります。

ちなみに、はちみつにはボツリヌス菌の胞子が含まれているから危険と言われるけれど、はちみつ中で毒素を作ることはないし、腸内で繁殖《はんしょく》する危険性もほとんどないうえ、1歳を過ぎればボツリヌス菌を殺す細菌が腸のなかにできるので、与えてだいじょうぶなはずです。

しかし、どんなに工夫しても受けつけないなら、牛乳に固執《こしゅう》することはありません。粉ミルクを続けながら食事を増やすようにすればよいのです。

さらに、めったにはないけれど、牛乳を飲ませると下痢《げり》したり吐いたり、じんましんや湿疹《しっしん》が出ることがあるかもしれません。そんな子には、まだしばらくは粉ミルクを続けるほかはありません。ただし、下痢だけの場合には、牛乳を温かくすればだいじょうぶということはあるので、試してみてください。

とにかく、このようにして幸い食事の前後が牛乳に切り替えられたら、次にはそのほかのときの授乳もしだいに牛乳にしていくことです。夜中とか忙しいときなど牛乳のほうが便利なときから始めて、1

フォローアップミルクについて

9カ月以降、幼児期にかけて最適というふれこみのミルクですが、どうにも勧《すす》められません。なにしろ、粉ミルクの売れゆきの減ったメーカーが、商売のためにつくりだしたもののように思えてならないからです。

一見《いっけん》、タンパク質、鉄、カルシウム、マグネシウム、ビタミン類を強化し、発育に好影響のあるドコサヘキサエン酸を加えてあるのはよさそうに思われます。しかし、その多くを薬物として添加《てんか》していることが不自然だし、浸透圧《しんとうあつ》が高くなることも気になります。また、消化しやすいようにと、脂肪を「置換《ちかん》」していることも気になります。その置換したのが植物油からの脂肪だとしたら、メーカーには利益があるけれど、赤ちゃんからは動物性脂肪を奪《うば》うことになりかねません。

そんなわけで、フォローアップミルクは、むしろ有害。少なくとも、ふつうにいろいろな食品を与えていれば、まったく必要のないものです。たとえあまり食べなくても、フォローアップミルクばかり飲ませていると、よけいに離乳食を食べなくなるおそれさえあります。

フォローアップミルクの主たる売りの鉄分は、食品で十分に与えられるはずです(→前ページ)。

もうひとつの売りのドコサヘキサエン酸も、薬物で与えなくても、マイワシなど青魚類《あおざかなるい》の魚肉中に多く含まれているものなのです。

～2週間に1回くらいずつ増やしていったらどうでしょう。そうすれば、1～2カ月で全部牛乳にすることができるはずです。

ほ乳びんをやめるタイミングは、母乳をやめるのと同じ(→210ページ)ように考えればよいと思います。しかし、この時期では、たぶん、まだ無理。とりわけ寝つく前は、ほ乳びんでないとだめな赤ちゃんが多いでしょう。

ふつうの食事へ

食事は楽しく

食べさせることは、ことさら特別に考える必要はありません。大人と同じものを、赤ちゃんの好みで、ほしがるだけ食べさせればよい。それも、ベビーチェアに座らせて家族といっしょに食卓を囲むのがよいと思います。そのほうが、特別に「離乳食」を作って赤ちゃんだけに食べさせるよりも、親子ともが楽しく食欲もはずむはずです。

ただ、固めの食品は、食べられる時期が、赤ちゃんによってかなり異なるもの。最初から固いものを食べる子もいれば、お誕生を過ぎても軟らかいものしか受けつけない子もいます。

また、与えかたもあって、軟らかいものばかり与えていた子に、いきなり固いものを口に入れるとびっくりさせるかもしれません。少しずつ固めにしていくのがよさそうです。

いずれにしても、赤ちゃんが嫌うものを強引に食べさせようとするのは禁物《きんもつ》。赤ちゃんの口をこじ開けるようにして突っこんでも吐きだされたり、口にふくんだまま飲みこまないでいたりして、親子ともつらいことになりかねません。あげく、マイナスの条件反射《じょうけんはんしゃ》が働いて、かえって食欲を落としてしまいがちです。

少ししか食べない

何を与えても、ほんの少ししか食べない子は、たくさんいます。元気でふつうに育っていれば、心配することはありません。この時期は発育のスピードが鈍《にぶ》る(→201ページ)ので、さほど多くの栄養はいらないのです。それに、そもそも栄養は、食べた量だけでは評価できないもの。食物が消化され身につく割合が赤ちゃんによって異なるし、栄養の消費のしかたにも個人差があるからです。

ただ、この時期に不足しがちなタンパク質、鉄、カルシウム、ビタミンはできるだけ確保する必要があります。そのために、これらの栄養素に富んだ食品、たとえば牛乳、ヨーグルト、バター、チーズ、卵、レバー、肉、魚介類、豆腐、納豆、野菜、果物などのなかから、好きなものを少しずつでも与えるようにしたいものです。

食べかたにむらがある

この時期は、ほとんどの赤ちゃんが、食べかたにむらがあります。なかにはなんでも食べる子もいますが、たいていの子は好き嫌いが激しいし、食べる量も多いときと少ないときとがあって、定まりません。

どうやら、気の向いたときに好きなものを食べたいだけ食べるというのが、この時期の赤ちゃんの平均的な食事パターンのようです。

しかも、好きなものの傾向は、離乳を始めたころより顕著《けんちょ》になるみたい。ごはんにみそ汁といった和風が好きな子とか、パンにグラタンといった洋風が好みの子など、かなり個性が出てくるようです。食べかたも、多いときと少ないときの差がひどい子もいれば、いつも同じように食べる子もいないではありません。

そして、そうした好みと食べかたの違いは、ほとんどしつけかたとは関係がなさそうなのです。同じ親が育てているきょうだいのあいだでも、よくあることですから。

とすれば、やはり、赤ちゃんの意向に添って食べさせるにかぎる。偏食《へんしょく》をなおそうと無理をすると、かえって口を閉じてしまいかねません。そんな徒労《とろう》をするより、親がおいしそうに食べていることのほうが効果的。そのようすを見れば、つられて食べるようになるものです。ですから、家族が極端な偏食をしていなければ、やがては、たいていのものを食べだすと思っていていいでしょう。

食べちらかし、遊び食べ

食べかたが乱雑で、ちらかしたり遊び食べをするのも、この時期の赤ちゃんではふつうのことです。たぶん、それが人類の食事の原型なのでしょう。見ていて、いかにも自然児、豪快な感じさえします。そうした野性は、むげに抑えつけたくはありません。

しかし、人類が文化を築いてきた以上、それになじませる必要があることも確かです。

したがって、野性と文化とをどう調和させるかが問題になるわけですが、現代では、どちらかと言えば野性をそこねないことが大切かと思われます。これまで、あまりに文化を優先させてきた結果、行儀《ぎょうぎ》はよいけれど、食べる喜びを感じさせない子どもが増えてしまったからです。しかも、素手《すで》では食べられない、落としたものを拾って食べられないといった、ひ弱な子どもが多くなっているのです。

とにかく、食べちらかしや遊び食べは、頭ごなしにやめさせようとしないほうがよさそう。しかりつけると、たいていの子が大泣きをして食器を払いのけるなど、手がつけられなくなります。それでも、いつもやかましくやめさせようとしていたら、食べる意欲まで削《そ》いでしまうおそれさえあります。

もちろん、したい放題にさせていたら、赤ちゃんの顔や食卓の周辺が目も当てられなくなって、後始末《あとしまつ》もたいへん。ひょっとすると、テーブルに乗りあがったり、ベビーチェアから降りたがったりもしだします。子どもによっては、おとなしくしてくれるかわりに、だらだらと食べ続けるかもしれません。

そんなときには、どうでしょう、以下のようにしてみたら。

まず、食卓と赤ちゃんの顔をいつもきれいにしておくのはあきらめ、ときどきちょっとふくだけにして、食卓の下にビニールか新聞紙を敷くなどして、こぼしへの対策をとっておく。そのうえで、赤ちゃんが食器を持ったり手でつかんだりして、自分で飲んだり食べたりしたがったら、食器を割りそうとか食べものをのどに詰まらせそうにでもならないかぎり、自由にさせておく。

食べものを口から出したり入れたり「遊び食べ」を始めたり、テーブルに乗るとか椅子から降りようとしだしたら、食事はやめて遊ばせるようにする。だらだらと食べ続けて片づけに困るときには、さっさと片づけてしまう。泣かれたら、ほかの遊びに誘導する。

ま、そんなふうにすれば、食事が、わりと平穏《へいおん》になるかと思います。もちろん、そのときの赤ちゃんの体調や機嫌《きげん》、家庭の状況などで、いつもうまくいくとはかぎりませんが。

おやつ

おやつも、あまり厳格にするのはどうかと思います。虫歯にならないようにと、いっさい与えないでは、暮らしから潤《うるお》いをなくしそうです。

やはり、おやつは楽しみとして、また親と子が情をかわす媒介《ばいかい》としてあったほうがよい。もちろん、のべつだらだらと与えるのはよくないけれど、1日に2〜3回くらい、少量ずつなら、甘いお菓子でも食べさせてかまわないはずです(次項)。

歯みがきと甘いものの制限

赤ちゃんの歯みがきでは、たいていの親が苦労をしているのではないでしょうか。

保健所などで教えられたとおりに、赤ちゃんをひざの上にあおむけに寝かせてみがこうとしても、ほとんどの子が暴れてうまくできない。そこで心を鬼にし、夫婦して赤ちゃんを押さえつけ、泣き叫ぶ口をこじ開けて歯をこする。歯ぐきに傷をつけて血が出ることもある。それを毎日やらなければならない。

そんな修羅場《しゅらば》は、断然、やめるべきだと思います。そもそも、歯みがきをしなければ虫歯になるという確実な証拠はない。むしろ、最近では歯みがきの有効性は否定されつつあるのです(『ちいさい・おおきい・よわい・つよい』24号、特集「むし歯のはなし」、ジャパンマシニスト社)。実際にも、世界を見わたせば、歯みがきをする習慣がないのに虫歯がほとんどない民族は多いし、日本でも、むかしはそうだったのです。どうやら虫歯の発生は、甘い食品や飲料の氾濫《はんらん》と、無分別《むふんべつ》な摂取《せっしゅ》に主な原因があるのです。ですから、そうしたことを避ければ、無理して歯みがきをしなくても、虫歯はかなり防ぐことができるはずです。もちろん、赤ちゃんが嫌わず、親も楽しく歯みがきができるのなら、やってよいでしょうが。

ただ、だからといって、甘いものはいっさい与えないというのはどうかと思います。子どもにとってお菓子やジュース類は楽しみだし、カロリーを補《おぎな》う意味もあります。大人でもお茶菓子など間食《かんしょく》を断《た》った生活は味気《あじけ》なく、お腹《なか》もちにくいでしょう。人間には、そうしたオアシスが必要なのです。

そこで、甘いものも節度《せつど》をもって与えるのがよい。せめて1日に2～3回以内、寝る前は避け、量もわずかにし、食後に水か番茶を飲ませておけば、そんなに虫歯はできないと思います(→病気320ページ)。

指しゃぶり

指しゃぶりは、歯ならびを悪くするから、早くやめさせるべきだとよく言われます。

確かに、指を入れる角度が深く、吸いかたが強烈で、ほとんど1日中しゃぶっている場合には歯ならびに影響することはあるようです。しかし、その場合でも、4～5歳までに吸わなくなれば、歯ならびが悪くなることはないと言われています。

ですから、むきになって指しゃぶりをやめさせようとすることはない。むしろ、子どもは指をしゃぶることで情緒《じょうちょ》を安定させているのですから、やらせておいたほうがよいと思います(→205、病気363ページ)。

ただ、指しゃぶりばかりしていて活発に動かない子は、楽しい遊びに誘ってやる必要があるでしょう。

寝かせる

およそ1歳にもなると、眠りかたに悩まされることが多くなります。もともと子どもをもったからには睡眠パターンのギャップは避けられないけれど、それが激しくなる。夜遅くなっても寝つかないとか、

夜中にたびたび起きて泣くとか、早朝に目ざめて親を揺り起こすといった悩みが増えるようです。

しかし、これはしかたのないこと。この時期になると、睡眠時間が全体として減ってくるし、昼寝の回数と時間も変化するので、夜間の眠りが妨《さまた》げられて当然なのです（↓200ページ）。

とすれば、この悩みには根本的な解決策はない。もう覚悟を決めてつきあうほかはないと思います。けれど、それにしても、あまりにつらければ、次のようなことを試みたらどうでしょう。

① 日中によく運動させる
② 夜にお風呂に入れる
③ 寝かせる前に腹もちのよいものを食べさせる
④ 昼寝や夕寝をやめさせるか時間をずらす

これで多少は楽になることがあります。しかし、たいていは、このどれをやってみてもダメでしょう。とくに④は困難だし、かえって逆効果になるかもしれません。つまり決め手はないのですから、いちおうは試みてよいけれど、ダメだったらあっさりあきらめるほかなさそうです。

そのうち、いつしか慣れ、赤ちゃんもよく寝てくれるようになるもの。それまでは、以下の項に書くような、とりあえずの対策でしのいでいてください。

寝かしつけ

寝つきが悪く、ぐずつく子は、添い寝をしてやるか、抱いたりおんぶしてやると眠るかもしれません。それでもぐずり続け親も面倒《めんどう》をみきれなければ、ベッドにひとりほうっておくのもやむをえないでしょう。ぐずりながら寝つくのが、その子の眠りかたと思っておくことです。ただ、ひとりにする場合は、赤ちゃんのようすに注意している必要があるのはもちろんです（↓188ページ）。

夜更《よふ》かしをして、はしゃぎ動きまわる子は、興奮させないように部屋を落ち着いた雰囲気にし、赤ちゃんはほうっておくか、静かに相手をしてやるのがよいでしょう。そのうち、たいていコロリと寝入ってしまいます。

しかし、早く寝かしつけようと焦《あせ》っては逆効果。赤ちゃんは、その気分を察知《さっち》して、意地でも寝なくなってしまうようです。

朝早く起きだす

朝早く親をたたき起こす赤ちゃんは、およそ夜寝つくのも早い傾向があるでしょう。そうならば、むずかしいけれど、夜の寝つきを遅くするのがいちばんです。

たとえば父親が夜遅く帰宅したとき、赤ちゃんを無理にでも起こして遊んでやる。親が寝る前に、眠っている子をお風呂に入れて目ざめさせる。赤ちゃんの寝つく時間に家事などはやめて遊んでやる。寒くない季節なら外に連れて出るなど。そうしたことで、多少とも朝の目ざめが遅くなるかと思います。

しかし、どのようにしても朝早く起きだすのなら、これはもうかまわずほうっておくにかぎります。布《ふ》団《とん》をかぶってでも相手にしなければ、そのうちひとりで遊びだすものです。ただ、親が赤ちゃんの泣き声に耐えられなければしかたありません。おっぱいを飲ませていまいちど眠らせるか、半分眠りながら適当に相手をしてやることです。

夜遊び、夜泣き

この時期の赤ちゃんは、毎晩のように、夜中に遊びだしたり夜泣きを始めることが多くなります。

夜中に起きて遊びだしたときは、親はかまわず寝ているにかぎります。相手をすると遊びが本格的になって、寝つかなくなってしまいがち。ほうっておきさえすれば、間もなくコロリと眠ってしまうものです。

しかし、激しく泣きだしたときは、ほうってはおけないでしょう。夜泣きにはこれといった決め手はないけれど、考えられるだけの対策(↓前ページ)をやってみるほかはありません。幸いに、夜泣きは、ひとり歩きなど動きが活発になるとおさまってくることが多いもの。たぶん疲れて眠りが深くなるためと、思うところに行けるので欲求不満も少なくなるためでしょう。いずれにしても、それまではわずか、もう少しの辛抱《しんぼう》です。

おむつはずし(排泄《はいせつ》のしつけ)

おむつは、親ならだれでも早くとりたいのが人情でしょう。

けれど、この月齢では、ほとんどの赤ちゃんがまだ無理。おむつがとれるのは、早くても1歳3〜4カ月、たいていは1歳半から2歳すぎ、遅い子だと3〜4歳にもなることさえあるのです。

ですから、「排泄のしつけ」とか「トイレットトレーニング」とかは、まだ始めないほうがいい。赤ちゃんに泣かれたり、うまくいかなくてがっかりするだけです。

髪の毛

髪の毛には、かなり手をかける必要があります。すくなくとも髪の毛が目にかかったり、ひたいやうなじにあせもができたり、耳たぶを傷つけたりしだしたら、髪留《かみど》めか輪ゴムで髪をまとめるか、短く切ってやらなければなりません。

それも、床屋や美容院に行くより、親が切ってやるほうがよいと思います。虎刈《とらが》りになっても、親の情が感じられて微笑《ほほえ》ましいものです。

パーマをかけたりヘアカラーで染めるのは、薬剤による害がありうるし髪の毛を傷《いた》めるおそれもあるので、避けるべきだと思います。

なお、髪の毛が薄くても心配することはありません。幼児になるにつれて、けっこう生えてくるものです(↓病気378ページ)。

気をつけたいこと

9カ月から1歳半のころ

❶ 事故（↓病気404ページ）

好奇心が旺盛《おうせい》で、はいはいが速くなり、つたい歩きやひとり歩きもしだすので、親の知らないあいだに危険な場所に行っていることがあります。

これまでと同じ注意（↓190ページ）を厳重《げんじゅう》にしたうえに、以下のことに気をつけてください。

① **ぶつかる（打撲《だぼく》）**――室内で転んだり頭をぶつけるのはまず大事には至りませんが、戸棚などのガラスや浴室のタイルに強くぶつかると、ときに大けがになることがあります。

衝突しそうなガラスははずすか、セロテープなどで保護しておき、浴室にはマットかすのこを敷いておくと安心でしょう。

② **挟《はさ》む**――ドアや戸棚を開けようとして指を挟むことはよくあります。ほとんど大事には至らないけれど、ドアにはストッパーをつけたり、戸棚の角《かど》にゴムをはっておくほうがよい。戸棚などは、赤ちゃんの手のとどかないところにフックをしておければよいと思います。

親が部屋から出るときは、常に赤ちゃんが追いかけてきていないか、後ろを見るようにしなければなりません。うかつにドアを閉めると、赤ちゃんの手や頭を挟むことがあります。

車のドアを閉めるときには、子どもの手を挟まないよう、常に注意を。車の走行中は、オートウィンドーはロックしておかなければなりません。

③ **落ちる（転落）**――室内で椅子《いす》とかソファーなど低いところから落ちても、まずだいじょうぶ。

しかし、高いところから落ちると危険。2階以上のベランダの柵《さく》のそばには、植木鉢やケースなど足場《あしば》になるものを置いてはいけません。窓には赤ちゃんが身を乗り出せない構造の柵が必要です。

ベビーカーや自転車に乗せたまま赤ちゃんをひとりにしておくのは禁物《きんもつ》。立ち上がろうとして落ちたり、ベビーカーや自転車ごと倒れることが少なくありません。

④ **自動車の事故**――自動車に乗せるときにはチャイルド・シートに固定することが法に定められています。しかし1歳を過ぎるころから固定されることを嫌いだす子が多いようです。そうなったら、リクライニングを上体が起きるように調節すること。それでも、どうしてもシートに座らなかったり、すぐシートから体を乗り出してしまうようになったら、自動車には乗せないほうが無難《ぶなん》です。

⑤ **おぼれる（溺水《できすい》）**――家のなかでは、風呂場がもっとも危険。赤ちゃんが風呂場に入れないようドアの上のほうにフックのような留めるものをつけ

ておくにかぎります。そのうえ、浴槽《よくそう》には、絶対に、水をはったままにしないことです。ふたをしてあっても安心できません。

洗濯機をのぞきこむこともあるので、そばに洗濯物入れなど足場になるものは置かないように。

⑥ **やけど(火傷)**――キッチンで料理をしていると、いつの間にかそばに来ていることが多いので、常に足元に注意をしておかなければなりません。煮えたった鍋などを移動するときに、足元の赤ちゃんにつまずいて、大やけどさせることがあります。また、おんぶをして料理をしていると、後ろを向いたときに、赤ちゃんのお尻や脚が火にかかったり鍋をひっくり返すおそれがあります。

そこで、料理をするときは、赤ちゃんをだれかに見てもらうか、ベッドかサークルに入れておくのが無難だと思います。

⑦ **ものを口に入れる(誤飲《ごいん》)**――思わぬところまで移動することがあるので、洗剤、殺虫剤、消毒薬、電池、大人の薬など、口に入れて危険なものは、赤ちゃんの手の届かない棚《たな》の上などにしまっておくにかぎります。

なお、歩き始めたら、とがったものを持たせるのは危険。転んだとき、のどの奥を突くおそれがあります。ただ、鉛筆やボールペンは、大人がそばで注意を払っていさえすれば、持たせてもよいとは思います。

❷ 急を要する重い病気

この時期の病気は、ほとんどが、たいしたことはないでしょう。けれど、まれには以下のような急を要する病気もあるので見逃さないようにしてください。

① **腸重積症《ちょうじゅうせきしょう》**――急に苦しそうに泣きだしてとまらず顔色が悪くなって吐き始めたら、だいいちに腸重積症を疑わなければなりません。まして血のような便がでたら、まず確実です(→病気117ページ)。

② **そ径《けい》ヘルニア(脱腸《だっちょう》)のかんとん**――もともとそ径ヘルニアのある子が、脚を縮めてお腹《なか》を痛そうに泣きだしたときは「かんとん」を疑っておかなければなりません。局所がふくらんでいて、押さえてもおさまらなければ、早く外科か小児科へ行く必要があります(→病気394ページ)。

③ **ひきつけ(けいれん)**――突然、目つきがおかしくなり、のけぞったり手足をピクピクさせて、意識も失ったようなら、「ひきつけ」にちがいありません。熱があって、10分以内くらいでおさまったら、静かにようすを見ればよいですが、ひきつけが長引いたら、救急車を呼ぶか、病院に連れて行かなければなりません(→病気207ページ)。

④ **肺炎《はいえん》**(→病気107ページ)

⑤ **脳炎《のうえん》、髄膜炎《ずいまくえん》**(→病気220ページ)

⑥ **川崎病《かわさきびょう》**(→病気180ページ)

親と子の暮らし

家族の暮らしかた

赤ちゃんとの折りあい

この時期の赤ちゃんは、家族のなかに自分を押し出そうと懸命《けんめい》になっているように見えます。

たとえば、親が赤ちゃんをほったらかしにして何かに夢中になっていると、血相《けっそう》を変えて割り込んでくる。自分の気に入った物品を親に押しつけてくる。食卓では、大声をあげたりして、自分に注意を向けさせようとする。そんな行動が、やたらと増えてくるものです。

いきおい、親は、その対応に追われざるをえません。余裕があるときは優しくつきあってやれるけれど、忙しかったり疲れていたりすると、つきはなしたくもなるでしょう。だいいち、1日中赤ちゃんに振りまわされていたら、生活が成り立ちません。

ですから、かなりの程度、つきはなすのもやむをえないと思います。赤ちゃんも、そのことで、他人にも事情や気分があること、世の中がいつも自分を中心に回るものではないことを突きつけられるにちがいありません。そうした体験は厳しいけれど、人格の形成によい影響をおよぼすはずです。

しかし、そうはいっても、内心忍《しの》びないし、あまり邪険《じゃけん》にしていると、赤ちゃんがよけいにつきまとうようになったり、気力を失って、ぼおっとしてしまうおそれさえありえます。

そこで、そこらへんの折りあいをどうつけるかが、なかなかにむずかしい問題。たぶん、これといった正解はないでしょう。赤ちゃんと親それぞれの性分《しょうぶん》と、そのときどきの事情で、とっさに判断するほかはなさそうです。

思わずつきはなして、あとから「ごめん、ごめん」とあやまったり、甘やかしたあげく、仕事にさしつかえて困ったりと、試行錯誤をくり返すことにもなりがちでしょう。

でも、まあ、そんなことでいいのではないかと思います。ただ、どちらかといえば、赤ちゃんの人間としての存在を軽く扱わないように努めたいものではありますが。

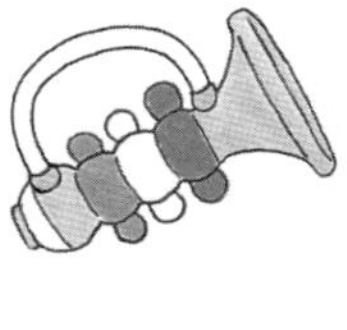

いたずら

こうした赤ちゃんの「自分の押し出し」は、さらに積極的な行動としてもあらわれてくるはずです。

たとえば、親や上の子の所有物を奪いにきたり、やっていることをできもしないのにやりたがるようになるでしょう。

そして、そうした行動は、大人からすれば「いたずら」、上の子にとっては「邪魔《じゃま》」、「でしゃばり」と受けとられるのではないでしょうか。

しかし、赤ちゃんにとっては、そんな気分による行動ではない。赤ちゃんは、きっと、先輩を習い、家族と同化《どうか》して、一人前のことをしたいのです。

ですから、そういうときは、なるべく赤ちゃんの気持ちをくんでやりたいと思います。たとえば、許せるかぎり大目にみて、危なくないように行動を見守っている。うまくできないで、いらだっているときは、さりげなく手伝ってやる。失敗してもとがめないで「アーア」と同情してやるといったふうにです。

たとえ危険なことや困ることを始めたときも、「ヤメテネ」とか「ナイナイヨ」とか、優しくさとしたほうが、赤ちゃんはやめやすいようにみえます。言うことをきいてくれなかったら、赤ちゃんがもっと好みそうな別のものを見せたり握らせたりするのはどうでしょう。たいてい、そちらに気が移って、スムーズにやめてくれるものです。

それでも、しつこくやりたがったら、「ダメ」など、きつく言ってでもやめさせねばなりませんが、そのときも「やりたいのはわかっているよ」といった気分の裏づけがあったほうが、赤ちゃんの聞きわけはよさそうです。力まかせにやめさせようとすると、赤ちゃんは激しく泣いて抵抗するにちがいありません。もっとも、よほど重大な危険がさし迫ったときはしかたないですが。

なお、上の子がいる場合には、その子にもこうしたことは教えておいたほうがよいでしょう。赤ちゃんが邪魔をしにきても、邪険《じゃけん》にしない。上の子のものをいじりたがったら、ちょっとだけいじらせる。赤ちゃんが離さなかったら、それに代わる別のものを与えてみる。そういった対応のしかたです。

ただ、大人のようにはできないことは多いでしょう。それでも、親の赤ちゃんの扱いかたを目にし、自分でも経験を積むにしたがって、赤ちゃんとうまく折りあいをつけられるようになってくるはずです。

もちろん、親でも上の子でも、急を要するときや気分がいらついているときには、そんな余裕はないでしょう。しかりとばしたりつきとばしても、しかたないと思います。それはそれで厳しい現実、赤ちゃんに迫るものがあるはずです。

エンターテインメント(楽しみ)

テレビ、ビデオ、DVD——これらの赤ちゃんの目への影響は、1日中というほど見せているのでないかぎり、医学的に問題はないとされています(↓124ページのコラム)。ただ、画面がちらつかないように調整しておき、見せるときは部屋を明るくし、なるたけ1メートルは離れて見せるように気をつければよいと言われます。

音楽——音楽は、この時期の赤ちゃんが非常に好む

テレビの発達への影響

赤ちゃんにテレビを長時間見せていると、ことばの発達が遅れ、おこりっぽくなったり表情がとぼしくなるなど、心の発達にも悪影響が出るという小児科医会の調査があります。だからというので、赤ちゃんのいる部屋にはテレビを置かないようにとか、授乳中や食事中は親もテレビを見ないようにとか、子どもが見たがっても1日に2時間以内に制限するようにといった警告が出されています。

しかし、この警告は、あまりにも非現実的だと思います。日本のほとんどの家庭では、赤ちゃんは親の部屋にいるか、別の部屋にいてもしょっちゅう親の部屋と行き来しています。そして、親の部屋にはテレビがあって、それらは生活に欠かせないものになっています。食事中はともかく授乳中は、ぼんやりテレビを眺めることで骨休《ほねやす》めをしている母親が少なくありません。家事をしているあいだ、テレビに子守りをさせている親だって少なくないでしょう。なのに、こんな非現実的な警告を守ろうとしたら、生活が堅苦しくなるし、親もやりきれなくなって、かえって赤ちゃんに悪影響をおよぼしかねません。

ですから、この警告は、ほどほどに聞くにとどめたほうがよい。だいいち、この警告には、小児神経学会などから、科学的根拠がとぼしいという批判が出されてもいるのです。

もちろん、常識的に、あまりに長時間、1日中つけっぱなしとか、赤ちゃんのすぐそばで見せっぱなしとかしているのは、よいはずはありません。要《よう》は程度問題なのです。常識で判断してほしいと思います。

・日本小児神経学会「提言「子どもに及ぼすメディアの影響」について」
http://child-neuro-jp.org/visitor/iken2/5.html

おもちゃ（9カ月〜1歳半のころ）

この時期から、おもちゃは不可欠。好奇心が旺盛《おうせい》になり器用にもなってきて、手当たりしだい何にでも手を出すので、身のまわりに家具や日用品しかないと、危険だし、荒らされて困ります。

そこで、おもちゃは、なによりも赤ちゃんの好奇心を満たし、扱いやすいものがよいかと思います。

その点で、ボールは、かかえやすいし、ころがしたり投げることもできるし、追いかけたり、大人とやりとりもできるので、とてもよいおもちゃ。積木やはめ込みパズルも、つかみがいがあるらしく、打ち合わせたり、ならべたりして遊ぶ。大人がいっしょに積み上げたり、はめたり崩《くず》したりしてやれば、たいてい声を出して喜びます。

また、振ったりたたいたりすると音の出るおもちゃもおもしろそう。そのほか、男の子は自動車や電車が好きな子が、女の子はぬいぐるみや人形が好きな子が多い傾向があるようです。もちろん、その逆でも、いっこうに、かまいませんが。

なお、教育玩具は、赤ちゃんが喜べば与えてよいけれど、好まないとか飽きてきたら無理強《むりじ》いすべきではないと思います。おもちゃは楽しむためのものだし、どんなおもちゃでも遊んでいれば、知能は刺激されているはずですから。

もの（→204ページ）。とくにリズムが単調で、音域が広くなく、音色《ねいろ》が柔らかい響きが好まれるようです。テレビの子ども向け番組などで、ひょこひょこ踊りだすのはそのためでしょう。

しかし、いつも、子ども向けの音楽ばかり聴かせようとすることはない。親は親で、好きな音楽を鳴らしていてよいと思います。親がのっていれば、赤ちゃんもつられて腰を浮かしだすもの。たとえ初めは怪訝《けげん》な顔をしていても、すぐに喜ぶようになるのではないでしょうか。そうした共感は音楽にとって大切な要素、親子でおおいに楽しんでほしいと思います。

ただし、音楽の種類と音量によっては、赤ちゃんが泣きだしたり落ち着かないことがあるかもしれません。そんなときは、音量をしぼったり、かける時間を配慮しなければならないのはもちろんです。

絵本――絵本は、この時期の赤ちゃんにとっては、まだ内容を楽しむものではなさそう。そのようすをみていると、親のひざに抱かれ、親の読む声を聞きながら自分でも声をあげ、本をたたいたりしゃぶったり、勝手にページをめくったりするのがおもしろいみたい。どうやら、赤ちゃんにとって、絵本は親と肉体を接触させて遊べるおもちゃなのです。だからこそ、親が恋しくなった赤ちゃんは、絵本を持って、よちよちとやってくるのでしょう。

ですから、この時期の赤ちゃんには、内容をわからせようとか、ことばを教えようとはしないほうがいい。絵本は、あくまで親と子のからだと心のふれあいの媒介《ばいかい》として楽しみたいと思うわけです（→162ページのコラム）。

つきあいを広げる

よその子とふれあう――この時期の赤ちゃんは、自分に近い子どもに関心をもちだすようです。まだいっしょには遊べないけれど、よその子をちらちらと見たり、ひょっとすると近寄ってさわったりもしだします。

この関心は赤ちゃんの世界を広げる原動力、おおいに満たしてやりたいものです。

そのために、できるだけ時間をつくって、子ども

外に出るときの衣服

動きが盛んになるので、ラフで、汗を吸い、洗いやすい衣服にかぎります。

とくに砂遊びをさせるときは、ズボンをウェストがゴムのものに、シャツは長袖なら袖口《そでぐち》がゴムで閉まるものを着せると、ずれないし、からだのなかまで砂まみれにならなくてすみそうです。寒い季節には、窮屈《きゅうくつ》でないスモックを羽織《はお》らせるのがよいでしょう。

いずれにしても、長いひものついた衣服は禁物《きんもつ》。何かに引っかけて首をしめるおそれがあります。飾りの金具も、けがのもとになりがちです。胸に下げるペンダントも同様、つけさせないでください。

がたくさんいるところに連れて行ってほしいと思います。手っ取り早いのは、公園とか児童館とか子育て支援センターとかでしょう。

最初のうちはこわがることが多いので、抱いたままでもいいけれど、降りたがるようになったら、室内はもちろん砂場や芝生でも座らせ、はいはいさせたり、歩く子は自由にさせておくのです。

そのうち、必ず、子どもどうしの目が合ったり、からだがふれたり、おもちゃを取ったり取られたりといったことが起きてきます。そのあげく、泣かされたり相手を泣かしたりと、大騒ぎになるかもしれませんが。

そんなときは抱きあげざるをえないでしょうが、いずれにしても、そんなトラブルをくり返しながら、しだいに友だちができてくるもの。ものおじの激しい子は、なかなかでしょうが、焦《あせ》ることはありません。親がしっかりついてやりながら、折をみて少しずつ近づけるようにしてください。

親も友だちを増やす――親も、赤ちゃんと同様、友だちを増やしたほうがよさそうです。なにしろ、赤ちゃんを産んで以来、世間から孤立しがちだったのです。それでは、世の中のことにうとくなるし、だいいち、さびしくもあるでしょう。

まずは、赤ちゃんを子どもがたくさんいるところに連れて行ったときが、絶好の機会になるはずです。集まってくる親たちとは気持ちが通じやすいでしょうから、気軽に声をかけるにかぎります。そのうち

歩き始めの靴

なにより柔らかくて軽くなければなりません。そのために、親が手に持って軽く感じ、靴底《くつぞこ》がしなやかに曲がる靴を選ぶべきです。

材質は、柔らかい革《かわ》が最高ですが、やや固めのフェルトでもよいでしょう。

サイズは、足に合っていることが大切。すぐ小さくなるからと大きめの靴を買うと、歩きにくいし、ころんだり、足が抜けたりして、赤ちゃんは大迷惑です。

かたちは、足首がしまっていて先の広いものが、脱げにくいし、指が楽に曲げられて歩きやすいはずです。

買うときには、お店で履《は》かせてみて、歩きやすいかどうかをよく見る必要があります。

買ったあとも、赤ちゃんのようすを注意していて、歩きにくそうになったり、歩きたがらなくなったら、新しい靴に買いかえることを惜しんではなりません。その時期は、およそ2～3カ月おきでしょうか。

活発に歩くようになったら、かかとが固く、より脱げにくい靴に替える必要があります。

上の子のお下がりは、あまりにくたびれていたら、履かせるのはかわいそう。もらった靴も、合わなければ、履かせるべきではありません。

何人かは気の合う人にめぐり会えるのではないでしょうか。

しかし、そうしたところでできる友だちは、ややもすれば、子ども中心のつきあいに偏《かたよ》りがち。子ども以外のことでもつきあうようになれれば、暮らし全体で支え合えていいものです。

また、他方、子どもをまったく介《かい》さないつきあいも広げたいもの。ときには赤ちゃんを預けてでも、以前の友だちと交際を再開したり、イベントなどに出かけて新しい友人をこしらえるようにしたらどうでしょう。その際、女どうしだけでなく、男たちもまきこむほうがもっとよいのは言うまでもありません。

ただ、人見知りの強い人やつきあいが好きではない人は、そう簡単にはいかないでしょう。そういう場合は「友だちをつくらなければ」と焦らないほうがいいと思います。無理をすると、せっかくのつきあいがぎこちなくなりがちだし、そのぶんよけいに疲れたり自己嫌悪《じこけんお》に陥《おちい》りかねません。

「ママ友」などいなくても育児はできますから、ひとりでやっていればよい。そのうち、ひょこっと気の合う友だちができないともかぎりません。

むかしの初誕生日の祝いかた

むかしの日本では、この日を「ムカイドキ」などと言って、おもちをつき、産婆《さんば》さんや親戚《しんせき》を招いて盛大な祝いをしていました。赤ちゃんの前に筆とそろばんと裁縫道具《さいほうどうぐ》をならべて、どれをとるかによって成人したときの職業を占ってもいたようです。

いまでも、歩き始めている子には、1升《しょう》のお米やおもちを背負わせて力を試す、といったことをする地方があるようです。

いずれも、赤ちゃんの将来を期待する親心をよく物語るものだと思います。

初めての誕生日

初めての誕生日は、親にとっては感慨深《かんがいぶか》い日であることでしょう。しかし、当《とう》の赤ちゃんにとっては、どうということはないはずです。

ですから、親はおおいにロマンチックな夕べを楽しんでいいけれど、赤ちゃんに迷惑をかけるのはほどほどにしなければと思います。

すくなくとも、拍手と笑い声は、赤ちゃんをおどかさないようひかえめにしたい。宴《うたげ》が途中でも、赤ちゃんがあまりにむずかりだしたら、おひらきにする節度《せつど》をもちたい。もし、もの足りなかったら、赤ちゃんが寝ついてから、大人だけの宴を再開したらどうでしょう。

誕生日を嬉しく思うのは、子の成長を願う「はえば立て、立てば歩めの親心」を端的《たんてき》に物語るもの。それは、子をはぐくむ親の慈愛《じあい》であると同時に、子を自分の思うとおりにしようとする親のエゴでもあるのです。そのことは、赤ちゃんへの希望がふくらむ誕生日にあたって、かみしめておくべきだと思います。

仕事をもつひとの場合

赤ちゃんの預け先の探しかたと預け先との関係のもちかたは、これまでと変わりありません（↓165〜171ページ）。

ただ、この時期から初めて預けるときには、最初のうち、ひどく泣かれることが多いようです。しかし、それは「こわがり」が強くなる年ごろ（↓205ページ）のせい、親と離れるのが死ぬほどつらいわけではないので、気にしないように努めるにかぎります。親としては忍《しの》びがたいけれど、不憫《ふびん》に思いすぎると、赤ちゃんをよけいに泣かせかねません。

その泣き叫びは、状況がわからない不安からきているので、決してこわくないことを態度で示し、預かってくれる人にも優しく抱いてもらうのがいちばん。預けられたところがこわくないことさえわかれば、すぐに落ち着くはずです。

また、この時期では、預け先と家庭とで食事をめぐってギャップが生じるかもしれません。その場合は、双方《そうほう》から歩み寄るのがよいと思います（↓167ページ）。

まず、食事の時間は、家庭が保育園に合わすようにしたほうがよさそうです。朝食が遅く連れて行くのも遅れれば、預け先での昼食が食べられず、午後に空腹で泣きだす羽目《はめ》に陥《おちい》りがちです。

しかし、食べる量とか好みについては、子どもによって大きな差があるので（↓214ページ）、預け先でも、その子に応じた食べかたをさせてもらって当然です。

とにかく、そんなふうにしていれば、ほかの子どもにつられもするし、やがて給食になじむようになるものです。たとえ預け先と家庭とで食事が相当に異なっていても、むしろ子どもは、それぞれのよさを味わい、食事のレパートリーも広げていくにちがいないと思います。

ただ、食物アレルギーのある子の場合は、預け先と慎重《しんちょう》に打ち合わせをする必要があります（↓146ページ）。

また、預け始めたとたんに病気をすることが多くなるのは覚悟しておかなければなりません（↓169ページ）。そして、病気の子どもの面倒《めんどう》をみる態勢を作っておく必要もあります（↓169ページ）。しかし、1歳近くにもなれば、生命にかかわるような病気はほとんどなくなるので、数少ない急を要する病気（↓221ページ）以外は、大胆《だいたん》に対処してよいと思います。

なお、育児休業明けで職場に復帰した場合は、時間のやりくりや仕事に追いつくのがたいへんかもしれません。でも、子育てでしか得られなかった経験と感覚を生かせば、以前よりよい仕事ができるはず。思ったより早く追いつくようですから、ひと踏んばりしてください。

変わった生まれかたをした子

未《み》熟《じゅく》児《じ》(低出生体重児《ていしゅっせいたいじゅうじ》)、早産児

生まれたとき

赤ちゃんがうんと小さく生まれると、すぐに親から引き離されて、ＮＩＣＵ(新生児集中治療室《しんせいじしゅうちゅうちりょうしつ》)に収容され、保育器(図)に入れられるはずです。

そのため、赤ちゃんをちらっとしか見られないか、写真で見せてもらうだけになって、さびしさにとらわれがち。だいいち「未熟児」とか「うんと小さい」とか告げられると、だいじょうぶだろうかと心配になるにちがいありません。そのうえ、「私のせいじゃないか」と自責《じせき》の念にとらわれるかもしれません。

しかし、いくら妊娠中に摂生《せっせい》していても未熟児が生まれることはあるし、今では極低出生体重児《ごくていしゅっせいたいじゅうじ》はおろか、超低出生体重児でさえもけっこう育つようになっています。くよくよしていないで、医師や看護師やケースワーカーなどスタッフに相談しながら、親として事態に対処する方策を練《ね》ってほしいと思います。

また、親どうしで話し合ったり、ネット上のサイトで話し合うのも、心がなごみ、役にも立つかと思います。

■参考になるサイト

・愛育ねっと「低出生体重児を持つ親の会」
http://www.aiikunet.jp/practice/company_example/13506.html

面会は毎日許される施設が多いけれど、さほど心配でなければ、かならずしも連日でなくてもいいと思います。ただ、ＮＩＣＵへの収容があまりに長期間にわたると、つい赤ちゃんのことを忘れがち。そんな場合には努めて面会するようにしたいものです。

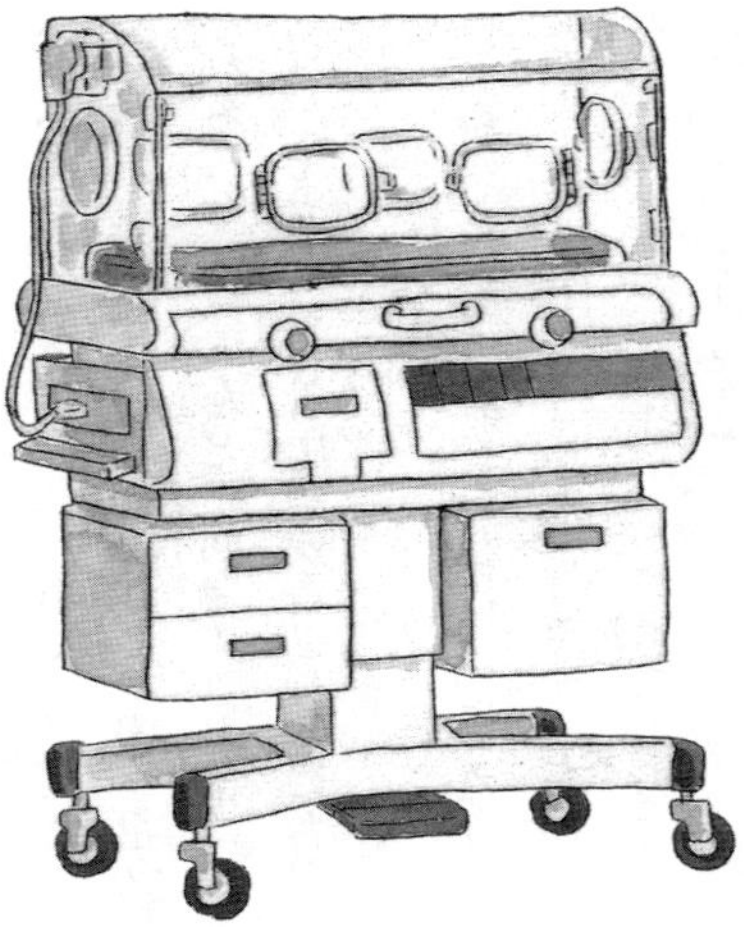

保育器

未熟児《みじゅくじ》、低出生体重児《ていしゅっせいたいじゅうじ》、早産児
——それぞれのことばの意味

「未熟児」というのは、生まれたときの体重が2500グラム未満の赤ちゃんのことで、最近の医学では「低出生体重児」と呼ばれています。つまり「未熟児」と「低出生体重児」とは同じ意味なのですが、「未熟児」のほうが耳慣《みみな》れているので世《せ》間《けん》ではよく使われています。

そのなかで、とくに小さく、生まれたときの体重が1500グラム未満の赤ちゃんが「極低出《ごくていしゅっ》生体《せいたい》重児《じゅうじ》」、1000グラム未満の赤ちゃんが「超低出生体重児」と呼ばれています。

「早産児」というのは、妊娠22週以後から37週未満で生まれた赤ちゃんのことで、ほとんどが低出生体重児でもあります。

しかし、体重だけか在胎期《ざいたいき》間《かん》だけでは赤ちゃんの状態を評価できないので、医学的には生まれたときの体重が在胎期間に見合っているかどうかで、「相当体重児」、「不当軽量児」、「不当重量児」にわけて考えられています。

窓越しの面会しか許されない場合は、抱けないのがさびしいし、母乳が出たとしても搾乳《さくにゅう》（↓58ページ）して看護師に飲ませてもらうほかはありませんけれど、そのかわり親戚《しんせき》や友人も赤ちゃんを見ることができるはずです。

室内に入っての面会は、母親が授乳する場合のほか、重症で窓際まで連れて行けない場合とか、NICUへの収容が長期間にわたって親子関係が疎遠《そえん》になるおそれがある場合に、許されることでしょう。ただ、面会者は、母親以外は父親と祖父母に制限されることがほとんど。面会するときは手洗いとガウン、キャップの着用が要求されるにちがいありません。

それにしても、許されれば、抱いたり、おむつの交換をさせてもらうにかぎります。そのたびにカンガルーケア（↓30ページ）もさせてもらうと、心がなごむだろうと思います。

そうして赤ちゃんとなるべく接しながら、他方、なるべく頻繁《ひんぱん》に担当の医師および看護師と会って話し合うことも大切。とくに赤ちゃんのぐあいが悪い場合は、納得できるまで聞きただしてしかるべきです。

あまり心配なことがなければ遠慮したいけれど、それでもスタッフとは心を通わせておかないと、「愛情が薄い親」などと、思わぬ誤解を生じることがありえます。

赤ちゃんのようす

NICU（新生児集中治療室《しんせいじしゅうちゅうちりょうしつ》）にいる赤ちゃんは、人工呼吸器などたくさんの機器にかこまれ、からだにはいっぱい管《くだ》をつけているので不憫《ふびん》に思われることでしょう。でも、管は貼ってあるだけのものがほとんどなので、赤ちゃんにさほど苦痛はないはずです。ただ、呼吸を確保するために鼻または口から入れているチューブ（気《き》管内挿管《かんないそうかん》）はつらそうだし、機器が発する音はうるさそうではあるでしょう。でも、それらは赤ちゃんの命を守るためにやむをえないこと、人生途上の試練として耐えるほかはないと思います。

その気管内挿管も自力で呼吸ができるようになればはずされるし、機器もしだいに不要になってくるはずです。

ただ、在胎期間《ざいたいきかん》に換算《かんさん》して35週ほどになるまでは、呼吸中枢《こきゅうちゅうすう》が未熟なので、ときどき息が途絶《とだ》える（無呼吸発作《むこきゅうほっさ》）ことがあります。しかし、たいていはからだにさわって刺激するか酸素吸入をすれば、すぐに息をしだすので心配いりません。

また、核黄疸《かくおうだん》を防ぐために光線《こうせん》療法《りょうほう》がおこなわれることが多く、それをしているあいだは光線から目を保護するためにアイマスクをしていることもあるかもしれません。ちなみに、核黄疸とは、脳の中枢部《ちゅうすうぶ》に起きる黄疸のことで、重症の心身障害を残す場合があるので早期に十分な治療が必要なのです。

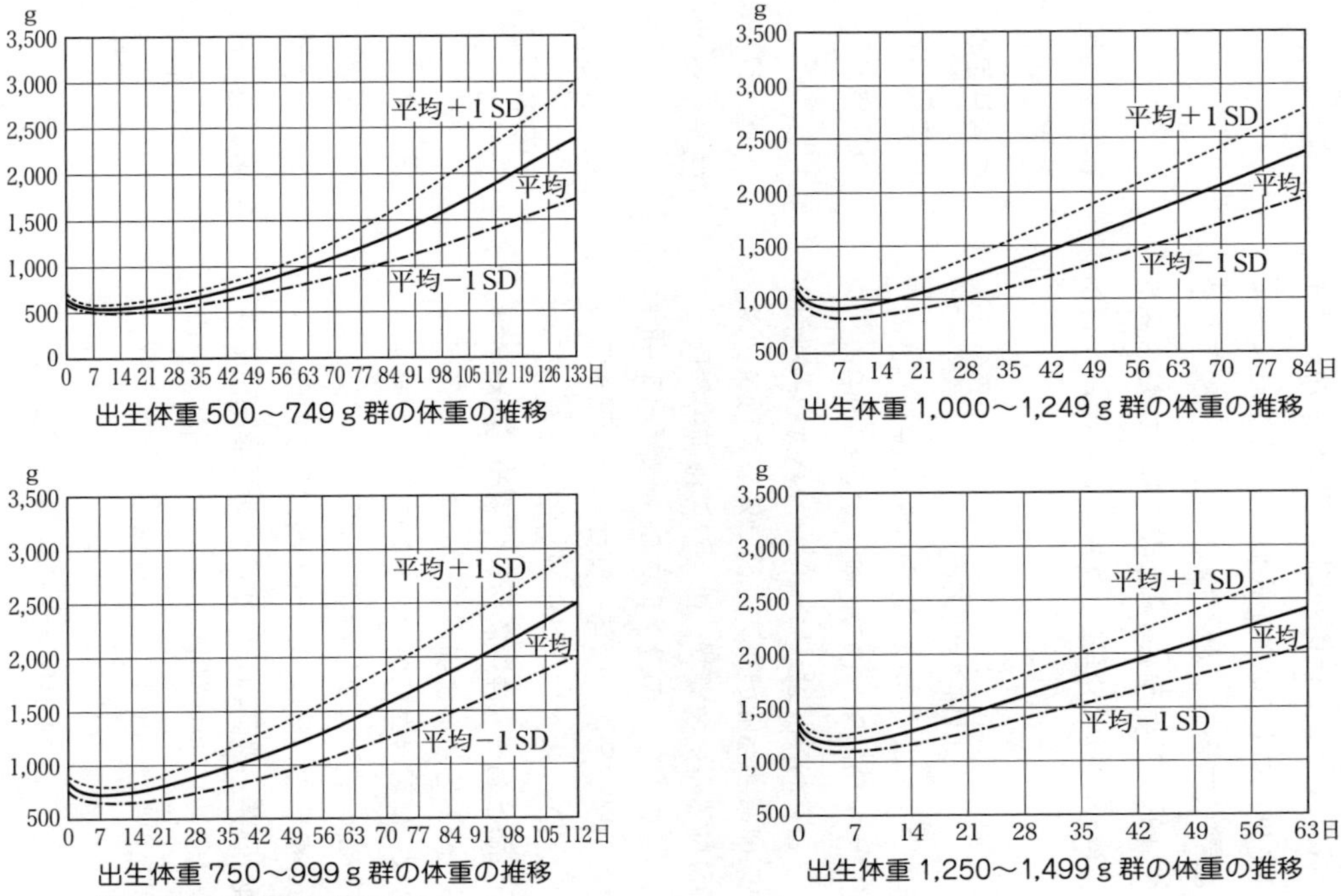

極低出生体重児の初期の発育（厚生省（現、厚生労働省）心身障害研究班、1996年）

顔つきはふつうの赤ちゃんより細長く、頭は後ろに長く伸びて見えるでしょう。でも、それは、いつも片方を向いて寝ているためで、お誕生くらいになると格好がついてくるので気にしないで。

からだつきは、生まれたあと1〜2週間ほどは、体重が20％くらい減って、やせ細って見えることでしょう。それは余分な水分を減らすためで、赤ちゃんにはかえってよいこと、心配はいりません。1カ月ほどすれば、生まれたときの体重にもどるはずです。しかし、その後も、体重の増えかたはゆっくりで、1日にせいぜい5グラムとか10グラム、いっこうに太ってこない感じでしょう。それは急速に体重を増やすと赤ちゃんに負担がかかるからなので、心配はいりません。

からだの動きは、初めのうちはバタンバタンと粗雑な感じがするでしょうが、それもしだいにスムーズになっていくはずです。

こころの動きは、生まれてしばらくはじっとしているので、よくわからないかもしれません。けれど、在胎期《ざいたいき》間《かん》に換算《かんさん》して35週ころになると、お腹《なか》がすいたときやうんちが出たときに泣きわめいたり、抱いてあやすと泣きやんだりして、手応《てごた》えが感じられるようになることでしょう。

おっぱいの与えかた

母乳を与えるのが望ましいのですが、それが不可能な場合には、超低出生体重児用ミルクが与えられることでしょう。また、母乳もミルクも飲む力のない子の場合には、経管栄養《けいかんえいよう》（静脈から栄養を入れる）から始めて、力のつきぐあいに応じ、経腸栄養《けいちょうえいよう》（チューブで胃腸に栄養を入れる）にし、さらには母乳またはミルクに切り替えるといった流れになるでしょう。

母乳が出るのなら、搾乳《さくにゅう》（→58ページ）して与えてもらうことです。その際、母乳強化パウダーという栄養を上げるための添加物を加えた「強化母乳」を

未熟児《みじゅくじ》に母乳を飲ませる法

赤ちゃんの頭がしっかりせず、乳首を近づけてもくわえてこないなら、頭を支え、からだ全体を乳房に正面向きになるように抱き、乳首を深く突っこむようにしてみてください。その場合の抱きかたは、いろいろ試みていちばん楽な方法にかぎりますが、たとえば、ひざに枕を置き、その上に片方の腕をのせ、ひじで赤ちゃんの頭を、手でお尻を支え、全体を横に寝かせ、母親の胸に向くように抱くとやりやすいかもしれません。

口を開けなければ、赤ちゃんの下あごを指で引き下げて乳首をさしこんだらよいでしょう。

どんな抱きかたでも、乳房をふくませたら、鼻をふさがないように、片方の手で乳房を挟《はさ》むように支えておく（→55ページ）のが安全です。

途中で吸わなくなったら、あごの下を撫《な》でたり、それでも眠るようなら、からだ全体を折り曲げる（→56ページ）とよいと言われます。

与えるよう勧《すす》められるかもしれません。その時期は、たぶん在胎期間《ざいたいきかん》に換算《かんさん》して35週に近づいていて、体重も1800グラムぐらいになっているはず。そのころには、保育器からコット(新生児用ベッド)に移され、母親が母乳を、あるいは父親がミルクを飲ませることが勧められるかと思います。

ただ、この時期では、まだお乳を飲む力が弱いため、疲れやすくむせることも多いので、無理せず、ゆっくりと飲ませることが肝要《かんよう》。初めからたくさん飲ませようとはしないで、ごく少量を回数多く与え、少しずつ増やすにかぎります。

退院してから

退院するころには、ふつうの生まれたての赤ちゃんと、ほとんど同じになっていることでしょう。でも、やっぱり経過がふつうとは違いました。なにかと気がかりや、わからないことが多いかと思います。

そこで、退院するときには、家庭での育てかたを納得できるまでよく聞くこと。パンフレットも参考になるけれど一般論なので、やはりその子特有のことを聞いておく必要があるのです。

しかし、あまりかまえたり、むずかしく考えるのはよくありません。それでは、育児が萎縮《いしゅく》して、かえって赤ちゃんによくありません。もうふつうに生まれた状態になっているのです。どちらかといえば、大胆《だいたん》に、のん気に育てるようにしてください。着せるものもお風呂も授乳も離乳も外出も、ふつうに生まれた赤ちゃんとほぼ同じでかまいません。

ただ、退院後1カ月ほどは、かぜなど感染する病気の人は赤ちゃんに近づかないようにすること。そして、赤ちゃんがいる部屋は、温度を外気との差が5度くらい、湿度を50〜60％くらいにしておいたほうが無難《ぶなん》です。

また、離乳を始める時期は、およそ生まれた日からの月齢とされていますが、やはり赤ちゃん自身のようすで判断するのがよいと思います(→144ページ)。食品もふつうと同様でよいけれど、鉄分の多いものを多く与える必要はあります。

その後の育ち

生まれたときの体重(出生体重)が1500グラム以上あったのなら、その後の育ちは心身ともふつうに生まれた子とほとんど変わらなくなるはずです。

しかし、出生体重が1500グラム以下だった場合には、なかなかそうはいきません。

少なくともしばらくは、ふつうに生まれた赤ちゃんと同じようには育たないと思っていてください。母子健康手帳のグラフと比較するのも、ほとんど意味がありません。なにしろ、スタートに大きなハンディがあったのです。

また、同様の生まれかたをした他の赤ちゃんと比較するのも、あまり意味がありません。なにしろ赤ちゃんごとの個人差がかなり大きいのです。

いずれにしても、育ちが大なり小なり、ゆっくりしているので、焦《あせ》ってもしかたがない。ここは、どーんと構えて、その子なりの育ちを待つことです。

およその見通しとしては、体重は、修正年齢1歳で、出生体重が1000グラム以上だと過半数の子が、1000グラム未満だと4分の1がふつうの子に追いつく。身長は、修正年齢1歳では追いつきにくいけれど、3歳以降になると、出生体重が1000グラム以上だと7割台が、出生体重が1000グラム未満でも6割台が追いつくと言われています。

なお、「修正年齢」とは、実際に生まれた日からの年齢ではなく、出産予定日から数えた年齢のことです。

それにしても、生まれたときに小さければ小さいほど発育が遅いのは確か。とりわけ3歳までにふつうの大きさに追いつかなかった子は、小学3年生くらいまでは小柄《こがら》でやせていると思っていたほうがよいと思います。そのほうが焦らずにすむでしょう。

一方、知恵のつきかたは、修正年齢3歳で8割近くがふつうになるといわれています。ただ、出生体重が750グラム未満だと、また在胎期間《ざいたいきかん》が短いほど、知恵のつきかたが遅れる率は高いようですが。

いずれにしても、学校へあがるころには、けっこうふつうにやっていけるようになるもの。小学生の子をもつ母親のアンケート調査では、丈夫《じょうぶ》で、運動は得意ではないが比較的活発、多少の困難はあるものの学校を楽しんでいるという結果が得られているほどです。

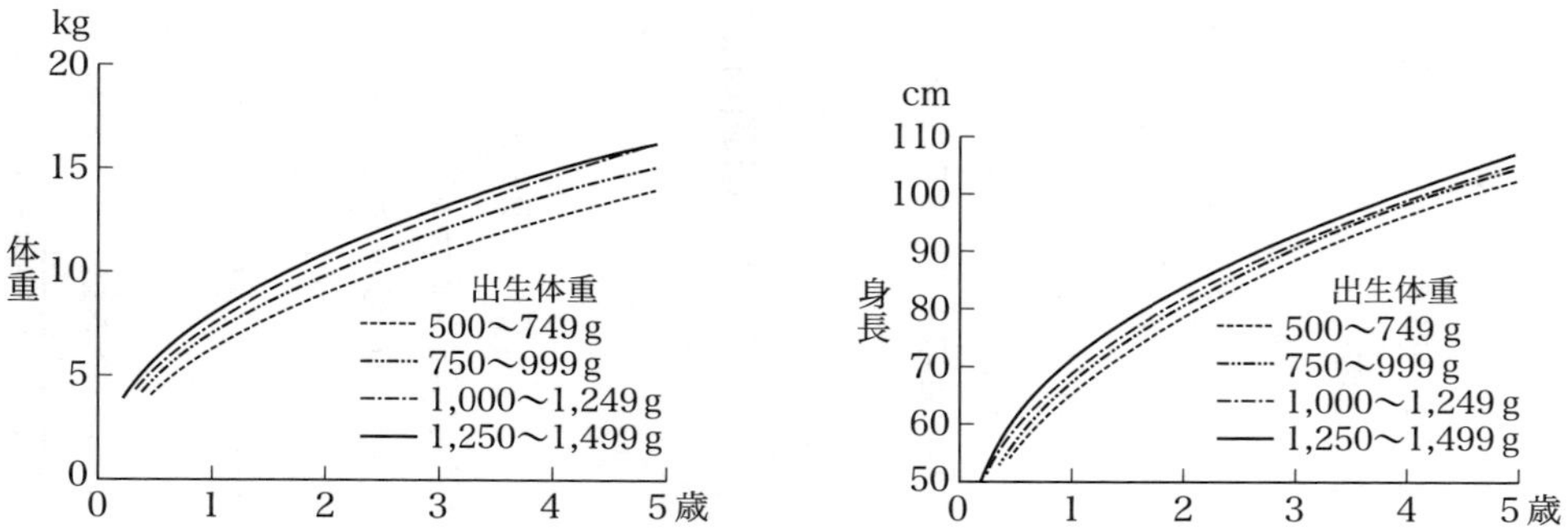

極低出生体重児のその後の発育（厚生省（現、厚生労働省）心身障害研究班、1996 年）

生まれてすぐになりやすい病気

低出生体重児は、からだの機能が全体に未熟なので、生まれて間もないあいだは、いろいろな重い病気にかかりやすい状態にあります。

その主なものとしては以下の病気があります。

無呼吸発作《むこきゅうほっさ》（「新生児仮死《しんせいじかし》」→病気36ページ）

重 症 黄疸《じゅうしょうおうだん》（→病気60ページ）

けいれん（→病気38ページ）

壊死性腸炎《えしせいちょうえん》

生後2～5日で発病することが多く、お腹《なか》が張ったり、吐いたり、血便《けつべん》が出たりしはじめます。ひどくなると、腸に穴があいて（消化管穿孔《しょうかかんせんこう》）、腹膜炎《ふくまくえん》を起こしたり、敗血症《はいけつしょう》になったりして、命を落とすことにもなりかねません。

原因は、酸素不足や腸の貧血と蠕動運動《ぜんどううんどう》の弱さなどにともなって起こす細菌の感染による腸の壊死《えし》と考えられています。

予防のためには、生まれてすぐ母乳を1滴でも飲ませ、酸素を十分に与えるとよい場合があると言われています。

治療は、授乳をやめ、点滴による補液《ほえき》と抗生物質《こうせいぶっしつ》の投与《とうよ》をおこないますが、消化管穿孔を起こすか起こしそうになったら、外科手術も必要になります。

頭蓋内出血《ずがいないしゅっけつ》

発病する時期と症状は、出血した場所によってさまざまです。多くはけいれんと無呼吸を起こしますが、そういうことはなく、からだの動きがおかしくなったり、頭が急に大きくなったりして気がつかれることも少なくありません。

原因は、酸素不足のうえ、血圧の調節がうまくできず、もろい脳内の血管が破れてしまうためです。

予防のためには、保育器に入れて、酸素を十分に与えておくのがいちばん。

治療は、酸素の補給と止血剤《しけつざい》。血小板《けっしょうばん》か凝固因子《ぎょうこいんし》の欠乏があれば、それらを点滴で入れます。頭が急速に大きくなるのなら、脳膜液《のうまくえき》か髄液《ずいえき》を抜き取る必要があります。そうした治療で、幸い、ほとんど後遺症なく発育するはずです。

未熟児感染症

症状としては、熱が出ることはほとんどありません。熱よりも、動きがとぼしくなったり、息がかぼそくなったり、手足が冷たくなったり、おっぱいを飲まなくなったり、そんなことがあれば感染症を疑う必要があります。このほか、吐いたり下痢《げり》をしたり、お腹が張ったり、さらにはけいれんや強い黄疸《おうだん》を起こすこともありますが、そんな場合は無呼吸発《むこきゅうほっ》作《さ》や壊死性腸炎《えしせいちょうえん》も疑っておかなければなりません。

原因としては、母胎からもらった免疫《めんえき》が少なく、自身の免疫能力も低いので、細菌やウイルスの感染で重症化しやすいことと、全般に体力が弱いこととがあげられます。そうした事情から、肺炎《はいえん》はもとより重い敗血症《はいけつしょう》を起こすことが少なくないのです。

治療は、感染症が疑われしだい、とにかく早く始めることが肝要《かんよう》。抗生物質《こうせいぶっしつ》と免疫を高めるための輸血やγ《ガンマ》-グロブリンの投与《とうよ》が不可欠です。

未熟児貧血

体重が増えないとか、呼吸が不安定な場合には、いちおう貧血を疑って調べてもらったほうがよいでしょう。低出生体重児は、発育に比して血色素《けっしきそ》を作る速度が遅れるために、貧血が起きやすいからです。

しかし、鉄剤《てつざい》は、あまり早期に与えても、効果はありません。せめて2カ月過ぎて、まだ貧血があれば、鉄剤を飲ませればよいと思います。

ただし、重い心臓病や肺疾患《はいしっかん》をともなっている場合には、早期に赤血球《せっけっきゅう》の輸血をする必要があります(→病気203ページ)。

未熟児くる病

早く生まれた赤ちゃんほど、胎内《たいない》で蓄積するカルシウムの量が不足しています。なのに、生後は、急速に骨格を成長させるために、多量のカルシウムとリンを必要とします。そのうえ、それらの代謝《たいしゃ》を保持するビタミンDを吸収する力も十分ではありません。そうしたことのために、低出生体重児はくる病になりやすいのです。

ですから、母乳の場合はビタミンDを飲ませるか、未熟児用のミルクを足す必要があります。人工栄養の場合は、未熟児用ミルクにするべきなのは、もちろんです。

未熟児網膜症

低出生体重児に過剰の酸素を用いた場合、視力をそこない、失明することさえあるのは確かな事実です。ですから、酸素を用いる必要があるときには、必ず酸素の濃度をきちんとモニターしながら、慎重《しんちょう》にしてもらわなければなりません。また、輸液《ゆえき》の量が多すぎると、水分の過剰のため、網膜に浮腫《ふしゅ》を生じて、網膜剥離《もうまくはくり》を起こしやすいので、輸液の管理も慎重にしてもらってください。

しかし、酸素を用いなくても未熟児網膜症になることはあります。なにしろ、低出生体重児は、目の網膜が未成熟なために、それを補《おぎな》おうと、眼底の血管を急速に増殖させすぎて、眼球の内部にまで血管を広げ、かえって見えにくくしてしまいがち。しかも、そのとき網膜を引っ張って網膜剥離を起こしたり、血管がもろいので出血を起こしたりもしがちなのです。こうした危険は、在胎週数《ざいたいしゅうすう》が短く、出生時の体重が少ないほど大きく、およそ生後3~6週ごろには発病します。

治療には、レーザー光線をあてる光凝固法《ひかりぎょうこほう》か、液《えき》体窒素《たいちっそ》を用いての冷凍凝固法が定番になっているようです。けれど、世界的には、まだ確立されている治療法とは言えず、だいいち、未成熟な目の組織を凝固させた結果が、将来どうなるか、明らかではないのでもあります。

いずれにしても、生後半年も過ぎれば、それ以上は悪化しにくいので、希望は捨てないように。そして、不自由ながらも生き抜く明るさをもち続けてほしいものだと思います

未熟児への公的援助の制度

養育医療給付という制度があります（↓424ページ）。

双生児《そうせいじ》(双子《ふたご》)、多《た》胎児《たいじ》(三《み》つ子《ご》以上)

生まれたとき

排卵誘発剤《はいらんゆうはつざい》を使ったり体外受精をして妊娠した場合には、あらかじめ多胎《たたい》になる可能性を覚悟していたことでしょう。もっとも、多胎といっても、最近は体外受精で子宮に戻す卵の数が3つまでと決められているので、四つ子や五つ子が生まれることはごくまれになりましたが。

そういう人工的なことをしていなかった場合には、妊娠の途中で多胎が判明するので、あわてたかもしれません。

いずれにしても、ひとりの赤ちゃんが生まれるのとは事情がひどく異なるはずです。

たいていは早産で、低出生体重児(→232ページのコラム)になって、NICU(新生児集中治療室《しんせいじしゅうちゅうちりょうしつ》)に入れられることが多いでしょう。なかには先天異常など障害をもつ子がいたり、死んでしまう赤ちゃんもいないではありません。

また、双胎間輸血症候群《そうたいかんゆけつしょうこうぐん》といって、胎内で双子のあいだに血液の行《ゆ》き来《き》が生じていたために、生まれたあとも血液循環と呼吸が不安定になることもあるかもしれません。

しかし、そうした異常も、周産期医療《しゅうさんきいりょう》(→29ページのコラム)でかなり救えるようになっているので、ぎりぎりまで希望を失わないでいてください。

育てる態勢

育てるのは、とにかくたいへん。ふたり以上を、いちどに育てるのですから、授乳、おむつかえ、寝かせつけ、お風呂、洗濯、散歩などなど、すべて2倍以上の労力と時間を要するにちがいありません。まして、ひとりだけでも障害があったら、そのたいへんさは想像にあまりがあります。

いきおい極度の疲労と睡眠不足に陥《おちい》りがち。とても母親だけでは担《にな》いきれません。そのうえ、お金もよけいにかかるときています。

そこで、妊娠中の多胎とわかった時点で覚悟を決め、対応するための態勢を準備しておく必要があります。

なによりも求められるのは、父親が率先《そっせん》して育児をし、ふたりで育てる態勢をつくっていくことです。

それどころか、母親がダウンしてきたら、父親が育児の主役を担うくらいにしなければならないでしょう。そして、そのためには、勤労者の父親は育児休業をとる、自営業ならば人手《ひとで》の工面《くめん》をすることが不可欠かと思います。

ただ、祖父母に助けてもらえるなら、父親はそこまでしなくてすむかもしれません。たとえふたりで育てる態勢を組んでいても、祖父母の助けはありがたいにちがいありません。できるかぎり頼《たの》んだほうがよいと思います。けれど、祖父母にも体力とか時間とかに限界はありうるので、やはり父親が率先《そっせん》して育児をする態勢を欠かすわけにはいきません。とりわけ夜間などは、父親も奮闘しなければならないでしょう。

あと、ピンチのときなど、友人や近所の人に助けを求めることも遠慮なくしてよいと思います。ただ、そのためには、ふだんから礼節《れいせつ》をつくしていなければなりませんが。

以上のあれこれをしても、やっていけなくなったときは、公的制度をおおいに利用するにかぎります。自治体によって、ホームヘルパーの派遣やベビーシッターの費用の助成など「多胎育児支援事業」がおこなわれているところがあります。そうした制度がないところでも、「一時保育」か「緊急一時保育」の制度(→419ページ)を使うことはできるかもしれません。

また、家計が許せばの話ですが、個人的にベビーシッターやヘルパーを頼むと、ずいぶん助かるでしょう。

なお、双子のどちらかだけをどうしてもかわいく思えないことがあるかもしれません。けれど、決して自分を責めないでください。そんなときは、きっと疲れきっているのです。それに、そもそも、どの子も平等に愛せるわけはありません。愛しかたは関係性によるので、性分《しょうぶん》が違えば異なってきます。たとえ性分がほとんど同じでも、体格とか病気のしぐあいは同様ではないので、接しかたが異なってきて当然。そういう不平等は、ふつうのきょうだいでもよくあることなのです。

むしろ、一度にいろいろな子どもをもてた幸せをかみしめるようにしていたらと思います。

ちなみに、一卵性双生児《いちらんせいそうせいじ》は、ひとつの受精卵がふたつにわかれたためなので、外見や性格はほとんど同じで知能もよく似るといわれています。ただし、非常に初期にわかれた場合には、二卵性《にらんせい》と見わけがつかないこと(二絨毛膜《にじゅうもうまく》二羊膜《ようまく》)もあります。

二卵性双生児は、卵子も精子も別々なので、当然、性別や気質などふつうのきょうだいくらいの差異があるはずです。

いずれにしても、育てるにあたっては、ひとりひとりがそれぞれ別の人間だと意識するように努める必要があります。たとえば衣服を明瞭に違うものにしたり、いつも同じことをして過ごさせないようにするのがよいと思います。

寝かせかた

みんな、同じベッドに寝かせるのがよさそう。それも、できれば、親のベッドで、親の両脇に落ちないように寝かせるのがよいと思います。

そのほうが世話をするのに楽だし、赤ちゃんたちも好むようです。赤ちゃんは、胎内《たいない》でいっしょにいたせいでしょうか。

おっぱいの与えかた

ひとりずつ飲ます方法と、ふたり同時に飲ます方法とがありますが、どちらかといえば、ふたりに同時に飲ます(同時授乳)のがよいと思います。

ひとりずつだと抱きやすいけれど、時間が倍はかかってしまいます。悪くすると、1日中おっぱいばかりあげているようになってしまいかねません。まして、それぞれのリズムで授乳していると、休む時間も眠る時間もなくなってしまいそうです。

母乳の場合の同時授乳のしかたは、次のようにいろいろ提案されています。たとえば、

(1) ふつうに床に座って両腕の下にクッションを置き、赤ちゃんたちの足を交差させ、お尻を支えて抱き、ずり落ちそうになったら、おむつをつかんで引きあげる(**図①**)

(2) ソファーに座って両腕の下にクッションを広げ、ふたりの子をフットボールでもかかえるみたいに抱く(**図②**)

(3) ひとりを②のように、ほかのひとりを①のように抱く(**図③**)。

(4) 座るのがつらいときには、寝たままでひとりを下側の乳房に、ほかのひとりはお腹《なか》の上にのせて上側の乳房につける(**図④**)。

以上のなかから自分に合った方法を選ぶか、これらにこだわらず自分なりの工夫《くふう》をしてみてください。

しかし、ふたり一度に飲ませようとしたけれどうまくいかないとか、ひとりひとりやったほうが楽という場合には、同時授乳にこだわることはもちろんありません。

なお、同時授乳の場合には、片方が眠っていても起こして与えるにかぎります。たいていは一方の子が強く吸うので、その刺激で両方の乳房がよく乳を出すようになるものです。ただ、それぞれの飲みっぷりによって、抱きかたを変えたり、途中で左右を交換したりする必要があるかもしれません。でも、このようにしているうち、いつの間にかそれぞれの子に合う乳房がきまり、どちらの子もよく飲むようになってくることでしょう。

ひとりずつ飲ませる場合には、先に泣きだした子に、よく張っているほうの乳房をふくませるのがよさそうです。

母乳が足りないときには、ミルクと混合にするか、

全部ミルクにするほかありません。ただ、混合の場合、ひとりの子がかなり小さければ、その子だけに母乳を与えるのがいいでしょう。

ミルクの与えかたは、親が2本のほ乳びんを持って一度に飲ませるか、それがたいへんなら、片方だけでもほ乳びんをタオルなどで支えて飲ませること

双子への母乳の与えかた

① 床に座って抱きかかえる

② ソファーに座ってフットボールのように抱きかかえる

③ 図の①と②を併用する

④ 寝てお腹《なか》の上にのせて与える

です。赤ちゃんが大きくなったら、自分でほ乳びんを持たせて飲ませてもかまいません。

■参考になるサイト

・「同時授乳大研究」

http://www.geocities.jp/nyemichan/qa/junyuu/

お風呂の入れかた

小さいうちは、ベビーバスにひとりずつ入れるのが、いちばん楽なようです。しかし、ちょっと重くなると、ふたりを続けて入れるのは疲れるかもしれません。そうなったら、ひとりずつ1日おきにしたらどうでしょう。洗うのは、かならずしも毎日でなくてもかまいません。

それでも、ベビーバスは、腰がつらいし、だいいち不安定ではないでしょうか。ならば、むしろお風呂に親が抱いて入るのがよいと思います(↓81ページ)。ただ、いっぺんにふたりは無理なので、ひとりだけ入れ、翌日もうひとりを入れ、次の日は母親がひとりで入るというふうにしたらどうでしょう。

しかし、そうした場合には、毎日、下着を替え、汗をふき取り、とくに顔とお尻は丹念《たんねん》にふいてやる必要があります。

外出のとき

夫婦またはふたりの大人が、赤ちゃんをひとりずつ抱いて出かけるほかはないでしょう。そのために、抱っこひもやおぶいひもは、ふたつ用意しておく必要があります。

赤ちゃんたちがしっかりしてきたら、双子用ベビーカーを使うにかぎります。

離乳のしかた

ふつうに生まれた子と同じ要領《ようりょう》(↓144ページ)でよいけれど、未熟児だったのなら、それなりの違い(↓235ページ)はあります。

食べさせかたは、ひとつの食器から同じスプーンや箸《はし》でいっしょに与えてかまいません。ただ同時にするまではなく、ひとりがもぐもぐしているあいだに、もうひとりの子の口に食べものを入れてやるというふうにするのがよいと思います。

障害児

生まれたとき

生まれてすぐ、赤ちゃんに障害があると告げられたときは、とにかく「落ち着いて」と、くり返し、自分に言い聞かすことだと思います。

だれだってショックを受け、否定したい気持ちにも駆《か》られるでしょうが、そんな感情におぼれていてもどうにもなりません。いまは、事態をなるべく正確に把握することが求められている。そのうえで、親として、どうすればよいかを考え始める必要があるのです。

ところが、最初に障害を告げられたときは、たぶん、うわのそらだったでしょう。そこで、ひと落ち着きしたら、親のほうから、あらためて担当の医師にくわしい説明を求めるのがよいと思います。

障害にもさまざまな種類と程度があるので、病名とか重さとか治療法の有無《うむ》とか育てかたとか、将来の見通しなど知りたいことを、ためらわず、納得できるまでたずねることです。もっとも、完全に納得できるはずはないので、「とりあえず」納得できるまででかまわない。また疑問が高《こう》じたらたずねることにしておけばよいのです。

そして、「とりあえず」納得できた事態に応じて、さっそくに親のできることを実行し始めるにかぎります。

しかし、どうしても納得できない場合には、ほかの医師の意見も聞いたほうがよい。担当の医師に遠慮することはありません。率直にセカンド・オピニオンを求めたいと告げて、検査データなど資料のコピーをもらって、ほかの医師に診《み》せるのです。

ただ、障害を治してくれる名医を求めて、次から次へと「ドクター・ショッピング」を続けるのは考えもの。もちろん、障害の種類と程度によっては高度な技術で治せるものもあるので、そんな場合には、より優れた医師を探したくなるでしょう。でも、それにしても、神様みたいな名医はありえません。高度な技術をもつ医師に、大差はないはずです。ですから、ほとんど同じと思われたら、あとは医師の人柄とか考えかたを照らし合わせて、どこかで踏《ふ》ん切《ぎ》りをつけるほかないと思います。

まして、ふつうの病気のようには治すことができない障害を治そうと、名医を求め続けるのはどんなものか。治したい気持ちのあまり「奇跡の治療法」を渇望《かつぼう》するのはやむをえないけれど、それは実はないものねだり。懸命《けんめい》になればなるほど、徒労と失望にさいなまれそうです。

ですから、「ないものねだり」していることに気がつきだしたら、いつまでも「治すこと」にこだわらないのがよい。それより、障害をかかえて生きていく工夫《くふう》をこらすよう努めたほうがよいと思います。そう、障害を「治す」とは「ふつうに生きていけるようにする」こと(→病気329ページ)なのですから。

そして、そのことでは、同じ障害をもつ子の親どうしで励ましあうのがいちばん。さまざまな障害ごとに多くの親の会があるので、試しにでも、コンタクトをとってみることです。

■親のグループを検索できるサイト

・療育《りょういく》ｗｅｂ(全国心身障害児福祉財団)
http://www.shougaiji-zaidan.or.jp/

■親を力づけてくれるサイト

・障害児を普通学校へ　全国連絡会
http://zenkokuren.com/

■参考にしてほしい本

『障害をもつ子のいる暮らし』筑摩書房

協力のネットを広げる

障害児は、およそ育てるのにたいへんな困難をともないます。ふつうの赤ちゃんでも母親ひとりではたいへんなのですから、障害児の場合は、多くの人の協力が欠かせません。

まずは、その子の親ふたりが力を合わせる必要があります。とくに父親は、格段の努力が求められます。そんな生活には耐えられないと逃げ出すような男は、父親の資格どころか、人間の資格すらありません。

祖父母も、事情が許すかぎり、ふつう以上に親たちを助けてあげる必要があります。少なくとも、「障害者などうちの家系にはいない」となじって、そっぽを向いてはならない。もちろん遺伝する障害はありますが、障害をもつ赤ちゃんも人間にちがいない。その子を産んだ親をなじるいわれはないのです。ですから、親のほうも、引け目をもたずに、祖父母に援助を求めてよい。人生のキャリアを積んだ祖父母だからこそ、落ち着いて力になってくれることのほうが多いと思います。

また、上の子がいるのなら、その子にもわかるような言いかたで障害のことを話して、手伝ってもらうにかぎります。そうして障害児の面倒《めんどう》をみた子どもは、きっと心優しい大人になるでしょう。ただし、手伝わせるばかりではかわいそう。自分のしたいことも存分にさせるよう、心がけておく必要はあります。

とにかく、そのようにして、家庭をあたたかく明るい雰囲気にもっていくことが、障害児を育てるにあたってもっとも肝要《かんよう》なことだと思います。

けれど、障害児を育てるのには、こうした家族の努力だけでは、おそらく決定的に足りない。だいいち、家族だけでは、生活面でも精神面でも十全《じゅうぜん》にはやっていけないでしょう。そのために疲れ果てている親が少なくありません。

ですから、家族で協力すると同時に、障害児を抱えた親どうしで励まし助け合う機会ももつべきです。前ページの「親のグループを検索できるサイト」にアクセスするほか、保健所や福祉課にたずねたり、噂《うわさ》も手がかりにして、探してください。

とはいっても、障害児の親だけで、いつもかたまっているのは感心できません。それでは、やっぱり、世間から孤立してしまいそう。努めて、ふつうの子の親たちともつきあいを広めるようにするべきです。

積極的に外に出す

赤ちゃんを外に出すのも、早くしたほうがよいと思います。障害を恥ずかしがって、赤ちゃんを隠すようにしていては、親子とも人並みには生きていけなくなってしまいます。

せめて障害を告げられたときのショックから抜けだしたら、赤ちゃんがとくに重体でないかぎり、なるべく早く外にも連れ出すことです。

初めは他人の視線が気になるでしょうが、堂々とかまえていればよい。もし不審がられたら、障害のことを簡潔に話してしまうにかぎります。そうしていれば、すぐに慣れてしまうもの。友だちはできるし、助けてくれる人にも恵まれるかもしれません。

障害児の育てかた

基本的には、ふつうに生まれた赤ちゃんと同じでよいはずです。同じ人間の赤ちゃんですから、むしろ特別に考えるほうがおかしいと思います。

ただ、障害の種類と程度によって、育てかたに多少ともふつうとの違いが求められることは確か。その違いだけは、真っ正面から受け止めている必要はあります。違いを認めたくなくて、ふつうの子とまったく同じに育てようとかかるのはやめたほうがいい。無理をすることになって、心身ともにくたびれるし、だいいち赤ちゃんを苦しめてしまいそうです。

どういう違いがあるかについては、主治医に細かく聞きただすのはもちろん、同じ障害児をもつ親のグループ(→前ページ)の知恵も借りるべきです。

とくに、技術的なこと、たとえば抱きかた、おむつや衣服の着脱《ちゃくだつ》のしかた、授乳と離乳のしかた、ほ乳びんや食器やベッドや椅子《いす》など器具の選びかたは、障害に応じた方法を教えてもらう必要があります。

しかし、それとて、かならずしも自分の赤ちゃんにフィットするとはかぎらないでしょう。同じ障害でも微妙に個人差があって、それが意外に大きな違いになるからです。そこで、まずは教えてもらった方法を試して、ぐあいが悪かったら、自分なりにいろいろと修正してみるのがよい。そのうちに、その子にフィットしたやりかたが、見つかってくるものです。

保育園に預けたい場合

どんな障害があろうと、遠慮なく申し込むこと。預かってくれる保育園が、しだいに増えています。しかし、障害によっては、預かってもらえないことがあるかもしれません。

そんな場合でも、保育園に預ける必要があるのなら、勇気をもって交渉すること。その交渉のしかたはふつうの子と同じでよいはずです(→165ページ)。

治療教育、療育《りょういく》について

「治療教育」とか「療育《りょういく》」とか「リハビリ」などといわれる特殊な育てかたについては病気編を見てください(→病気359ページのコラム)。

1歳半から3歳のころ

心身の両面で、赤ちゃんから幼児へと本格的に脱皮《だっぴ》していく時期です。

まだ力不足だし、親への甘えを必要とするものの、我《が》を強く張りだし、好奇心にあふれ、自主的な行動が盛《さか》んになります。

それだけに、矛盾《むじゅん》に満ちた苦闘の時期。親としては、自立と依存《いぞん》の双方を保障するというむずかしい課題をこなしていかなければなりません。

子どものようす

からだと育ち

からだつき

この時期には、からだつきが「赤ちゃん」から「幼児」へと急速に変わっていきます。

手足、とくに下肢《かし》が伸びてまっすぐに近くなり、胸郭《きょうかく》が横に広がり、全体に皮下脂肪《ひかしぼう》が減って、しまってきます。そのために、やせてきた感じがするかもしれません。

顔つきも、ちょっぴりませた感じになり、表情も豊かになるでしょう。

頭蓋骨の大泉門《だいせんもん》(おどりこ、ひよめき)は、たいていは1歳半までに、遅いと2歳くらいまでに、閉じてしまいます。

歯

歯《は》が生える時期には、かなり大きな個人差があります。下の中切歯《ちゅうせつし》(前歯)は4カ月〜1歳8カ月、上の中切歯は6カ月〜1歳4カ月、上の側切歯《そくせつし》(前歯の両わきの歯)は8カ月〜1歳5カ月、下の側切歯は8カ月〜1歳8カ月、第1乳臼歯《にゅうきゅうし》は1歳1カ月〜1歳10カ月、犬歯《けんし》は1歳〜2歳、第2乳臼歯は1歳7カ月〜1歳11カ月といったぐあいです。

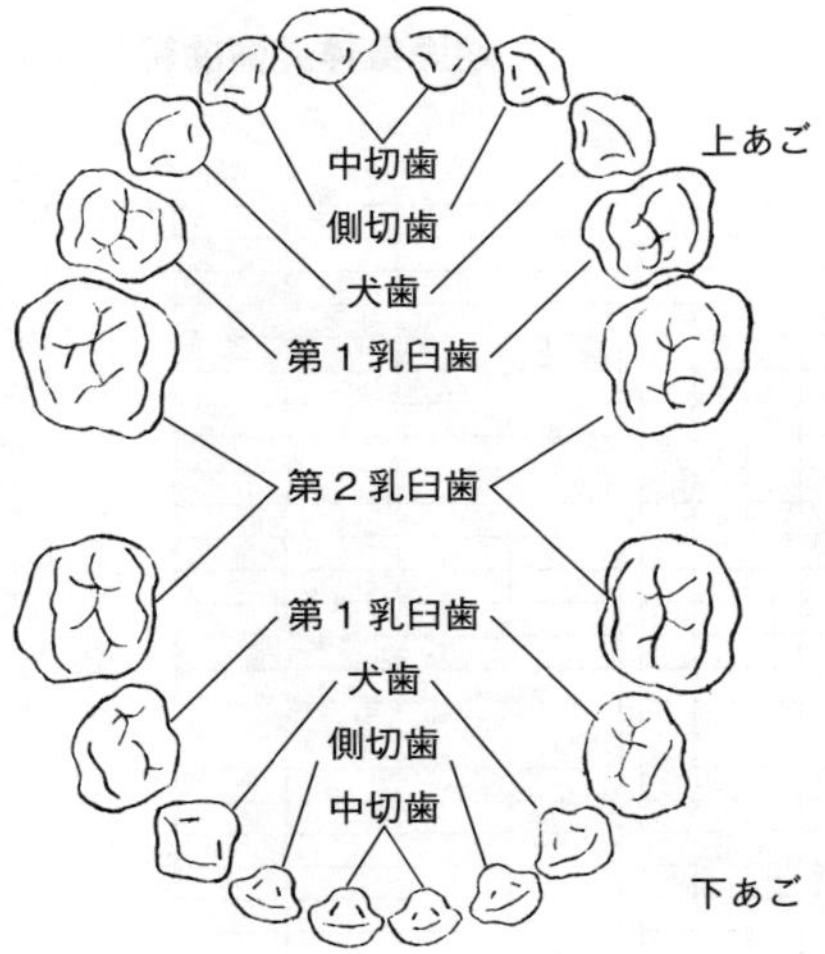

乳歯《にゅうし》の種類

育ちのぐあい(発育)

体重は、個人差が大きく、1歳半前後で9〜12キログラム、2歳前後で10〜14キログラムと、そうとうに幅があります。体重の増えかたは、赤ちゃんのときよりかなり鈍《にぶ》って、半年間でやっと1キログラムくらい。暑いときや病気のときなどは、数百グラムくらい減ってしまうことさえ珍しくありません。

身長は減ることはありえませんが、個人差がいちじるしく、1歳半前後で76～85センチ、2歳前後で80～90センチと違いが目立ってきます。

ですから、体重と身長を平均値やほかの子と比較することには、ほとんど意味がありません。それよりも、育ちのぐあいを知りたかったら、からだ全体のようすを見るほうが、よほど気が利《き》いています。まあまあ均衡《きんこう》がとれ、いかにも幼児らしい感じで、血色も元気もよければ、「発育異常」などではないはずです。

しかし、数字的に確かめたければ、身体発育曲線(**下の図**)にあてはめてみてください。体重も身長も10～90パーセンタイル(↓136ページ)のなかに入っていれば、まず心配はないでしょう。

もっとしっかり確かめたければ、カウプ指数(↓135ページ)を計算してみてください。計算の結果が15～19ならば心配はありません。それからはずれていても、13～22ならば、まずだいじょうぶと思います。なお、カウプ指数はしだいに低くなってくるでしょうが、それはこの時期に身長の伸びが盛《さか》んなためで、当然のことです。

もし、身体発育曲線から大きくはずれ、カウプ指数でも異常値を示していたら、病院で原因を調べてもらい、きちんと対処する必要があります。肥満、または発育不良の疑いがあるからです。

頭囲と胸囲はほぼ同じで、ともに1歳半前後は45～48センチくらい、2歳前後は46～50センチくらいです。ただ、しだいに胸囲のほうが大きくなってくるでしょう。

幼児身体発育曲線(厚生労働省 2010 年調査)

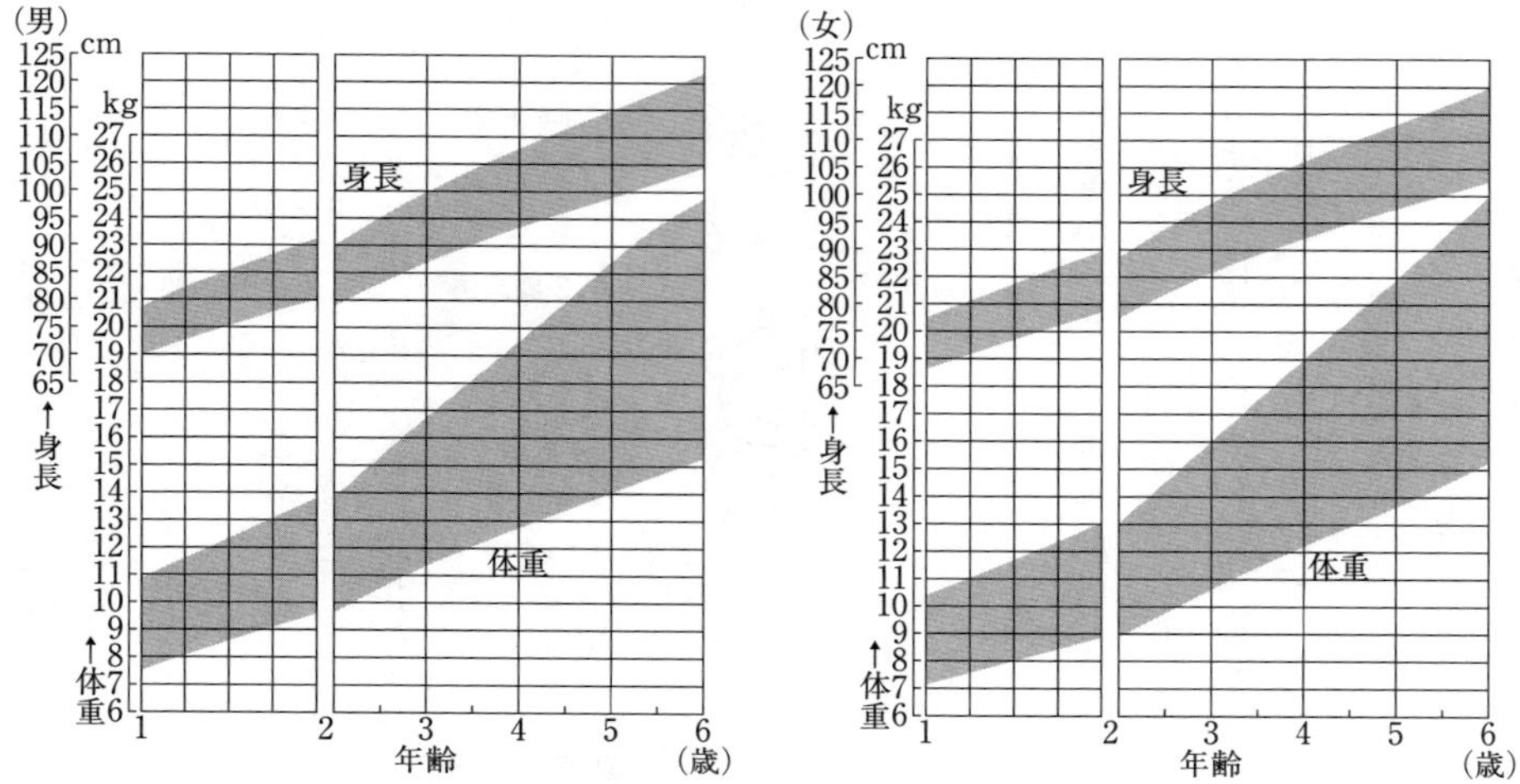

からだの働き

おしっこ——おしっこは、回数がかなり減り、およそ1日に10回前後になってくるでしょう。それは、腎臓《じんぞう》の機能が1歳で大人に近く、2歳で同じになるためと膀胱《ぼうこう》の容積が大きくなるためです。

うんち――うんちも、回数が減り、1日に1〜2回くらいになるのがふつう。それは、胃腸の働きが成熟し、固形食をとることも増えるためです。しかし、胃腸の働きと食事のとりかたには個人差が大きいので、1日3〜4回とか、3〜4日に1回、なかには1週間〜10日に1回という子もいるでしょう。いずれにしても、機嫌《きげん》がよく食欲もあれば、心配ないことです。

睡眠――寝起きする時刻は、この時期、かなり変わってくることでしょう。1日の睡眠時間と昼寝の回数が減るためですが、睡眠のパターンの個人差も目立ち始めるためと思われます。そのうえ、家庭の生活様式によっても大きく影響を受けだします。したがって、早寝早起き、早寝遅起き、遅寝遅起き、遅寝早起きなどいろいろなタイプの子がいるし、昼寝も1回で長いとか、2回でそれぞれ短いとか、さまざまな子がいることになるわけです。

視力、聴力――視力は、1歳になると急速によくなってきます。さらに2歳ごろには両眼視機能《りょうがんしきのう》(両目で見る働き)も発達して、遠近がわかり、周囲を立体的に認識することができるようになってきます。

聴力は、ほとんど大人と同じになりますが、何かに没頭《ぼっとう》していると聞こえないことが珍しくないでしょう。

からだとこころの動き

からだの動き

およそ、じっとしてはいません。やたら動きまわり、騒がしくなってきます。なかにはおとなしい子もいますが、それでも赤ちゃんのときよりは、よく動くようになっているにちがいありません。

まず、歩きがしっかりしてくるだけでなく、2歳近くなれば、不器用《ぶきよう》でも走るようになってきます。とくに親などが追いかけると、キャッキャと喜んで走るでしょう。まだ多少とも「がにまた」ですが、それは姿勢を安定させるためで、しだいに転《ころ》ぶことも少なくなるはずです。

さらに、椅子《いす》やベッドなどにのぼろうとし、落ちても落ちても懲《こ》りずに挑戦するようにもなるでしょう。低い椅子からなら、飛び降りる勇者もいるかもしれません。

階段も、手すりを持たせたり、手をひいてやれば、1段ずつ足をそろえて昇るでしょう。ただ、階段から降りるのは、まだ苦手なようですが。

おもちゃの乗り物にまたがりたがり、動かすようにもなってくるでしょう。

手の動きも巧《たく》みになって、ボールをまがりなりにも投げたり受けとめたりできるようになる。パンツや簡単な上着や靴を脱ぎ着したり、ボタンをはめたりとめたりしようとしたり、食事でも、スプーンやフォークや箸《はし》を、こぼしながらでも、使えるようになるでしょう。

また、ぬいぐるみの動物などに食べさせる真似《まね》をする。大人が書きものをしているのを見つけると、紙とボールペンなどをせがみ、片方の手で紙を押さえ、他方の手で円に近い絵を描くようにもなるでしょう。

それだけに、ちょっと目を離すと、パソコンのキーボードをさわったり、机の引き出しをひっくり返したり、化粧品のふたを開けてぶちまけたり、食卓によじのぼって食器をかきまわしたり、あげくころげ落ちたりと、油断はならなくなります(↓271ページ)。

こころのもよう

我《が》が出る、外に向かう——1歳半から3歳にかけての「こころのもよう」をあざやかにいろどるのは、「我を張り出す」ということです。

それまで培《つちか》ってきた自分への意識(↓204ページ)が、かなりはっきりしてきたので、これからは外の世界に打って出て、周囲を支配し、そのなかに自分を据《す》えようとし始めているのにちがいありません。

とにかく、自分のやりたいことは、やりとげようとしだします。禁止されたりうまくできないと、よけいに意地になってやろうともするでしょう。

それでもやりとげられないと、性格によっては、ひっくりかえって怒ったり、ものを投げつけたり、あるいはべそをかいて泣きやまないとか、しがみついてすねるとか、手がつけられない状況に陥《おちい》りかねません。

なんとか落ち着かせても、ひそかにチャンスを狙《ねら》い、大人の顔をうかがいながら、何度となく挑戦してくることも多いでしょう。

逆に、自分のやりたくないことは、頑《がん》としてやろうとはしなくなります。嫌いな食べものは手で払いのけ、裸でいたければ衣服に袖《そで》を通そうともしないでしょう。

しかし、このような行動を「わがままになった」とか「反抗期に入った」と理解するのは的《まと》はずれ、表面的に過ぎると思います。

子どもは、ひとりでに「わがまま」になるのではありません。また、あらかじめ決められた「反抗する時期」というものがあるわけでもありません。それだけ、強い心の動きに突き動かされているのだと思います。

子どもは、この時期になると、世の中にはルールがあり、親には親の都合《つごう》があることを知り始めます。そして同時に、その多くが自分の欲求に反することにも気がつきだしています。これは、子どもにとってはたいへんな事態。言われることに安易《あんい》にしたがっていたら、自分のやりたいことがすべてできなくなりかねません。そこで、やむなく、自分を主張せざるをえなくなっているのです。

しかし、そのようすを見ていると、ただ「我を張り出す」だけでもなさそうです。性質にもよるけれど、どこかで、いっとき、手を引いたり、あきらめたりもしています。どうやら、子どもは、我を押し出しながら、世の中と自分との折りあいをも模索《もさく》している。そこには、この時期の子どもの「自我の確立」への苦闘さえ見てとれます。そのためでしょうか、欧米ではこの時期を「独立期」と呼ぶようになっているそうです。

ただ、そうは言っても、この時期の子どもは、まだまだ判断が単純で、自己主張もかたくなです。やるかやらないかどちらかで、そのほかのやりかたを見つけるとか、中間あたりで妥協《だきょう》するといったことができません。ですから、あまりに無理を言って収《しゅう》拾《しゅう》がつかないときには、ほかのことに気を向けさせたり、さっと場面を転換させたりする工夫《くふう》が必要かと思います(→280ページ)。

また、自分と他人が、それぞれ別に存在することもわかってくるのですが、その認識もまだまだあいまいで、かたくな。そのために、こだわりの強いタイプの子だと、母親がいつも座るところに父親が座ると押しのけたり、茶碗《ちゃわん》や箸の置き場所がいつもと違うと、泣いて怒ったりもしだすでしょう。ですから、どうして泣き続けるのかわからないときには、こうしたちょっとした周囲の変化が原因になっていることも考えに入れてみたほうがよいと思います。

真似《まね》が盛《さか》んになる――真似が盛んになるのも、この時期の大きな特徴です。たとえば、ふきんで机の上をふこうとしたり、口紅を塗ろうとしたり、新聞を広げて読むふりをしたりしだします。これは「我《が》を張り出す」こととは裏腹《うらはら》に、他人、とりわけ自分の好きな人と同じしぐさをしたい気持ちが強くなっていることを、端的《たんてき》に物語るものです。

どうやら、子どもは一方で我を出しながら、他方で大人の世界に同化しようとも試みているかのようです。

そのことは、「見たて遊び」が増えることにもあらわれています。積木を手にして「ブーブー」と言いながら動かしているのは、自動車に見たててのこと。新聞紙に小箱を載《の》せて「ドーゾ」と持ってくるのは、食べものを配っているつもり。こうしたしぐさは、すべて文化への同化《どうか》が起きていることを示すものにほかなりません。

もちろん、この時期の子どもは、まだ大人と同じように巧《たく》みに行動することはむずかしい。そのために失敗したり、大人に理解してもらえなかったりすることが多いでしょう。けれど、そうした苦い体験を通じて、効果的な行動のしかたをしだいに身につけていくのだと思います。

こわがり――「こわがり」は、お誕生前ごろにひどくなっていましたが、この時期に入っても多少とも続くはずです。

それはそうで、人間にとって、この世は不気味《ぶきみ》さに満ちている。大人でも、こわいことだらけなのです。まして、子どもは知らないことが多いぶんだけ、こわがりで当然です。この時期には、お誕生前よりも世の中を知り始めているけれど、そのかわり「我《が》が出てくる」にしたがって、この世と格闘しなければならない。そのための緊張が増えてくるはずです。

　ですから、この時期の「こわがり」には、「臆病《おくびょう》」とは質が違うものとして、対応してほしいと思います(→284ページ)。

ことば

ことばが生まれる過程

　この時期には、ことばの理解が飛躍的にすすみ、会話も、まがりなりに、できるようになってきます(→ことばの遅れについては258ページ)。

　これも、「真似《まね》が盛んになる」(→前ページ)のと同じく、文化との接触が積み重ねられてきた結果と考えられます。少なくとも「言語機能の発達」といった、個々の子どもの事情だけではなさそうです。そもそも言語機能は、遺伝的にインプットされているものだし、文化との接触で発現《はつげん》するものだからです(→401ページ)。

　そのことは、子どもがことばを理解し、会話を始める過程に、はっきりと見てとれるはずです。

　まず、親や上の子などが、ことばに一定の意味、つまり社会的に通用する意味を含ませて話しかけてきます。そのことばを、子どもは自分なりの勝手な解釈を加えて受けとめます。たとえば「シンブン、トッテキテ」と頼まれたのに「ブン、ブン」と言っておもちゃの飛行機を持って行ったり、「チャントスワッテタベマショウネ」と命じられたのに「チャンチャン」と騒ぎだしたりもします。

　一方、子どものほうからも、ことばに勝手な意味をもたせたり、自分だけのことばを造ったり(造語)して、話しかけることもしだします。たとえば「バンバン」とくり返すのが公園に遊びに行こうという意思表示だったりするでしょう。この場合は、母親が外出するときにバッグを持つことを知っていて、「バッグを持て」を「バンバン」と表現していたわけです。

　こうしたことから、しょっちゅう、親と子のあいだで意思が通じなかったりトンチンカンなくい違い

が生じてくる羽目《はめ》になります。

ただ、それがけっこうおもしろいこともあり、そのあと親子して、親子だけに通じることばを、楽しんで使いだすことは多いもの。また、通じないと困る場合には、親も子も必死になるので、なんとか通じるようになっていくもののようです。

しかし、いずれにしても、子どもは、どちらかといえば、大人のことばのほうに合わせていく傾向が強い。たぶん、自分の言いかたを笑われて恥ずかしいとか、早く大人と同格になりたい願望からでしょうか。

とにかく、このように、ことばは暮らしのなかで自然に覚えていくものであることは、間違いなさそうです。

ですから、ことさらに「ことばの教育」を心がけることは必要ない、むしろ有害でさえありうると思います。健康診断などで「絵本をみて動物の名前などが言えますか」といったテストがおこなわれますが、たとえ言えないからといって、イヌとかネコといった発声をさせようと努めるのは、どんなものか。そんなことをしていたら、かえって実体とは関係のない空虚なオウム返しをさせるだけになりそう。それでは生きたことばは育《はぐく》まれません。

二語文《にごぶん》を言うか言わないかもよく問題にされますが、たとえ「パパ、カイシャ」としゃべったとしても意味がわからず、ただ「パパは」と聞かれて、しこまれたとおりに返しているのなら、それはことばとは言えません。

逆に、「クック」と一語しか言わなくても、そこから「靴《くつ》を履《は》いて外に出たい」といった願望が強烈に読みとれるなら、立派な二語文以上になっていると言えるでしょう。

要するに、ことばは、形式よりも、心がこもっていて、相手に迫るものがあることこそが大切なのだと思います。

質問魔の始まり

2歳を過ぎるころから、たいていの子どもが、しきりに「ナアニ？」とか「ドウシテ？」といった質問をしだすことでしょう。

それは、ことばが人間どうしを結び、文化との媒《ばい》介《かい》をするものである以上、当然のなりゆき。そうした疑問文なしでは、人間も文化も理解できないからです。

ただ、質問が始まると、親は閉口《へいこう》するにちがいありません。なにしろ、しょっちゅうだし、返事をしても、くり返しくり返したずねてきます。

しかし、面倒《めんどう》がらずに、できるだけ答えてやってほしいと思います。とにかく、子どもは、そうして世の中の物事を確かめ、表現することばを自分のものにしようと一生懸命《いっしょうけんめい》になっているのです。

答えかたは、もちろん子どもにわかるようにしたいけれど、それが無理な場合は大人のことばでもかまわない。子どもは、誠実に答えてくれたことに満足することが多いはずです。

ことばの遅れ

ことばが少々遅くても、気にしないでください。なぜなら、しゃべりだす年齢には非常に大きな個人差があるし、1歳半から2歳のころにはひとつもしゃべらない子も珍しくないからです。

すくなくとも、次の3点がクリアされていれば異常ではありません。

(1) 耳が聞こえている

耳が聞こえていれば、周囲のことばを吸収しているにちがいありません。それが蓄積されて、やがてはことばを使うようになります。

(2) 大人の言うことがわかる

ことばの概念が、できてきつつある証拠です。それがことばを発する基礎になります。

(3) 大人や子どもとの交流がある

人間に関心を抱き、近づくなり遠ざかるなり、かかわりあいをもとうとしているなら、その媒介《ばいかい》としてのことばを必ず使いだすはずです。

育てかた

扱いにくさへの対応

1歳半から3歳までのころは、もっとも扱いにくく、手を焼くことが多い時期です。

なにしろ、この時期の子どもは、葛藤《かっとう》の最中にあります。親から離れて自由に行動したい気概《きがい》と、親に頼り保護されていたい甘えとが、複雑に交錯《こうさく》している。つまり、自立と依存の狭間《はざま》をさまよっているのです。

ですから、ただ「言うことをきかそう」といった単純な対応だけでは、うまくいくはずがない。かえってダダをこねられるのが落ちでしょう。

とすれば、まずは、子どものそうした葛藤に同情を寄せることが肝要《かんよう》。「気持ちはわかるよ」という態度を示すだけで、子どもはずいぶんと救われ、落ち着きやすくもなるはずです。

そのうえで、できるだけ、子どもに「まかせる」ようにしたい。葛藤は、親に命じられるとよけいに増すけれど、まかせられれば、乗り越えやすくなるものですから。

それでも手がつけられない状態が続いたら、子どもが自分で収拾《しゅうしゅう》するのを「待つ」こと。もちろん事情が許すかぎりのことですが、時間を与えてやれば、けっこう落ち着き、言うことを聞いてもくれるものです(→280ページ)。

そのほか、場合によっては、親は「負ける」ことも知らなければならないと思います。負けてやることで、子どもは自尊心を満たされ、親に包容されて、葛藤の収拾がしやすくなるだろうからです。もちろん、あまり負けてばかりでは、わがままを助長してしまいますが。

食べること

食べさせるものと栄養

食べさせるもの(食品)——食べさせるものは、本人が受けつけさえすれば、なんでも与えてよいはずです。この時期には、消化力がついてくるし、腎臓《じんぞう》の機能も成人に近くなるからです(→252ページ)。

ですから、「幼児食」などとむずかしく考えて、特別な調理をする必要などありません。あまり一生《いっしょう》懸命《けんめい》に調理をすると、食べてくれなかったときにが

つかりするし、無理強《むりじ》いしてかえって食欲をなくすことにもなりかねません。

それよりも、家族で同じ料理を囲み、そのなかから食べたがるものを食べやすくして与えるほうがずっと楽だし経済的、だいいち子どもが喜ぶでしょう。せめて、献立《こんだて》が子ども向きでないときだけ、一皿でも好きなものをつけてやればよいと思います。

ただ、そうはいっても、見さかいなく食べさせたり、消化の悪そうなものや食あたりしそうなものを与えるのは禁物《きんもつ》。また、経験上、食べさせると下痢《げり》をするとか発疹《ほっしん》が出る食品は、避けるか慎重《しんちょう》に与えるべきはもちろんです。

しかし、それよりも、現代では、農薬や放射能で汚染されていたり、有害な添加物や遺伝子組み換え作物が入っていたり、BSE(狂牛病)のような特別の病気をもたらすおそれのある食品を避けることのほうが、ずっと大切だと思います。


栄養――この時期は、からだが大きくなるより、動いたり知恵がつくといった機能の面の成長が盛《さか》んなとき。当然、発育のスピードが鈍《にぶ》くなるし、動きやすいように皮下脂肪《ひかしぼう》を落としてくるので(→251ページ)、あまり多くの栄養はいらなくなります。

ですから、食べる量が減ってきても、自然のなりゆき。元気がよく、わずかずつでも大きくなっていれば、心配することはありません。もう、健康の評価の重点を、どれだけ食べるかということより、どれほど生きいきとしているかということに移してしまったほうがよさそうです。

もちろん栄養への配慮は欠かすわけにはいかないけれど、それも食品の選びかた(前項)と同じく常識で判断すればよいこと。あまり栄養に引きずられて、牛乳を何ミリリットル飲ませなければとか、タンパク質は何グラム必要といった知識で考えてばかりいたら、食事から楽しみを奪ってしまいそうです。

そこで、その「常識」ですが、まあ、米飯かめん類かパン類に野菜と汁もの、卵または肉、魚、そのうえ乳製品とか果物がつくといったパターンで、食べるだけ与えるというので十分ではないでしょうか。

もし、そのままでは食べなければ、混ぜご飯にしたり、甘口カレーライスとかスパゲッティに卵や肉や野菜を混ぜたりすると、喜ばれるかもしれません。

また、そうした食品を毎回そろえる必要もなく、1日のうちでそろえれば上等、1週間でも1カ月でもなんとかそろえられれば十分。もっとのんびりと「しばらく野菜が不足ぎみだったから増やそう」とか「さっぱり味ばかり続いたから、脂《あぶら》っこいものも食べたいね」といった配慮をするだけでも間に合うと思います。

それでも経験上なんとか育っていくし、実験的にもそういうやりかたで栄養を満たすことができるという有名な研究(デイビスの実験)があります。

ただ、栄養素としてタンパク質、脂肪、カルシウム、鉄、ビタミンには気をつけたいものですが、それにしても特定の食品にこだわることはない。そうした栄養素を含む食品のなかから、子どもが好むものを選べばいいわけです。たとえばタンパク質なら牛乳200ミリリットルと卵1個でほぼ同量、ヨーグルト100グラムで牛乳100ミリリットル分くらいに相当します。豆腐や納豆も、植物性ながら、すぐれたタンパク源です。

脂肪はバターにかぎらず、マーガリンでもよく、チーズならタンパク質やカルシウムにも富んでいます。そのほか調理に植物油を使えば補《おぎな》えるはずです。

カルシウムは、牛乳、乳製品、小魚でとるのが手っ取り早いでしょうが、海藻にも豊富だし、菜っぱや豆腐、納豆などでも少しずつはとることができます。

鉄はレバーのほか、卵、肉、大豆、ホウレンソウ、海藻に多く含まれています。

ビタミンはAなら断然レバーが多い。Cなら野菜と果物。Dなら脂っこい魚ですが、B群を含めて肉類と魚類、卵、野菜をこまめにとることでなんとかなるものです。

ちなみに、栄養が足りているかどうかは食べた分量だけでは判断できないもの(→262ページ)。要《よう》するに、元気がよくて、まあまあの発育をしていれば、それでよいと思っていてください。

食事のマナー

食事のマナーを、あまりやかましくしつけようとするのはどうかと思います。そのために食事が不愉《ふゆ》快《かい》になりがちだし、食欲も落としてしまいそう。それでは、なんのためのマナーか疑いたくなります。

そもそも食事のマナーは、見ていて、いかにもおいしそうに、楽しそうに食べているのがいちばんではないでしょうか。いくら行儀《ぎょうぎ》よく食べていても、いやいやながらとか、しかられしかられでは、見ていていい気持ちがしません。

とりわけこの年齢の子どもは、食べることより遊ぶことのほうに気が向くし、食事そのものも遊びにしたいので、行儀よく食べさせようとするのは無理なのです。

ですから、マナーをよくしたいのなら、行儀をやかましくいうより、食事を楽しくする工夫《くふう》をしたほうがずっと気が利《き》いていると思います。

まずは、なるべく自由に好きなように食べさせること。そうしたら、食べものをこねまわし、スプーンや箸《はし》をつっこみ、手づかみで食べ、食器をひっくり返し、床にもこぼして、惨憺《さんたん》たるありさまになるにちがいありません。

でも、そのくらいは平気にならなければ、子どもといっしょの食事を楽しむことはできないでしょう。それどころか、行儀よく食べさせることばかりに気を遣《つか》っていると、親は食べる暇《ひま》がなくなるし、子どもはよけいに乱雑になってしまいがちです。また、だからといって、子どもに手を使わせないで、親が口に入れてやっていると、自分では食べようとせず口を開けるだけの子になってしまいかねません。

しかし、そうはいっても、子どものようすを見て、さりげなく手伝ってやることも必要かと思います。たとえば、食べものをうまく口に運べなければ、スプーンにそっと手を添えてやるとか、口からこぼした食べものをすくって入れてやるとか。ただ、手伝いを嫌うときには、手を引いたほうがよいでしょうが。

いずれにしても、食べさせるときには、それなりの準備は必要でしょう。とりわけ、食器をひっくり返りにくいものにするとか、テーブルにいつもふきんを備えておくとか、床にはビニールを敷いておくとか、家庭の事情に応じて、対策をとっておくことです。

食事の心配

少ししか食べない——とにかく、焦《あせ》りは禁物。食べたがらないのをしかったり、泣かせてまで口に入れるようなことをしていると、拒否感をつのらせて、よけいに食べなくなってしまいます。逃げるのを追いかけて食べさせるのも、しょっちゅうやっていると、逃げること自体が遊びになって、ほとんど食べなくなってしまいがちです。

ですから、むしろ食べさせようとはしないほうがいい。親だけ食事をすませ、「お腹《なか》がすいても知らないよ」といった態度でいたらどうでしょう。そのほうが食べだすかもしれません。子どもはほうっておかれ、飢《う》えさせられると貪欲《どんよく》になるものですから。

たとえ、ほとんど食べなくなったとしても、心配しないことです。栄養が足りなくなったら、必ず食べだすはず。それまで待つのがコツです。

なかには、いつまで待っても、ほんの少ししか食べない子もいるかもしれません。それでも元気がよく動きまわっているのなら、その子にとってその量で足りているのだと思います。

そもそも、栄養は食べた量だけでは判断できないもの。食物は身につくまでに、消化され吸収され分解され再合成されるという多くの段階を要し、その各段階に効率の差があるからです。それに、栄養を消費する度合いにもすごく個人差があります。しかも、そこには、その人特有の体構成《たいこうせい》、つまりからだのできぐあい、たとえば脂肪や水分の蓄積が多いとか筋肉質とかいったタイプも大きく関係しているのです。

だからこそ、「やせの大食い」とかその逆のケースさえあるわけ。そのうえ、子どもでは、発育のパターンに大きな個人差があって、乳幼児期には「やせ」で「小柄《こがら》」であったのが、学童期に太ってきたり、思春期に大柄《おおがら》になったりということも珍しくないのです。

そんなふうなので、栄養失調でないことさえ確かめられれば(→252ページ)、この食べかたがこの子に合っていると考えて、のん気に食事を楽しむようにしていればよいと思います。

好き嫌い、食べかたにむらがある——この時期は、たいていの子が好き嫌いをし、食べかたにもむらがあるものです。

おそらく、個性がはっきりしてきて、食べものにも好みを主張しだすからでしょう。それに、ひとつのことに集中すると、ほかのことには気が向かなくなるという、この時期の特性も関係しているのかもしれません。

いずれにしても、栄養の点では、そんな食べかたでも、まずだいじょうぶ。すくなくとも、元気に発育していれば問題はないはずです(↓252ページ)。

ですから、そのまま、好きなものを、好きなときに、食べたいだけ食べさせていればよいと思います。そのほうが、食べる楽しみを覚え、結局は好物のレパートリーも食べる量も増えていくのではないでしょうか。

すくなくとも、好まないものを躍起《やっき》になって食べさせようとするのは逆効果。かえって嫌いになりかねないし、口のなかにふくんだまま飲みこまず、あげく吐き出してしまうことにもなりかねません。

食べすぎ——食べさせれば、いくらでもと言っていいくらい食べると、嬉《うれ》しい反面、ちょっと心配になるでしょう。まわりからは「肥満になる」とおどかされるかもしれません。

しかし、たくさん食べる子がみんな肥満になるとはかぎりません(↓病気251ページのコラム)。見ために太り気味でも、カウプ指数(↓135ページ)を計算してみて「肥満」のうちに入らなければ心配はいりません。食事の制限などしないで、戸外《こがい》でよく遊ばせるように努めていれば、よいはずです。

しかし、それでもどんどんとカウプ指数が上がってきて「肥満」に近づいてきたら、間食と米飯、めん類、パン、油ものなど、カロリーの高い食品を制限しなければなりません。

落ち着いて食べない——ちょっと食べては食卓を離れて遊びにいき、またもどってきて、ちょっとつまむといった食べかたをする子は珍しくありません。

この時期の子は一般に落ち着きがないし、とくに活発な子はじっと座ってなどいられないせいでしょう。

そんな子は、そのままそうさせておくほかないと思います。席にくくりつけるようにすると、あばれたり、怒って食べなくなってしまいがちです。また、追いかけて食べさせていると、いい気になって、かえって食卓に落ち着かなくなりそうです。

せめて、ときおり食卓に誘うだけにして、親の食事がすんだらさっさと片づけてしまうか、食事を残しておいて、許せるかぎりひとりで食べさせるようにするのがよいでしょう。

ただ、食事のときには、子どもの気が散らないように、なるたけおもちゃを片づけたりテレビを消しておくべきだとは思います。

ほ乳びんを離さない——1歳半や2歳では、たいていの子がほ乳びんを離さないでしょう。

そのために、まったく食事をしないのなら、栄養が足りなくなるので、無理にでも離さなければなりません。

しかし、まあまあ食べていて、寝るときだけほ乳びんを必要とするとか、牛乳だけはほ乳びんで飲みたがるといった程度なら、すぐにやめさせなければならない理由はありません。栄養は問題ないし、歯ならびへの影響もなさそうです（↓200ページ）。虫歯についても、牛乳の糖質は原因になりそうですが、牛乳より多く糖質を含む母乳を長期間飲ませていたむかしには、むしろ虫歯は少なかったのです。

　ですから、そんな場合には、やめさせようとはしないで、自分からほ乳びんを離すのを待つのがよい。そのうち必ずコップで飲むほうに快感を覚えるようになるし、ほ乳びんで飲むのが恥ずかしくもなるはずです。

　もしなかなか離さなかったら、チャンスをとらえてうながすとよいかもしれません。たとえば、旅行のときに「ほ乳びんは、お家《うち》でよい子にさせておこう」と置いていってしまうとか、知人が出産したとき「赤ちゃんにほ乳びんをあげよう」と目の前でプレゼントするなど。

　すくなくとも、強引に取りあげることだけはしないほうがよいと思います。ひとしきり大泣きすればやめられるでしょうが、しかたなくあきらめただけのこと。自分で卒業したという感じを味わわせられないので、その喪失感《そうしつかん》が潜在的にどう働くかが気になります。

　とくに、下にきょうだいが生まれてしばらくのあいだと、保育園に通い始めたころは、ほ乳びんを取りあげるべきではありません。そういうときの精神的な危機を増幅《ぞうふく》させかねないからです。

乳房から離れない——乳房から離れないのは、むしろふつう。ほとんどの子が寝つくときにはしゃぶりたがるし、緊張したときとか所在ないときには母の胸をさぐりにくるものです。

　対応は、ほ乳びんを離さない場合（前項）と同様にするのが基本ですが、乳房の場合はもっとゆっくりしてやる必要があります。

　けっして「断乳《だんにゅう》」とか「卒乳《そつにゅう》」といった画一的《かくいつてき》なやりかたはせず、母と子の情と暮らしの都合《つごう》で柔軟にしてほしいと思います（↓210ページ）。

おやつ（間食）

　おやつは、幼児期の栄養として必要と説かれることが多いようです。しかし、そういう考えで与えるのは、なんとも冷たい感じがしてなりません。

このちょっと脱線した食事は、子どもだけでなく大人にとっても、楽しく心なごむひとときなのです。ですから、おやつは、なによりも、そういう暮らしの潤《うるお》いとして与えたいものだと思います。

与える回数や時間も、きっちりと決めてしまうのは、無粋《ぶすい》にすぎる感じがします。正規の食事とのかねあいは考えなければならないけれど、ちょっとは羽目《はめ》をはずすことがあってよい。

子どもにあまりにせがまれれば与えざるをえないことが多いでしょうし、子どもがつらい目にあったときには与えたくなるはずです。また、親としても「おやつをあげようか」といった気分になったり、親自身お菓子をつまみたくなることもあるでしょうから、そんなときには親子でおやつにすれば楽しいにちがいありません。

食事とのかねあいについては、経験で考えたらよいと思います。おやつの食事へのひびきかた、ひいては発育への影響は、子どもによってさまざまだからです。

少食でやせぎみの子は、おやつの量、回数、時間にかかわらず、食事のとりかたに変わりがなければ、十分におやつを与えることができます。ただ、そんな子には、栄養を補《おぎな》う意味ももたせて、主食を食べない子ならビスケットとかクラッカー、ジュースのようなカロリーの多いものを、肉や魚を嫌う子なら牛乳やヨーグルトとかチーズ、卵を使った菓子などタンパク質と脂肪に富んだものを与えるのがよいでしょう。

少食のうえ、おやつを与えるとよけいに食べなくなる子には、食事との間隔を2時間以上はあけて、少量で栄養に富む食品を「補食《ほしょく》」の意味合いをこめて与えるのがよいと思います。

3度の食事をよく食べ、栄養状態もよい子には、カロリーが高くなく、さっぱり味のものを少量だけ楽しませるようにするのがよい。それには、果物（バナナはカロリーが多いから避ける）、ジュース（果汁100％で無添加のもの）、ヨーグルト、牛乳が最適。ビスケット、クラッカー、せんべいなども、わずかなら、かまわないでしょう。

いずれにしても、アイスクリームやチョコレートやキャンディなどは、糖分が多くカロリーも高く、ポテトチップスやフライドポテトなどのスナック菓子はカロリーが高いうえ塩分も多いので、しょっちゅう与えるのはよくありません。しかし、太りぎみでさえなければ、たまには与えてやるのもよいかと思います。あまり厳《きび》しく制限すると、あさましくなったり、よその子と遊ぶときにつきあい上、困ることも起きそうです。

虫歯については、甘いものも、一定の節度をもって与えれば、さほど心配はなさそうです（→216ページ）。ただ、おやつのあとに水か番茶を飲ませ、できればブクブクうがいか、歯みがきをさせておきたいものではありません。

虫歯の予防

歯の健康診断

定期的に歯医者に診《み》てもらうのは、よいことと思います。虫歯は早く発見すればひどくしないですむし、そのぶん痛い目にもあわないので歯医者嫌いにならずにすみそうです。

診てもらう時期は、歯の生《は》えぐあいから、1歳半～2歳ごろがよいですが、すでに虫歯ができていたら、その後3～4カ月に1度は必要になるでしょう。

ただ、できれば子どもがこわがらない歯医者を選びたいもの。一度でもこわいめにあうと歯医者嫌いになって、治療だけでなく健康診断も困難になってしまいます。

歯みがき

歯みがきは、どうも過剰《かじょう》に奨励《しょうれい》されすぎている気がしてなりません。

というのは、歯みがきに虫歯を予防する効果が確かにあるとは言い切れないし、まして歯みがきをしなければ虫歯になるという確実な証拠はないからです（→216ページ）。

ですから、少なくとも、子どもがしたがらないのに無理にさせるまではないと思います。嫌《いや》がるのに強制していると、身につかないし、かえって歯みがき嫌いにさせてしまいそうです。

また、「正しいみがきかた」をさせようと躍起《やっき》になるのも考えもの。そのために、せっかく歯みがきをしていた子が、嫌いになってしまうことが多いようです。

だからといって、親がみがいてやるのも、子どもが喜べばよいけれど、嫌うのを押さえつけてやっていたら、うまくみがけないどころか、歯ぐきにきずをつけるおそれさえあります。

というわけで、歯みがきをさせたいのなら、楽しい雰囲気にもっていくにかぎると思います。そのためには、まず、親が気持ちよさそうに歯をみがくようすを見せているのが、いちばん。幸いこの年齢では親のすることを真似《まね》したがるので、そのうちに自分もやりたがるようになるものです。

そうなったら子ども用の歯ブラシを買ってやるべきですが、初めは遊びにしゃぶらせているだけがよい。もちろん、みがくのを嫌わないなら手伝ってかまいませんが、それもちょっとにとどめ、嫌《いや》がりだしたらすぐやめたほうがよいと思います。

とにかく、このようにしているうち、3歳から4歳にかけて、しだいにじょうずにみがくようになるはずです（→病気320ページ）。

フッ素の塗布《とふ》

歯へのフッ素の塗布は、勧《すす》めたくありません。なぜなら、フッ素は、からだ、とくに骨や歯に害をおよぼす可能性があり、かえって虫歯の発症率《はっしょうりつ》を高くするという報告さえあるからです。そのため、ＷＨ

O（世界保健機関）は、6歳未満の子どもへのフッ素《そ》洗口《せんこう》を「禁忌《きんき》」にしているほどです。もちろん塗布は「洗口」つまり口ゆすぎとは違いますが、幼児では塗布でも飲みこむおそれが十分にあることを考慮しなければなりません。

　その意味で、フッ素入り歯みがきを使うのは、毎日のことですから、よけいに危険です。

　それに、そもそも1回や2回フッ素を塗ったからといって、虫歯を防ぎきれるものでもなさそうです。かえって安心して、甘いものにルーズにしていては、虫歯をひどくしかねません。

■参考になるサイト

・健康情報研究センター「社会医学から見たフッ素による虫歯予防の限界」
http://www.sih.jp/news/kenkou/no22.htm

・宮千代加藤内科医院「フッ化物洗口の問題点」
http://www.geocities.jp/m_kato_clinic/flu-mr-problems-01

・フッ素毒警告ネットワーク「フッ素化に反対する50の理由」
http://members.jcom.home.ne.jp/emura/50reasons.htm

寝ること（睡眠）

　子どもは、何時に寝かせ、何時間は眠らせなければならないとは、一概《いちがい》には言えません。

　なにしろ、寝つく時刻と睡眠時間は、子どもによってかなり異なるし、家庭の事情によっても、そうとうに影響を受けざるをえないもの（→253ページ）。

　寝るのが午後10時を過ぎると脳によくないという説があるけれど、それには睡眠の研究者から「科学的根拠がない」という反論が出されています（井上昌次郎『子どもの睡眠　早寝早起きホントに必要？』草土文化）。

　ですから、いまの寝かせかたでよいかどうかは、時計だけではわからない。それよりも子どものようすを見て判断するほうが気が利《き》いていると思います。

　眠たくなれば、たいていの子はぐずりだします。顔を親のからだにこすりつけてきたり、髪の毛をかきむしったり、いかにも眠そうなしぐさもするでしょう。逆に興奮ぎみで、落ち着きなく動きまわったり、はしゃぐ子もいるかもしれません。とにかく、そうしたようすが見てとれたら、寝つくようにしむければよいわけです。

どうしても寝つかないときには、むしろほうっておいて、その場でばたんと寝させるほうがよさそうです。

睡眠時間についても、足りなければ機嫌《きげん》が悪くなってくるはず。少々足りないようでも、機嫌がまあまあのうちはほうっておいてかまわないと思います。

そもそも、子どもは大人と違って仕事やつきあいの義理はないので、生理的要求に逆《さか》らってまで睡眠不足を重ねることはありえません。たとえ興奮のために眠ることが少なくなっても、すぐに深く眠って取り戻してしまいます。

しかし、一方で、親の都合《つごう》ということもあるでしょう。子どもを早く眠らせて自分たちの時間をもちたいとか、夜中や早朝に起きられてはたまらないので昼寝の時間を調節したいとか。それはそれで、遠慮することはないと思います。

ただ、その場合、子どもに「寝かしつけられる」とか「邪魔《じゃま》にされている」と感じさせないようにしなければなりません。そういうことに気がついた子どもは、必ず逆《さか》らってきます。

そこで、寝かしつけるときには、眠らせることに努めるより、子どもがリラックスし、安心して夢の世界に入れるようなムードをつくってやることが大切かと思います。ひとりで眠れる子なら、部屋をうす暗くし、まわりを静かにして床《とこ》に入れ、しばらくそばにいてやるだけでよいかもしれません。寝かしつける前にお風呂に入れるのも、はしゃぎすぎないかぎり、効果があることが多いようです。

寝つきの悪い子なら、寝つくまで親が添《そ》い寝《ね》してやるとか、静かにお話や歌を聞かせてやる必要があるでしょう。ぬいぐるみとかタオルの切れ端《きはし》を持ち込んでいるのなら、抱かせておくにかぎります。汚れが気になるなら同じものを用意して交互に洗濯すればよいし、タオルなど大きすぎれば端だけ切って持たせるようにすればよいでしょう。

寝つくときに指を吸うのは、ふつう。気持ちが静まって、眠りに入りやすくなるので、やめさせようとはしないことです。寝るときだけなら、歯ならびにも影響はありません(→217ページ)。

どうしても布団《ふとん》に入らず、親のそばで起きていたがる子は、むしろあきらめて遊ばせておいたほうがよいと思います。そのあいだ、親は自分のしたいことをやっているのです。ときどき甘えてくるでしょうが、適当にあしらっていれば、そのうちコトンと眠ってしまうことが多いものです。

親が眠くなったのに子どもだけはしゃいでいる場合には、さっさと眠り支度《じたく》をしてしまうにかぎります。子どもにもパジャマを着せ、部屋を暗くし、親は布団に入ってしまうのです。すると、暗いなかでもぞもぞ動いていたり、親の顔をさぐりに来たりはするでしょうが、間もなく眠ってしまうもの。たとえ泣きだしても、ほうっておくか、布団のなかに引き入れて抱いていれば、「泣き寝入り」してしまうのではないでしょうか。

夜中に目ざめて遊びだしたり泣きだすとか、朝早く起きて困る場合の工夫《くふう》は、赤ちゃんのときと同じ(→218ページ)でよいでしょう。

ただ、この年齢からは、「夜驚《やきょう》」といって、夜中に突然叫ぶように泣きだすことが起きてくるかもしれません。その多くは、日中に強い刺激を受けて、その興奮がよみがえってきたためのようです。そうした思い当たるフシがないこともあるでしょうが、それにしても、何かの夢にうなされたのでしょう。とにかく抱きあげて、しっかりと抱きしめ、静かになだめてやることです。そして落ち着いたら、そっと布団に戻して軽くたたいてやるなどしていれば、またすっと眠ってしまうかと思います。しかし、あまりに長く泣き続けるようなら、病気かもしれないので、医者に診《み》せる必要があります(→病気365ページ)。

おむつはずし(トイレットトレーニング)

おむつがとれるためには、おしっこやうんちがたまったことを感知でき、排泄《はいせつ》をコントロールする神経や筋肉が成熟し、トイレを理解し、親に便意《べんい》を告げる能力も発達していることが不可欠です。

そして、そうなるのは、早い子でも1歳半くらい、大半の子は2歳半から3歳のころ、遅い子だと4歳を過ぎることもあります。

ですから、それまでは、いくら懸命《けんめい》にしつけても、うまくいくはずはありません。むしろのん気にかまえて、赤ちゃんのようすに合わせるのがコツだと思います。

まずは、おしっこか、うんちらしいしぐさを見せたときに、素早くおむつをはずして、トイレに連れて行く。便座に座らせるか背後から抱きかかえて、「シーシー」とか「ウンウン」とか、かけ声をかける。眠りから目ざめておむつが濡《ぬ》れていないときにも、同様にしてみるのです。

幸い、うまくできたら、思わずほめ言葉がでるでしょう。それが子どもを喜ばせて、またトイレでする気になるかもしれません。

けれど、子どもがのけぞったりして嫌《いや》がったら、すぐにやめること。それ以上強《し》いると、かえってトイレ嫌いにする恐れがあります。たとえトイレから出たとたんに、おしっこを飛ばしても、しかるのは

禁物《きんもつ》。「あらあら、じゃ、こんどね」とか言って、優しくおむつをしてやるにかぎります。そういうことをくり返しているうちに、ひょこっとトイレでするようになるかもしれません。

また、トイレ自体をこわがるようすがあったら、トイレを明るくかわいい雰囲気にして子ども用の補助便座を使うか、「おまる」でさせてみるとよいかもしれません。

あるいは、暑い季節とか保育園に入れる場合には、思い切ってトレーニングパンツにしてしまうのも一法。最初はおもらしするでしょうが、そのうち便意を教えだすことが多いようです。

しかし、どのようにしてもうまくいかなければ、潔《いさぎよ》くあきらめるにかぎります。そして、子どものようすを見ながら、おもむろに何度か試みるのがよいと思います。

そもそも、排泄をトイレでするのは近代社会がもたらした文化の様式《ようしき》、生物としての人間にとっては不自然なことなのです。当然、子どもにしてみれば、「しつけられる」ことに対して、応《こた》えたい気持ちと反発したい気持ちとが複雑に交錯《こうさく》するにちがいありません。

ですから、おむつをとりたいなら、そうした子どもの気持ちをくんでやることが、なによりも大切。親としては、だれでもおむつは早くとりたいでしょうから、おおいに奮闘してかまいませんが、そこに人間的な情と、できればいくらかの余裕とユーモアを介在《かいざい》させたいものです。

とにかく、動物の調教《ちょうきょう》のようにさえしなければ、子どもは親の期待を察し、反発は試みながらも心の底では応じたい気持ちにかたむいていき、やがては自分の意志で文化に同化《どうか》するようになってくるはずです。

それにしても、実際は、おむつをとるのは悲喜《ひき》こもごも。簡単にとれてしまう子もいるけれど、なかなかとれない子のほうが多い。懸命にやってもうまくできず、頭にきてひっぱたいてしまい自己嫌悪《じこけんお》に陥《おちい》ったとか、あきらめたらとたんに便意を告げるようになったとか、のん気にかまえていたけれど知り合いの子がとれたので急に心配になったとか、成功して大喜びしていたら部屋の真ん中でジャーとやられて腹が立つやらおかしいやら。それをまた夫婦して、たがいの育てかたや遺伝のせいにしたり。

おおかたは、まあ、そんなたわいのない騒々《そうぞう》しさのなかで、いつかはどうにかなってしまうものです。

衣服、靴《くつ》

衣服は、動きやすく、自分で脱ぎ着しやすく、汗を吸い、洗いやすいものを(→225ページのコラム)。靴は、この時期には走りまわるようになるので、底が厚くて柔らかく、かかとが固くて脱げにくいものを(→226ページのコラム)。ズックや長靴でも履《は》きこなせるようになるでしょう。

気をつけたいこと

1歳半から3歳のころ

❶ 事故（↓病気405ページ）

お誕生前後の注意（↓220ページ）に加えて、次のこと、とりわけ交通事故と迷子《まいご》に気をつけておく必要があります。

① **交通事故**――外に出たとき、親の手を振りほどいてひとりで歩きたがるでしょうが、危険な場所では手を離すわけにはいきません。

② **迷子《まいご》**――ちょっとのすきに迷子になってしまうことが多いので、見通しのきかない場所では目を離せません。また、混雑した場所では手を離すわけにはいきません。

自分で玄関を開けられるようになったら、カギをかけるのを忘れないように。

③ **落ちる（転落）**――ベランダの柵《さく》と窓のそばに足《あし》場《ば》になるもの、たとえば植木鉢や箱を置くのは非常に危険。その上に乗って転落しかねません。足場になるものを自分で持ってくることもあるので、そういうものが置けない工夫《くふう》も必要です。

もちろんいちばん安全なのは、ベランダにはひとりでは出さないことと、窓には寄れないようにしておくことです。

④ **おぼれる（溺水《できすい》）**――家の近くに危険な池や溝《みぞ》などがあるなら、持ち主や役所に交渉して、柵を設けたりふたをしておかなければなりません。

お風呂はもちろん、ビニールプールなどに、ひとりだけ入れたままにしてはおけません。ほんの少しの水でも、おぼれることがあります。

⑤ **ものを口に入れる（誤飲《ごいん》）**――意外なものを口にするので、洗剤、殺虫剤、消毒薬、農薬などは、子どもの手がとどかないところに厳重にしまっておく必要があります。

また、大人の真似《まね》をしたがるので、タバコや薬も手のとどくところに置いてはいけません。

ごく小さなおもちゃやおもちゃの破片は、のどに詰めて窒息《ちっそく》することがあるので、持たせられません。

食べるものでは、ピーナッツなどナッツ類をはじめ何でも、かみ砕《くだ》きにくく飲みこみもしにくいものは、気管を詰めることがあるので与えられません（↓病気415ページ）。

なお、道に落ちているタバコやガムなどを口にすることも多いので、歩いているときにも注意を要します。

⑥ **切り傷**――ハサミやカッター、ホッチキス、爪切りなどの刃物と扇風機《せんぷうき》は、子どものの手がとどく

ところには置けません。

❷ 気をつけたい病気

急を要する重大な病気は、赤ちゃんのときより減っていますが、慢性の病気がかくれていることはあるので、およそお誕生前後と同じ注意（↓221ページ）をしながら、気になる症状が続いたら診察を受けておく必要があります。

急ぐことはないけれど、停留睾丸《ていりゅうこうがん》（↓病気388ページ）、そ径《けい》ヘルニア（↓病気393ページ）に気づいたら、診《み》てもらっておく必要があります。

親と子の暮らし

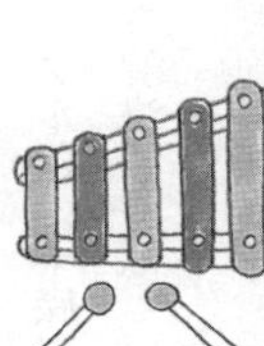

家族の暮らしかた

関係の変化を踏まえて

この年齢の子どもは、家族の関係に大きな影響をおよぼしてくることでしょう。

赤ちゃんのときには親がほとんど一方的に育ててきましたが、この年齢になると、自我を主張しだし、親の懐《ふところ》から抜け出ようとし、さらには攻撃さえしてくるようになります(→254ページ)。

しかも、そのくせ、親には甘えたく、しきりにくっついてきたり、まわりをこわがったり、なにかと面倒《めんどう》をみてもらいたがりもします。

こうした矛盾《むじゅん》が親を困惑させないはずはありません。これはもう親と子の相克《そうこく》の始まり。親は「育つ」ことに必然的にともなう葛藤《かっとう》に、直面せざるをえなくなったのです。

そうなると、同じ親でも母親と父親とでは対応のしかたに違いも生じてくるでしょう。片方が厳しければ他方が甘やかしだったりして、夫婦げんかのもとにもなりかねません。さらに上の子がいたり祖父母がかかわっていたりすると、おそらく複雑な対立を避けられません。

というわけで、これからの暮らしは、そうした家族の成員《せいいん》のからみあいを、どうさばき乗り切っていくかが最大の問題。あらためて家族のありかたについて、考えを深めておきたいものだと思います(→394ページ)。

遊び

赤ちゃんのときには「あやされる」という感じだった遊びも、この年齢では子どものほうから親に迫るものになっているでしょう。

親の事情などかまわずに遊びをせがむし、親のほうも「いっしょに遊ぼうか」といった気分に誘われがちです。ひとりで遊んでいても、家族にとっては「いたずら」や「散らかし」や「邪魔《じゃま》」になることが増えるにちがいありません。

とくに電話やケータイやパソコンをいじったり口紅を塗ったりの「真似《まね》遊び」(→255ページ)は、親にとっては悲鳴のたね。「見たて遊び」(→255ページ)も、自動車に見たてた積木を食事中のテーブルの上に持ってこられてはたまらないでしょう。

「もの」と「もの」との関係を試そうとする遊び、たとえば器具のつまみをひねったり、コップからコップに水を移したりも、思わず悲鳴をあげてしまいそうです。

いきおい、こうした遊びをどれだけ許すかをめぐって、夫婦と子ども入り乱れてのきわどいせめぎあいが始まることでしょう。

でも、そのせめぎあいには正解はない。それはもう、そのときどきの、それぞれの気分と事情でやりあうほかはないと思います。

ただ、親子いっしょでの遊びは、たがいに気が乗っていさえすれば、赤ちゃんのときとはくらべものにならない手応《てごた》えがあって楽しい。追いかけっこをしたり、親がウマになったり、子どもをぶら下げたり、相撲《すもう》の真似《まね》をしたり、じゃれあって遊べば、家が笑いに満ちてくるでしょう。もっとも、そのうちころんだり、ぶつかったりで大泣きになるかもしれませんが。しかし、こうしたからだをふれあわせてのダイナミックな遊びは、何にも増して親子の情を深めてくれるのではないかと思います。

そのほか、この年齢では、ボールをやりとりしての遊びが楽しめるし、夏にはビニールプールでの水遊びも気持ちのよいものでしょう。ただ、水遊びの場合は、親がそばについているか、せめて姿の見えるところにいないと、いけませんが(→271ページ)。

上の子との遊びでは、おもちゃの取りあいなど、けんかがつきものでしょうが、努めて平等に扱いたいもの。その詳細《しょうさい》は「3歳から5歳のころ」を見てください(→324ページ)。

なお、友だちとの遊びは、この年齢では、まだ本格的ではないようです。近くにいる幼い子に関心はもつけれど、いっしょに遊ぼうとはしません。せいぜい、ほかの子がしていることを真似しようとするくらい。それでほかの子の持っているおもちゃがほしくなり、取りあいになることは多いでしょう。けんかになったら、さっと引き離して、しっかり抱いてやるほかなさそうです。しかりつけると、かえって激しく泣かれてしまいます。ただ、友だちから奪ったおもちゃは、無理にでも取りあげて返すか、事情が許せば、しばらく経《た》って返すようにするのがよいと思います。


テレビ、ビデオ、DVD、音楽、絵本——これらは、ちょっと気をつけさえすれば、目とか発達への影響は心配ないと言われます(→124ページのコラム、224ページのコラム)。それに、この年齢の子どもは長いあいだじっとしてはいられないので、見すぎになることもまずないと思われます。

ただ、テレビの場合、子どもの喜ぶ番組ばかりつけているのでは、親や上の子や祖父母の不満がたまりかねません。かといって、子どもにはおもしろくない番組に熱中していると、子どもが寄ってきて邪魔《じゃま》をしたり泣き声をたてたり、もしかするとリモコンをいじって妨害もするかもしれません。

こうしたテレビをめぐるトラブルは、家族どうしの思いやりで、譲りあいながら解決してほしいと思います。

少なくとも子どもが喜ぶ番組は、親に時間がとれるかぎり、ひざの上にでものせて、いっしょに楽しむようにしたいもの。家族のだれかが楽しんでいるのなら、むげに消してしまうのでなく、いっしょに見るとか、そのそばで別の遊びをするようにしたらどうでしょう。

音楽――子どもが好む音楽は、もちろん、できるだけ聴かせてやりたいもの。しかし、子ども向けに創られた音楽にかぎることはないと思います。

子ども向けに創られた音楽でも、好まないなら、無理に聴かせようとはしないほうがいい。「音感が悪い」などと悲観するのは見当違《けんとうちが》いです。

それより親が自分の好きな音楽を聴いていること。子どもは親の趣味がもたらす雰囲気のなかで育っていってよいのです。音感にしても、そのほうが、よほど身に染《し》みてはぐくまれるはずです(→225ページ)。

この年齢では、興《きょう》に乗ると、ヒョコヒョコと踊ったり、手拍子《てびょうし》を打ったりして、親まで楽しませてくれるでしょう。

絵本――この年齢からは、絵本を持ち歩いて、読むことをせがむようになるでしょう。

どうやら、赤ちゃんのときより、絵を見たりお話を聞いたりが楽しくなっているようです。

そんなときは、できるだけ読んでやりたいもの。もし事情が許さなかったら、チラっとでも絵本をのぞいて「あ、ゾウさんね」とかいって興味を見せたうえで、「ちょっと待ってね」と頼むことです。すると、たいてい待ってくれるはず。そのかわり約束は果たさなければなりませんが。

そして、読んでやるときには、ひざにのせたり、親子して寝そべったり、肉体的な接触をしながらがよいと思います。まだこの年齢では、赤ちゃんと同じく本は親に甘える媒体《ばいたい》(→225ページ)でもあるので

おもちゃ(1歳半〜3歳のころ)

1歳前後から喜ばれていたもの(→224ページのコラム)だけでなく、この年齢からはもっとダイナミックなものが求められます。

まずは、手ざわりが刺激的で自由に変形できるもの。その点では水、砂、土、紙が最高でしょう。ついで、あやつり動かせるもの。女の子だと人形やぬいぐるみ、男の子だと自動車や電車のミニチュアなどが好まれることが多いようです。もちろん、その逆もありますが。ただ動力おもちゃは、まだメカニズムがわからないので、扱いきれないでしょう。

乗って動かせる子ども用の自動車やバイク、屋外ならブランコとすべり台は、おっかなびっくりでも、心おどらせる素敵《すてき》な遊び道具でしょう。

クレヨンやマジックで絵を描くのも大好き。なるべく大きな紙に描かせたいものです。できることなら、シーツとか壁に思いきり描かすと豪快《ごうかい》でしょう。

お風呂に持ちこめるビニールのアヒルとか水鉄砲《みずでっぽう》なども、入浴を楽しくしてくれるでしょう。

すから。

また、親子の感情の交流も欠かせないかと思います。たとえば、たがいに見てほしい絵を指さして会話をかわす。そのとき少々ページがとんでも意に介《かい》さないことです。お話も、本の文章どおりでなく、とびとびでもかまわない。親も興《きょう》が乗ったら、いきおい話にアクセントがつくし、節《ふし》をつけて唱《うた》うようにもなるかもしれません。そうなれば物語に迫力が増し、子どもは魅惑《みわく》されるにちがいない。ひいては、なんべんも同じところを読めとせがまれる羽目《はめ》に陥《おちい》るかもしれません。でも、そういうのがいちばんいい絵本の読みかただろうと思います。

ただ、幼い子は移り気《うつぎ》なので、物語に興奮してひざから離れてあばれだしたり、逆に飽きてよそ見を始めたり、ときにぐずることもあるでしょう。そんなときは、本にこだわらないで、別のことを始めたほうがよさそうです。

親のほうも、読んでやるのがしんどいとか、本の内容に興味をもてないとか、眠くなるといったことがけっこうあるはず。そんなときには、あやまったうえで、読むのをやめるほうがよさそうです。

しつけ

「しつけ」の考えかた

しつけは、ふつう考えられているほど、決まりきったことではありません。

しつけには、絶対に正しい普遍的《ふへんてき》な形式と内容があるわけではないからです。

形式としての行儀作法《ぎょうぎさほう》とかマナーは、社会と時代の文化によって、驚くほど異なります。食事のしかたひとつをとっても、欧米と日本の違いは大きいし、同じ日本でもむかしといまとではずいぶん変わってしまいました。

そのうえマナーにはＴＰＯ《ティーピーオー》があって、いまの日本でもパーティーとレストランと家庭とで好ましい食事のしかたは一様《いちよう》ではありません。

内容としての道徳とか規範《きはん》は、歴史的、思想的に形成され変化していくもの。たとえば、キリスト教的世界観と儒教的世界観とでは、善悪の規準は非常に異なっています。同じ日本でも、第2次世界大戦の前とあととではがらりと変わったし、最近でも世代間のモラルのギャップは目を見張るほどです。

ですから、子どもには「善いことと悪いことのけじめ」だけは教えたいと考えても、その善悪の規準が絶対にこうとは定められないのです。

まして、わが子に対するしつけとなると、どうしても親ひとりひとりの情念と思想が色濃く染《し》みこんでこざるをえません。なにしろ親にはそれぞれの気質とか人生観があるし、そのときどきの心境や仕事と生活の事情などによって変わってもくるからです。

行儀作法では、おおざっぱな性分《しょうぶん》の人はやかましく言わないだろうし、格式《かくしき》を重んずる人はきちんとさせたくなるでしょう。

善悪にしても、現実的な人は状況に応じて考えるし、規範を重んずる人は自分のモラルに照らして判断するはずです。

体罰について

しつけの手段として、ぶつとか食べさせないといった「体罰」を用いることには、まったく賛成できません。

そもそも、体罰で、まっとうなしつけができるはずはない。たとえしつけができたようでも、それは、苦痛と恐怖から逃れるために、表向きしたがっているだけ。心底《しんそこ》から親の思うとおりになっているわけではないのです。

ですから、そういうしつけかたをしていたら、子どもを卑屈《ひくつ》にし、他人が見ていないところでは悪いことをする狡猾《こうかつ》な人間にしてしまいそうです。もしかすると、自分より弱い者に対しては暴力をふるう人間になってしまうかもしれません。

そんなふうに育てたくなければ、やはり体罰はすべきものではないのです。

ただ、体罰は意識していなくても、子どもの行為がどうしても許しがたく、怒り心頭《しんとう》に発して、思わず手が出てしまうことはありうるでしょう。それはしかたないし、おそらく子どもも身に染《し》みるのではないかと思います。なにしろ、親が全人格をあげて迫《せま》ってくるのですから。

少なくとも、親が、心の底に、わが子への愛情をたたえているのなら、虐待《ぎゃくたい》とは質が違う。そのことで、子どもをゆがめることはないと思います。

しかも、その奥には、自分自身の生《お》いたち、夫婦のあいだの関係、子をもうけたいきさつなどが複雑にからみ合っているかもしれません。ですから、夫婦や祖父母のあいだで、しつけについてのギャップが生じてくるのは当然。むしろギャップのないほうが、おかしなくらいだと思います。

そこにもってきて、さらに事態をむずかしくするのは、子どもの側から果敢《かかん》に拒否と反抗が試みられてくることです。一生懸命《いっしょうけんめい》しつけにかかってもまったく無視されたり、かえって「悪いこと」をされたりもします。そういう目にあうと無力感に襲《おそ》われたり、しつけに迷いを生じたりしがちでしょう。もしかすると、わが子に憎しみを抱いた自分に気づいて、自己《じこ》嫌悪《けんお》に陥《おちい》ることもあるかもしれません。

といったあれこれを考えあわせれば、しつけについては、「これが正しい」とは決めつけないのがよい。そして、常に考え続ける、夫婦で意見をかわしあう、とくに子どもからの反発をまともに受けとめるといった柔軟なやりかたをするのがよいと思います。

そういうやりかたは際限なく問題をかかえこむことになりましょうが、しつけというのは、もともとそうしたもの。たえず問題と格闘していてこそ、しつけの奥行《おくゆ》きを深くすることができると思います。

そして、親としては、子どもにばかり目を向けず、自分自身の生きかたと現代社会を覆《おお》う規範にも、批判のまなざしをもっていたいものではあります。それがまた、子どものしつけに深みをもたらすことにもなりそうです。

　いずれにしても、子どもからの拒否と反抗は、やがて親を乗り越え離れていく姿を予感させて、期待とともに一抹《いちまつ》のさびしさをも感じさせるのではないでしょうか。

しつけのしかた

散らかし――この年齢の子どもは、じっとしてはいられず、手当たりしだいに、ものをいじろうとします(→254ページ)。それでいて、ものの扱いがへたなので、当然、散らかしっぱなしになっていきます。

　そのうえ、整頓《せいとん》されているものを次から次へと乱しにかかります。どうやら、幼い子にとって、ととのった状態は美的ではなく落ち着かないもののようです。

　ですから、散らかしは禁止しようとしても無理、言うことを聞くはずはありません。

　本箱の本はつまみだすし、とり入れた洗濯物はかきまわし放り投げる。親が片づけても、たちまち同じことを始めるにちがいありません。自分で重ねた積木でさえ、すぐに崩《くず》してしまうくらいですから。

　親としては悲鳴があがるけれど、これはもうしか

虐待《ぎゃくたい》について

　虐待については、問題にされすぎの風潮のほうが気になります。

　どんな親でも、子どもの世話が面倒《めんどう》くさくなったり、子どもが憎くなったりすることはあるものです。思わずカッとなって手をあげることだって、ないとは言えません。なのに、そうしたことまで「虐待」しているのじゃないかと、親を激しい自責《じせき》の念に追い込んでいるのは、いかにも酷《こく》です。

　ほんとうの虐待なら、心底《しんそこ》から、子どもを憎み、捨てているはず。親としての男女の関係や生活もすさんでいることが多いようです。そんなことはなく、心底では子どもを愛しているのなら、少々面倒になったり憎らしく感じるときがあっても、「虐待」などと思うことはひとつもありません。まして、子どもがギャーギャー泣き叫ぶたびに、隣近所から「虐待している」と密告されるのをおそれることなど、さらさらありません。

　また、自分が子どものときに虐待を受けていたとしても、自分の子どもを虐待するなどとは考える必要もありません。事実として、幼いときの体験と親になっての虐待とは、かならずしも関係がないのですから。

　しかし、どうしても自分が「虐待している」という思いに駆《か》られ、そこから抜け出せず、つらくてたまらないのなら、とにかく、だれかに打ち明けることを勧《すす》めます。いちばんいいのは、信頼できる友人か先輩。それも、同性で子育ての体験があり、話をよく聞いてくれる人がよい。すぐに説教をする人は避けるべきだと思います。

　もし、そんな人がいなければ、子どもの虐待110番か地域の子育て支援センター、児童相談所、女性センターに相談してみてください。

たのないこと。根本的に、大人と子どもとでは、ものの価値観とか美の感覚が違うのです。子をもった以上、小ぎれいに暮らすことはあきらめるほかありません。

ただ、それにしても、あまりの散らかしに腹が立ったら、その感情はストレートにぶつけてよいと思います。子どもが泣いたとしても、自分の行為にひどく怒る人がいるという体験はしておいていいことです。

また、頭にはきていないけれど、これ以上の散らかしは許せないという場合には、やさしく「ヤメテ」と制止したうえで、ほかのことに気をそらしてみたらどうでしょう。片づけは親がさっさとやってしまうか、親が主になって子どもに手伝わせるほかはないでしょう。ただし、いっしょに片づけるときは、「ゴホン　ココ　ネンネネ」といったぐあいに、散らかしたものに情をこめるようにするのがよい。そのために片づけが、片づけにならず、遊びになってもかまわないと思います。

いたずら――いたずらには、いろいろな動機があるようです。

まず、大人と同じことをしたいという欲求に駆《か》りたてられるみたい（→255ページ）。父親の眼鏡《めがね》を自分の頭にのせたり、母親のマニキュアをこぼしたりは、親を尊敬している証拠かもしれません。微笑《ほほえ》ましいこととして受けとめてやりたいものです。

また、入れものに興味を持ち、こだわるみたい。引き出しは開けたがるし、箱のなかはのぞきこみます。そして、たいてい、なかのものを次から次へと取り出しにかかります。バッグなど、ひっくり返して貴重なものでもばらまいてしまいかねません。

そういうときは、事情さえ許せば、全部出すまでやらせて、出し終わったらもとに戻すように誘うのがコツかと思います。この時期の子どもは、なにかをしだしたら、途中ではやめにくいからです。

さらに、部屋の隅《すみ》っことかカーテンの後ろなど隠れたところに、なんでも手当たりしだいに放りこんでしまうかもしれません。コップや皿に入っている水やスープなどを別のコップや皿に移しかえ、またもとにもどすというしぐさをくり返すことも、よくあります。

こうした行為は、「もの」に内部と外部があることに気づき、しかも、「もの」の内部にある別の「もの」が外部に出せるし、その逆もできるということがおもしろくてたまらないのでしょう。

こうした興味が深まれば、空想で、大きな「もの」を小さな「もの」のなかに入れたり、小さな「もの」でも外に出して大きな「もの」にするといった遊びを楽しむことが可能になるはずです。お話のなかで象さんを乳母車《うばぐるま》に座らせたり、遊びではミニチュアの怪獣を大あばれさせることもできるのです。これこそ文学や芸術の神髄《しんずい》。もしかすると科学や技術の萌芽《ほうが》かもしれません。

そんなことを考えれば、「いたずら」は、まんざら捨てたものではない。せっかく子どもをもったのです。親も子どもを真似《まね》て、いまいちど、こうした想像力を取り戻すチャンスにしたらどうでしょう。

言うことをきかない(反抗)——この年齢は、強く「我《が》を張り出す」時期。自分のやりたいことはやりとげようとするし、禁止されればよけいに意地になってやろうとするのがふつうです。

そのようすは、世の価値体系に挑《いど》んでいるかのようにも見えます。そうしながら、子どもは、自我と世の中とにどう折りあいをつけるか苦闘しているのでしょう(→254ページ)。

ですから、「言うことをきかない」ことにも、そういうものとして対してやりたい。単に「わがままになった」とか「反抗期に入った」とだけ受けとめていては、子どもとずれるにちがいないと思います。

まずは、できるだけ自己決定をさせる。なにをどのようにするか、やめるかやめないか、いつやめるかといった行為の選択を、できるだけ自分の意志で決めさせるのです。そうすると、けっこう、うまくいくことが多いようです。

たとえば、服を着たがらない子に、2種類の衣服を見せて「どっちにする?」とたずねると、「コッチ」と言って、さっさと着ることがあります。買い物に行く途中で座り込んでしまったときに、「パンを買おうか、それとも、アイス?」と相談したら、急に勢いこんで走りだすこともあるでしょう。

いたずらをやめない子に「ママが　おめめ　つぶってるあいだに　やめるかな?」と目を覆《おお》っていると、あっさりやめて、にこっと笑ってくれるかもしれません。寝ようとしない子には「ねなさい」よりも「ねんね　しようよ」とか「もう　ねようか」と誘うほうが抵抗が少ないそうです。

もちろん、このようにすれば、いつもうまくいくとはかぎらないでしょう。子どもが図に乗って、かえって手こずる羽目《はめ》に陥《おちい》ることも少なくないはずです。

そんなときには、場合によって、「待つ」ことと「負ける」ことが必要になるかと思います。

親が頼《たの》んでも、聞こえないふりをしたりグズグズする場合には、たぶん親の言うことをきかなければとは思いながらも、自分の気分へのこだわりがあって、すぐにはできないのです。そう見てとれたら、事情が許すかぎり、待ってやること。そして、タイミングをみはからって、何度か頼んでいると、たいていは、言うことをきいてくれるものです。それでも、言うことをきいてくれなければ実力行使もやむをえませんが、抵抗は少ないのではないでしょうか。

　また、激しく抵抗して手がつけられない場合には、よほど自分の思うとおりにしたいのでしょう。そう見てとれたら、事情が許すかぎり、親のほうが負けてやること。そのかわり、子どもには責任をもたせたらどうでしょう。たとえば、積み上げた箱を揺らしたがり、やめさせようとしても大あばれするなら、そのままにさせておく。もちろん危険には注意しながらですが。その結果、箱が崩れて痛い目にあっても自業自得《じごうじとく》。親は「ほーら　あぶないでしょ」とでも言って、軽くたしなめておけばいいのです。

　しかし、そうは言っても、親として、どうしても譲《ゆず》れない場合もあるはず。そんなときには、実力でしたがわせるのも悪くはないと思います。

　ただし、そうと決めたら、断固とした態度をとりつづけなければなりません。子どもは激しく泣いて抵抗するでしょうが、そこには親の反応をうかがう下心《したごころ》もうかがえます。少しでも動揺を見せると、もうひと押しと泣き声を張りあげられる羽目に陥りかねません。

ダダをこねる、すねる——ダダをこねたりすねるのは、前項の「言うことをきかない」が、いじけたかたちで出ているのでしょう。自分のしたいことが妨《さまた》げられているという鬱屈《うっくつ》した気分が収拾《しゅうしゅう》できない状態と思われます。

　とすれば、まずは、そうした気分を察してやることが大切。たとえよくわからなくても、親がわかろうとしていることが子に感じられればよい。それだけで落ち着くことが、けっこうあるようです。

　少なくとも、「ダダをこねるんじゃありません」と高飛車《たかびしゃ》に押さえつけるのは禁物《きんもつ》。鬱屈した気分が高《こう》じて、逆効果になりかねません。

　親をたたいたりひっかいたりしてきたら、さりげなくかわしながら、優しく抱きしめてやるにかぎります。鬱屈した気分のときには、甘えたい人の胸に抱かれるのが最高の慰《なぐさ》めになるはず。はじめはあばれるけれど、わりと早く落ち着くだろうと思います。

　とはいっても、親に余裕がないときもあるでしょう。そんなときは、軽くあしらっておくにかぎります。まともに対するのはしんどいし、腹を立ててしかりとばすと、大泣きされて、手がつけられなくなるおそれがあります。

　さらには、子どもが鬱屈している事情に応じて、対応してやることも大切。もちろん事情がよくつかめないことも多いでしょうが、いろいろと試してみるのです。

　やりたいことが多いのに、気が弱い子だと、思うとおりに発散できないで、ぐずつくことがあります。そんなようすがうかがえたら、なにがしたいのかを優しく聞きだし、なるべくさせてやる。好きそうな遊びをいっしょにしてやるのもよいでしょう。

自分のしたい遊びがじょうずにできないで、そのもどかしさを親にぶつけていることもあるようです。そんなときは、ちょっと手伝ってやるだけで解決することが多い。ほかの、おもしろくてできそうな遊びに誘うのもよさそうです。

そのほか、いま、ダダをこねている原因とは別に、心底《しんそこ》から満たされない何かがひそんでいる場合もあるかもしれません。とくに、しょっちゅうダダをこねてばかりなら、家庭の事情とか保育園生活とかに不満とか不安を感じている可能性があります。そんなことにも思いを寄せておいてほしいと思います。

かんしゃく――この年ごろは、かんしゃくを起こすことが多い時期です。ちょっとしたことで、急に泣き叫び、ひっくり返って手足をバタバタさせたりします。

そんなときは、およそ、手のつけようはないでしょう。いくら親があやまったり、なだめたり、たとえしかりつけても、おさまりません。かえって火に油を注ぐようなものです。もう、かんしゃくのもとになったことなど、どこかにいってしまっているのです。

こうしたことは、かんしゃくが、子どもの内面から来ていることを示しています。直接には、ほしいものがもらえなかったとか、いたずらを禁止されたといったきっかけがあったとしても、それは単なるひきがね。実は、内心何かにひどくいらだっていたのです。自分のしたいことがはっきりせず、もやもやしていたり、ものごとがうまくできない自分に焦《あせ》りを覚えていたり、親の言うことを聞こうか聞くまいか迷っていたり。そして、いったんかんしゃくを起こすと、その感情をおさめられない自分にいらだってしまうのです。

ですから、かんしゃくを起こしたときは、うかつに口や手をださないほうがよい。直接のきっかけになったことだけに対応しても、子どもの心底にはとどかないし、かんしゃくだけをしずめようとすれば、ますますいらだたせるだけでしょう。

要するに、こうした内面の葛藤《かっとう》は、結局は子どもが自分で解決していくほかないのです。親としては、だまって抱いているか、抱かれるのも嫌うなら、あえてほうっておくにかぎると思います。

ただし、かんしゃくを起こしている子をひとりにして、よそに行ってしまうのは危険。親としては、とにもかくにも、そばにいてやることです。そのうちに、たいてい子どもはくたびれて泣き寝入りするか、いつの間にか遊びはじめているでしょう。

いずれにしても、子どもは、かんしゃくを何度か爆発させながら、内面を成長させていくもの。おそらく、3歳にもなると、かんしゃくを起こすことは減ってくるはずです。

噛《か》みつく、たたく、突き倒す――こういう行動は、この年齢では、多いもの。むしろふつうのことです。

親に向かって噛《か》みついたりたたいたりしてくるのは、およそ愛着のなせるわざ。甘えているか、親をわがものにしたい気持ちのあらわれでしょう。しかってやめさせようとすると、かえってやりだすおそれがあります。また、「いたい！」と悲鳴をあげると、おもしろがってよけいにやりだすかもしれません。悲鳴が出るのはしかたないとしても、なるたけ大きな声を出さないで、さりげなく離し、そのあと噛まれないようにしながら、しっかり抱いてやるのがよいと思います。

ただ、あまりしつこいときには、かまいかたがまずいのかもしれません。愛情は十分にかけてやるにしても、干渉《かんしょう》しすぎないで、外にも出し、エネルギーを発散させるように努めることです。

ただ、相手がよその子となると、世間体《せけんてい》が悪いし、困らされることが多いでしょう。

でも、よその子を噛んだり、たたいたり、髪を引っぱったり、突き倒したりするのを見ていると、どうやら悪意からではなく、強迫観念《きょうはくかんねん》のようなものに駆《か》られているかのよう。相手の子がそこにいるのが耐えがたい、気になる、それで突発的に噛みつくといったふうに見えてなりません。

そうなるのは、たぶん、この年齢の子が「我《が》を張り出す」(→254ページ)ため。自分を強く意識しだすので、自分と似ている子どもの存在は自身を見るようで、どこか落ち着けない。その落ち着きのなさが、無意識に相手を攻撃させるのではないかと思います。

いずれにしても、なにか隠れた事情があって、ジャブを出し、相手を試している。しかも、そのことで、同時に自分を試すことにもなっているのは確かでしょう。現に、噛んだりしたあとは、相手の反応をうかがっているし、泣かれれば悪いような顔をしています。まして仕返しをされると収拾《しゅうしゅう》がつかなくなるみたい。あげくは、たがいの性質とその場の状況で、さまざまな修羅《しゅら》場《ば》が展開されることになります。

ということは、こうした行為は単なる乱暴ではなく、相手の存在をなんとか自分と関係づけようとする苦渋《くじゅう》の努力なのだと考えられます。だからこそ、そうしながら遊びが成立したり、なかよくなったりするのでしょう。

そうとすれば、こうした行為は、なるべくするままにさせておいたほうがよいと思われます。中途半端にやめさせると、何度でもやることになりそう。

とりわけ親が止めて、きつくしかりでもすれば、よけいにひどくやりだしかねません。なにしろ、子どもにしてみれば、人前でしかられるのは、たいへんな屈辱《くつじょく》。そのうえ、あろうことか、親が自分だけしかって、相手には優しくするのですから、嫉妬《しっと》を覚えざるをえないでしょう。

　もちろん、危険になったり、しつこすぎたら止めに入るべきですが、そのときは、すばやくわが子を抱き、相手には「ゴメンネ」とあやまって、その場を離れるのがよい。そうして、「あの子と遊びたかったのね」とか「あのおもちゃがほしかったのね」とか、当たっているかどうかは別として、子どもの気持ちを「わかってるよ」といった感じで受けとめてやるとよいと思います。

　問題は、むしろ親どうしの関係で、それに苦慮《くりょ》することのほうが多いでしょう。いちばんいいのは、親どうしであらかじめ相談して、危険のないかぎりほうっておこうと申しあわせておくことかと思います。しかし、それが無理なら、トラブルが起きるたびに、たがいにあやまりながら、気心《きごころ》を通じさせる努力をしていくほかはないでしょう。

こわがる——物事をこわがるのは、この時期の子どもでは、ふつうのこと(→255ページ)。

　とりわけ、ぶきみなエネルギーを感じさせるものは、ひどくこわいみたい。ヘリコプターの爆音、けたたましく吠えるイヌ、白衣と金属が迫ってくる病院などは、身を震《ふる》わせてこわがる子が多いようです。まして、以前にこわいめにあった記憶があれば、なおのこと。注射をされた病院の近くに来れば、あがき泣き叫ぶ。湯ぶねに落とされかけた子は、お風呂と聞くと、しがみついて服を脱がさせないでしょう。

　ただ、こわがりかたは、子どもによってずいぶん違うみたい。たぶん、感受性の強さと生育環境や体験が関係するのでしょう。子どもによって、特別こわいものというのもあるようです。イヌは平気なのにアリがこわいとか、若い人はいいけれどお年寄りに弱いとか、これといった原因がわからないことも少なくありません。

　とにかく、こわがりだした子は、すぐにしっかり抱いて、気をしずめてやるにかぎります。親が守ってくれているという信頼がなにより心強く、子どもは恐怖に耐えやすくなるはずです。

　そうして安心させたうえで、次には、徐々に「こわいもの」の正体《しょうたい》をわからせてやりたいもの。ヘリコプターは、やや遠ざかってから抱いてながめてみる。吠えるイヌには、いったん逃げてから、きつく子どもを抱いて少しずつ近寄ってみるのです。

　しかし、極端にこわがることは、しばらく避けておくほうがよいと思います。洗髪《せんぱつ》で泣きわめく子は、からだを洗うだけにし、髪の汚れが限界を超えるまで待ってやる。慣らそうと強行するより、そうした配慮をしてくれているという安心が、洗髪への恐怖をいくぶんかはやわらげるかもしれません。近くに行くだけで震えて泣きだす病院には、なるべく連れて行かない。少なくとも軽い病気や健康診断では行かないにかぎります。月日が経《た》つうちに、ほとぼりがさめるかもしれません。

指をしゃぶる――「指しゃぶり」は、この年齢では、ほとんどの子がするもの。眠くなったとき、さびしくなったとき、泣いたあと、緊張したときなどにしゃぶり始めることが多いようです。そうして心をしずめているのでしょう(→病気363ページ)。

そもそも、からだのしぐさで精神を安定させることは、人間にとって不可欠なのです。その証拠に、大人も、眠りにつくときは、タバコを吸ったり本を読んだり、寝返りをしたりとさまざまな試みをするもの。緊張すれば、手をすり合わせたり、髪をなでつけたり、貧乏ゆすりしたりもするものです。それを幼い子は、赤ちゃんのときの名残《なご》りのかたちでやっているだけなのです。

そうした行為を、異常だとか悪いこととして排斥《はいせき》したら、人間、とてもやっていけなくなってしまいます。だからでしょう、指しゃぶりを固く禁じられた子が落ち着きをなくしたり、眠れなくて泣き続けたりするのです。

とにかく、それほどまでして指しゃぶりをやめさせる理由はありません。歯ならびが悪くなるという説も、さしたる根拠はなさそうです(→217ページ)。

せめて、日中には指をしゃぶるばかりしていないよう、楽しい遊びに誘っていればよい。寝つくときの指しゃぶりは、深く眠ってから、そっと離してやればよいと思います。

そのうち、4～5歳にもなれば、ひとりでにしゃぶらなくなるもの。性格的に緊張の強い子だと、学校にあがっても続けるかもしれないけれど、それでもやらなくなるときが必ずきます。

仕事をもつひとの場合

「6カ月から9カ月のころ」(→195ページ)、「9カ月から1歳半のころ」(→228ページ)と同じでよいですが、この年齢では比較的に楽になっているかと思います。

3歳から5歳のころ

幼児のまっ盛《さか》りで、心身とも安定する年ごろです。

自意識をもち始め、自分の地歩《ちほ》を築こうともし始めます。

一方、親子関係を意識し、自分以外の人の存在も認め、折りあいをつけることもしだいにできるようになります。

親としては、「育児」つまり面倒見《めんどうみ》というかまえから、一個の人間としての「教育」のかまえにシフトしていく必要があります。

子どものようす

からだと育ち

からだつき

からだつき（体型）は、どんどん赤ちゃんを卒業して、いかにも幼い子らしくなってきます。

まだ手足が胴体にくらべて短く、「ずん胴」で、お腹《なか》とお尻が突き出ていて、比較的大きい頭は丸っこく、顔もあごが張らず鼻も低いので、愛らしい印象を見せているでしょう。

しかし、年齢とともに手足が伸び、胴もしまってきて、学校にあがるころには6頭身くらい、すらっとした感じがでてくるはずです。顔つきも、そのころにはあごが張り、鼻すじも通って、ちょっとなまいきな顔つきになってくるでしょう。

歯

歯は、3歳までに乳歯の20本が全部生《は》えそろい、5〜6歳ころには最初の永久歯《えいきゅうし》が生えてくるでしょう。

育ちのぐあい（発育）

育つ早さは、赤ちゃんのときより、かなり落ちてきます。発育の状況を端的《たんてき》に示《しめ》す身長で見ると、**図**のように、発育のめざましい赤ちゃんの時期から発育が比較的安定してくる学童期への移行期にあることがわかります。体重や胸囲、頭囲などでも、ほぼ同じです。

そのために「なかなか大きくならない」と焦《あせ》りを感じるかもしれませんが、目立たないにしろ発育は

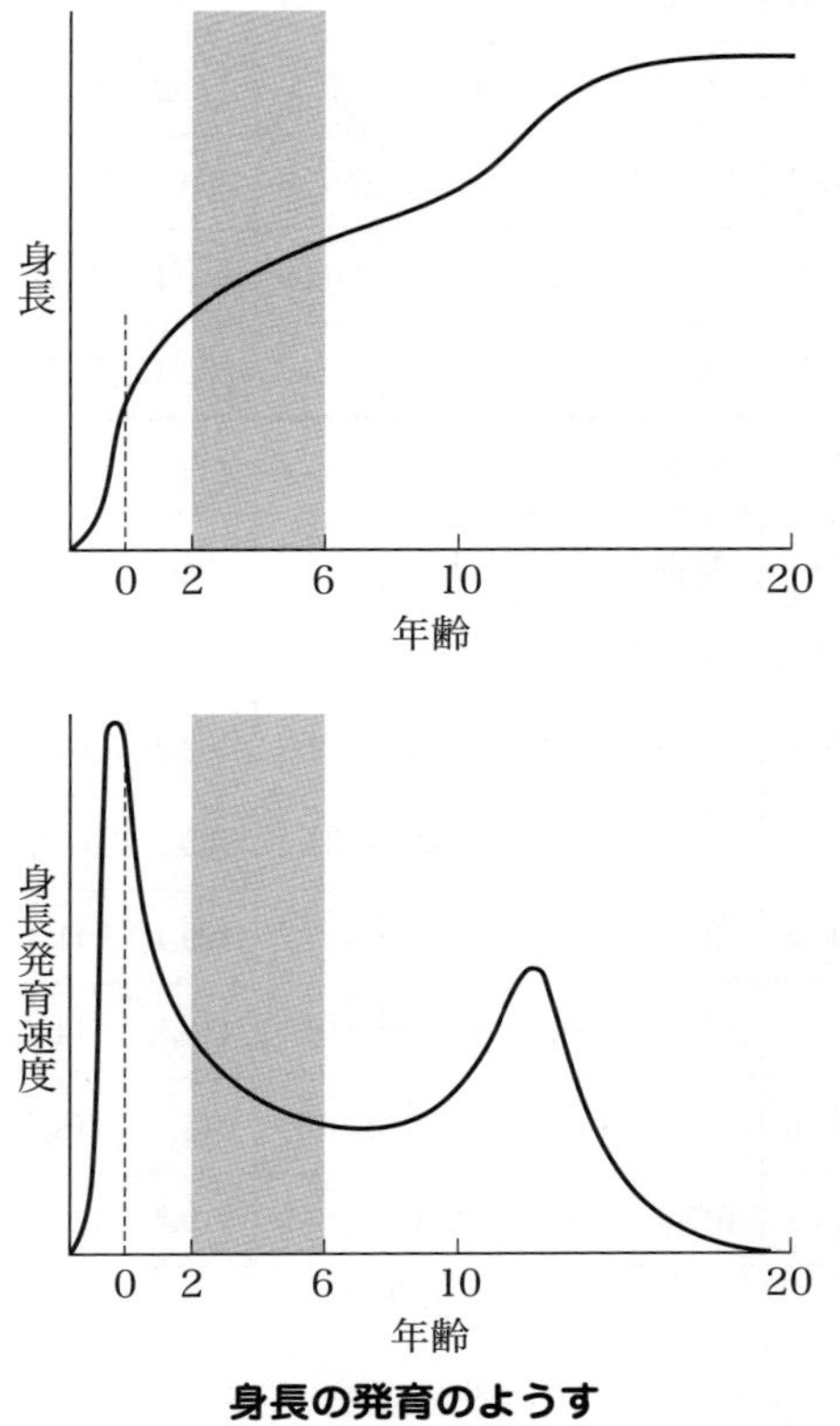

身長の発育のようす

年		月齢	男子							女子						
			パーセンタイル値							パーセンタイル値						
			3	10	25	50 中央値	75	90	97	3	10	25	50 中央値	75	90	97
幼児の体重（kg）	2年	0～ 6月未満	10.06	10.60	11.19	11.93	12.76	13.61	14.55	9.30	9.89	10.53	11.29	12.11	12.90	13.73
		6～12月	10.94	11.51	12.17	12.99	13.93	14.90	16.01	10.18	10.85	11.56	12.43	13.36	14.27	15.23
	3年	0～ 6月未満	11.72	12.35	13.07	13.99	15.04	16.15	17.43	11.04	11.76	12.56	13.53	14.59	15.64	16.76
		6～12月	12.42	13.10	13.89	14.90	16.08	17.34	18.82	11.83	12.61	13.49	14.56	15.75	16.95	18.27
	4年	0～ 6月未満	13.07	13.80	14.65	15.76	17.08	18.51	20.24	12.56	13.39	14.33	15.51	16.84	18.21	19.73
		6～12月	13.71	14.50	15.42	16.62	18.09	19.71	21.72	13.27	14.15	15.15	16.41	17.89	19.43	21.20
	5年	0～ 6月未満	14.37	15.23	16.24	17.56	19.17	20.95	23.15	14.01	14.92	15.97	17.32	18.93	20.65	22.69
		6～12月	15.03	16.02	17.17	18.63	20.36	22.19	24.33	14.81	15.75	16.84	18.27	20.00	21.91	24.22
	6年	0～ 6月未満	15.55	16.84	18.24	19.91	21.70	23.43	25.25	15.71	16.68	17.81	19.31	21.15	23.21	25.77
幼児の身長（cm）	2年	0～ 6月未満	81.1	82.9	84.6	86.7	88.7	90.6	92.5	79.8	81.5	83.3	85.3	87.4	89.3	91.2
		6～12月	85.2	87.0	89.0	91.1	93.3	95.4	97.4	84.1	85.8	87.7	89.8	92.0	94.1	96.3
	3年	0～ 6月未満	88.8	90.7	92.8	95.1	97.4	99.6	101.8	87.7	89.6	91.5	93.8	96.2	98.4	100.6
		6～12月	92.0	94.1	96.2	98.6	101.1	103.4	105.8	90.9	92.9	95.0	97.4	99.9	102.2	104.5
	4年	0～ 6月未満	95.0	97.1	99.3	101.8	104.5	107.0	109.5	93.8	96.0	98.3	100.8	103.4	105.7	108.1
		6～12月	97.8	100.0	102.3	104.9	107.7	110.3	113.0	96.5	99.0	101.4	104.1	106.7	109.1	111.4
	5年	0～ 6月未満	100.5	102.8	105.2	108.0	111.0	113.7	116.5	99.1	101.8	104.5	107.3	110.1	112.5	114.8
		6～12月	103.3	105.8	108.4	111.3	114.3	117.1	119.9	101.6	104.7	107.6	110.6	113.4	115.9	118.2
	6年	0～ 6月未満	106.2	109.0	111.8	114.9	118.0	120.8	123.6	104.2	107.6	110.8	114.0	116.9	119.4	121.7

（厚生労働省調査，2010年）

幼児の身体発育の統計

年		月齢	男子							女子						
			パーセンタイル値							パーセンタイル値						
			3	10	25	50 中央値	75	90	97	3	10	25	50 中央値	75	90	97
幼児の頭囲（cm）	2年	0～ 6月未満	45.9	46.8	47.7	48.7	49.7	50.6	51.5	44.9	45.7	46.6	47.5	48.5	49.3	50.2
		6～12月	46.5	47.4	48.3	49.2	50.2	51.1	52.0	45.5	46.3	47.2	48.2	49.1	50.0	50.8
	3年	0～ 6月未満	47.0	47.9	48.7	49.7	50.7	51.6	52.5	46.0	46.9	47.7	48.7	49.7	50.5	51.4
		6～12月	47.4	48.3	49.1	50.1	51.1	52.0	52.9	46.5	47.4	48.2	49.2	50.2	51.0	51.9
	4年	0～ 6月未満	47.8	48.6	49.5	50.5	51.4	52.3	53.2	47.0	47.8	48.7	49.6	50.6	51.5	52.3
		6～12月	48.1	49.0	49.8	50.8	51.7	52.6	53.5	47.4	48.2	49.1	50.0	51.0	51.9	52.7
	5年	0～ 6月未満	48.4	49.2	50.1	51.0	52.0	52.9	53.8	47.7	48.6	49.4	50.4	51.4	52.2	53.1
		6～12月	48.6	49.5	50.3	51.3	52.3	53.3	54.2	48.1	48.9	49.7	50.7	51.6	52.5	53.4
	6年	0～ 6月未満	48.8	49.7	50.6	51.6	52.7	53.7	54.7	48.3	49.1	50.0	50.9	51.9	52.8	53.7
幼児の胸囲（cm）	2年	0～ 6月未満	45.9	46.9	47.9	49.2	50.6	52.0	53.4	44.4	45.5	46.6	47.9	49.3	50.6	52.0
		6～12月	46.8	47.8	48.9	50.3	51.7	53.1	54.6	45.3	46.4	47.6	48.9	50.4	51.8	53.3
	3年	0～ 6月未満	47.6	48.7	49.8	51.2	52.7	54.2	55.8	46.0	47.2	48.4	49.8	51.4	52.9	54.5
		6～12月	48.3	49.4	50.6	52.0	53.6	55.3	57.1	46.7	47.9	49.2	50.7	52.4	54.0	55.8
	4年	0～ 6月未満	49.0	50.1	51.4	52.9	54.6	56.4	58.4	47.5	48.7	50.0	51.6	53.4	55.2	57.2
		6～12月	49.7	50.9	52.2	53.8	55.7	57.6	59.8	48.3	49.6	50.9	52.6	54.6	56.5	58.8
	5年	0～ 6月未満	50.3	51.6	53.0	54.8	56.8	58.8	61.2	49.2	50.4	51.8	53.6	55.7	57.8	60.4
		6～12月	50.9	52.3	53.8	55.7	57.9	60.0	62.5	49.9	51.2	52.6	54.5	56.6	59.0	61.8
	6年	0～ 6月未満	51.5	53.0	54.7	56.7	58.9	61.2	63.6	50.4	51.7	53.2	55.1	57.4	59.8	62.8

していっているので、長い目で見ていることです。そうしているうち、小さいと思っていたのに、久しぶりに会った人から「大きくなった」と目を見張られて、意外に感じることがある。しかも、試しに測ってみたら、体重とか身長がけっこう増えていたということも多いにちがいありません。

参考に2歳から6歳までの体重、身長、頭囲、胸囲の数値を**表**(→290～291ページ)に示しますが、個人差が大きいので、絶対視《ぜったいし》しないでください。少なくとも10～90パーセンタイルのなかに入っていて、からだの均整《きんせい》もとれていれば、だいじょうぶと考えてよいでしょう。それでも気になれば、カウプ指数(→135ページ)を計算して判断してください。

もし発育に心配があったら、これまでの数値とこれからの数値を半年おきくらいに測って、母子健康手帳のグラフに印をつけて線でつないでみるのがよいと思います。その線がグラフの線とおおよそ平行していれば、まず心配はないでしょう。

からだの働き

内臓の発育は、下の**図**のように、系統によってまったく異なり、外形の発育とも違ったパターンを示します。生殖系《せいしょくけい》はゆっくりし、神経系《しんけいけい》は乳児期にひきつづいて盛んで、リンパ系はめざましく発育していきます。

リンパ系というのは、リンパの系統のことで、免疫《めんえき》、つまりからだを守る働きをする組織。リンパ節《せつ》(リンパ腺)、扁桃《へんとう》(扁桃腺)、アデノイドなどがそれにあたります。この時期よく「扁桃腺がはれた」とか「首にぐりぐり(リンパ腺)がある」などと言われるのは、それらの発育がめざましいからにほかなりません。それだけなら、免疫の力が強い証拠で、心配はいらない、むしろ喜ぶべきことです。

神経系は、4歳にもなれば大人に近い働きができるようになりますが、ただ自律神経系《じりつしんけいけい》は不安定。腹痛や吐《は》き気を起こしやすいのは、そのためです。

このほか、胃腸と腎臓《じんぞう》の働きは、ほとんど大人と同じになってきます。肺の働きも、ほとんど大人と同じになるけれど、まだ腹式呼吸が主です。

筋肉は、4歳ごろから急速に腕や太もも、下肢《かし》などの大筋群《だいきんぐん》が発育します。そのために、からだの動きが非常に活発になってくるはずです(次項)。

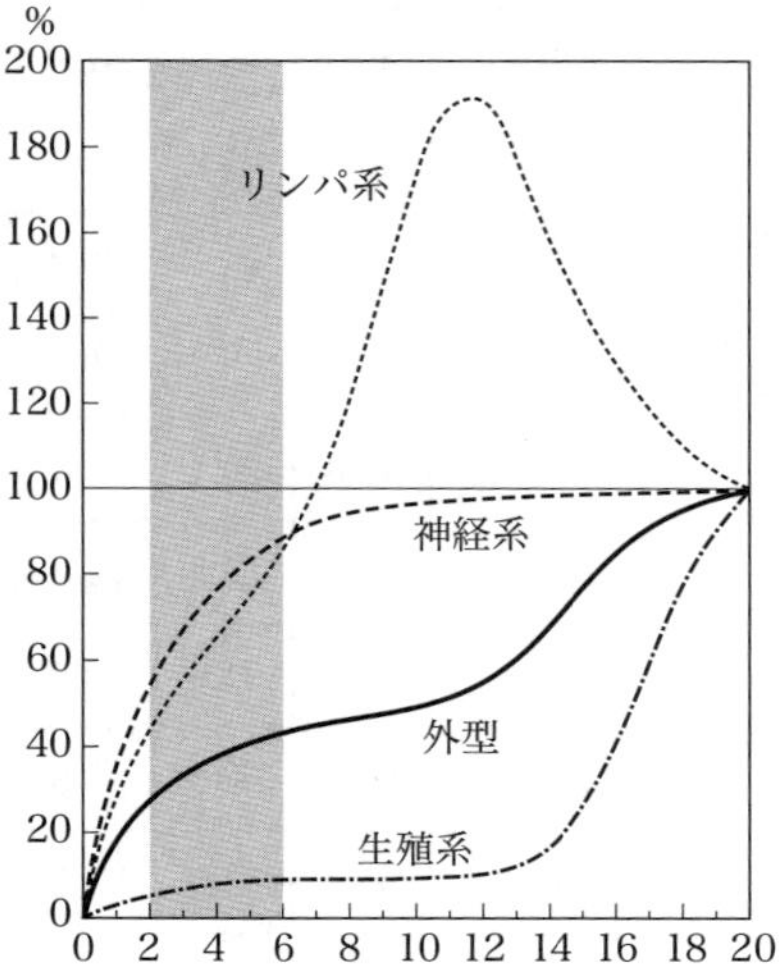

系統別の発育の経過

からだとこころの動き

からだの動き（運動機能）

運動機能は、個人差が大きいので、一律《いちりつ》に何歳になったらどんなことができるなどとは言い切れません。ただ、およそは以下のようではあるでしょう。

3歳になると、たいていの子が階段を片足で1段ずつ上がり、降りるときは1段1段足をそろえるようになります。平面では片足で立ち、三輪車に乗れるようにもなるでしょう。

4歳になると、急速に大筋群《だいきんぐん》が発達することもあって、しきりに走りまわり、飛んだり跳ねたり、重いものを振ったり投げたりしだすもの。階段は高くなければ大人と同じように上がり降りし、片足でケンケンでき、でんぐり返りをしたり、ボールを遠くまで投げたりするようにもなるでしょう。1メートルくらいの高さなら跳び降りるし、三輪車ではつまらなくなって二輪車に乗り始める子もいるかもしれません。

手も器用《きよう》になって、ハサミをじょうずに使うし、ボールペンやクレヨンで丸だけでなく十字や四角も描くことができだすでしょう。

衣服は、引っぱるようにして脱ぎ着するし、ボタンのかけはずしすらできるようになっていきます。食事も、スプーンであまりこぼさずに食べられるようになるはずです。

5歳ともなると、運動能力は飛躍的に向上して、片足立ちが長時間でき、スキップ、なわとび、竹馬、鉄棒、跳び箱などができる子が増えてきます。

指先も巧《たく》みになって、靴《くつ》のひもを結んだり、絵では三角を描けるようになる子も多いようです。人物の絵を描かせてみると、手と足までちゃんと描くようにもなっているでしょう。

以上のような動きは、子どもがめざす行動をあらかじめイメージでき、それに合わせてからだの各部分を別々に、しかも統合して動かすことができるようになってくるためと考えられます。

しかし、運動機能は、好き嫌いとかやる気のあるなしでずいぶん違うので、少々できなくても「運動神経が鈍《にぶ》い」などと決めつけられません。そんな心ない評価はしないで、なにより楽しく、やる気が出るように誘ってほしいと思います。

こころのもよう

想像力の高まり——ごっこ遊び　3歳ごろから、子どもどうし友だちを求め、いっしょに遊んだり競い合ったりしだします。それは、たぶん、人間がひとりひとり別であること、しかし意志を通じさせれば自分だけよりおもしろい行動ができることに子どもが気がついてきたためかと思われます（→309ページ）。

いずれにしても、まず「ごっこ遊び」を盛《さか》んにするようになるでしょう。ウルトラマンや怪獣になって闘ったり、ガンの撃ち合いをしたり、お店屋さんごっこをしたり、おままごとをしたり。そこでは、ひとりひとりの子どもがその役割になりきっていて、まさに変身している。しかも、変幻自在《へんげんじざい》、どんどん役をかわってもいける。あきれるほど闊達《かったつ》な想像力です。

そのようすを見ていると、「ごっこ遊び」を大人の模倣《もほう》とか社会性の学習とだけ位置づけることはできないように思えてきます。それよりむしろ、自分が一個の存在であること、同時にその存在のしかたは外界との関係性のなかでどのようにも変えられることに、子どもが気づいた証拠。それどころか、自分と世界を空想として存在させ、その空想のなかではリアリティをもたせているフシも濃厚です。どうやら、子どもは「うそっこ」と知っていて、その「うそっこ」の自分や世界を生きているのです。

自意識《じいしき》の芽生《めば》え――自分が他人との関係のなかで独立して存在することに気づいた子どもは、当然、自分を客観的に意識せざるをえません。

そのことは、まず、お話に自分の名前を入れることにあらわれてくるでしょう。「ユキチャン　ネンネスル」とか「ダイクン　ドーブツエン　イッタヨ」など。大きくなると「オレ」とか「ワタシ」などと代名詞も言いだすでしょう。これは自分が世の中でひとつの地位を占め、そこでどういうありかたをしたいかを自覚し始めたことを意味していると思われます。

また、こうした自意識は、「照れる」とか「恥ずかしがる」のとは裏腹《うらはら》に「よく見られたい」とか「目立ちたがる」といった態度ももたらすにちがいありません。その子の性質や場面によって、写真を撮るとき、下を向いたり、しなを作ったり。歌をうたっていて、お客さんにほめられると、親のかげにかくれたり、調子に乗ってポーズをとって何度も歌ったり。なかなかに複雑なようです。

自己主張の強まり――自意識の芽生え(前項)とともに、必然的に「3歳の反抗(期)」と言われる状態が始まります。

言うことをきかなくなり、なんでも「イヤ」と拒否をし、「ああ言えばこう言う」といったありさまで、親は頭にくることでしょう。

なにごとも自分でしたがり、やめさせたり手伝ったりすると泣きわめき、こだわる子だと、はじめから自分でやりなおさなければ気がおさまらないかもしれません。

ものに所有があることや所定の位置があることにも気がついてきて、きちょうめんな子だと茶碗《ちゃわん》やお箸《はし》の置き場所にうるさいかもしれません。

こうした行為は、1歳半から3歳のころの「我《が》を張り出す」(→254ページ)よりもっと複雑な誘因があるようにみえます。たぶん、自分には多様な可能性があり、親の命令以外に自分で選んでできる行為がありうるという見通しをもつに至ったためなのでしょう。

なにしろ、目の前で、大人やほかの子どもたちの活動がさまざまにくり広げられています。自分だってやりたくならないはずはありません。幸い3歳を過ぎれば、どんどんからだの動きは巧《たく》みになってきます(→293ページ)。おぼつかない手つきででも、果《か》敢《かん》に挑戦せざるをえないはずです。

ですから、その挑戦を妨《さまた》げられれば、「反抗」したくなるのは無理ありません。べつに「反抗期」という時期があるわけではないと思います。

ただ、こうして親子が衝突しだすと、今度は、子どもは親の対応を試したい気持ちに駆《か》られるかのようではあります。うまくいけば親に勝てるかもしれない、そのためにはどういう態度をとればよいかといったことを考えだす。だからこそ、もとのやりたかったことは、どこかへいってしまい、「ああ言えばこう言う」といった態度になり、残るのは意地だけといったふうにもなるのでしょう。

ところが、そうしていると、同時に自分を試すことにもなってしまいがち。どうやら、どこまで意地を通すかに苦慮《くりょ》しているようすがうかがわれます。

でも、そうした体験をかさね試練を積むことで、子どもは成長していく。およそ4歳から4歳半くらいになると、かなり「ききわけ」ができ、がまんしたり、話し合いで取り引きができるようにさえなってくるはずです。それまでは、子どもの苦闘を支えてやっていたいものです。

ことば

この時期には、たいていの子が、急によくしゃべるようになってきます。

ただ、しゃべり始めるのは、早い子と遅い子とで非常に大きな差があります。少々遅くても、耳が聞こえていて、親の言うことがわかり、友だちともなんとか遊べているのなら、気にすることはありません(→258ページ)。はじめは無口でも、4歳とか5歳になって急におしゃべりになる子もいるのです。

お話の始まり

たいていの子は、3歳近くになると、ちょっとしたお話ができるようになります。たとえば、父親が帰宅したときに留守中のことを「アノネ　ママ　メッテイッタヨ　ユキチャン　ナイタノ　アイスタベチャッタ」などと報告するし、父親が「ふ～ん、どうしてメッていわれたの」と聞けば、「オツクエ　ジージ　カイタノ　アカカイタノ」などとつけ加えるので、赤いマジックで机にいたずら描きをして母親に叱られ、大泣きしたけれど、あとでアイスクリームを食べさせてもらえたといった事件の全貌《ぜんぼう》がうかがえることになります。このようにして、過去のできごとの因果関係が表現されるわけです。

また、「あした　ゆうえんち　いこうか」と誘いでもすれば、「ウンウン、クックハイテ　デンシャノッテ　イコウ　イコウ」などと勢いこんでしゃべりだすでしょう。ここでは、未来がイメージされ、それに向かっての意志まで表現されているわけです。

ただ、過去と未来という時系列は、ややもすると間違えがち。たとえば昨日遊園地に行ったのに「アシタ　イッタ」などと話すことは少なくないでしょう。

それにしても注目したいのは、「ユキチャン」というふうに自分の名前をよく言うようになることです。これは、自分を意識し、さらに自分と他人との関係をも強く意識している証拠。おおいに名前を使って会話をしてやりたいものです。

ひとりごと

お話が盛《さか》んになってくるにつれて、「ひとりごと」もするようになってきます。

相手がいなくても、遊びながら、ぶつぶつとつぶやいているのがよく聞かれるでしょう。

聞き耳をたてると、たとえば、ぬいぐるみの熊さんに食べさせる真似《まね》をしながら「オイシイデショ　ホシクナイモン　イケマチェンネエ」などと、母親と赤ちゃんの両方の役を交互に独演したりしています。

これは、子どもが人間の相互関係を知り始めた証拠。幼い子は「自己中心的で非社会的」とは言い切れないと思います。

質問魔

この時期の子どもは「質問魔」とか「質問年齢」と言われるくらい、しきりに「ドーシテ」や「ナンデ」を連発してきます。

それは無理からぬこと。想像力が高まり、物事の因果関係に気づき始めたために、なんでも突っこんで知りたくなっているのです。

ですから、こうした問いかけには、できるだけ答えてやりたい。しつこいとうんざりするけれど、答えてやらなければ物事の理解が進まないし、理解しようとする意欲さえ削《そ》ぐことになりかねません。

ただし、答えかたは、かならずしも科学的、論理的でなくてもいい。むしろ幼い子の感覚にマッチするように答えたほうが、納得してくれやすいと思います。「ドーシテ　デンシャ　イッタノ」という問いに電車のメカニズムや時刻表を説明したのでは、かえって疑問を増し、きりのないほど「ドーシテ」を誘ってしまいそう。それより「みんな乗ったから」といった短絡的な解釈のほうが、腑《ふ》に落ちるようです。それに、こういう答えは、あながち違っているとも言い切れないでしょう。

また、親もよくわからないときには「どうしてかなあ」と首をひねったり、「どう思う?」といっしょに考えるようにするのがよいと思います。

いつもすぐにいいかげんな説明をしていると、自

舌足《したた》らず(幼稚語《ようちご》)、どもる(吃音《きつおん》)

舌足らず(幼稚語、幼い子語)

舌足らずは幼い子では珍しくありません。

「自動車」を「シャ」と言ったり、「母ちゃん」を「タータン」と言ったりするのは、まだ発声がじょうずではないため、言いやすいように言っているだけのこと。知能や言語機能に異常があるわけではないので、心配しないでください(↓病気356ページ)。

ちゃんと言わせようとばかりしたり、笑いものにしていると、しゃべらなくなったり、どもりだすおそれがあります。

ですから、舌足らずでも気にせずに聞きいれているにかぎります。そして、親はさりげなく大人のことばで話していればよいのです。そうしていれば、いつの間にか、しっかりした発音になってくるものです。

なお、つれ舌《した》(舌小帯《ぜっしょうたい》という舌のつけ根が短い)だと幼稚語になるという説は、にわかには信じられません。赤ちゃんのときから乳が飲みにくかったのでなければ、発声が妨げられるほど舌がつれているはずはないでしょう。それに、幼稚語を話す子でつれ舌のケースを見たことがないし、逆につれ舌があるのにふつうに話す子をたくさん知っています。

どもる(吃音)

「デ デ デンシャ」とか「アノネ アノネ アノネ」のように急にどもりだすことも、幼い子では珍しくありません。

言いたいことが、わっとこみ上げてきたときに、そうなるだけ。異常などと思わないでください。大人でも緊張したり一度に多くを話そうとすると、どもることがあるくらいですから。

ですから、まず、治そうとかからないにかぎります。そして、ごくふつうに冷静に受け答えしていればよいのです。そうしていれば、たいてい、いつの間にかどもらなくなるものです。

しかったり、言いなおしをさせていると、緊張を増して、よけいにどもるようになりかねません。気にして、子どもの口もとを見つめるだけでも、どもりはひどくなりがちです(↓病気356ページ)。

ただ、どもったあげく、ことばがつまっていらだったときには、さりげなく、言い添えてやるほうがよいかもしれません。

また、どもり始めた原因を考えてみて、思いあたるフシがあったら、それを取り除いてやることのほうが先決。たとえば、親のしつけが厳しすぎたようなら、ゆるめる、保育園や幼稚園が合わないみたいなら、先生と相談することです。

分では考えようとせず、なんでもすぐ親に聞くという安易《あんい》なくせがついてしまうかもしれません。そんなくせがつくと、ただ親の関心を引きつけておくために質問したり、ことばのうえだけのやりとりがおもしろくて、機械的に質問を続けるといったことにもなりかねません。

ことば遊び

お話が達者になってきた子は、ことばの音の要素にも興味が出てくるのでしょう。好んで「ことば遊び」を始めます。

テレビで「ジャパン」と聞いて「バチャン　バチャン」とくり返し叫んだり、母親が「スパゲッティ」というと「パン　パン」と意味の違うことばにしたり。

これをとがめたり、正しく言わせせようとはしないでほしいと思います。

子どもは、そうして音韻《おんいん》を楽しみ、その音韻から自分なりに想像をふくらませているのです。そうした音楽とか詩の源泉になる感覚をしぼませては、もったいないでしょう。

性にかかわること

性への関心

3歳くらいから、性への関心が急に高まってくるようです。お風呂に入ったときなど、母親の乳房や父親のオチンチンに興味を抱き、じっと眺めたり、さわったり、たずねたりし始めます。とりわけ男の子は母親にオチンチンがないこと、女の子は自分にそれがないことに、奇妙な感じを覚えているようにみえます。

けれど、別にエッチになったのではなく、親のからだを自分とは別のものとして客観的に見るようになり、いきおい性器という目立つ部分に目がいった結果にすぎない。そして、その結果、人間にはオチンチンのある人とない人がいるということに、否応《いやおう》なく気づかされてしまったのだと思います。

それにしても、この事実はショッキングで、これ以降の子どもが飽《あ》くことなく性器に関心をもち、男女を意識しだすのは、必然《ひつぜん》のなりゆきといえるでしょう。

しかし、性別にこだわりだすのには、社会の通念から受ける影響のほうが大きいように見受けられます。男の子がスカートをはきたがらず、女の子が髪を長くしたがるのは、今の社会にそうした男女のステレオタイプの意識が強いためにほかならない。ただだ、それに合わせないといけないみたいな感じです。

実際にも、ピンクのブラウスを着た男の子は女の子と間違われて、おとなの失笑を買うだけでなく、友だちからも、からかわれがち。だいいち、親が子どもには性別に「ふさわしい」姿をとらせてしまうのではないでしょうか。

とにかく、こうした事情は、しぐさにも、ことばにも、気持ちのもちかたにも強く影響をおよぼしだすにちがいありません。ひいては、子どもの性意識、さらにはアイデンティティの形成にまで、大きくかかわること。きちんと考えておきたい問題と思います。

なお、自分が「どこから生まれた？」といった出自への関心は、「性」とは異なるものです（↓378ページ）。

性器いじり

自分の性器をいじるのは、ほとんどの子がやることです。とくに男の子はオチンチンをまさぐることが多いようです。親は気になるでしょうが、しかりつけないほうがよいと思います。

性器をいじるのは、自分のからだを確かめ、なじみにするのに必要なこと。それに指しゃぶりのように、気持ちを静める効果もあるみたい。赤ちゃんのときと同じです（↓205、病気364ページ）。

ですから、目くじら立ててやめさせていると、子どもが不安定になるかもしれません。それどころか、将来の性行動に罪悪感をひそませてしまうおそれもないではないと思われます。

汚い手でいじる害についても、ほとんど問題にするほどのことはないはずです。亀頭包皮炎《きとうほうひえん》（↓病気390ページ）や尿道炎は、汚い手でいじっていなくても起きるものです。

マスターベーション（自慰《じい》）

マスターベーションは「性器いじり」（前項）とは別の行為です。

ペニスを股《また》にはさんだり、下腹部《かふくぶ》を机の角に押しつけたりして、全身に力を入れ目をうるませている子がいたら、たいていマスターベーションをしているのです。

しかし、それは、決して異常な行為ではありません。もともと人間は性的な生きもの。子どもにも、赤ちゃんのときから、それなりの性欲はあり、性器を刺激することの快感もそなわっているのです。それを異常とするのなら、大人の性行為も問題視されなければならないことになってしまうでしょう。そんな非人間的なことはありません。

ですから、マスターベーションは罪悪視してとがめるべきではない。それどころか、そっとやらせておく心くばりがほしいと思います。とにかく、性的な行為はひと知れずのエクスタシーを求めるもの。粋《いき》なはからいがあってよいでしょう。

「悪いこと」としてしかりつけていると、性への抑圧を植《う》えつけて、将来の性行動をゆがめるおそれさえありそうです。

ただ、しょっちゅうマスターベーションをしているようなら、エネルギーをもてあましているのかもしれません。もっと自由にあばれさせたり、外遊びをさせたほうがよさそうです。

気をつけたいこと

3歳から5歳のころ

行動が活発になり、いたずらも盛《さか》んで、戸外で遊ぶことも多くなるので、事故の危険が非常に増えます。

❶ **事故**（↓病気406ページ）

とりわけ交通事故と転落に気をつける必要があります。

① **交通事故**——子どもだけで外に出たり外で遊ぶときには、車道への飛び出しがもっとも危険。交通ルールをきつく教えておき、車道の近くでは遊ばせないにかぎります。

② **高い所から落ちる（転落）**——外階段《そとかいだん》や崖《がけ》っぷちでの遊びは、禁止しておくにかぎります。

③ **プールや海、川でおぼれる（溺水《できすい》）**——子どもだけで泳ぎや水遊びに行かせるのは禁物《きんもつ》です。

④ **自転車で転ぶ（転倒）**——急な坂とか段差のある道路では自転車に乗らないよう、平坦《へいたん》な道でもスピードを出さないよう、しっかり命じ守らせる必要があります。

❷ **犯罪**

誘拐などから子どもを守る方法については「環境と情報」の章（↓407ページ）。

親と子の暮らし

子どもとともに暮らす

3歳を過ぎた子どもは、もう面倒《めんどう》をみられる一方ではなくなっているでしょう。

年齢がすすむにつれて、自分の意志と力で行動することが増えてくるし、家族や世間と折りあいをつけることも、しだいにできるようになってくるはずです（→294〜295ページ）。

それどころか、大人の手伝いやサービスをしたがるようにもなるのではないでしょうか。たとえば新聞を取ってきてくれたり、配膳《はいぜん》を手伝ってくれたり、ビールをついでまわったり。そして、ほめてもらうと、とても嬉《うれ》しそうにするでしょう。きっと、内心で「一人前だぞ」と自負を覚えているにちがいありません。

こうなった子どもとは、「ともに暮らす」というスタンスで対するよう努めるのがよい。つまり、これまでの「育てる」から、「ともに暮らす」に意識的にシフトするのがよいと思います。

もちろん、まだ面倒をみなければならないことは多いけれど、すべてをやってやるのではなく、できるだけいっしょにする。少々ぎこちなくても、「まかせ」たり手伝いを「頼《たの》む」ようにする。場合によっては、親が子どもに「頼《たよ》る」のです。そうした親子関係の転換は、おおいにあってよいことです（→395ページ）。

家族の暮らしかた

食事

家族でいっしょに——食事は、もう栄養とか発育のためという感覚を脱すべきとき。「食べさせる」というより、家族で食卓を囲み「いっしょに食べる」というふうにしたいものです。

そのほうが子どもは嬉《うれ》しいだろうし、親も気が楽になるでしょう。

もちろん、栄養は気になるでしょうが、あまりこだわらないほうがいい。こだわると、調理が面倒《めんどう》になるし、無理に食べさせようとして食事から楽しさを奪ってしまいそうです。

ですから、栄養を気遣《きづか》うとしても、おおまかに考えるほうがいい。せいぜい「このところ野菜が足りなかったから増やそう」とか「さっぱりしたものばかり続いていたから脂《あぶら》っこいものをとろうか」といった程度でよいかと思います(→260ページ)。

少ししか食べないとか、好き嫌いがあっても、やかましく言わないこと。子どものそばで、親がいろいろなものをおいしそうに食べていればよい。それを見ていれば、いつか食べだすことが多いものです(→262ページ)。

たくさん食べる子も、かならずしも肥満になるわけではないし、「食べすぎ」は、まあ常識で判断すればよいと思います(→263ページ)。

食卓でのマナー(行儀《ぎょうぎ》)——食卓での行儀も、やかましく言わないほうがよいと思います。

そのために食卓を不愉快《ふゆかい》にしては、何のためのマナーかわからなくなってしまいます。マナーが食卓を気持ちよくするためならば、なによりもおいしそうに楽しく食べていることがいちばんでしょう(→261ページ)。

ただ、日本で育つ以上、日本の食事文化にはなじませる必要はあると思います。最低限「いただきます」と「ごちそうさま」のあいさつと、お箸《はし》やお椀《わん》の使いかたは教えておきたいもの。もちろん、うるさく言うのは禁物《きんもつ》。折にふれて、おもしろおかしく練習するにかぎりますが。

食べかたが遅く、なかなか終わらない子に対しても同様。できるだけ、ゆっくり楽しませてやりたいもの。頭ごなしに急がせると、かえって遅くなったり、怒って食器を投げたりしかねません。ただ、片づけの都合《つごう》というものはあるでしょう。できるだけ待ってやるべきだけれど、あまりに困ったら、急がせてもよい。場合によっては片づけてしまってもよいと思います。そのことで、他人の都合がわかる人間になれるかと思います。

おやつ(間食)——おやつは、ちょっと脱線した食事。楽しく心なごむひとときを与えてくれます。ですから、栄養として考えるより、そういう暮らしの潤《うるお》いとして与えたいもの。ある程度の注意は必要としても、あまり無粋《ぶすい》な制限はしたくありません(→264ページ)。

与える時間も、窮屈《きゅうくつ》にするのはつまらない。食事の直前は避けるとしても、遊びの合間とか幼稚園から帰ったときとか、区切りのいいところでおやつにするのがよいと思います。

しかし、おやつばかり求めてぐずぐずしているようなら、外に出したり、友だちを呼ぶなりして、エネルギーを発散させる必要があるのはもちろんです。

友だちの親とおやつの与えかたに違いがある場合は、そのときどきで遊びの場になっている家の方針にまかせるというやりかたをしたらどうでしょう。他人の子に自分の方針を押しつけるのは内政干渉《ないせいかんしょう》だし、自分の子だけ別にしてもらえば不公平になりかねません。

祖父母と与えかたが違う場合にも、目くじら立てないでほしいと思います。祖父母と孫とのあいだには親にはない「なにか」よいものがありそうです（→397ページ）。そうした機微《きび》は、ただおやつの害といったことだけで片づけられてはいけないのではないでしょうか。

しかし、祖父母と同居している場合には、与えすぎの度が過ぎるかもしれません。あまりに目にあまれば、祖父母ときちんと話をつけておいたほうがよさそうです。ただ、そのときも、祖父母と孫との機微《きび》はそこなわないよう、親も多少は妥協してあげたらと思います。

睡眠

眠らせる時間——必要な睡眠は何時間と、一概《いちがい》には決められません（→267ページ）。睡眠時間には個人差が大きく、家庭の生活様式や季節によっても影響を受けるからです。

ただ、年齢が高くなるにつれて睡眠時間が減ることだけは確か。昼寝は、3歳を過ぎるとしなくなる子が増え、4歳を過ぎると、ほとんどの子がしなくなるものです。

ですから、睡眠が足りているかどうかは、時計の針だけではわからない。子どものようすを見て判断するほうが気が利《き》いていると思います。

子どもは大人のように体調を隠さないので、睡眠が足りなければ、いかにも眠そうな顔つきになり、やたらぐずったり、逆に興奮ぎみになったりするはずです。

寝かしつけ——親としては早く寝かせたいでしょうが、その意図《いと》を子どもに気づかれると、かえって寝てくれなくなるおそれがあります。

せめて興奮させないようにし、子どもが眠そうなようすになるのを待って、パジャマを着せ、ベッドに入れる。そして、室内を静かにし、できるだけ薄暗くする。それだけで、たいていは寝てくれるものです。

なかなか眠そうにならない場合は、遊びが一段落するのを見はからって、パジャマを着せ、親といっしょにベッドに入れる。そして、しばらく、本を読んだりお話を聞かせてやるのがよさそうです。指をしゃぶらせておくのもよいし（→217ページ）、ぬいぐるみなどを持ちこむのも寝つきをスムーズにしてくれるでしょう。

どうしてもベッドに入ろうとしない子は、むしろ起こしておいたほうがよさそう。寝かしつけられることに意地で抵抗しているので、強制しても、たぶん無駄《むだ》。子どもとしては、大人と同じように起きていたいし、もしかすると自分が寝たあと、親だけいいことをするのではないかと勘《かん》ぐっているのかもしれません。そんな子は睡魔《すいま》に負けるまで起きていて、親のそばで「討《う》ち死《じ》に」みたいにコトンと動かなくなるのが似合っています。そうして寝入ってしまえば、手荒にベッドに運んでも、目はさめないでしょう。

朝の目ざめ——幼い子は、およそ目ざめがよいものですが、なかなかはっきりさめず、ぐずつく子もいるでしょう。そういう場合は、たたき起こすとよけいにぐずることが多いので、ほうっておいたほうがよさそう。そのうち、たいてい自分で起きてくるものです。ぐずり続けていたら、何かその子の好きなこと、たとえばテレビに誘うとよいかもしれません。

　保育園や幼稚園に行っている子は、たたき起こすほかないでしょうが、通園生活に慣《な》れれば登園時間に合わせて起きるようになるかと思います。近いうちに入園する子の場合は、およそ1週間くらい前から、登園時間に合わせて起きる練習を始めれば十分と思います。

　他方、早朝から目ざめて、親をたたき起こす子もいるでしょう。そんな場合は、親は布団《ふとん》をかぶって知らぬ顔をしているにかぎります。そのうちあきらめて、ひとりで遊びだすもの。相手にしていると、よけいに親を起こそうとしだすにちがいありません。

衣服

衣服の意味あい――衣服は、ただ生理上の必要からだけで考えたくありません。

　衣服には、着るひとの好みや誇《ほこ》り、そのときどきの気分などが深くこめられているもの。幼い子も、自分なりにかっこいい服を着たいはずです。

　ですから、そうした心理面はおおいに考慮してやりたいと思います。たとえ気候に合わなくても、親から見てみっともなくても、その服に子どもが強くこだわるときは、着せてやったらどうでしょう。無

七五三

「七五三」は、3歳と5歳と7歳の11月15日に、氏神参《うじがみまい》りをして、子どもの成長を祝う通過儀礼《つうかぎれい》のひとつ。古くからあった風習ですが、現在のように高価で華美《かび》な衣服を競うようになったのは、明らかに親心目当《おやごころめあ》ての商業政策によるものです。

　ですから、お金もうけの手には乗らないよう気をつけたほうがよいと思います。

　しかし、親としては、子どもの成長に節目《ふしめ》をつけたいし、世間《せけん》で祝っているのに「うち」だけやらないのはかわいそうと思うのも人情でしょう。ならば、簡素《かんそ》ながら心をこめた服装で、近くの氏神にお参りするのがよいかと思います。あるいは、家で簡単なパーティーをするのも一法《いっぽう》。心さえこもれば、十分な祝いになるはずです。

　また、たとえ何もしなくても、それはそれで親の考え。その思想は、はばかることなく子どもに伝えてよいと思います。

理に別の服を着せたら、子どもをみじめな気持ちに追い込みそうです。

ファッションを考えるにしても、子どもの体型と気質にフィットした服を選んで、子どもといっしょに楽しむようにしたいもの。流行とか親の好みでお仕着《しき》せさせていると、もしかして子どもにとっては迷惑。動きにくかったり、恥ずかしいかもしれません。

上の子からのお古《ふる》は、下の子にとって誇りのこともあるし、みじめなこともありそうです。誇りなら着せたほうがいいでしょうが、みじめそうなら無理に着せるべきではない。せめて、アクセサリーをつけるかリフォームするかして、気に入ったら着せたいと思います。

健康と衣服の調節——健康の面からは、薄着でラフな服装がよいにちがいありません。子どもは、大人より暑さに弱く、動きも活発だからです。

しかし、だからといって、そういう衣服を親がお仕着せさせてばかりは感心しません。暑いから寒いからと、子どもの意向《いこう》を無視して着させていると、自分で衣服を調節する知恵がつかなくなりそうです。

それよりも、子どもが自分の判断で衣服を選んだり、脱ぎ着したりできるようにしたいもの。今日は暑そうだから薄着にするとか、駆《か》けまわるからラフな服装にするとか。さらには、暑くなったり窮屈《きゅうくつ》になったら脱ぎ、寒くなったり肌を傷《いた》めそうになったらまとうとか。そういったことが自分でできないと、親がついていないときにつらい目にあいそうです。

そのためには、多少とも失敗したほうがよい。自分で薄着したら寒かったとか、厚着したら暑かったとか、そうした体験が衣服の知恵をつけてくれるはずです。

お片づけ

3歳を過ぎると、かなりお片づけができるようになるでしょう。しかし、まだ親もいっしょにしてやるか、片づけること自体を遊びにしてやる工夫《くふう》が必要なことは、1歳半から3歳のころ(→279ページ)と同じかと思います。

4〜5歳になれば、整理の感覚もできてくるようです。けれど、その感覚は、親とは違う。その子なりの秩序《ちつじょ》にもとづくものと見受けられます。

ですから、親の要求どおりの片づけかたをしなくても、しかるわけにはいきません。それより、片づけたことを認め、ほめてやったほうがよい。たとえ片づけかたが不十分でも、「こうしようよ」とでも言って、いっしょに片づけてやるのがよいと思います。

なかなか片づけようとしないときでも、「出したものは、ちゃんとしまうのよ」と命じるのは避けたほうがよさそう。言いかたにもよるけれど、説教は人の気持ちを遠ざけがちです。それより、暮らしの事情で迫《せま》るのがよい。散らかっていてはごはんにできないとか、布団《ふとん》が敷けないとか、お客さんが来るといった理由だと迫力があるし、子どもにも納得されやすいのではないでしょうか。

それにしても、子どもにばかり片づけをさせておいて、父親が何もしないのでは、「しめし」がつきません。子どもが、言うことをきくはずもないでしょう。

なお、いくら散らかっていても、子どもの部屋とかおもちゃ箱に、無断《むだん》で手をつけてはいけないと思います。子どもなりの秩序を壊しては悪いし、散らかしで困らせるのもよい薬になるはずです。

買うこと、お金

3歳を過ぎるころから、うすうすとでしょうが、お金で物品《ぶっぴん》が買えることに気がついてくるようです。お店でほしい物があると、そばに寄っていったり親の手を引っぱったりし始めます。

4歳になると、はっきりお金の威力《いりょく》がわかるらしく、しきりに「買って」と言いだすし、支払いをする親の手元をまぶしそうに見つめるようにもなってきます。

もはや、買うことをめぐって、親と子の攻防が熾《し》烈《れつ》になるのは必至《ひっし》。子どもはお金でほしい物品が手に入ることを知ったけれど、まだお金に限度があることは知りません。当然「わがまま言うんじゃありません」といった説教で納得するはずはない。いきおい、「だめ!」、「買って!」の押《お》し問答《もんどう》はエスカレートするばかりでしょう。

そんな場合は、なにより家計の事情で対抗するのがいちばん。ほんとうに財布《さいふ》が苦しいのなら、そのままぶつければよい。その迫力には、子どもも抗《こう》しがたいだろうと思います。

財布が許す範囲のときには、ほしがっている子どもの気持ちを受けとめてやることが先決。「ぜいたく言うんじゃないの」などと説教をすると、意地になって、しつこくせがむようになりがちです。親もひけませんから、買う買わないより、どちらが勝つかの不毛《ふもう》の争いになりかねません。

じつは、子どもが物品をほしがったときは、その物品のことを親にもわかってもらいたい気持ちが潜《ひそ》んでいるのです。その証拠に、親が「どれどれ」とでも言って、いっしょに品定《しなさだ》めをしたり、「すごいねえ」とか「かわいいわね」と率直な感想をもらしたりしていると、それだけで「もういい」と言って、買うのをあきらめてくれることがあります。たとえ

ペット

ペットを飼うのは、事情が許すかぎり、よいことかと思います。自然から離れすぎた現代生活では、動物と慣れ親しむことは、貴重な体験になるはずです。

ただ、かわいがるだけでなく、子どもにもできるかぎりの世話をさせるべきでしょう。子どもが餌《えさ》をやり糞便《ふんべん》の始末もすることで、動物がよくわかり、面倒をみるたいへんさも知ることができます。

アレルギーについては、病気編177ページのコラムを見てください。

あきらめなくても、ねだるトーンが低くなることが多いようです。

次から次へと買いたがる子は、もしかすると、物品そのものよりも、買う行為のほうを楽しんでいるのかもしれません。買ってやっても、すぐに見向きもしなくなるようなら、その可能性が大きい。そんな場合は、まず、いたずらは大目に見て、思い切り自由に遊ばせる必要がありそうです。夢中になれる遊びは、ショッピングより胸ときめかす楽しさがあるはずですから。

そのうえで、親の愛情のかけかたについても、いちおうは考えてみたほうがよいと思います。それが子どもにそぐわないと、物品を買わせることで親の気を引いたり気をまぎらわせるといった代償行為《だいしょうこうい》に出やすいからです。

そうしたことがすべてなさそうなのに、次から次へと買いたがる子は、ほんとうに求めている物品がつかめていないのかもしれません。ほしいと思って買ってもらったけれど、満足できない、もっとよいのがあるにちがいないという焦《あせ》りに駆《か》られている場合があります。そんなようすがうかがえたら、買った物品のどこが気に入らないかを察してやり、つぎに買うときには、ゆっくり子どもとともに、品物の吟味《ぎんみ》をしてやるようにしてみたらと思います。

お金を子どもに持たせるのは、せめてその場の1回かぎりがよい。それも、あらかじめ買う物品を決めて、おつりがいらない金額だけ持たせるのがよいと思います。まだ貨幣価値《かへいかち》がわからず、保管することもできないからです。

ただ、お祭りのような特別なときだけは、ちょっぴり気前よくまとまったお金をにぎらせてやりたいものではありますが。

お年玉などでもらったお金は、その子のものであることを認めたうえで、親が預かっておくのがよさそう。そして、値の張る物品がほしくなったときに、あらためて、それを使うかどうか相談するようにするのがよいと思います。

子どもの日々

遊び

幼い子にとって、遊びは、ほとんど衝動的。じっとしていられなくて、手当たりしだい、気が向いたことに身を打ち込みます。それでいて、およそ長続きしません。うろうろ歩きまわっていた子が、急に飛んだり跳ねたりしだしたかと思うと、いつの間にか寝そべったり、座りこんでおもちゃに熱中していたりします。

それは、幼い子がまだ自分を、周囲との一定の構造をもつ関係としては、据《す》えていないためかと思われます。

また、「ほんと」と「うそっこ」とが際限《さいげん》なく混じりあっている(→294ページ)ことも、遊びを筋《すじ》の通らないものにしているのでしょう。いつでも怪獣に

おもちゃ(3〜5歳のころ)

この時期にはからだの動きがダイナミックになる(→293ページ)ので、それに応じたボールとかバット、三輪車、自転車、なわとびなどが、もっともふさわしいと思います。

また、想像力がたくましくなり、友だちとのつきあいもかなりできるようになるので、ごっこ遊び(→293ページ)に役立つ道具もあったほうがいい。砂遊びではシャベル、水遊びではバケツ、おままごとでは鍋《なべ》や茶碗《ちゃわん》といったところでしょうか。

精巧《せいこう》なモデルとか電動式のおもちゃは、ことのほか子どもを夢中にさせるもの。リアルな想像をもたらしてくれるからでしょう。ハイテクのゲーム機も、子どもをとらえて離さないもの。操作の妙《みょう》があり、空想の世界を広げられるからでしょう。

ただ、既製品《きせいひん》だと、使いかたが限られ、壊れやすく飽きやすいのが難点。新製品も出てくるので、次々と買わされる羽目《はめ》に陥《おちい》りがちです。となると、片づけがたいへんだし、だいいち家計に重いでしょう。

そこで、既製のおもちゃを買うのはほどほどにして、手持ちのおもちゃを十二分に楽しむようにしむけたい。たとえば、ダンプカーを宇宙基地にしたり、ピアノを人形のベッドにしたりと親が誘ってみるのです。あるいは、おもちゃを分解したり、壊れたおもちゃのパーツを何かに見立てて遊んだりも、おもしろいかもしれません。

でも、もっといいのは、そこらへんにある廃物《はいぶつ》をおもちゃにすること。子どもの想像力をもってすれば、発泡《はっぽう》スチロールの箱は巨大なビルになるし、一片の木切《きぎ》れは光線銃として、すごい力をもつことができるでしょう。

とにかく、そうした変幻自在《へんげんじざい》な遊びを誘うものこそが「おもちゃ」なのだと思います。

その意味で、「知能を伸ばす」教育玩具は、勧めたくありません。あらかじめプログラムが組み込まれているので、子どもの自由な想像のはばたきを奪いかねません。それでは、知能が伸びるわけもないでしょう(→375ページ)。

なお、商品のおもちゃを買うときは、業界が安全を保証したST(花火はSF)マークのものを選ぶこと。また、使いかたのむずかしいものは避けること。むずかしいと、子どもは無茶苦茶《むちゃくちゃ》に扱うなど、業者の指示どおりに使うとはかぎらないので危険です。

なれるし、死んでもすぐ生き返られる。不利とみれば勝手に別の遊びを始めたりします。

動いてかたちの定まらないもの、とくに水と泥が大好きなのも、その流動性に魅せられているかに見えます。

ですから、幼い子の遊びに「静かに」とか「なかよく」とか「汚さないで」とか注文しても、およそ無駄《むだ》。まして、ルールや約束ごとをきちんと守らせるなど不可能でしょう。

そもそも、遊びは教育とはなじみにくいのです。よく「遊びは運動機能と創造力を発達させ、社会性を培《つちか》う」と言われますが、結果としてはともかく、そんな意図をもって遊ばせたら、もう遊びではなくなってしまいます。子どもにとっては、その場の楽しさがなにより、「将来のために」大人から仕組まれたら興《きょう》ざめにちがいありません。

　そんなわけで、幼い子の遊びは、危険のないかぎり、ほうっておくのがよいと思います。

　もちろん、そうはいっても、親としては手を出したくなるときはあるでしょう。そんなときには、いっしょに遊ぶようにするのがよいと思います。「遊んでやる」のではなく、あくまで「遊ぶ」のです。子どもは大人と対等のつきあいを喜ぶし、大人にも子どもに帰りたい気分があるはずですから。野球やバレーボールをしたり、ガンや刀《かたな》で立ちまわったり、クイズやゲームを競ったりと、熱中できたら、きっと親子ともすごく楽しいにちがいありません。ただ、ちょっぴりとは負けてやり、子どもがみごとなワザを見せたら、おおいにほめる配慮はしたほうがよさそう。子どもは、すごく喜ぶにちがいありません。

友だち

　友だちは、幼い子にとって不可欠。大人ばかり相手にしていると、こましゃくれてしまいますが、子どもどうしなら生きいきとしてきます。気心《きごころ》が通じるし、たがいに遠慮のない行動をするので緊張感があり、遊びにも迫力が出てくるからでしょう。

　当然、幼い子は友だちを求めてやみません。自分と年格好《としかっこう》の似た子を見れば、積極的な子はすぐに近寄っていっしょに遊びだします。消極的な子でも、じっと見つめ、ちょっと離れたところで同じ遊びを始めたり、家に帰って真似《まね》をしたりする。そのあげく、おずおずながらもいっしょに遊びだすものです。

　そして、そうしているうちに、友だちとの遊びも変わってきて、大勢《おおぜい》でひとつの作業に集中し、役割を忠実に演じるとか順番を守るといったこともできるようになってくるはず。5歳ともなれば「かくれんぼ」や「鬼ごっこ」、ボール遊びやゲームなども、ルールがわかってきて、わりと混乱なく勝負を争えるようにもなってくるでしょう。

　そんなようすを見ていると、友だちは、親が意図《いと》

キッズコスメ（子ども用の化粧品）

　子どもは肌がみずみずしくかわいいので、ことさら化粧をする必要はないと思います。

　それに、口紅、頬紅《ほおべに》、マニキュア、ヘアカラー、ボディペイントなどは、肌や爪や毛髪や目を荒らすことがあり、内臓や神経系や遺伝子にまで悪影響をおよぼす可能性が指摘されています。とくにヘアカラーは、アレルギーを起こす危険が大きいようです。

　ですから、子どもには、化粧はするべきものではありません。

　ただ、子ども自身が強く望んだときとか、誕生日やお祭りなどのイベントのときに、ちょっとだけ紅《べに》をつけたり、ほっぺたにペイントしたり、爪を染めたりはあってもよい。そのくらいの遊びは許されてよいかと思います。しかし、その1回かぎりにして、早くぬぐい取らなければならないのはもちろんです。

的《てき》に「与える」ことはしないほうがよいと思われてきます。親が友だちを選ぶのは、子どもどうしの出会いの機微《きび》を削《そ》ぐし、子どもにとってかならずしも相性がよいともかぎらないでしょう。

ただ、幼い子は、親どうしの関係に強く左右されるので、家族ぐるみのつきあいをしている子となかよくなることが多いかと思います。それはそれで親子とも楽しめていいでしょうが、その反面、家族の枠《わく》に囲《かこ》われてしまいそうなのが気になります。

また、地域によっては、友だちに恵まれないこともあるでしょう。そんな場合には「幼児サークル」のようなところに入れるのも、やむをえないかと思います。

しかし、なかには営利《えいり》が目的で、教育を優先させ遊びも指導下に置くところがあるので、気をつけて選んでほしい。できれば、たいへんでも子どもが自由に遊んでいる場所まで連れて行って、子どもどうしがなかよくなるのを待つのがよい。あるいは、友だちに恵まれない子の親どうしでグループをつくるのもよいかと思います。

フィクション（絵《え》空事《そらごと》）

幼年時代は、およそテレビやゲームや音楽や絵本などが大好きです。

たぶん、それらが「ほんと」のようで「うそっこ」、つまりフィクションであることを知っていて、そのきわどさを楽しんでいるのでしょう。

絵空事でも、それに没入《ぼつにゅう》すれば、愛とか力とかを実感することができるし、不可思議《ふかしぎ》な世界に遊ぶことができます。そうした想像が、新しいことへのヒントを与えてくれ、行動に移す情熱もたぎらせてくれているのかもしれません。

テレビ、ビデオ、DVD——これらは、幼い子にとって、とりわけ魅力的であるようです。なにしろ画面はリアルに躍動《やくどう》し、音声も多様に響《ひび》く。それが体験にとぼしく字を読むことのできない幼い子の心を、とらえないはずはありません。

こうした高度に複合した文化を、子どもから取りあげる手はないと思います。目への影響は見かただけ注意すればだいじょうぶ（↓124ページのコラム）だし、見過ぎが心配なら番組と時間について子どもと約束すればすむことでしょう(→274ページ)。

たとえ親が「低俗」とか「有害」と思う番組でも、子どもが夢中になっているのなら、見せていたほうがよいと思います。幼い子は、大人とは異なる受けとりかたをしているかもしれないし、その話題で、友だちとの遊びが成り立っていることも多いようですから。

いずれにしても、子どもが好む番組は、努めて親もいっしょに見てやるようにしたい。それだけで子どもは嬉しいし、親も子どもの好みがつかめます。いきおい、ストーリーやキャラクターについて会話がはずみ、たがいに番組への理解が変わってくるかもしれません。

そのうえで、親がどう考えても不愉快《ふゆかい》な内容なら、「嫌い」とか「やめて」と感情をぶつけておいたらどうでしょう。それだけで多少とも子どもを考えさせそうだし、もしかすると見たがらなくなるかもしれません。

ゲーム――ゲームも幼い子の心をとらえて離さないもの。およそ4〜5歳になるとゲーム機やカードに打ち込む時間が増え、3歳ぐらいでも真似《まね》をしたがるようになります。

おそらくゲームの構造とルールが把握《はあく》でき、操作もすばやくできるようになったので、嬉《うれ》しくてたまらないのでしょう。

親としては、バーチャルな世界にひたっていたら現実との区別がつかなくなると、心配かもしれません。しかし、子どもはバーチャルと現実とをしっかりと区別しています(→294ページ)。それどころか、現実では許されない行動をバーチャルな世界で存分に発揮できている。たとえば、「ポケモン」ワールドは、自然界を雄飛《ゆうひ》することで、子どもの野生を刺激してあまりがありそうです。

また、友だちとの交際も、狭《せば》まるどころか、逆にゲームを仲立ちにして広がっている。その結果、戸外での遊びも増えているフシがあります。

そうしたわけで、ゲームの楽しみはなるたけ奪わないほうがよいと思います。

ただ、けっこうお金がかかるので、その点で制限を加えるべきはもちろんです。

本――本は、幼い子にとって、なにより大好きな人に読んでもらう楽しみがいちばんのようです。ですから、「読んで」とせがまれたときは、できるかぎり読んでやりたいもの。それも、ひざに乗せたり添い寝したり、身を寄せてがいいでしょう。

そして、読むときには、子どもの気分に合わせて、リズムをとり、抑揚《よくよう》をつけるのがよさそうです。それでずいぶん、子どもの受けとる感じが違ってくるみたい。もしかすると、その読みかたを気に入って、何度も読ませ、自分でも暗唱《あんしょう》しだすくらいです。

もちろん、親が疲れていたり興《きょう》に乗らないときは、読みかたがぶっきらぼうにならざるをえないでしょう。けれど、それでも子どもはけっこう満足してくれるもの。満足できなければ文句を言いだしますが、それに対しては親があやまってもいいし、はねつけてもいい。それはそれで親子のやりあい、悪くはないと思います。

子どもに与える本は、まずその子の気に入るものであることが必要でしょう。初めのうちは親が選ぶにしても、そのうち、好きな本の傾向はわかってくるはずです。テレビのアニメが好きなキャラクター派、自動車や電車などが好きな図鑑派、童話や漫画が好きなストーリー派など。およそ男の子は図鑑派が、女の子はキャラクター派が多いようですが、とにかく好きな本なら飽《あ》きずに眺《なが》めているにちがいありません。

そうした本は、たとえ親の趣味に合わなくても、与えてやるべきだと思います。そこには、きっと、その子を夢中にさせる「なにか」がある。その「なにか」を、親の趣味で、奪ってしまいたくありません。

もちろん、一方で、親が好みの本を与えるのも悪くはないと思います。自分の気に入った本なら、何度でも熱をこめて読み聞かせることになるでしょう。その迫力が子どもをとらえないはずはありません。そうなれば、その本は親子共通の宝物になって、のちのちまでよい想い出として残ることでしょう。

お話――幼い子は、お話をしてもらうのが好き。とくに本の楽しさ(前項)を知った子は、その傾向が強いようです。

どうやら、親の口から意外なことを聞きたくなるみたい。親の子どものときの話を聞けば、ぐっと親が身近に感じられて嬉《うれ》しいのでしょう。また、親が創作するお話には、たいてい当《とう》の親子が登場するので、すごい臨場感《りんじょうかん》があるにちがいありません。それにお話なら、本で見せられる絵よりも、状況を空想で自由に描くこともできて楽しくもあるのでしょう。

いずれにしても、お話をせがまれたときは、アドリブで演ずるのがいちばん。じょうず、へたよりも、感情を込めて話してやることが大切なのです。突然びっくりするような声を出したり、いつも同じところで同じ表現をするのも喜ばれる手。つじつまが合わなくても、かまいません。むしろ、子どもはでたらめな飛躍に富んだお話のほうをおもしろがるものですから。

また、お話をせがみだすころは、子どものほうからもお話をしだすもの(→295ページ)。あることないことをとり混ぜ、あとさきにはかまわず、つっかえつっかえのおしゃべりでしょうが、一生懸命《いっしょうけんめい》にちがいありません。

それは、子どもが、自分の気持ちを物語に構成し、親に伝えたがりだした証拠。その不器用《ぶきよう》さは、大目《おおめ》に見て、「ふん、ふん、それで」と聞いてやってください。それだけで子どもは嬉しいし、親も気づかなかった子どもの気持ちが知れてくるかと思います。

絵――幼い子は、絵を描くのも好き。このころには、人物も描くことができるようになります(→293ページ)。

しかし、子どもにとっての絵は、構成的な美の追求ではなく、行きあたりばったりの夢のふくらましみたい。「ドラえもん」や「ピカチュウ」は、描いているうち、耳が天に伸びたり口が裂《さ》けたりする。「トトロ」が怪獣に変身したりもします。とにかく、何でも意のまま、異なった場所に同時にいるとか、ないものでもあるようにすることさえできるのです。すごい独創力と言えなくもない。すくなくとも、そこには、大人が失った独特の感性の躍動《やくどう》があります。

ですから、「正しい」描きかたを「教える」のは、どうかと思います。子どもならではの感性と独創力をつぶしてしまいそうです。また、反対に、なんでも「じょうず」とほめそやすのも無責任。「いい気」にさせては、独創力がゆがみかねません。

それよりも、とにかく筆記道具と紙と描く場所を豊富に与えてやること。そして、子どもが描く夢の世界をのぞいてやりたい。おもしろかったら感心し、わからなかったら聞き、つまらなかったらけなしてもよいと思います。もし子どもにせがまれたら、親も負けずに絵の腕を見せたり、大人の美意識を見せつけてやったらいいのです。

造形——幼い子は、雑誌の付録の作りものを作りたがることも多いでしょう。また、保育園や幼稚園で教わった紙や空き箱やテープなどを使った造形《ぞうけい》を、家でもやりたがることがあるかもしれません。

それでいて、たいていはひとりでは完成できず、親が手伝わされる羽目《はめ》に陥《おちい》るのではないでしょうか。

しかし、せがまれたら、できるだけ手伝ってやりたいもの。そのことで、親子の情がかわせるし、物づくりの楽しさも味わえるにちがいありません。それに、できあがったものは複雑で立体的、親子とも楽しめるはずです。

音楽——幼い子にとって音楽は活力を奮《ふる》い立たせるもの。そのときどきの気分に添ってくれるものとしてあるようです。およそ、遊びが高揚《こうよう》すると、それにふさわしい歌をうたい、テレビから大好きなテーマソングが響《ひび》けば目を輝かし立ちまわりも始めます。

ですから、幼い子のいる家庭には、そんな音楽がにぎやかにあふれているのが似つかわしい。そのうえ、親子して歌ったり踊ったりしていれば、どんなに楽しい家庭になるでしょう。

しかし、聴かせる音楽は、かならずしも子ども向きでなくてもよい。親の好きな音楽も遠慮なく響かせていてかまわないと思います。だいいち「子ども向きの音楽」などが決まってあるわけではない。情操《じょうそう》も「名曲」以外の音楽では育たないといったものでもないでしょう。

仕事をもつひとの場合

子どもの預け先の探しかたは赤ちゃんのときと同じ(→127ページ)、保育園など預け先とのつきあいかた、連絡の取りかた、病気のときの対応、勤め先との折りあいのつけかたなどは3歳未満のときと同じ(→165〜171、195、228ページ)でよいと思います。

保育園と家庭とのかね合い

3歳以前、とりわけ赤ちゃんのときから保育園に行っている子は、もう親子ともその生活にすっかり慣れていることでしょう。3歳を過ぎてから行きだした子も、ものの1〜2カ月もすれば、友だちができ、およそすんなりと通うようになっているかと思います。

ただ、園での生活は集団なので、家庭での個人生活とのあいだで、なにかとギャップを生じることはあるにちがいありません。

起床時間、昼寝をめぐって――こうした睡眠時間に関することが、いちばん問題になりやすいでしょう。とくに親の仕事が夜遅く、朝はゆっくりしていると、園に連れて行くのも遅くなって、園からクレームをつけられがち。クラスが保育のペースにのっているのに、その子だけずれて困ると言われそうです。そこで朝早くたたき起こして連れて行っても、ぼうっとしていて困ると言われかねません。

また、保育園では決まった時間に全員を昼寝(園では午睡《ごすい》と言う)させるところが多いので、それがイヤで行きたがらなくなることもあるかもしれません。とりわけ4歳を過ぎると、たいていの子が昼寝を苦にするようになります。全体として睡眠時間が減るので、当然のこと。そのために、無理に昼寝をさせると、夜になかなか眠ってくれず、親が困ることにもなりがちです。

こうしたトラブルは、園と親の双方で歩み寄るほかないと思います。親としては、少なくとも園での生活に大きな支障《ししょう》さえなければ、そのままを続けさせてもらうよう園に頼んでもいい。たとえ登園したときはぼうっとしていても、1時間もすれば調子が出るのなら、それほど問題はないはず。大人でも、そういう人は少なくないのですから。昼寝も、そのために園に行きたがらないほどなら、無理にさせないよう頼んでしかるべきです。ただ、ほかの子どもたちの昼寝を妨《さまた》げないよう、そのあいだ静かにしていられなければなりませんが。

しかし、保育士から見て、ほとんど1日中子どもの調子が悪く、ほかの子にも悪影響があるのなら、できるかぎり家庭生活を修正しなければならないのはもちろんです。子どもだけでも早く寝かせるとか、朝は親がいったん起きて早く連れて行ってから、もうひと休みするとか。

ただ、それも、親の仕事によっては限度があるかもしれません。そんなときは、最大限の努力はしたうえで、認めてもらうよう、お願いするのもしかたないと思います。子どもの生活に欠けるところを補《おぎな》うのが保育園の役目だし、全体だけでなく個々の子どもにも配慮するのが保育の大切な仕事であるはずですから。

給食をめぐって——給食も、トラブルのもとになりがち。とりわけ、残らず食べさせるのがモットーとか行儀にやかましい保育園だと、少食の子や好き嫌いのある子、じっとしていられない子は、園に行くのをしぶりかねません。

そのために登園しないほどになったら、保育士とじっくり話し合う必要があります。そもそも、どの子も同じように食べることはありえないし、栄養も幅広く考えてよいもの(↓260ページ)。行儀《ぎょうぎ》にしても、いやいやながら食べていたのでは決してほめられたものではない(↓261ページ)のです。ですから、子どもが喜んで園に行きだすよう、食べさせかたに多少とも配慮してもらって悪くはありません。

ただし、家庭での食事がほとんどインスタントものや店屋《てんや》ものだったり、親子とも極端に偏食《へんしょく》をしていては、子どもによいはずはありません。もし、保育士から見て、明らかに栄養状態が悪いのなら、そうした家庭生活をあらためなければならないのはもちろんです。

衣服をめぐって——衣服のことも、保育士と親とではギャップを生じがち。およそ、親は寒くないようにと厚着させたり見栄《みば》えを気にするけれど、保育士は薄着が健康にいいし、運動を妨《さまた》げない衣服にしてほしいと考えるからでしょう。

しかし、こうしたギャップは、あまり目くじら立てるほどの問題ではないと思います。もちろん、ある限度を超えた厚着や動きにくい衣服は子どもによくないけれど、薄着にしたからといって、それほど丈夫になるといったものでもない。そのことは、幼児の衣服の研究から確かめられてもいるのです。

とすれば、おたがい批判しあいながら、それぞれのやりかたを認めるようにしたらどうでしょう。家庭と園とで着せるものが違っても、子どもはどうということなくやっていけます。むしろ、そのほうが異なった体験ができて、どういうときはどんな着かたがよいのかを自分で判断できるようになっていいくらいでしょう。

病気をしたとき

この年齢になると、体力がついてくるし、保育園に行っていたからには病気に対する免疫《めんえき》もかなりついているはず。そうしたおかげで、重い病気にかかることはめったになくなります。

それに、3年以上も育ててきたので、わが子の病気ぐせはおよそわかってきているはず。この程度の容体《ようだい》ならだいじょうぶとか心配とか、経験で見通しがつくのではないでしょうか。

しかも、病気によっては、休む必要のないものが少なくない。たとえば、リンゴ病とか手足口病《てあしくちびょう》などは、子どもの元気も機嫌《きげん》もよいのなら、休ませる意味はないのです(→病気82、病気81ページ)。

そんなあれこれから、どちらかといえば、大胆《だいたん》に対処していてよいと思います。

もちろん、あまり安易《あんい》に考えるのは危険。いちおうは、気をつけるべき容体(→221ページ)はチェックしておかなければなりませんが。

園に行きたがらないとき

園に行きたがらないのを強引に連れて行くのは考えもの。よけいに行きたがらなくなるおそれがあります。

そんなときには、なにより本人の言い分を聞くのがいちばん。事情さえ許せば、とりあえず休ませるか、行くのを遅らせたほうがよさそうです。

そして、園に原因があるようなら、保育士に相談するにかぎる。子どもが家庭に不満があるようなら、できるだけあらためてやらなければならないのはもちろんです。

明らかに園に原因があり、相談してもまったく変わらず、あまりの長期間子どもが行かなくなったら、園を替えるほうがよいかもしれません。子どももと園との相性ということもありますから。

行きたがらない理由がはっきりとわからない場合には、なにか一時的なことなのかもしれません。ちょっと遅れたり休んだりしているうち、また行きだすことはよくあるものです。

しつけ

しつけには模範的《もはんてき》なパターンはありえないし、むしろ子どもと親と社会規範《しゃかいきはん》のせめぎあいという複雑さを抱えるものと考えておいたほうがよいと思います（「しつけ」の考えかた↓276ページ）。

行儀《ぎょうぎ》、マナー

行儀とかマナーは、時代と文化によって変化するもの。同じ社会であってもＴＰＯ《ティーピーオー》によって一様《いちよう》ではありえません（↓276ページ）。そのうえ、個々人の身分、立場、性質、社会観、道徳観念などによっても、かなり違うはずです。

ですから、型にはまった行儀を教えこむのはどんなものか。あいさつからして、「おはようございます」の一点ばりでは、相手によって滑稽《こっけい》だったり水くさかったりしかねません。そんなマニュアルどおりより、威勢《いせい》のよい「おはよー」の一言のほうがはるかに気持ちがいい。顔をあわせたときの笑《え》みやはにかみだけで、真実味《しんじつみ》のこもったあいさつを感じることもよくあります。

それどころか、いたずらをしかけてきたり、アカンベエをしたりに、強烈なラブコールを感じることも少なくありません。むしろ、しつけられた行儀を気にしてコチコチになっているほうが興《きょう》ざめです。

お行儀よく座らせるのも、長いあいだは無理。せいぜい10分か15分、それ以上はもちにくそう。無理に座らせていると、もじもじ、ぐにゃぐにゃしだすにちがいありません。そのほうが見苦しいのではないでしょうか。

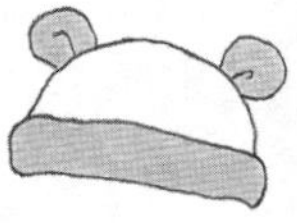

そんな無理なしつけに躍起《やっき》になるより、相手に不快にならない程度に自由にさせていたほうが、よほど気持ちよく過ごせると思います。

ただ、自分の勝手ばかりで傍若無人《ぼうじゃくぶじん》、周囲の人に失敬な行動をとるときには、ビシリとしからなければならない。また、気おくれや恥ずかしさから相手を無視するような態度をとる子には、ちゃんとあいさつをする勇気をもたせなければならないのも、もちろんでしょう。

しかし、だれに対しても不快な行動はとらないといったエチケットをしこむのは、はたしてどんなものか。心の底からイヤな人物は避けるとか、いんちきくさい相手には攻撃を加えるといった行動もあってよい。世の中に、そうした「行儀」はあるほうがよいと思います。

男の子と女の子

男の子と女の子とで、違いがあるのは確かです。その違いは、遊びかたひとつ見ても、歴然《れきぜん》としています。概《がい》して、男の子はガンや刀《かたな》を振りまわしたりミニカーや電車の模型に夢中。それも縦か横にずらっと並べる。積木だと上に積み上げる。そして、すぐに壊してしまう。要するに暴力的でマニアック、コレクターでもあります。

女の子は、人形やぬいぐるみをかわいがる。包み込みもする。積木は丸く囲む。そして、なかなか壊そうとはしません。

もちろん例外はあって、男の子がぬいぐるみを抱きたがったり、女の子がガンや刀を振りまわすことも珍しくはありませんが。

しかし、こうしたことのうえに、親と世間の思い込みが加わると、そうとうに違いが強化されるようです。男の子だからとたくましさを求めていると、無理にでも強がろうと努めだす。女の子だからと優しさを求めていると、意に反してがまんをしだす。そういったことが、けっこう見受けられます。

それでも、そのように育てるべきかどうかは、よくよく考えなければならない問題だと思います。

まずは、男と女のあいだに、人間としての対等を欠く育ちを期待するべきではない。男の子なら少々のわがままやわんぱくはよい、女の子なら従順でおとなしくしていなければというのでは、女の子に気の毒すぎます。男の子でも強さばかり求められては苦しい子がいるにちがいありません。それに、そうして育てば女性に対して横暴《おうぼう》、それでいて女性に甘えなければ生きてゆけない男ができてしまいそうです。

さらには、親が抱く性差《せいさ》のイメージを強引に体現《たいげん》させようともするべきではない。本人が嫌うのに、女の子だからと髪を長くしたり、男の子だからと外《そと》遊《あそ》びに駆《か》りたてたりしていると、子どもは、意に反して、自分の性を演技せざるをえないように育ってしまいそうです。

服装にしても、あまりに男の子らしさ、女の子らしさを強調したものばかり着せていると、動きやしぐさ、気持ちまでもが、その「らしさ」に引っぱられてしまいそう。親がファッションを楽しむのはいいけれど、着せ替え人形みたいにしては、子どもが気の毒です。

そんなあれこれから、性差は踏まえるとしても、それより個性のほうを尊重して育てるべきだと思えてきます。

ただ、それにしても、子どもが男になり女になるについては、父親と母親の見せる姿がもっとも大きい影響力をもつにちがいありません。おそろしいことに、親自身の男女としてのありかたが問われているのです。

悪いことば

幼い子にとって、悪いことばは魅力的。しきりに言いたがります。

どうやら、悪いことばを使うことで、一人前の気分になれるみたい。うすうすと、大人の世界に悪いことばがあることに気がついているのでしょう。友だち仲間での流行もあって、それに遅れたくないという事情もあるようです。

とすれば、聞き流しておくのがよい。がまんならなくても、「いやーね」とか「やめて」と軽く顔をしかめるだけにしておくにかぎります。躍起《やっき》になってとがめると、よけいに言いつのりかねません。

そのように相手にしていなければ、そのうち飽《あ》きて言わなくなるものです。

落ち着きがない

落ち着きがないのは、幼い子ではむしろふつう。なかにはおっとりした子もいますが、たいていの子は、ひとときもじっとしていません。エネルギッシュな子だと、親が悲鳴をあげたくなるくらい動きまわるものです。

ですから、幼い子を落ち着かせようとするのは無理なこと。やかましく言えば言うほど、ますます落ち着かなくなりかねません。

そこで、幼い子には、なるべくしたいことをさせておくにかぎります。移り気にすぎるようでも、たいていは気に入った遊びが見つかっていないため。そのままにしておけば、いつの間にか何かに熱中して、落ち着くときがくるものです。

いずれにしても、学校に上がる時期が近くなってくれば、けっこう落ち着きがでてくるはず。それまでは大目《おおめ》に見てやることです。

なお、専門家から「ADHD」とか「自閉《じへい》」とか言われても、焦《あせ》らないように。「治そう」として特別の「治療」を受けさせるのは考えものです(↓病気345、病気350ページ)。

わがまま、言うことをきかない(反抗)

この時期の子どもは、自己主張が強まり、自尊心も芽生《めば》えて、自分でできると思うことをやりとげたい衝動に駆《か》られています。そして、それを阻《はば》もうとする親を意地でも乗り越えようと苦闘しているのです(↓294ページ)。

ですから、言うことをきかない子どもに「わがままを言うのではありません」と説教をしたところで、素直にきいてくれるはずはないでしょう。もし、きいてくれたとしても、おそらく親の剣幕《けんまく》にしかたなく屈しただけ。またチャンスをうかがっては挑戦してきたり、親の見ていないときにこっそり目的をとげようとするにきまっています。

とすれば、むしろ許せる最大限まで、やりたいことはやらせるほうがよい。また、命じたり禁じたりしたことでも、子どもの言い分にも一理《いちり》があるようなら、負けてやる度量《どりょう》をもつべきだと思います。

そして、子どもがうまくできなくても、とがめない。たとえ親に迷惑がかかっても、「あ〜あ」くらいにして、しからないにかぎります。すでに子どもは失敗したことでみじめになっているのですから、追《お》い打《う》ちは酷《こく》。子どもの気性《きしょう》によって、大泣きされたり、よけいに意地を張られるおそれがあります。かえって、そのままほうっておくか、さりげなく手助けをしてやるほうがよさそうです。

しかし、子どもの言い分がどうしても認められないときは、親の本音をそのままぶつけるにかぎる。「いやよ」とか「嫌い」といった感情、あるいは「困る」、「こうしてほしい」といった都合《つごう》で迫《せま》るのです。そのほうが、説教や命令よりもはるかに、子どもの心に染《し》みるのではないかと思います。たとえ、そのときは言うことをきかなくても、親の気持ちを踏みにじった悔悟《かいご》は、その後の行動を律《りつ》する糧《かて》になるのではないでしょうか。

とにかく、そうした試練を重ねることで、子どもは成長していくにちがいありません。現に、4歳から4歳半くらいになると、「ききわけ」ができてくるものです(→295ページ)。

ダダをこねる、怒りくるう

ダダをこねたり、怒りくるったり、泣きじゃくっているとき、子どもは感情の嵐のまっただなかにいます。いくら言いきかせても、無駄《むだ》にちがいありません。

ですから、子どもの要求がはっきりしている場合は、事情の許すかぎり、あっさり認めてやるのがいちばん。たとえば、おもちゃをほしがっているのなら買ってしまうのです。そうすれば、たちどころに感情の嵐は静まるでしょう。もちろん、こうした妥《だ》協《きょう》はしばしばするべきものではありませんが。

親がさせようとすることを拒《こば》んでいる場合には、そのやりかたを子どもに選ばせるとよいかもしれません。たとえば、外出させたいなら、お父さんの靴《くつ》と子どもの靴とを見せて、どちらを履《は》くか子どもに決めさせるのです。当然、自分の靴を選ぶでしょうが、それで自尊心が満たされるせいか、外出に応じることが少なくないようです。

そんな余裕はなく、事情も許さない場合には、気分をそらすにかぎります。「あら、あそこにイヌがいる!」とか「そうだ、アイス食べようか」とか。子どもは沽券《こけん》にこだわらないので、それだけでけっこう静まるものです。

それでもダダをこね続ける場合には、事情さえ許せば、見て見ぬふりをして、ほうっておくのがよいでしょう。さほど時間をとらずに、くたびれるのかあきらめるのか、けろっと静まるものです。

しかし、事情が許さず、せっぱつまった状況ならば、実力行使もやむをえないと思います。泣きわめきあばれる子を引きずってでも、言うことをきかすのです。

ただ、しょっちゅうダダをこね、要求もはっきりしない場合には、根本に何か原因があるのではないか、よく考えてやる必要があると思います。睡眠不足や疲労や不満や鬱屈《うっくつ》がたまっていれば、いらだって当然。そういうことがありそうなら、それをあらためてやることが何より先決《せんけつ》でしょう。

甘える

幼い子が親に甘えるのは、ごくあたりまえのこと。大人でも、多少ともだれかに甘えなければ、やっていきにくいものです。まして、生きることのほとんどすべてを親に依存《いぞん》している幼い子が甘えなければやっていけないのは、無理ありません。

ですから、甘えること自体を責めるのは酷《こく》。「甘えるな」と突き放していては、子どもを不安に陥《おとしい》れるだけ。かえって甘えを助長することにもなりかねません。

それより、甘えのかたちであらわしている気持ちを察してやりたいもの。親にわかってもらうだけで満足することが、けっこうあるにちがいありません。

もちろん、なにかをねだって甘え続ける場合には、応じてやるか否《いな》か、親の態度をはっきりさせる必要があります。応じなければぐずるでしょうが、それはそれで対処すればよいことです(前項)。

もし、ねだっていることがはっきりせず、べたべたと甘えるだけのときには、何をしてほしいのかをきちんと言わせるように、親のほうから水を向けてやるのがよいと思います。そういう子は、たいてい気が弱いのでしょうから。

ただ甘えたいだけでべたべたしてくるときは、親に余裕があるかぎり、甘えさせるのも悪くはない。親に十分甘えられた体験は、子ども時代を安定させるだけでなく、大人になったときの優しさと寛容《かんよう》をもはぐくむのではないかと思います。

しかし、それにしても、度をすぎて甘えさせるのがよくないのはもちろん。あまりにべたべたさせておくのは、子どもをペットにしてしまうことにほかならない。子どもから自主性と積極性を奪ってしまいかねません。

指をしゃぶる

3歳を過ぎても、指をしゃぶっている子は、珍しくありません。しょっちゅうしゃぶっているのでないかぎり、4～5歳まではどうということはないはずです(↓285、病気363ページ)。

たとえ、この時期を過ぎても、夜寝るときだけなら、させておいてよいと思います。

そもそも指しゃぶりは、自分を確かめ精神的な緊張をほぐすしぐさ(↓205ページ)。「悪いくせ」として頭ごなしに禁止しないでほしいと思います。

弱虫、ぐず

「弱虫」とか「ぐず」は、なさけなく思われがちですが、かならずしもそうとはかぎりません。

早い話、負けてもかまわない、他人と競うよりのんびりマイペースで生きたらよいと考える親にとっては、むしろ好ましく思えるでしょう。

しかも、表向きは「弱虫」や「ぐず」であっても、内面では鋭い感性と充実したエネルギーを蓄えていることがありえるのです。気が弱そうに見えていた子が土壇場《どたんば》でびっくりするような勇気を見せたり、もたもたしていた子がいつの間にか大仕事をなしとげていたりします。逆に、強そうな子がいざというときには尻ごみしたり、てきぱきしている子が長続きはしないといったこともよく見受けられます。

とすれば、「弱虫」や「ぐず」をただちに治そうとかかるのはどんなものか。すくなくとも「ぶたれたらぶち返してこい」とけしかけたり、「はきはきしなさい」とせきたてたりはしないほうがよい。元来そんな行動には向かない子なので、強要《きょうよう》されてもできないことに苦しみ、よけいにぐずぐずしてしまいそうです。

それよりも、子どもの内面に思いを寄せながら、まかせておくほうがいい。たとえば、友だちのなかに入って行けず、おずおずしていたら、手を握《にぎ》ってやり、遠くから見させている。それだけで、ひとりで入って行く心の準備ができそうです。またたとえば、友だちに泣かされたら、抱きしめてやり、言い分があれば聞いてやり、ひとりで泣きやむのを待つ。そのうちに、再度挑戦する勇気がわいてくるかもしれません。

とにかく、そんなふうにしていれば、「弱虫」の子はむしろ屈辱《くつじょく》に耐えることで強さをはぐくみ、友を許すことで優しさを根づかせるのではないか。また、「ぐず」の子も、体験を積むことで、世間とつきあってゆく才覚《さいかく》を身につけるのではないか。そんな将来を期待していたいと思います。

こわがり（臆病《おくびょう》）

3歳を過ぎると、それまでの「こわがり」（↓255ページ）は残っているもののかなり克服され、そのかわりに新しい恐怖感が芽生えてくるかのようです。

この時期の子どもは、どうも、あらゆるものに自分で勝手に魔性《ましょう》を付与《ふよ》しているみたい。だからこそ、見知らぬ場所はもちろん、慣《な》れた場所でも暗ければ、おばけがいるのではと想像して、こわくて行かれない。人間や動植物にしても、得体《えたい》の知れないものの化身《けしん》かもしれないと思いだしたら、逃げださずにはいられないのでしょう。

そして、こうした「こわがり」の程度は、気の強さともあまり関係はなさそう。それより、その子のもつ感受性や空想力のほうが大きく影響しているかのようです。

ですから、どんなにこわがりでも、「意気地《いくじ》なし」などとからかったり、無理に鍛《きた》えようとはしないにかぎります。意地や理屈で恐怖を乗り越えられるようになるのは、もっと先のこと。この年ごろでは、子どもが感じる魔性に共感しつつ、その正体《しょうたい》をいっしょに確かめてやるのがよい。たとえば、こわがる場所には、ついて行ってやるか、明るくするなどして、こわくはなかったという体験を積ませるのがよいと思います。

けんか、いじめ

けんか——幼い子のけんかは、相手を征服することよりも、自分を維持《いじ》することに目的があるようです。いま、していることを続け、新しくしたいことを始めるために、必要なものや相手を確保したいかのように見えます。

典型的な風景は、遊びをめぐるけんか。ほかの子から遊びを妨害されたり、おもちゃを取りあげられたりすれば、猛烈《もうれつ》に怒ります。ほかの子が「いいこと」をしているのを知れば、すぐ割りこんでいって押しのけようともします。

どうやら、幼い子にとってけんかは、ほかの子どものいるところで遊ぶ際に不可避なこと。もしかすると、けんか自体がエキサイティングな遊びになっているのかもしれません。

ですから、「乱暴はいけません」とか「けんかはやめなさい」などとしつけにかかっても、ほとんどやめさせることはできないでしょう。

そもそも、人間関係において、感情や利害などの衝突は不可避。けんかが起きて当然です。ただ、大人は多くの場合むきだしにしないだけのこと。その分、陰湿《いんしつ》で狡猾《こうかつ》なけんかをしているのではないでしょうか。

とすれば、子どものけんかは、むしろ思い切りやらせておいたほうがよい。もちろん重大な危険が起きそうになったら止めなければならないけれど、少々の危険は目をつぶるのです。そのうち、たいていは短時間でおのずとかたがつくし、そのことで子どもは貴重な体験をするのではないかと思います。

現に、けんかを終えた子どもは、微妙に複雑な表情をかいま見せています。勝ったほうは、会心《かいしん》の笑《え》みとともに、相手に対して「悪いことをした」という悔悟《かいご》の情《じょう》もかくせないようです。負けたほうは、みじめさをかみしめながら、「こんどはやってやる」といった意地をかくそうとはしません。こうして、子どもは、この世の厳《きび》しさと生きる術《すべ》を体得《たいとく》していくのでしょう。

それに、けんかを重ねていれば、その手加減《てかげん》を知ることもできるはず。これ以上やったら危険ではないか、ひどくとがめられるのではないかといった判断は、体験でこそ身についてくることですから。

なのに、けんかはすべて「いけないこと」として、すぐにやめさせていたら、そうした貴重な体験をする機会を奪《うば》うことになってしまいます。それどころか、不完全燃焼《ふかんぜんねんしょう》になって、親の見ていないところで、陰湿なけんかやいじめをすることにもなりかねません。

しかし、親としては、どこまで子どもにまかせられるかが悩ましい問題でしょう。目の前でやられては、心おだやかではいられない。つい「やめなさい」となりがちです。そこを抑《おさ》えなければならないわけですが、あまりに激しくなれば、そうも言ってはいられないにちがいない。親の性質や事情にもよるけれど、耐えがたいほどになったら、ころあいを見て仲裁《ちゅうさい》に入るといったところでしょうか。

ただ、きょうだいげんかの仲裁に入る場合には、努めて平等に扱うことが大切。いつも上の子だけにがまんさせるのはかわいそうだし、下の子も増長《ぞうちょう》しそうです。がまんさせざるをえない場合も、その子の気持ちを察して、別の面で大事にしていることを示《しめ》してやる必要があるでしょう。

しかるときにも、非がありそうな一方だけを責めて他方をなぐさめるのは禁物《きんもつ》。責められたほうは相手だけ親にかわいがられていると感じて、よけいに突っかかりがちです。両方をなぐさめるか、片方だけしかったなら、あとでしっかり抱いてなぐさめてやりたいと思います。

よその子とけんかをしたときは、微妙な配慮が必要になることでしょう。とりわけ双方の親が居合《いあ》わせた場合は、親どうしの気遣《きづか》いがからまって、むずかしくなるかもしれません。でも、だからといって、とんで行ってやめさせたり、わが子だけしかって相手にあやまらせたりするのは、決してよいやりかたとはいえません。そんな場合でも、なるべくけんかはやらせ、とめるとしても子どもが嫉妬しないやりかたを工夫《くふう》する必要があると思います。

いじめ―― いじめも、けんかと同じく、自分を維持するためのひとつの手段かと思われます。

ただ、いじめは陰湿。相手を苦しめることで、鬱《うつ》屈《くつ》した気分を晴らそうとしているかのようです。

しかも、それでいて、相手の苦しみを自分も感じざるをえないのでしょう。いじめる自分を責めているフシがあります。まさに嗜虐《しぎゃく》と自虐《じぎゃく》の混交《こんこう》。相手に対するすごいラブコールになっているのかもしれません。

いずれにしても、なかなかに複雑なので、けんかと同様、説教や命令だけでやめさせることはできないと思います(前項)。

とすれば、なによりも、子どもの内面をくんでやることが肝心《かんじん》でしょう。鬱屈は、わかってやるだけで、多少は晴れるはず。まして原因を解決してやれば、鬱屈など吹き飛んでしまいます。たとえ解決できなくても、そうして心配してやっていることが子どもの心をしずめさせそうです。ただ、内面をくんでやるといっても、あくまで察することで、しつこく聞きただすのは禁物。かえって鬱屈を助長《じょちょう》させかねません。

うそ、盗み

うそと盗みは、かならずしも、常に「悪いこと」とは決めつけられません。

なにしろ、善と悪の区別は絶対ではなく、あいまいさもかなりあるからです(↓276ページ)。

ですから、うそも盗みも、簡単に断罪《だんざい》はしないでほしいと思います。

うそ――うそには、現実として、さまざまな性質と効用があります。ほんとうのことを話して無用に人を傷つける場合が少なくないし、友をかばうためにつかねばならないうそもあるはず。とりわけ弱い立場にいる人は、うそをつかないとやっていけないことが多いかと思います。そして、幼い子は、まさにそういう立場にいるのです。

たとえば、花瓶《かびん》を割ってとがめられたとき、親を納得させられるほど理由をきちんと話すことはできない。実は虫を入れようとしたので自分としては悪くないと思っても、割ったことだけを詰問《きつもん》されれば、「おにいちゃんがやった」などと、その場逃《ばのが》れをしたくもなるでしょう。

しかも、子どもは、しょっちゅう大人から適当なことを言ってごまかされているはず。なにかしてあげると言われて楽しみにしていたのにしてくれなかったり、そのことを子どもがとがめたら、わがままを言うのではないとしかられたり。そんな経験を重ねているせいか、うそをそんなに重大とは考えていないフシがあります。

しかし、5歳くらいになると、うそによっては社《しゃ》会規範《かいきはん》を犯《おか》す重大なものがあることを、うすうすながら知り始めるみたい。それからは、自分を守るために、あえてうそをつくことが起きてくるようです。とくに、親が認めてくれそうにない秘密をもったときは、その秘密を取りあげられないために、あざむき隠しだします。こうしたうそは、幼い心のなかに、親の言いなりにはならない自分だけのものが芽生《めば》えた成長の証にほかならないと思います。

また、事実を脚色《きゃくしょく》したり、作り話をすることも増えるかもしれません。それは、このころの子どもが空想力をつけ、「うそっこ」の世界を楽しむようになる(→294ページ)ためで、むしろ喜ぶべきこと。「うそつき」などととがめないでほしいと思います。

もちろん、親としてどうしても許せないうそもあるでしょう。けれど、そんな場合でも、道徳をかつぎだしての説教はしないほうがいい。反発を買うだけになりがちです。それより、カッときたら、どなりつけるにかぎる。そのほうが子どもの心を揺るがすはずです。あるいは、冷静でいられたら、うそをそのまま受けとっておく。そのほうが自戒《じかい》をうながせるかもしれません。当人は、だました相手だけでなく、うそをついた自分に対しても痛みを感じているはずですから。

たとえ、ことの真実を確かめる必要があるとしても、子どもの言い分を十分に聞いてやる姿勢が大切。犯罪人のように問いつめていると、子どもは窮《きゅう》してうそを重ね、あげくは、その痛みさえまひさせてしまうおそれがあります。「うそつき」は、こうして作りあげられるのです。


盗み――盗みも、どういうことが盗みで、どういう場合に悪となるかは、一概《いちがい》には決められないでしょう。

夫婦、親子、きょうだいのような暮らしをともにする間柄《あいだがら》、関係、あるいは親友、恋人のような気心《きごころ》を通じあっている関係では、無断《むだん》で私物《しぶつ》を使わせてもらっても、まあ盗みということにはならない。社会という不特定の関係性にあってさえ、同じ行為でも、盗みとされたりされなかったり、人の立場や組織の性格などによってそうとうに違ってくるはずです。

そうしたあいまいさを、世の中を知り始めた幼い子が突いてこないわけはない。あえて盗みを犯《おか》そうとしだしても不思議はないのです。むしろ自分の意志と才覚《さいかく》で冒険をするのですから、大変な成長と言えます。それどころか、物品《ぶっぴん》には所有がありお金で取り引きできることを知って、なお犯そうとするのですから、社会への果敢《かかん》な挑戦でもありそうです。

これは、なかなかに深くも、きわどい問いかけを含む行為。単純な裁きとか懲罰《ちょうばつ》になじむものではありません。ですから、「なんてことを」としかりつけるよりも、まずは子どもの言《い》い分《ぶん》を聞くべきだと思います。そのうえで、相手にすまないということになれば、親子してあやまりに行くのはいいでしょう。

しかし、「悪い子」あつかいしたり、余罪《よざい》まで追及するのは心ないこと。親は警察官であってはなりません。子どもは信じられることで、悪事《あくじ》をも成長のばねにするはずです。

障害のある子（障害児）

ふつうに育てる

親に求められること

赤ちゃんのときから障害のある子を育てている場合は、もうかなり親のすべきことが自覚されてきたかと思います。しかし、それでもまだ、とまどいとか迷いが吹《ふ》っ切《き》れているわけではないでしょう。

まして、幼児になって初めて障害を指摘された場合には、ショックは大きいにちがいありません。この場合の障害はおよそ軽いはずですが、なにしろ、それまではふつうと思っていたのです。気がつかなかったことへの自責《じせき》の念《ねん》にも駆《か》られるでしょう。

しかし、いずれの場合でも、赤ちゃんのときと同じく、冷静を保つこと、状況をしっかり把握すること、そして育児のための協力態勢を作ることが大切です。赤ちゃんのときから障害とつきあっている親も、あらためて、こうした努力を強めてほしいと思います。

障害をプラスに

なにより、障害を「恥ずかしい」とか「かわいそう」などと思うのは、きっぱりと、やめてしまうことです。そうした気持ちは、親の側の勝手な感傷《かんしょう》ではあっても、子どものためにはならないからです。

だいいち、「恥ずかしい」と思っているかぎりは、子どもを堂々と社会に出せません。ひいては、子どもにも「恥ずかしい」と思わせ、自信を失わせ、人なみに生きることをできなくさせそうです。

また、「かわいそう」と思えば思うほど、過保護になって、子どもから、自分で生きる力を削《そ》いでしまいそうです。

ですから、障害を否定的に考えてはいけない。むしろ、障害を積極的にとらえ、プラスにしていくほうがよいと思います。事実、そういう態度をとることで、子どもが生きいきと育ち、親も人間がひとまわりもふたまわりも大きくなっていく姿を少なからず目にします。それだけ、障害にはパワーがあるのでしょう。

とすれば、当《とう》の子どもにも、障害のことを包み隠

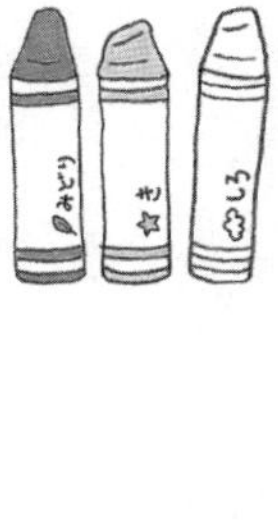

さず話してしまうにかぎります。あいまいにごまかしていると、子どもが障害を自覚できず、かえって世間でとやかく言われることに傷つきそう。それより、きちんと教えて、恥じることではないと自覚させておいたほうが強く生きられると思います。

ただし、子どもはまだ幼児。あくまで、折にふれ、理解力に応じ、率直に、明るい調子で、さりげなく話すのがよいでしょう。

家庭での育てかた

基本的には、ふつうに生まれた子と同じでよいはずです。ただ、多少とも障害の種類と程度にマッチした配慮が必要なことは、赤ちゃんのときと変わりありません（→245ページ）。

そして、そのことでは、幼児期は、赤ちゃんのときより、育てやすいのではないでしょうか。なんといっても、その子に慣れているし、成長のペースとかリズムとか気質までもがつかめているはずです。

ですから、専門家から指導される一般的な育てかたには、あまり固執《こしゅう》しないほうがよい。もちろん尊重はしなければならないけれど、それより、親として把握《はあく》した子どもの状態と、それに見合った育てかたを優先させたほうが、スムーズに運ぶと思います。

いずれにしても、できるだけふつうの生活をさせることが大切。障害によって不自由とか危険などへの対策が必要な場合は多いでしょうが、その場合でも、どちらかといえば、過保護にしないように心がけるべきだと思います。

どうしても必要な注意とか器具にしても、その子の状態によって、また家屋《かおく》の状態や家族の都合《つごう》にも合わせて、自分たちで工夫《くふう》するのが、いちばんフィットするはずです。

■参考になるサイト

・療育《りょういく》Ｗｅｂ（全国心身障害児福祉財団）
http://www.shougaiji-zaidan.or.jp/

社会に生かす

地域での育てかた

障害児にとって地域で育つことは、非常に大切。このことはふつうの子でも同じだけれど、とくに障害児は地域の人々に溶けこんでこそ、人なみに生きられるようになるからです。

この際、他人に迷惑をかけることは、なるべく気にしないにかぎります。迷惑をかけてはいけないと、親がつきっきりでいたら、子どもは自由に他人とまじわれません。それでは、人々のなかに溶けこむことなどできないでしょう。だいいち、行動自体が親に制限されて、子どもはいらつきがち。かえって、他人に迷惑をかけることにさえなりそうです。

ただＴＰＯ《ティーピーオー》は考えなければならないけれど、でも、どちらかといえば、多少の迷惑はかけても、自由に行動させたほうがよいと思います。

たとえ乗りもののなかでも食堂に入ったときでも、状況を見たうえで、思い切って、手を離してみる。たいへんな騒ぎになるかと心配でしょうが、意外にだいじょうぶだったという経験談を聞くことが少なくありません。それはそのはずで、行動を拘束《こうそく》され続けていたほうが、ごねたり、あばれたりしたくもなるでしょう。

もちろん、子どもによっては、手を離したとたんに、動きまわり、さまざまな「奇行《きこう》」を見せて、大騒ぎになることも、十分にありえます。しかし、意外と、しかめっ面《つら》をしながらでも、がまんしてくれる人は多いもの。もしかすると、相手になってくれたり面倒《めんどう》をみてくれる人もいるかもしれません。もし怒りだす人がいたら、たとえ差別的であっても、いちおうは、すぐに親があやまっておいたほうがよいとは思いますが。

また、危険や、ものを壊《こわ》すおそれにしても、そばに人がいれば、防いでくれるもの。まして、あらかじめていねいに頼《たの》んでおけば、たいていの人が注意してくれるはずです。

とにかく、親たるもの、そのくらいの度胸はもっていたほうがよい。そうしたきわどい経験を積んでこそ、子どもも親も、他人の気持ちとかさまざまな場面での配慮すべきことどもを、身に染《し》みて感得《かんとく》していけるようになれるのだと思います。

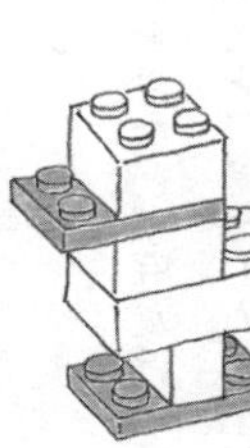

遊ばせかた

障害児の遊びかたは、およそふつうの子とは異なるもの。無理に同じ遊びをさせようとはしないほうがよい。そのためにパニックに陥《おちい》らせたら、それはもう遊びではなくなってしまいます。

たとえば、ふつうの子が大勢《おおぜい》いるところで遊ばせるのはよいにはちがいないけれど、尻ごみするのを強引に仲間に入れようとすると、かえって、人嫌いを強めてしまうことになりかねません。

しかし、ちょっとでもよその子に関心があるように見えたら、その子の近くで自分なりの遊びをさせておくのはよさそう。たとえいっしょには遊ばなくても、ひとりだけよりは楽しそうです。

勝手な遊びをしていると、よその子からけんかを吹っかけられたり突きとばされたりするかもしれません。でも、あわてて仲介《ちゅうかい》に入らないほうがいい。よほどの危険な事態でないかぎり、子どもたちにまかせておくほうがよいと思います。そんな争いをしながら、障害児もふつうの子も、たがいにつきあいかたを覚えていくにちがいないからです。

また、ひとりだけで、ところかまわず水遊びとか泥遊びとかに熱中して、なかなかやめようとしないことも多いでしょう。そんなときは、事情が許すかぎりやらせておく。そして、ちょっとでも遊びの手が鈍《にぶ》くなったときに、ほかのことに誘導《ゆうどう》するのがよいと思います。

たとえば、公園の水飲み場で遊んでいるなら、バケツに水を入れて砂場に持っていき、そこで泥遊びをさせたりするのです。何度も水運びに通う羽目《はめ》に陥《おちい》りがちですが、それでも水飲み場を占領《せんりょう》しているよりは気が楽でしょう。子どもも、そのことで、遊びの転換とか、あらたな展開のおもしろさを体得《たいとく》していけるかと思います。

しかし、親に時間がないとか公園側にとがめられるなど事情が許さなくなったら、もちろん強引にやめさせるほかはないでしょう。

保育園、幼稚園のこと

保育園や幼稚園への入園は、親のほうで尻ごみすることはありません。障害児もふつうの子と同じように育てるのが本筋《ほんすじ》なので(↓329ページ)、遠慮なく申し込めばよいのです。園選びも、ふつうの子と同様に考えてよいと思います(↓165ページ)。保育園や幼稚園のほうも、しだいに障害児を積極的に受け入れるようになってきています。

しかし、まだまだ障害があると入園を断ったり、渋《しぶ》ったりする園があるでしょう。そんなときでも、簡単にあきらめてはなりません。

とくに保育園の場合は、共働きなど家庭だけでは育てられない事情があってのこと。そうした事情は、子どもに障害があろうとなかろうと変わらないはずです。それに、障害児こそ、子どもの集団のなかで生活をともにする保育園は、格好《かっこう》の育ちの場なのです。ふつうの子と同様に、園を選び申し込みをしてかまいません。

たとえ入園が渋られても、あくまでも食いさがってしかるべき。児童福祉法という法律でも、そうした事情があれば、保育園に措置《そち》、つまり入園させなければならない義務が自治体に課せられているのです。

また、保育園でも幼稚園でも、条件を出してきて、それを認めれば入園させると言われることがあるかもしれません。たとえば、親がつきそうとか保育時間を短くするとかです。

しかし、保育園の場合、親が働いているのなら、あまりの無理はできないでしょう。一方で親の労働条件をよくする努力はしなければならないけれど、それでも無理なら突っぱねてよいことです。保育士がたいへんならば、それも労働問題として解決するべきことなのです。もっとも、条件によって、初めのうちの短期間だけはなんとかなるのなら、妥協点として認めるのも「あり」かとは思いますが。

幼稚園の場合は、親の状況として、比較的に応じやすいでしょうが、初めの短期間だけにするのがよいと思います。親がつきっきりだと子どもどうしのつきあいが妨げられがちだし、ほかの子より保育時間が短いと集団になじみにくいからです。

さらに、このことと関連して、保育園だと「障《しょう》害児《がいじ》加配《かはい》」なるものを役所に申請したうえで入園させることもあるかもしれません。障害児のために保育士をひとり多くつける制度です。たしかに障害によっては必要な場合はあると思います。しかし、保育士がつききりになることで子どもどうしの助けあいが妨げられる場合もあるので、行き過ぎた加配にはブレーキをかけて悪くはないとも思います。

それに、加配のために「障害児」というレッテルを貼って役所に届けられることもおおいに気になります。そのレッテルが、公的に、学校をはじめ子どもの将来につきまとうことになるからです。ですから、親としては、保育士の加配が必要な場合でも、レッテルなしにするよう求めたい。そして、同時に、レッテルを貼られても動じないよう、度胸を据《す》えてかかるようにしたいものではあります。

また、保育園であれ幼稚園であれ、入園してからも、なにかと困難が続くことが多いもの。途中からつきそいを要求されたり、遠足に連れていけないとかプールに入れないと宣告されたり、障害児施設に移っての療育《りょういく》(→病気359ページのコラム)が勧められたり。

そのたびに、親は悩まされるけれど、ギブアップはできません。つきそいなど可能なかぎりの妥協はするとしても、無理なことまですることはない。子どものためにならないことも、するべきではないでしょう。遠足やプールはクラスメートといっしょに楽しみたいこと。園は、そのための条件をととのえるべきなのです。障害児施設に移っての療育は、障害児を生かす道ではないので、お断りするにかぎります。

ただ、そうして言うべきことは言いながらも、先生方とは、よい関係を保ちたいもの。そのためには、先生方の言うことにも耳を傾け、認めるべきは認め、たがいに率直《そっちょく》に話し合えるようにしていたい。日常でも、送り迎えの時間を守るとか、心をこめてあいさつをするといった心がけが必要かと思います。

予防接種

予防接種《よぼうせっしゅ》の種類と性格

予防接種は、感染症《かんせんしょう》を防ぐために、ワクチンを接種して、免疫《めんえき》を作ることを目的にしています。

そして、ワクチンには、生《なま》ワクチンと不活化《ふかつか》ワクチンとトキソイドの3種類があります。

生ワクチンというのは、ウイルスや細菌を生かしたまま培養《ばいよう》し、そのあいだに起きる変異《へんい》を利用して病原性《びょうげんせい》を弱くしたもので、現在、BCG、はしか(麻《ま》しん)、おたふくかぜ(流行性《りゅうこうせい》耳下腺炎《じかせんえん》)、風疹《ふうしん》(三日ばしか)、水ぼうそう(水痘《すいとう》)などがあります。

不活化ワクチンというのは、ウイルスや細菌を加熱か殺菌剤によって活性を失わせた、つまり死なせたもので、現在、ポリオ(小児まひ)、インフルエンザ、日本脳炎《にほんのうえん》、百日《ひゃくにち》ぜきなどがあります。

トキソイドというのは、細菌の毒素《どくそ》を免疫を作らせる性質を残したまま、その毒性だけ失わせたもので、現在、ジフテリアと破傷風《はしょうふう》があります。不活化ワクチンの一種です。

しかし、これらのワクチンは、期待されているほど、万能ではありません。

ワクチンで防げる感染症は確かにあるけれど、すべての感染症を防げるわけではないし、防げるとされているワクチンでも、その効果が低かったり長続きしなかったり、効果に疑問があったりするものが少なくないのです(↓340ページ)。

しかも、ワクチンには、原理的にも実際にも、副作用がつきもの。その可能性は低いとしても、副作用のまったくないワクチンはないし、ときに重大な副作用にみまわれることさえあるのです(↓340ページ)。このことを役所や医者の多くは「副反応《ふくはんのう》」と言いますが、それは事態を軽く言いくるめる方便《ほうべん》と思わざるをえません。

さらに、もっと深刻な問題として、人体の免疫系と地球の生態系《せいたいけい》を攪乱《かくらん》する可能性があげられます。

なにしろ、予防接種は、自然界には存在しないワクチンという人工的な生物製剤《せいぶつせいざい》を、自然の感染とは異なる経路でいきなり人体に注入するのですから、多少とも免疫系を乱さないはずはありません。現に、副作用のなかにそれらしいものが見られるし、予防接種後に感染症が変わったかたちで発症した例も少なからずあるのです。その端的《たんてき》な例が異形麻《いけいま》しんでした。

また、予防接種を普及《ふきゅう》させていくと、人工的な生物製剤によって地球上のウイルスや細菌の生態系が乱されるので、必然的に感染症の様相《ようそう》が変わらざるをえません。現に、これまでなかった感染症が出現したり(新興感染症《しんこうかんせんしょう》)、もうなくなっていた感染症が

盛り返してきたり(再興感染症《さいこうかんせんしょう》)しているのです。たとえば、再興感染症としては、ＢＣＧの普及にもかかわらず再流行を生じている結核《けっかく》が典型的です。

ワクチンの評価法

ワクチンの評価は、①どれだけ必要か(必要性)、②どれだけ効《き》くか(有効性)、③どれだけ危険があるか(安全性)、という3点を基準に、それらを総合してなされるのが一般的です。

必要性

どれだけ必要かは、そのワクチンで防ごうとする病気にかかる可能性(罹患率《りかんりつ》)と、その病気の程度(重症度)によって規定されます。

たとえば、破傷風《はしょうふう》は、年間数十人の罹患者《りかんしゃ》しかいないけれど、いつかかるか予想のつきにくい病気で、致死率《ちしりつ》が、いまのところ10%におよぶと推定されるので、そのワクチンは必要性が高いと考えられます(→354ページ)。

結核《けっかく》は、身近《みぢか》に結核菌を排出している人がいなければかかることはないけれど、もし感染すると赤ちゃんでは結核性髄膜炎《けっかくせいずいまくえん》(→病気223ページ)や粟粒結核《ぞくりゅうけっかく》という重い結核になる可能性があるので、それを防ぐワクチンのBCGは、感染の機会が大きい赤ちゃんには、早めに接種しておいたほうがよいワクチンと言えるでしょう(→350ページ)。

はしか(麻《ま》しん→病気75ページ)は、健康な子どもではまず死ぬことはないけれど、かかるとかなり重いので、そのワクチンはどちらかと言えばやっておいたほうがよいと言えるでしょう(→355ページ)。

またたとえば、ポリオ(小児まひ)は、アフリカとアフガニスタン、パキスタンなど南西アジアには見られるものの、日本では1980年代以降なくなっており、現在ではおそれる状況ではないと考えています(→351ページ)。

おたふくかぜ(流行性耳下腺炎《りゅうこうせいじかせんえん》→病気85ページ)とか風疹《ふうしん》(三日ばしか→病気74ページ)とか水ぼうそう(水痘《すいとう》→病気77ページ)は、かかる可能性は大きいけれど、子どもにとってはおよそ軽い病気のうえ、1度かかれば長年《ながねん》の免疫《めんえき》ができるので、むしろ幼いうちにかかったほうがよいくらい。それらのワクチンは、子どもには必要性のとぼしいものと言えます(→358、357、359ページ)。

有効性（効果）

有効性は、そのワクチンでどれだけ病気を防げるかの割合（有効率）で評価されます。

一般に、不活化《ふかつか》ワクチンは、活性《かっせい》をもたない病原《びょうげん》体《たい》を体内に入れるだけなので、効果に限界があることを避けられません。血液中の抗体（血中抗体《けっちゅうこうたい》）は作れるけれど、病原体が感染する場所の粘膜《ねんまく》とか細胞《さいぼう》には免疫（局所免疫《きょくしょめんえき》）を作れないからです。

たとえば、百日《ひゃくにち》ぜきワクチンは、血中抗体こそ80〜90％程度は上がるけれど、効果への疑問が払拭《ふっしょく》されてはいない（→353ページ）。インフルエンザワクチンになると、赤ちゃんには効果が証明されないし、幼児で20〜30％程度（→361ページ）といったありさまです。

ただし、例外はあって、破傷風《はしょうふう》トキソイドでは、ほとんど完璧な免疫が得られます（→354ページ）。

生《なま》ワクチンは、生きたまま弱くしたウイルスや細菌を体内に入れるので、自然に近い免疫が得られそうです。しかし、やはり本当の病気にかかるのと比べれば、免疫のつきかたに限界があり、ついても免疫がおよそ長続きしません。

たとえば、予防接種を受けた子どものうち、はしか（麻《ま》しん）は95％程度、水ぼうそう（水痘《すいとう》）は85％程度、風疹《ふうしん》（三日ばしか）は95％以上、おたふくかぜ（流行性耳下腺炎《りゅうこうせいじかせんえん》）は90％程度、ＢＣＧは乳幼児の結《けっ》核性髄膜炎《かくせいずいまくえん》など重症結核《じゅうしょうけっかく》には80％以上だが年長児の肺結核《はいけっかく》には効果が疑問といったぐあい。しかも、免疫が続く期間は、はしか、水ぼうそう、おたふくかぜでは5〜6年、せいぜい10年までのようです。

安全性（副作用と事故）

安全性は、そのワクチンでどれだけ副作用や事故を起こすかの割合で評価されます。

まず、副作用については、すべてのワクチンで、絶無《ぜつむ》ではありえません。どんなに安全とされているワクチンでも、副作用はあるのです。

そもそも、ワクチンは病原体《びょうげんたい》かその成分が本体。それらは人間にとって異物《いぶつ》なので、アレルギー反応（→病気152ページ）を起こす危険が常につきまといます。とりわけ同じワクチンを接種する回数が増すごとに、その危険は高まります。軽ければ1〜2日後とか1〜2週間後とかに発熱したり局所が腫《は》れるくらいですむけれど、ひどいと接種直後にアナフィラキシー（即時型《そくじがた》アレルギー→病気174ページ）に陥《おちい》り、じんましん、呼吸困難、ショックなどを起こし、死ぬことさえありえます。さらに、きわめてまれだけれど、1カ月近くも経《た》って脳神経系《のうしんけいけい》の異常を起こすこともないではないのです。

それに、ワクチンには、抗生物質《こうせいぶっしつ》などの保存剤、アルブミンなどの安定剤が混入されているし、製造工程で用いられる鶏卵《けいらん》など、異種のタンパク質が残っていることもありえます。当然、これらによるアレルギー反応や神経系《しんけいけい》への障害が発生する可能性を否定できないわけです。

とくに、動物の臓器《ぞうき》を使って製造するワクチンでは、その一部が残留《ざんりゅう》して、激しいアレルギー性の脳《のう》神経障害《しんけいしょうがい》を起こす可能性がおおいに考えられます(→病気225ページ)。その極端な例が、最近ようやく奨励《しょうれい》されなくなった日本脳炎《にほんのうえん》ワクチンです。

次に、事故については、その原因として、ワクチンの開発段階の研究不足、製造法の過誤《かご》、検定の不十分、接種体制のずさんさ、ワクチンの取り違えや接種量の間違いなどがありえます。実際、こうしたあってはならない事故が、これまで少なからず明らかになっているのです。しかしそうした事故について十分に検討しないまま、「ワクチンとの因果関係なし」とされているのが現状です。

予《よ》防《ぼう》接《せっ》種《しゅ》への態度

基本的な態度

予防接種に対しては、まず「すべての予防接種を受けない」ことを前提にして、しかし、「これだけはしかたないと思うものだけを受ける」という態度を基本にするにかぎると思います。

なぜなら、ふつうの薬でも、なんともないときにはのんだり注射してもらうものではない。病気でも、耐えられるかぎりがまんして、どうにもつらくなったら効《き》きそうな薬をのんだり注射してもらうというのが、おおかたの人の態度でしょう。

まして、ワクチンには副作用がつきもの、それも重大な副作用もありうるのです。そのうえ、必要のとぼしいものや効果の明らかでないものさえ少なくないのです。

ですから、ただ役所から通知がきたとか医者に勧《すす》められたからといって、安易に受けるべきものではない。あくまで必要性と有効性と安全性を照らしあわせ(→339ページ)、よくよく考えたうえで、受ける予防接種を選ぶべきと思うわけです。

個々の立場

予防接種が感染症を防ぐことを目的にしている以上、感染症にまつわる個人的な立場もかかわってくるはずです。予防接種に対する基本的な態度(前項)はつらぬくとしても、子どもの体質とか親の事情によって多少のバリエーションはつけざるをえないでしょう。

そうした事柄を無視して原則論にこだわるのは現実的ではないし、だいいち子どもに悪い結果をもたらしかねません。

アレルギー体質

アレルギー体質の子は、予防接種を最小限にとどめておくにかぎります。それだけでなく、親がアレルギー体質の場合にも、最小限にとどめたほうがよいと思います。たとえ接種するとしても、医師に十分の注意をしてもらわなければなりません。アレルギー反応で副作用が起きる可能性が高いからです(→340ページ)。

とくに、過去に予防接種または薬剤や食品でアナフィラキシー(即時型《そくじがた》アレルギー→340ページ)を起こしたことのある子は、すべての予防接種が危険です。絶対に受けてはならないと思います。

なお、あらかじめ副作用を予知《よち》する方法は、現在のところありません。微量《びりょう》のワクチン液で皮膚反応をテストし、異常な反応が出なければ少量ずつ接種するという方法にも、疑問がもたれています。

ひきつけやすい子

ひきつけやすい子は、予防接種が対象とする病気の性質とワクチンの副作用とのかねあいで考える必要があります。

日本脳炎《にほんのうえん》のような、予防接種の必要性がとぼしく、副作用としてけいれん、つまり「ひきつけ」の可能性が大きいワクチンは敬遠すべきだと思います(→360ページ)。

また、ジフテリア・破傷風《はしょうふう》・百日《ひゃくにち》ぜきの三種混合ワクチンは、病気自体の重さはともかく、無熱性《むねっせい》けいれんを起こしやすいので、敬遠《けいえん》するかよほど注意して受ける必要があると思います(→352ページ)。

逆に、はしか(麻《ま》しん)は、ひきつけやすい性質をもつ病気なので、むしろひきつけの前歴のある子こそワクチンを受けておいたほうがよいかと思います。ただ、副作用がありうるので、接種後に注意すべきことをよく聞き、「ひきつけどめ」の薬をもらっておいて、重大な事態にならないよう万全《ばんぜん》の備えをしておかなければなりませんが。

持病《じびょう》や障害のある子

心臓病や腎臓病や悪性腫瘍《あくせいしゅよう》など持病のある子は、急性期とか重症期にはすべての予防接種は避けるほかありません。しかし、軽症の場合とか緩解期《かんかいき》(一時よくなったとき)には、負担のかかる病気に対する予防接種はむしろ積極的に受けたほうがよいと思います。エイズウイルス(ＨＩＶウイルス)に感染している子は、ポリオ(小児まひ)ワクチンとＢＣＧは避けるべきだけれど、そのほかのワクチンは状況に応じて接種を考えてよいとされています。重い障害のある子も、全身状態さえよければ、一般的なワクチンの評価法(→339ページ)にもとづいて接種を考えてよいと思います。

病気の「くせ」

子どもには、ひとりひとり病気の「くせ」があるもの。その「くせ」は、予防接種にあたって配慮しておくべき大事なことです。

たとえば、病気になると「ひきつけやすい」子どもについては、上段で述べたように。熱の出やすい子とか熱に弱い子は、発熱の率が高いワクチンはなるべく敬遠したほうが無難《ぶなん》。たとえ受けたほうがよいと考えても、接種後の発熱には十分な対策を立てておく必要があります。

親と子の生活事情

予防接種のことは、単に医学的見地からだけでは考えられないと思います。どの予防接種をいつ受けるかについては、親と子の生活の事情がからまざるをえないでしょうから。

　たとえば、共働きの場合、長く保育園を休まれたり、仕事が忙しい時期に病気になられても困るといった事情が深刻にちがいありません。そんな場合は、ほとんどの予防接種を早く受けておきたくなりそうです。また、冠婚葬祭やレジャーを前にして、病気を防いでおきたいということもあるにちがいない。そんな場合は、かかりそうな病気の予防接種を受けておきたくなるでしょう。

　そうした事情はおおいに考えられてよいけれど、あくまで子どもにとっての必要性と安全性を侵《おか》さないようにしてほしいと思います。親の都合のために、それらがおろそかになっては、子どもにすまないことです。

　なお、海外旅行の場合については、363ページを見てください。

親がしなければならないこと

予防接種《よぼうせっしゅ》は、国が認可したワクチンを接種するのですから、その責任はあくまで国にあります。なかでも予防接種法に定められたワクチンは自治体が実施者として接種するものだし、副作用の被害についての国の責任も明確に規定されています。

しかし、自治体や国はかならずしもきちんと責任を取らないし、接種にあたる医師と看護師もほとんど責任逃れに終始《しゅうし》するのが実状。そのことは多くの予防接種による被害の裁判で明らかにされていることです。

となれば、親は、予防接種を国や自治体や医師などにまかせきってはいけない。親は親として、予防接種にどう対するかを、よくよく考えてかかる必要があります。

以下にその要点と思われることをあげてみるので、参考にしてほしいと思います。

自分で調べ、考え、悩み、そして決断する

なにより「自分」が主体になることが肝要《かんよう》。ただ役所から通知がきたとか医者に勧められたとかで、そのとおりに予防接種を受けるというのでは、主体性がなさすぎます。

なにしろわが子に接種するのです。親としては、まず、予防接種がどんなものかをよく調べ、よく考えるべきです。

その考えかたについては「ワクチンの評価法」(→339ページ)と「予防接種への態度」(→342ページ)の項で述べましたが、それも自分の考えと照らしあわせて取捨選択《しゅしゃせんたく》してほしいと思います。

調べかたについては、この本だけでなく、努力して、知りうるかぎりの情報を集めること。そして、集まった情報も、自分の頭で吟味《ぎんみ》することです。

ここには、あまり知られていない「受ける側」に立った情報が得られるインターネットサイトと本を紹介しておきます。

■参考になるサイト

・ワクチントーク全国
http://www.ne.jp/asahi/kr/hr/vtalk/
・カンガエルーネット
http://www.kangaeroo.net/

■「受ける側」に立った情報が得られる主な本と資料

・『新・予防接種へ行く前に』ジャパンマシニスト社

・『ちいさい・おおきい・よわい・つよい』85号、「効果は？　安全性は？　ヒブ、肺炎球菌、日本脳炎、ポリオ・ワクチン」、ジャパンマシニスト社

・『ちいさい・おおきい・よわい・つよい』70号、「予防接種み〜んなまとめてチェック!!」、ジャパンマシニスト社

・『ちいさい・おおきい・よわい・つよい』35号、「予防接種はなぜ安心といえるの？」、ジャパンマシニスト社

・『今年はどうする？　インフルエンザ』ジャパンマシニスト社

しかし、調べるほど考えるほど、疑問や不安がつのるでしょう。なにしろ、予防接種にはわからないことやはっきりしないことが多いのです。

それに、親としては、子どもの病気はこわいけれど、予防接種の副作用もこわいというジレンマに立たされるにちがいありません。

そして、このジレンマは、たんに病気のこわさと予防接種の副作用とを確率の数字で比較しただけでは、おそらく心底《しんそこ》からは解けない。病気で死ぬ率が低くても、予防接種の副作用で死ぬ率が低くても、どちらにしても心配なのです。

とすれば、こうした不安やジレンマは、悩み抜くほかはない。悩まないで決めてしまえば楽だけれど、子どもに対しては無責任になってしまいます。

ただ、それにしても、最後的には決めなければならないところに追いつめられるのは必定《ひつじょう》。そうなったら、とにかく決断するほかはありません。

おそらく、悩み抜いたあげくは、えいやっと決断することになるのでしょうか。親とは、なかなかにつらいものではあります。

接種を強制されても、意は曲げない

親の判断で予防接種を受けないでいると、医者からしかられることが多いようです。それどころか、保育園や学校に入《い》れないとおどかされることもあると聞きます。

これは、なんともひどい話。予防接種を受けることは、予防接種法では「努力義務」と規定されているだけで「義務」ではありません。つまり、受けるよう努力はしなければならないけれど、是《ぜ》が非《ひ》でも受けなければならない義務はない、強制ではないということです。

また、保育園への入園については児童福祉法に、入学については学校教育法に予防接種を義務づける規定はありません。もっと深くは、予防接種を強制することは個人の思想信条の自由を保障する憲法に違反しています。

ですから、そんな場合には、きちんと抗議してよい。少なくとも、意に反して強制にしたがわないことです。

疑問や不安は、とことん説明を求める

予防接種を受けると決めても、疑問や不安があったら、事前に遠慮しないでたずねるべきです。そして、答えに納得できなかったら、接種を保留して、ほかの医者にたずねるか、自分で調べて納得できてから受けるようにするべきです。

友人やグループで勉強し、調査する

どの医者に聞いても十分な説明が得られないとか自分だけでは調べきれない場合には、努めて身《み》近《ちか》の友人や知人たちと情報の交換をはかるのがよい。

できれば、グループを作って勉強したり調べたりすると、得るものは大きいと思います。

予防接種を受けたあと

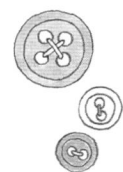

当日の生活

接種を受けた当日は、特別に安静にしなければならないことはありません。まあ、いつもの生活なら、遊びや外出を含めて、ふつうにしていてよい。疲れることとさえ避ければよいと思います。

お風呂も、生《なま》ワクチンならかまわないし、不活化《ふかつか》ワクチンでも、なんともなければ、入れてもだいじょうぶ。ただ、BCGをしたところはこすらないことと、どの予防接種でもお風呂から出たあとしばらく、はげしくあばれないことは必要です。

副作用への注意

不活化《ふかつか》ワクチンの場合は接種直後から丸3日間くらい、生《なま》ワクチンの場合は3〜4日目から3〜4週間くらいは、それとなく注意しておかなければなりません。

もちろん、だからといって、あまりびくびくしているのも考えもの。毎日が暗くなってしまいます。

ただ、以下のことだけは、気をつけておきたいものです。

① 特別な、はげしい動きを避ける。
② いつもと違ったようすが見られたら大事をとっておく。
③ 異常が起きたら早めに医者にかかる。

副作用が疑われたとき

副作用、とりわけ重い被害を受けたと感じた場合には、断じて泣き寝入りしてはなりません。ただちに以下の手続きをするべきです。なにかとしがらみはあるでしょうが、勇気を出して乗り越えてほしいと思います。

少なくとも、真相の究明だけはきちんとする。そうしないと、釈然《しゃくぜん》としないし、今後の予防接種への不安を強くしかねません。

① すぐに医者の診察を受ける。
② 医者の診断に疑問があったら、他の医者にも診察を求める。

③ 以上の結果、副作用と診断されたら、④の届け出をする。たとえ「予防接種とは関係ない」と言われても、親として副作用が疑われれば④の届け出をする。

④ 届け出をするときは、予防接種法にもとづく接種の場合は市町村に、任意の接種の場合は副作用への保障を担当する医薬品医療機器総合機構に、次の書類を提出する。

・予防接種を受けたことを証する記録(予防接種記録票、母子健康手帳ほか)

・医療費医療手当請求書(役所でもらう)。

ただ、この申請のしかたがむずかしいし、1家族だけでは力が弱いことが多いので、次の団体に連絡を取るのがよいと思います。

ワクチントーク全国(↓345ページ)

東京都大田区山王4-1-16「青い保育園」内

Tel＆Fax〇三—三七七七—一九四六

個々のワクチンについて

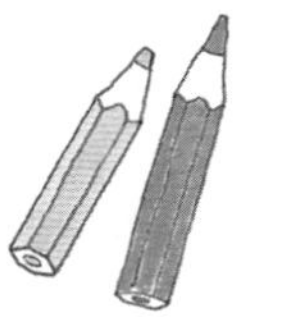

以下に、個々のワクチンに関する資料を提供し、そのうえで接種《せっしゅ》を受けるかどうかについての著者毛利の考えを述べることにします。

しかし、それはあくまで著者毛利個人の考えにすぎません。判断は読者のほうでしてくださるようお願いします。

BCG（結核《けっかく》ワクチン）

結核を防ごうという生《なま》ワクチンですが、最近ではほとんど意味がなくなっています。

そもそも、子どもの結核は70％が家族の大人からの感染、残りが近所や保育園などで接する大人からの感染によるものです。結核は大人、とくに高齢者の病気といえ、子どもの結核を防ぐには、大人の結核の予防と早期の発見こそを先にするべきなのです。

現に、アメリカ、オランダなど4カ国では初めからBCGを採用していないし、ドイツ、スウェーデンなど13カ国ではBCGを中止していて、そのどの国も結核の発生率は日本より低いのです。

それに、日本でも、子どもの結核は年々減っていて、2006年には14歳以下で100人を切り、そのうち重いタイプの結核性髄膜炎《けっかくせいずいまくえん》（→病気223ページ）と粟粒結核《ぞくりゅうけっかく》は乳幼児（0〜4歳）でそれぞれ0人と1人でした。

発症数は年によってバラつきはありますが、1980年には14歳以下の結核性髄膜炎が22人もいたことを思うと、子どもの結核が減少傾向にあることがわかります。

しかも、決定的なことに、BCGの効果がきわめて疑わしいことがわかってきました。たとえば、1935〜1971年にわたる先進国、途上国を含めた8カ所での大規模かつ厳密な実験で、効果0％が2カ所、14％が1カ所、約30％が2カ所、もっとも高くて約80％が3カ所といったありさま。1950年以降の多くの信頼されている研究でも、効果にいちじるしいばらつきが見られています。

もっとも、乳児の結核性髄膜炎と粟粒結核を予防する効果だけは、日本を含めた世界中の研究で85％くらいはあるとされています。ただし、それにも疑問は出されているし、1歳を過ぎたら効果は期待できないとする説すらあって、判然《はんぜん》とはしませんが。

そんなわけで、BCGは、接種するなら、乳幼児とりわけ赤ちゃんだけに接種するのがよいかと思います。ただし、接種する時期は3カ月以降がよい。

それ以前だと、重い副作用を起こすおそれがあるからです。

接種は、肩の下の腕にすること。肩に近いところに接種すると、大きなケロイドを作るおそれがあります。

副作用としては、接種したところの潰瘍《かいよう》や膿瘍《のうよう》、わきの下のリンパ節《せつ》の腫《は》れが珍しくありません。また、きわめてまれには播種性《ばんしゅせい》ＢＣＧ感染症《かんせんしょう》やＢＣＧ骨炎《こつえん》を起こすことがあります。

なお、ツベルクリン反応検査は、判定にあいまいなところがあるので、とくに必要な場合以外は、しないことになっています。

不活化ポリオ（小児まひ）ワクチン

日本では、2012年9月にこれまでの生ワクチンから、不活化ワクチンに切りかわりました。不活化とは、薬物や熱を加えてウイルスそのものが活動しないように、「死菌ワクチン」としたものです。これまでの生ワクチンは、のんだ子の腸内で毒性を復活することがあり、その感染を受けてまひを起こすことが、約1000万人に2〜3人はありうるというものでした。このため日本では、1995年以来、生ワクチンの副作用でまひを起こした子どもが10年間に16人、死亡した子どもが10人も報告されています。

不活化ポリオワクチンは、アメリカやドイツ、フランスなどではすでに採用されており、副作用も欧米の経験をみても、きわめて少ないといえるでしょう。しかし、不活化ポリオワクチンは生後3カ月から12カ月のあいだに3回、さらにその後に1回と、計4回も接種しなければ効果が得られないのが難点。赤ちゃんの体調をみながらの通院も母子ともに負担が多くなりそうです。

こうしたなか、2012年11月からは、従来の三種混合ワクチンと不活化ポリオワクチンが一緒になった四種混合ワクチン（→352ページ）が導入されました。接種回数が減るというメリットはありそうですが、過去には、新しく導入されたワクチンによる重大な副作用が、接種開始から2〜3年のうちに出ているケースもあります。新しいワクチンにはリスクがつきものということも忘れないでいたいもの。だいいち、ポリオは、世界中で激減を続け、流行っているのはアフリカと南アジアだけになっています。日本では生ワクチンによる二次感染はあっても、自然感染は1980年代以降、1人も出ていないのです。つまり、この約30年間は、こうした発生地域からの日本への持ち込みもなくなっているというわけです。2000年には、ＷＨＯによる、日本をふくむ西太平洋地域のポリオ根絶宣言もなされました。

生ワクチンの投与もなくなった現状もふまえて、著者毛利は、その必要性も含めて接種をあらためて見直してみてもいい時期ではないかと思いますが、どうでしょう。

三種混合ワクチン(DPT)
四種混合ワクチン(DPT-IPV)

2012年11月から、四種混合ワクチンの定期接種が始まりました。四種混合ワクチンとは、ジフテリアトキソイド(D)と百日ぜきワクチン(P)と破傷風トキソイド(T)を混ぜ合わせた、これまでの三種混合ワクチンに、不活化ポリオワクチンを加えた混合ワクチンです。各ワクチンの接種率向上と親の経済的・時間的負担の軽減、医療者の効率化を目的に導入されたワクチンと考えてよいでしょう。しかし、この四種混合ワクチンは、三種混合ワクチンの現状から問い直してみる必要性がありそうです。

このうちジフテリアは、日本では消滅したと言ってもよいくらい。年間の発生はほんの数例、死者は1993年の1人を最後に出ていません。これは予防接種《よぼうせっしゅ》の効果だけでは説明できない。すべての子どもが予防接種を受けているわけではないのですから。それに、そもそもジフテリアは衛生と栄養の水準が維持されているかぎり、流行は起きえないもの。そのことはジフテリアの流行の歴史から明らかです。

というわけで、いまの日本では、ジフテリアの予防接種はかならずしも受ける必要がないと思います。ただ、外国の流行地に旅行する場合には、接種を受けておいたほうがよいとは思います。

ジフテリアトキソイドの効果は、比較的よく、少なくても数年はもつようです。副作用もゼロではないけれど、比較的安全性の高い部類に入ります。ただ、現在はジフテリア単独のワクチンは製造されていないので、破傷風トキソイドと混合した二種混合ワクチン(DT)か、三種混合ワクチン(DPT)、または四種混合ワクチン(DPT-IPV)で受けるほかありません。

破傷風も、日本では消滅したと言ってもよいくらい。死亡率は高いけれど、実際に死亡しているのは、すべて30歳以上の中高年者、それも2003年で7人にすぎません。ですから、破傷風トキソイドは、赤ちゃんのときから急いで接種する必要はない。外遊び《そとあそ》がはげしくなってから接種しても遅くはないかと思います。くわしくは「破傷風トキソイド」の項(→354ページ)を見てください。

百日ぜき(→病気111ページのコラム)は、日本では、予防接種が始められた1964年より10年以上前の1950年代から急激に減っています。そして、1998年と2003年の患者数はそれぞれ2313人と1544人になっています。もっとも、この統計は定点観測によるものなので、実数はもっと多いとは思います。しかし、実数そのものと思われる死者は、1993年で2人、1998年には0人、2003年で1人になっているのです。

こうした事実は、百日ぜきの罹患《りかん》と死亡が、予防接種の普及《ふきゅう》より、主として生活水準に規定《きてい》されるものであることを示しています。

とすれば、百日ぜきの予防接種は、ワクチンに危険な毒素《どくそ》や成分が含まれているし、実際にもアナフィラキシー(即時《そくじ》型《がた》アレルギー)や脳症《のうしょう》やけいれんなどが1年間に10件近く起きていることを考えると、やらないほうがよさそうに思えてきます。

それに、百日ぜきワクチンは、効果に多少の疑問もあるのです。現に、世界的に優れているとされる日本製のワクチンを試したスウェーデンで、効果が疑われ、1500人中3人の死者も出たので、採用をやめたという経緯があります。もっとも、その後ワクチンはかなり改良されたので、このことは、いまでも通用するとはかぎりませんが。それに、現在使用されているのは細菌の毒性成分だけを抽出《ちゅうしゅつ》したコンポーネント・ワクチンなので、原理的に症状を軽くする効果は期待されるとしても、感染を防ぎ流行を阻止する効果はありえないと考えられるのです。

しかし、とはいえ、百日ぜきにかかるのは圧倒的に2歳未満で、とくに赤ちゃんでは無呼吸発作《むこきゅうほっさ》(息が一時的に止まる)やチアノーゼ(酸素不足で顔などが紫色になる)を起こす子も少なくありません。それほどではなくても、治るまでに1カ月以上はかかります。

そんなことを考えると、やっぱり予防接種はしておきたくもなります。効果と副作用とのかねあいで悩ましいところです。

そこで著者毛利は次のようにしたらと考えるのですが、どうでしょう。

① 重症になることはまずない2歳以上で、家庭で育てている健康な子には受けさせない。

② 何歳でも、家庭で育てていても、心臓病などの持病《じびょう》があるとか呼吸器の弱い子には受けさせる。

③ 何歳でも、親が共働きとかで、看病のために長いあいだ休めない場合には受けさせる。

なお、百日ぜきには、ワクチン以外の予防法と治療法がないではありません。百日ぜきに感染したときに、すぐマクロライド系の抗生物質《こうせいぶっしつ》をのませると、かなり発病を防ぐことができます。また発病してからでも、ごく初期なら、同じ薬で、ある程度は軽くすることができます。百日ぜきもワクチンも両方がこわい人には魅力的かもしれません。しかし、感染したことはわかりにくいし、初期に診断することもむずかしく、抗生物質にも副作用がありうるのが難点ではあります。

ポリオ(→351ページ)は、日本では、ここ30年ほどは発生ゼロが続いており、おそれる状況にないといえるでしょう。

いずれにしても、以上4つの病気に対する予防接種は、実際には三種混合ワクチンと単独の不活化ポリオワクチン、または四種混合ワクチンで受けることを強いられるでしょう。

また、ジフテリア・破傷風の二種混合ワクチン(→354ページ)か破傷風トキソイド(→354ページ)だけを受けたければ、自費になり、事故に見舞《みま》れたときの補償《ほしょう》も予防接種法の被害救済制度ではなく医薬品副作用の救済制度(→349ページ)に申請《しんせい》するしかなくなっています。

これは予防接種を選択する自由を奪《うば》うものなので改めるべきだと思いますが、改まるまではジフテリア・破傷風の二種混合ワクチンか破傷風トキソイドだけを希望するなら、あえて自費で受けるほかありません。

　三種混合ワクチンも四種混合ワクチンも1期3回、追加1回の接種が必要とされています。

　副作用については、四種混合ワクチンは、始まったばかりなのでわかりませんが、少なくとも三種混合ワクチンの副作用は、予防接種のなかでもっとも多く、2004年度の厚生労働省の「副反応報告書《ふくはんのうほうこくしょ》」では176件（一部二種混合ワクチンを含む）にのぼっています。さらに被害救済制度の認定状況を見ると、死亡を含む重症なものだけで、1981年以降、年間2〜12人も発生しています。そのほか、注射した腕が腫《は》れる率になると、実に20〜40％。発熱は5％くらいで少なくなりましたが、脳症《のうしょう》とか髄膜炎《ずいまくえん》になるケースは認定された数の10倍近くはあると推定《すいてい》されているくらいです。また、混合ワクチンは効果の評価がむずかしく、2回目、3回目と接種回数が増えればおのずと副作用の可能性も高まります。三種混合ワクチンでこれまで報告された副作用についてふまえたうえで、四種混合ワクチン接種については慎重に考えたいものです。

二種混合ワクチン（DT）

　二種混合ワクチンは、ジフテリアトキソイドと破《は》傷風《しょうふう》トキソイドとを混ぜ合わせた不活化《ふかつか》ワクチンです。

　ジフテリアについては352ページを、破傷風については次項を見てください。

　百日《ひゃくにち》ぜきにかかったことが明らかな場合と三種混合ワクチンは受けたくない場合に接種が考えられてよいと思います。接種する場合の回数と間隔は、三種混合ワクチンと同じです。

　ただ、2006年度から、二種混合ワクチンは自費でなければ受けられなくなってしまいました。

破傷風《はしょうふう》トキソイド

　破傷風は、破傷風菌がきずから体内に入って起きる病気。破傷風トキソイドは、破傷風菌が産生《さんせい》する毒素《どくそ》を無毒化《むどくか》した不活化《ふかつか》ワクチンです。

　しかし、破傷風は日本では非常に少なくなっていて、とくに子どもは、このところ1人も死んでいません。死亡しているのは、すべて30歳以上の中高年者、それも2003年で7人にすぎません。

　ですから、破傷風トキソイドは、赤ちゃんのときから急いで接種する必要はない。外遊《そとあそ》びが盛《さか》んになってから接種しても遅くはないと思います。

　なぜなら、破傷風菌は、嫌気性《けんきせい》で空気に触《ふ》れるとすぐ死んでしまうので、土中《どちゅう》深くとかでしか生存していない。赤ちゃんが「はいはい」する庭や公園などにはまずいないし、深いきずを負わなければ発病しないからです。けれど、野外での遊びが盛んになると、土や泥や汚水や糞《ふん》など破傷風菌が潜《ひそ》むおそれのあるところでけがをする可能性が増えてきます。そして、もし破傷風にかかると死ぬ率が10%にもおよぶので、その可能性が出てきたら、予防接種は受けておいたほうがよいと思います。

ただ、一般に不活化ワクチンは赤ちゃんの時期に受けると神経系の副作用を生じやすいので、1歳のお誕生を過ぎてからのほうが安全でしょう。

受けかたは、破傷風だけのワクチンか、ジフテリアと混合の二種(→前ページ)で、4〜8週おきに2回受ければ免疫《めんえき》の基礎ができます。さらに、半年〜1年半後に1回接種しておけば確実になります。

破傷風ワクチンを単独で、あるいは二種混合ワクチンを希望するなら、自費で受けるほかありません。効果は抜群、副作用もきわめてまれですが、ただ、けがをするたびに何回も接種をやりすぎるのは危険。副作用の率が高くなりかねないからです。

はしか(麻《ま》しん)生《なま》ワクチン

はしかを防ぐための生ワクチンです。はしかは減ってはいるけれど、まだあるし、かかると重く、死ぬ子が年間20〜80人にのぼるという理由で、最近その接種が強く勧められています。

しかし、だからといって、接種《せっしゅ》を受けていないと人に迷惑をかけるとなじったり、保育園に入《い》れないとおどかす風潮が強まっているのは、たいへんなゆきすぎ。個人の事情と考えを無視しているし、各種の法律違反でもあります(→346ページ)。ですから、そうしたことで、意に反して接種を受けることはありません。

それに、はしかで死ぬ子どもは、敗戦直後の1947年には2万1000人もいたのが翌年には6000人に減り、1955年ごろには1000人、1975年ごろには100人を割って、現在の20〜80人に至っているのです。そして、はしか生ワクチンが普及《ふきゅう》しだしたのは1978年以降ですから、死ぬ子どもの激減は予防接種の効果だけでないことが明らか。栄養をはじめ生活水準の向上のおかげにちがいありません。

とすれば、一律《いちりつ》にすべての子どもに接種するのはどうかと思われてきます。確かにはしか生ワクチンの効果は高く95%以上あるけれど、長続きしないし、副作用も決して軽視はできないからです。

ちなみに、効果の持続期間は5〜6年ほどなので、最近では青少年期はおろか30歳、40歳にもなって、かえって重いはしかにかかる人さえ出ています。

また、副作用については、発熱の起こる確率20%前後は許容《きょよう》するとしても、けいれんがまれとは言えず、アナフィラキシー(即時《そくじ》型《がた》アレルギー)や亜急性《あきゅうせい》硬化性《こうかせい》全脳炎《ぜんのうえん》(→病気76ページ)など重大な事態を起こすこともないではないのです。

しかし、一方、はしかも確かに重い病気(→病気

75ページ)なので心配、かからせたくないのも親心でしょう。

そこで、著者毛利としては次のようにしたらと考えるのですが、どうでしょう。

① 心臓病や腎臓病など持病《じびょう》をもつ子は接種を受ける。

はしかは、高熱とせきこみが長く続くので消耗するからです。

② ひきつけやすい子は接種を受ける。

はしかは、ひきつけを起こすことが多いからです。

③ 呼吸器の弱い子は、接種を受ける。

はしかは、肺炎《はいえん》を起こしやすいからです。

④ 保育園に行っている子で、親が仕事を長く休めないなら、接種を受ける。

はしかになると、最低1週間から10日、長びくと2週間近く休まされるからです。

⑤ 以上①〜④以外の健康な子で、はしかになったとき、親が十分に看病でき、信頼できる医者に恵まれているのなら、次のどちらかにする。

(1)本物のはしかにかからせて、しっかりした免《めん》疫《えき》を作らせたいのなら、接種を受けない。

(2)はしかで苦しめたくないとか、重くなるのが心配なら、接種を受ける。

はしかワクチンを受ける時期は、1歳から2歳までがよいけれど、そのあとでもかまいません。0歳だと、母親からもらった免疫が残っていて、ワクチンの働きが妨《さまた》げられる、つまり効《き》きにくいことになるからです。ただし、近所にはしかが発生してうつりそうな場合には、1歳のお誕生前後になっていれば、受けておいたほうがよい。また、母親がはしかにかかったことがなければ、生後半年を過ぎたら受けておいたほうがよいかと思います。

なお、はしか生ワクチンの効果が長続きしないことから、2006年度から5歳で追加をする2回式接種が法的に定められたけれど、はたしてどんなものか。2回接種したあと、どれだけの期間、効果がもつか不明なので、もしかすると中高年はおろか高齢者にはしかにかかる人が出てくるのではないか。それにワクチンは接種回数が増えるほど副作用の危険が増すものだし、ワクチンの普及《ふきゅう》によって、はしかウイルスが変異《へんい》して、新型のはしかが発生しないともかぎりません。

また、ワクチンの接種率を上げて、はしかを根絶《こんぜつ》させるという計画も、新型のはしかが発生すれば、根底《こんてい》から崩《くず》れてしまうでしょう。

とすれば、根絶させようとするより、多少とも本物のはしかを残しておいたほうがよいのではないかとも考えられてきます。そのことで、予防接種を受けた子も、効果が切れる前に本物のはしかに感染して、確実な免疫が得られるからです(ブースター効果)。

さらに気になるのは、2006年度からの予防接種法の改定で、はしかワクチンは、風疹《ふうしん》ワクチン(次項)と抱き合わせたMRワクチン(→359ページ)で接種を受けるのが正規とされたこと。はしかワクチンだけでも、希望すれば受けられるようにはなったものの、MRワクチンしか接種してくれない医療機関がほとんどであることです。

そのために、事実上、はしかワクチンだけの接種は非常に困難になっています。これは予防接種を選択する自由を奪うこと、ぜひあらためたいものだと思います。

風疹《ふうしん》(三日ばしか)生《なま》ワクチン

風疹を防ごうとする生ワクチンです。

しかし、風疹は子どもにとって、とても軽い病気。小学生ぐらいまでは、たいていぱらぱらと発疹《ほっしん》が現われるだけ、せいぜい熱が出て、ふしぶしが痛い程度で、俗に「三日ばしか」と言われるとおり、およそ3〜4日もすればケロリと治ってしまいます。まれには脳炎《のうえん》を起こすこともあるけれど、ほとんどあとかたなく治ります。

ですから、この病気には予防接種はしなくてもよい。それより、幼いうちにかからせてしまったほうがずっと賢明と思います。軽くすむだけでなく、確実な免疫が得られるのですから。

ただ、風疹には、妊娠初期の女性がかかると胎児《たいじ》に先天性風疹症候群《せんてんせいふうしんしょうこうぐん》を起こす率が高いという心配があります。そこで、これまでは13〜15歳の女子に予防接種が勧《すす》められてきました。ところが、接種率が低いので、先天性風疹症候群の増加が懸念《けねん》され、2006年度からは幼児にはしか(麻《ま》しん)生ワクチンと抱き合わせたMRワクチン(→359ページ)として接種を勧めることが法的に定められるに至りました。そうすれば接種率が高いだろうし、風疹を根絶《こんぜつ》できると踏んでのことです。

しかし、風疹ワクチンの効果は、血液中の抗体価《こうたいか》の上昇率は95%以上と高いけれど、肝心《かんじん》の妊娠する年齢には低くなる傾向があるのが問題。そこで2006年度からの接種法の改訂では、MRワクチンとして、5歳で追加接種をする2回式にされたわけですが、はたしてどんなものか。

まず、一般にワクチンの接種回数を増やすと、副作用の率が増す可能性があるし、ブースター効果(→356ページ)も得にくくなるというジレンマをかかえかねません。副作用は少ないけれど、ごくまれには血小板減少性紫斑病《けっしょうばんげんしょうせいしはんびょう》(→病気200ページ)を起こすことはあります。また、生ワクチンなので、接種した子どもから妊娠中の人にウイルスを感染させないとも言い切れません。

それやこれやで、著者毛利は、風疹ワクチンは子どもにはしないほうがよい、ただ女の子だけ中学生になったころ先天性風疹症候群の話をよくよくして、本人が防ぎたいというのなら、公費で予防接種を受けられるようにすべきだと考えています。もっとも、これから風疹がどういう状況になっていくかわかりませんが。

おたふくかぜ（流行性耳下《りゅうこうせいじか》腺炎《せんえん》、ムンプス）生《なま》ワクチン

おたふくかぜを防ごうとする生ワクチンです。しかし、おたふくかぜは、子どもにとってはとても軽い病気。赤ちゃんのときにかかれば、気づかないことが多いくらい。2〜3歳までだと、ほっぺたが腫《は》れて痛がるけれど少しだし、熱もほとんど出ません。4〜5歳以上になると、腫れがひどく熱が出ることが増えるけれど、たいてい元気です。

「睾丸炎《こうがんえん》を起こして不妊になる」と言われますが、それは思春期以降の話、しかも90％が片方の睾丸だけだし、両方でも睾丸がまったく機能を失うわけではないので、不妊になることはないと言ってもよいほどまれなのです。また「髄膜炎《ずいまくえん》になることが多い」とおどかされるでしょうが、ほとんど親が気づくような症状はないし、たとえ入院を要《よう》する程度でも後遺症《こういしょう》を残すことはまずありません。「難聴《なんちょう》になる」ともおどかされるかもしれませんが、1〜2万人に1人という低い率で、たいてい片耳だけですみます。まして死ぬことは、高齢者でも年間2〜3人で、子どもはゼロに等しいほどです。

ですから、この病気は、なるべく幼いうちにうつしてもらうにかぎると思います。大人になって、高熱や睾丸炎で苦しむのはつまらない話です。

しかも、ワクチンの効果は80〜90％とあまり高くなく、3〜4年も経《た》つとかなり効果が減るようです。現に予防接種をしたのにおたふくかぜになってしまった、という苦情をよく聞きます。

そのうえ、おたふくかぜワクチンには副作用が多く、それによる髄膜炎は本物のおたふくかぜによるものよりもはるかに重いようで、被害救済制度（→349ページ）で救済されたものだけで、1990年度以降、毎年6〜35件に達しているのです。

以上のことから、著者毛利としては、この予防接種は受けるべきではないと考えています。

MMR（はしかM、おたふくかぜM、風疹《ふうしん》Rの三種混合ワクチン）

一度に、はしかとおたふくかぜと風疹の3つの病気を防ごうとする生《なま》ワクチンで、1993年以来、接種が中止されているものです。

中止されたのは、接種が始まった1989年から1993年にかけて髄膜炎《ずいまくえん》を主として重い副作用が多発し、被害救済制度（→349ページ）で認定されただけで1040人、死亡が明らかになっただけで5人にも達したからです。

その後、アメリカのメルク社製のMMRならだいじょうぶというので、採用する動きもありましたが、メルク社製のMMRも、髄膜炎が発生する頻度《ひんど》が確実には証明されていないし、発熱の頻度が日本製はしかワクチンより非常に高く、添加剤《てんかざい》にアルブミンとゼラチンが加えられている点で安全とは言い切れません（→340ページ）。

それに、そもそも子どものおたふくかぜと風疹は防ぐ必要性がとぼしいのです(↓358、357ページ)。

ですから、MMRの接種が再開されても、受けないにかぎると思います。

MR(はしかM、風疹《ふうしん》Rの二種混合ワクチン)

はしか(麻《ま》しん)と風疹を一度に防ごうとする生《なま》ワクチンです。2006年度からは、定期接種として、公費で接種が推進されています。

しかし、著者毛利は、ただちにMRを勧《すす》める気にはなれません。風疹の予防接種は子どもには必要性がとぼしいし(↓357ページ)、2種のワクチンを混合することの危険はないとはされているものの、なにしろ開発されたばかりのワクチン、どんな副作用が起きてくるかわかりません。少なくとも、あわてて飛びつかないほうがよいと思います。

水ぼうそう(水痘《すいとう》)生《なま》ワクチン

水ぼうそうを防ごうとする生ワクチンです。

しかし、水ぼうそうは、およそ年齢が幼いほど、軽い病気。脳炎《のうえん》などの余病《よびょう》を起こすこともないではないけれどきわめてまれだし、ほとんどは後遺症を残さずに治ります。「あばた」が残るとも言われますが、入浴などで肌の清潔を保っていれば、かなり防げるものです。それに、万一重症になったら、抗ウイルス薬で対処することもできます(↓病気79ページ)。

一方、ワクチンの効果は、抗体《こうたい》こそ90%以上あがるけれど、実際にはワクチンを接種した子でも感染すると6〜12%が軽い水ぼうそうにかかっています。

副作用はほとんどなさそうですが、水ぼうそうのウイルスが神経系に親和性《しんわせい》をもつことが気になります。本物の水ぼうそうにかかっても、ウイルスが末《まっ》梢神経《しょうしんけい》に生き残って、後に帯状疱疹《たいじょうほうしん》(ヘルペス)を起こすことが少なくないからです。

ですから、このワクチンは、健康な幼児には必要がない、むしろ接種しないで幼いうちに本物の水ぼうそうにかかったほうがよいと著者毛利は考えています。

ただ、例外は白血病(↓病気198ページ)やネフローゼ(↓病気196ページ)などにかかっていて免疫力《めんえきりょく》が落ちている場合で、そうした子どもは水ぼうそうにかかると致命的《ちめいてき》になりやすいので、できればワクチンで防ぎたいもの。十分な緩解期《かんかいき》にあり症状が安定しているときにかぎり、周到《しゅうとう》な注意のもとに接種を受けることです。しかし、ワクチンが受けられない状態のときには、抗ウイルス薬で対応するほかはないかと思います。

日本脳炎《にほんのうえん》ワクチン

日本脳炎を防ごうとする不活化《ふかつか》ワクチンです。確かに日本脳炎はおそろしい病気で、発症すると20％近くは死亡し、50％近くには後遺症が残ります。

しかし、日本脳炎は年々激減し、2000年には罹患者《りかんしゃ》が7人で、そのうち61歳以上が5人、0～14歳が0人、2004年には罹患者が5人、うち61歳以上が2人、0～14歳が1人にすぎなくなっています。もはや消滅した病気と言えるくらいです。

なぜそのようになったか、いまでもブタの多くに日本脳炎ウイルスがいて、それが蚊《か》によって人間にうつされているはずなのに、原因はよくわかっていません。おそらく過去の流行でほとんどの日本人が抗体《こうたい》をもっていることと、現在の日本人の栄養と体力の向上によるところが大きいのでしょう。少なくとも、ワクチンのおかげとは考えられません。幼い赤ちゃんをはじめ接種を受けていない人まで、ほとんど日本脳炎にかかっていないのですから。それに、日本脳炎ワクチンの効果には疑問があって、台湾での1965年の研究では81％、タイでの1988年の研究では91％でしたが、これらの研究でも予防接種を受けていない人には、感染を受けても症状をあらわさない「不顕性感染《ふけんせいかんせん》」が多く、発症者はごく少数だったのです。

また、効果の持続については、3～4年に1回の接種《せっしゅ》で十分とされていますが、実は1年間接種しないと抗体がなくなる人が16.0％、2年間で22.4％、3年間で26.1％になるという報告もあります。

ならば毎年接種すればよいと考えられますが、従来用いられてきたマウスの脳を使って製造するワクチンには、ひきつけや脳炎やショックなど重い副作用が多いことが覆《おお》うべくもなくなっています。

そのために組織培養《そしきばいよう》によって製造するワクチンの採用がくわだてられているのですが、はたしてそれほどまでして接種を続けるべきものなのでしょうか。

どんなに改良してもワクチンに副作用は避けられない(↓340ページ)し、日本脳炎の現状からは、少なくとも子どもには一律《いちりつ》に接種するべきものではないと思います。

ただ、外国の流行地に行く場合には、当該国の大使館や外務省にたずねるなり、インターネットのサイト(↓364ページ)などを参考にして、自分で判断していただくほかはありません。

インフルエンザワクチン

インフルエンザ(↓病気95ページ)を防ごうとする不活化《ふかつか》ワクチンです。

しかし、このワクチンの効果は、はなはだ怪《あや》しい。日本では1948年から46年間にわたって学童に強制接種を続けてきたけれど、効果のないことが前橋市医師会の厳密な調査で明らかになっています。そのために、1994年にインフルエンザワクチンが予防接種法からはずされた、という経緯が歴然とあるのです。

ただ20年ほど前のことですから、それはおくとしても、その後ワクチンが有効であることを示す確かな研究はない。それどころか、2000年から2003年にかけておこなわれた厚生労働省の厚生科学研究費による「乳幼児に対するインフルエンザワクチンの効果に関する研究」では、有効率は25％、NNT（薬効《やっこう》に用いられる評価法）は18人に接種して1人の罹患《りかん》が防げるといった程度でした。そのために、小児科学会は積極的な接種を勧《すす》めていませんし、厚生労働省も「科学的根拠が確立していない」というので勧めていないほどです。

もちろん、このほかにも個別の研究はたくさんあって、その大半が「有効」と結論づけていますが、そのすべてが厳密な研究方法にもとづいておらず、ほとんどは血液中の抗体《こうたい》の値の上昇だけなので、信頼性がとぼしいものにすぎません。

また、原理的に考えても、不活化ワクチンではインフルエンザを防げるはずはない。なぜなら、不活化ワクチンは血液中に抗体を作るだけ、インフルエンザウイルスが感染してくる呼吸器の粘膜《ねんまく》には免疫《めんえき》（細胞免疫《さいぼうめんえき》）を作らないからです。生ワクチンの開発が試みられているのは、そのためにほかなりません。

しかも、インフルエンザウイルスは非常に頻繁《ひんぱん》にタイプを変異させるという厄介《やっかい》な性質をもっています。そのために、ワクチンの型が流行するウイルスの型とマッチするとはかぎらない。両者が異なれば、効《き》くはずもないのです。

また、ワクチンが脳症《のうしょう》や脳炎《のうえん》などの「インフルエンザ関連脳症」を防げるという説もあるけれど、これもはなはだ怪《あや》しい。現に、ワクチンを接種したことがあるのに脳症になった人がいるし、死んだ人さえいるのです。そのために、厚生労働省も国会で「ワクチンで脳症と脳炎が防げるという科学的知見はない」と証言しているくらいなのです。それに、そもそも脳症とか脳炎は、インフルエンザにかぎらず種々のウイルス感染症でときに起きるもの。その原因は、まだよくわかっていないのです。

ただ、インフルエンザにかかっているときにポンタールとかボルタレンといった抗炎症解熱鎮痛剤《こうえんしょうげねつちんつうざい》を使うと脳症とか脳炎が起きやすいことだけは、かなり確か。アメリカで抗炎症解熱鎮痛剤のアスピリンの使用をひかえる勧告が出されたとたんにライ症《しょう》候群《こうぐん》（一種の脳症）が激減したという事実があります。日本でも、抗炎症解熱鎮痛剤の使用が減ったら、因果《いんが》関《かん》係《けい》は確かとは言えないまでも、脳症と脳炎による死亡率が低くなったという事実があるのです。

一方、このワクチンによる副作用も、軽視できない程度に発生しています。公開された資料だけで、2000年度は副作用にみまわれたのは82人、うち死亡3人、2001年度は87人、うち死亡4人で、10歳未満の子どもと60歳以上の高齢者が全体のほぼ65％を占めているというありさま。そのなかで重い副作用としては、ショック、髄膜炎《ずいまくえん》、けいれん、紫斑病《しはんびょう》、さらにはギラン－バレー症候群《しょうこうぐん》という神経まひを起こす病気さえ報告されているのです。

以上のことを総合すると、要《よう》するにインフルエンザワクチンは、子どもには接種するべきものではない。インフルエンザにかかっても、解熱鎮痛剤は使わないにかぎると考えられます。

だいいちインフルエンザは、ほとんどの場合、子どもにとってはそれほど重い病気ではないのです。ほとんどが3～5日もすれば自然に治ってしまいます（→病気96ページ）。近年ではインフルエンザ治療薬の種類も増えましたが、赤ちゃんへの使用の安全性は確立されていないものがほとんどです。また、厚生労働省は治療薬のタミフルをのんだあとに子どもが転落死した事故を機に、10代の未成年者にはタミフルの使用を控えるよう警告を出しました。タミフル以外の治療薬でも、急に走り出すなどの異常行動が報告されていますが、インフルエンザの子どもの異常行動と治療薬との因果関係は、いまだ不明です。

インフルエンザにかかったら、治療薬を必ずしものまなくてはならないわけではありません。肺炎《はいえん》や中耳炎《ちゅうじえん》を起こすこともあるけれど、まれだし、それらはインフルエンザそのものより余病として二次的に細菌の感染を起こしてなるものなので、たいてい抗生物質《こうせいぶっしつ》で対応できます。また、インフルエンザにかからないためには、無理に疲れることはさせず、日々を楽しく過ごさせ、睡眠と栄養を十分にとらせておくのがいちばん。とくに楽しくさせていれば、免疫力が格段にアップするはずです。

Ｈｉｂ（インフルエンザ菌b型）ワクチン 肺炎球菌（7価結合型）ワクチン

Ｈｉｂワクチン、肺炎球菌ワクチンいずれも、2013年4月から定期接種になりました。ともに髄膜炎や肺炎、敗血症などの重症感染症の予防を目的としたもので、Ｈｉｂとはインフルエンザ菌ｂ型の略称で、インフルエンザを引き起こす病原体と誤ってつけられた名で、インフルエンザウイルスとは無関係の細菌です。肺炎球菌は、肺炎を引き起こす原因となる細菌の一種で、現在導入されている肺炎球菌ワクチンは、重症化することの多い7種だけに効くものです。じつはＨｉｂ、肺炎球菌いずれも、私たちの鼻やのどなどの粘膜にすみついている「常在菌」。からだが健康な状態なら悪さをしない菌なのです。

同時接種が推奨される2つのワクチンですが、公費負担となった導入から翌年の2011年までに、同時接種後の死亡が8人という事態となりました。厚生労働省は一時的に両ワクチンの接種を見合わせましたが、接種との明確な因果関係は認められないとして、接種を再開。原因については不明のまま、現在にいたっています。さらに同時接種についても、接種医と保護者の同意によっておこなうことができるとし、因果関係をふくめた見解は示されていません。少なくとも、Ｈｉｂワクチンと肺炎球菌ワクチンの同時接種は避けたほうが無難でしょう。

B《ビー》型肝炎《がたかんえん》ワクチン

これには種々の製法がありますが、日本で主に使われているのは遺伝子組み換えワクチンです。

アメリカでは新生児のすべてに接種しているので、日本でも見習おうという意見が出ていますが、国情《こくじょう》が異なるので追随《ついずい》するのはどうかと思います。というのは、B型肝炎は、そのウイルスが直接血液に入ることで発病するもの。アメリカでは麻薬のまわし打ちをする人が多いので感染するおそれが大きいけれど、日本ではその危険はまずないからです。

それより、日本でのB型肝炎は母子感染によるものがほとんどなので、その可能性のある場合、つまり母親がHBs（エイチビーエス）抗原《こうげん》陽性でHBe（エイチビーイー）抗原も陽性という場合に、生まれた赤ちゃんに接種することになっています。それで、十分にB型肝炎の発症は防げているのです。

外国に行くときのワクチン

(1) 入国に際して予防接種《せっしゅ》証明書を要求される病気

黄熱《おうねつ》

アフリカ、中南米の黄熱が発生している地域。

その地域を出て6日以内に入国する他の国。

ワクチン接種は1回。

(2) ワクチン接種証明は要求されないが、アジア、中近東、アフリカ、中南米などで、奥地に入ったり長期間滞在するならワクチンを接種しておいたほうがよい病気

しかし、短期間の観光とか滞在で、都市部にしか行かないなら、ほとんど必要はありません。

① 破傷風《はしょうふう》

これまでに3回接種してあれば必要はないけれど、それでも10年以上経《た》っていれば1回接種しておくべきです。

これまで2回以下ならもう1回接種し、1回も受けていなければ3回接種しておくべきです。間隔は3～8週。

② A《エー》型肝炎《がたかんえん》

2～4週間隔で2回接種。6カ月経《た》ったら1回追加。

ただし、16歳未満の子どもには認可されていないので、その場合はγ《ガンマ》-グロブリンを滞在期間に応じた量を接種しておくのがよいと思います。

③ B《ビー》型肝炎《がたかんえん》

新生児期に接種していれば必要ありません。

接種したことがなく、血液に触れる機会がある場合には、1カ月間隔で2回接種、5カ月後に1回追加しておくべきです。

④ 狂犬病《きょうけんびょう》

1カ月間隔で2回、6〜12カ月後に1回接種。

⑤ 日本脳炎《にほんのうえん》

接種を受けたことがなければ1〜4週間隔で2回、その1年後に1回追加。

⑥ ポリオ(小児まひ)

接種を受けたことがなければ5週以上あけて3回、初回接種から6カ月以上あけて1回接種。

(3) アメリカなどで、保育園や幼稚園や学校に入《い》れる場合

アメリカを主として、その地域で一般に接種されているワクチンの接種証明を要求する国が少なくないようです。日本とはワクチンの種類と接種法が異なるし、親の考えと食い違うこともあるので苦慮《くりょ》することが多いかと思います。しかし、どうしても要求されるとおりに受けたくないのなら、日本の医師に診断書を書いてもらって提出するのも、ひとつの手かと思います。

■参考になるサイト

・海外渡行者のための感染症情報(厚生労働省検疫所)「海外渡航のためのワクチン」
http://www.forth.go.jp/useful/vaccination.html

・国立感染症研究所　感染症情報センター「海外のワクチン情報」(=アメリカ、欧州のワクチン事情)
http://idsc.nih.go.jp/vaccine/eworld

幼児期の教育

公的な教育

保育園

保育園に通っている場合は、子どもが生きいきしているのなら、園とは別に教育を受けさせる必要はないと思います。だいいち、保育園に行かせているのなら、そんな時間は取れないでしょう。

また、「年長さん」、つまり5歳になったら幼稚園に移るという必要もない。親が仕事をやめてまで無理することはないと思います。

というのは、保育園でも、お絵かき、造形、音楽、体育など、およそ幼稚園と同様の教育がおこなわれているはずだからです。たとえ小学校にあがるのが近くなっても、文字とか算数とかを教えてもらう必要もない。それらは学校で学ぶことだし、すぐに覚えてしまうはずですから。

それどころか、保育園には、幼稚園では得がたいメリットがあるでしょう。給食や衣服の着脱、身体の清潔や昼寝など生活面の実地指導がなされるし、友だちの真似《まね》もするので、自分で身のまわりのことができるようになるというメリットです。

その点では、とくに生活面に難がある障害児には、うってつけなくらいです。

ただ、幼稚園と同様、保育にあたるのがほとんど女性ばかりなのは、育ちに偏《かたよ》りをもたらしそうで気になります。しだいに男性も増えてはいますが、まだまだ足りないので、これからの保育園には、もっと多くの若年から中高年の男性を採用してもらうよう求めたいものです。

また、ほとんど閉ざされた施設のなかでだけ保育されているのも問題。しだいに園外での保育が増えてはいるようですが、もっと地域との交流がはかられてほしいものだと思います。

なお、まれですが、ただ預かるだけの園とか、逆に独特の教育に加熱しすぎの園もあるので、保育園を選ぶに際しては気をつけておきたい(→165ページ)。入園してからでも、もし親と教育観が違ったら、率《そっ》直《ちょく》に意見の交換をすべきだと思います(→166ページ)。

なお、保育園のことは、制度については、「使いたい制度とサービス」の章に、内容については、月年齢別の章に、それぞれくわしく書いておいたので、それらを見てください。

■参考になるサイト

・保育園を考える親の会

http://www.eqg.org/oyanokai/

幼稚園

何歳から入《い》れるか

「集団に入れるのは何歳から」といった説に、とらわれることはありません。現に、保育園には生まれてすぐからでも多くの子が行っていて、子どもどうしの交流もあり、ちゃんと育っているのですから。

そこで、幼稚園に何歳から入れるかは、当の子どもと近隣のようすで考えるのがよいと思います。

子どもが友だちを求めていて近所に幼い子がほとんどいないとか、大半が幼稚園か保育園に行っている場合には、4歳以前でも幼稚園に入れてやりたいもの。幸いに3歳から預かる「3年保育」をしている園が増えているようです。しかし、2歳から預かる「2歳児保育」をしている園はまれなので、そうした園が近くになければ、「幼児サークル」(↓310ページ)に行かせるか「自主幼稚園」(↓373ページ)に参加するしかない。それらもなければ、同じ思いの親たちに呼びかけて「自主幼稚園」を始めるか、少し遠くても、子どもがたくさんいる公園や児童館のようなところにできるだけ連れて行くほかはないでしょう。

しかし、きょうだいがいたり、近所に幼い子がいてけっこう遊べている場合には、急ぐことはない。4歳からの「2年保育」か、5歳からの「1年保育」に入れるのでもよいと思います。

むしろ、勝手に遊んでいるほうが楽しいかもしれないし、教育にしても親と地域の人たちが暮らしのなかでそれとなくやっていくほうが、子どもの身につくような気がします。

幼稚園の選びかた

幼稚園の種類 ―― 幼稚園には、大きくわけて、私立幼稚園と公立幼稚園と国立幼稚園があります。

このうち私立幼稚園は、学校法人などによって経営されていて、その教育理念と保育方法はさまざまです。なかには、学校や大学に附属《ふぞく》している園もあります。

公立幼稚園は、主に市区町村が小学校の学区ごとに設置するもので、小学校の校長が幼稚園の園長を兼ねている場合が多いようです。

国立幼稚園は、国立大学に附属する施設で、およそ幼児教育の研究と教育実習の場になっています。

対象とする子どもは、大半の園が4歳と5歳(2年保育)ですが、しだいに3歳から(3年保育)の園が増え、最近では2歳から(2歳児保育)の園もあらわれだしました。ちなみに、「2歳児保育」では、週に2〜3日で、短時間の場合が多いようです。

なお、注目すべきは、最近、「幼保《ようほ》一元化《いちげんか》」といって、幼稚園と保育園をいっしょにしたり(子ども園)、併設《へいせつ》させたり、連携《れんけい》するなどして、対象とする子どもの年齢を広げる動きが盛んになっていること。この傾向は、幼稚園と保育園の差別をなくし、幼児教育を一貫《いっかん》させる点では歓迎したいと思います。

しかし、その動きの裏には、財政の圧縮や運営の効率化のもくろみが潜《ひそ》んでいるみたい。そのことには、おおいに警戒《けいかい》しておきたいものです。

教育の内容──幼稚園での教育の内容は、基本的には「幼稚園教育要領」で定められています。しかし、設立者の理念や目的、教育の方法などによって、かなりの特色が見られるはずです。

教育の理念としては、発達理論にもとづくものが多いでしょうが、キリスト教や仏教など特定の宗教にもとづくものや、集団主義にもとづくものも少なくないし、モンテッソーリや、シュタイナーの思想にもとづくものもあります。

教育の方法としては、大きくわけて、カリキュラムにもとづいて全員が同じことを学ぶ「一斉保育《いっせいほいく》」を主にする園と、ひとりひとりの自発性にまかせる「自由保育」を主にする園とがあるようです。

クラスの組みかたは、同年齢を集める園がほとんどですが、異なる年齢の子どもをいっしょにしての「縦割り保育」をしている園も増えているようです。

決まりとサービス──衣服は、制服を指定する園がほとんどですが、上下ともの場合と上着だけの場合があり、そのほか、スモックや体操服などを指定する園も少なくないでしょう。

昼食は、お弁当が毎日必要な園が多いけれど、週に何日かは給食のある園もしだいに増えているようです。

通園には、保護者のつきそいが必須《ひっす》ですが、家の近くまでの送り迎えですむ送迎《そうげい》バスを巡回させている園も多くなっているようです。

また、最近は、正規の保育がすんだ後に、英会話、絵画、音楽、スポーツなどを指導する有料の課外教室を設ける幼稚園も増えてきました。

そして、一方では、正規の保育時間が終わったあとに、希望すれば「預かり保育」をする園も増えているようです。

選ぶときの基準──まずは距離。とにかく近いのが、いちばんだと思います。幼稚園は行っている時間が短いので、帰ってからも園の友だちと遊べるのがいい。遠いと、せっかく園でできた友だちと家では遊ぶことができません。そのうえ送迎バスもなければ、子どもがくたびれるし、親も送り迎えがたいへん。送ってから、園の近くの喫茶店などでお迎えの時間まで待つといった羽目《はめ》にもなりかねません。それはそれで、親どうしのおしゃべりが楽しければいいとは思いますが。

次は、子どもと園の相性《あいしょう》。

活発でじっとしていられない子とか自分の好きなことに熱中するタイプの子には、行儀《ぎょうぎ》やカリキュラムを重んじる「一斉保育」が主の園は合うはずがありません。なのに、みんなと同じことができるようにさせたいと、あえてそういう園に入れたら子どもが気の毒。登園拒否を起こしたり、せっかくのエネルギッシュな個性を削《そ》いでしまうかもしれません。

「自由保育」を主とする園がありさえすれば、そこに入れたいものです。しかし、近くに「一斉保育」が主の園しかなければ、選べるのなら比較的自由度の高い園を選び、子どものタイプを先生に話して、できるだけ自由にさせてもらうよう頼むことだと思います。

逆に、おとなしく協調性があり、おけいこごとの好きなタイプの子には、「一斉保育」を主とする園のほうが合いそうです。いろいろと教えてもらえるし、だいいち「自由保育」だと、何をしてよいかとまどうかもしれません。

しかし、どんな子でも、どんな保育でも、園で楽しく伸び伸びできることが、もっとも大切。かしこまって固くなっていたのでは、その子の個性が生かせません。先生が決めた計画のままに動かされるだけでは、自分で目標を見出し、自分の意志と知恵で挑戦する喜びは得られようがないでしょう。

とりわけ、先生の指示に従うのが「いい子」、与えられた課題をこなせるのが「すぐれた子」といった評価に固執《こしゅう》する園では、それに合わない子はしかられてばかり、親まで自信をなくしてしまいがちです。

あと大事なのは、安全と先生方の人柄。

事故に対する配慮が不十分な園を敬遠《けいえん》すべきは、もちろんです。しかし、だからといって、事故をおそれるあまり保育が萎縮《いしゅく》している園も考えもの。そこらへんを見わけるポイントは、園長はじめ先生方の人柄だと思います。園の広さとか設備は、最低の必要が満たされているかぎり、ほとんど関係ありません。たとえ設備は立派《りっぱ》でも、先生方が利害と保身《ほしん》を優先させている園では、よい教育はおろか、安全さえ望めないでしょう。

なお、行事が多すぎる園は親子ともくたびれがちだし、親どうしのつきあいとか役員の選考が面倒《めんどう》だと、親の性質によっては重圧になりかねません。そこらへんは意外に大きな問題なので、園を選ぶにあたっては、事前に調べてかかったほうがよいと思います。

そのほか、課外教室と預かり保育のこと。

課外教室(体育や英語など)は、子どもが好きで親にも余裕があればよいけれど、無理してまで入れる必要はない。特別にそんなことをさせなくても、ちゃんと育ち、小学校にも問題なく行けている子のほうが多いのですから(→367ページ)。

預かり保育(→369ページ)は、親の事情によってはしてもらうと助かるでしょう。ただし、子どもが耐えられないようなら、事情の許すかぎり、正規の時間だけにしたいものです。

■参考になるサイト

・保育-ing「幼稚園の選び方」
http://www.hoiking.com/pam/
・JS日本の学校「幼稚園の選び方」
http://school.js88.com/p_school/article/youchien_erabi/youchien_erabi.asp
・えん・ちょいす「先輩ママに聞きました!」
http://www.geocities.jp/wakat_99/youtienerabi2

幼稚園に入れてから

入園当初——通い始めには、泣いて親から離れようとしないかもしれないけれど、情けないと思うことはありません。たいてい、1カ月も経《た》てば、遅くても5月の連休明けには平気で行くようになるものです。そういう子は、たぶん感受性に富んでいて、初めは警戒するけれど、だいじょうぶなことがわかれば安心できるのでしょう。

いずれにしても、通い始めには、親子ともなるべくリラックスしているのがいちばんと思います。

親心《おやごころ》としては子どもが園でしっかりやってくれることを望みたくなりますが、そのことをあまりうるさく言うと子どもは固くなってしまいがち。かえって行きたがらなくなるおそれがあります。たとえ「ぐず」や「はみだし」であっても、とがめず、その子の気持ちに同情してやるのがよい。そうしていれば、子どもは自分なりのやりかたで、なんとか乗り越えていくものです。

また、おむつが取れていなくても、躍起《やっき》になってはずそうとはしないほうがいい。園では友だちを真似《まね》たくなるし、先生も心がけてくれるので、わりと早くトイレでするようになるはずです。

先生とのつきあいかた——先生とのつきあいかたは、保育園と同じように率直《そっちょく》に意見をかわし責任をわかちあう(↓166ページ)にかぎります。

とりわけ園の教育と家庭の教育とをどうかみ合わせるかについては、意見を交換するようにしたいもの。園と家庭では役割が異なるので完全に一致させる必要はないけれど、意見を交換することで、たがいに相手を知り、いくぶんかでも学びとることができるにちがいありません。

園の行事や保護者会のことなどで不満があるときにも、率直に伝えたいもの。陰《いん》にこもらせたり、要領《ようりょう》よくすり抜けたりしていては、解決にならないどころか、かえって問題をこじらせてしまうおそれがあります。

なお、幼稚園の場合は、親の仕事に時間の制約がないだけに連れて行く時刻がルーズになりがち。遊びや課業にさしつかえるほど遅刻しては、子どもにも先生にも悪いと思います。

行きたがらなくなった(登園拒否)——園に行きたがらなくなったときは、とにかく子どもの気持ちを察してやり、言い分もよく聞いてやることがいちばん。そのうえで、問題の性質によっては先生と相談しながら、ゆっくりと子どもが行く気になるのを待つにかぎります。

「首に縄《なわ》をつけてでも連れて行く」のは、根本的な解決にならないだけでなく、「登園拒否」をますますひどくするおそれさえあります。

下の子が生まれたとか両親に不和《ふわ》を生《しょう》じたとか家庭に原因が求められる場合には、それまでより格段にかわいがってやる必要があります。不安の程度が強ければ、しばらく休ませたほうがよいかもしれません。もちろん、両親の不和などは、なるべく早くきちんと解決しなければなりませんが。

園に原因がありそうな場合、とくに保育が画一的《かくいつてき》で個々の子どもへの配慮が欠けているとか、クラスの子ども関係がぎくしゃくしているといったことがあるようなら、これは大きな問題。ほかの子どもにも関係することですから、場合によってほかの親もまじえて、先生方とそうとうに突っこんだ話し合いをする必要があります。

それでも解決しないとか、解決したはずなのに行きたがらないときには、ひたすらに待つのがよいと思います。幼稚園は是《ぜ》が非《ひ》でも行かなければならないところではないし、少々休んだからといって「なまけぐせ」がつくともかぎりません。

むしろ、そうしているうちに、たいていの子がふっと園に行くと言いだすもの。なんとなくなのか、時間が解決してくれたのか、家にいるより園に行ったほうがいいと考えたのか、そんなことなのでしょう。

しかし、1カ月以上も行かないとか登園拒否をくり返す場合には、よほどの理由があると考えなければなりません。まして、その理由が理解でき、親が懸命《けんめい》に園と話し合ってもどうにもならなければ、最終的には、ほかの園にかわるか、幼稚園をやめるのもやむをえないかと思います。

病気のとき——病気をしたときの対応は、保育園とまったく同じ(↓169ページ)にしていいはずです。

入学をひかえて——「年長さん」になって学校にあがる時期が迫ってくると、その準備をしてもらいたくなるかもしれません。
けれど、保育園の子と同じく、そんなことはひとつも気にする必要はないはずです(↓367ページ)。

私的な教育

自主保育（自主幼稚園）

「自主保育」とか「自主幼稚園」と呼ばれているのは、子どもを保育園や幼稚園などに預けるのでなく、親たちが自前でやっていくことを意味しています。そのうち、赤ちゃんの保育を主眼とするものを「自主保育」、幼い子の教育を主眼とするものを「自主幼稚園」と呼ぶことが多いようです。

　これらは、保育と教育を、専門家に依頼《いらい》しないで、親たちが協力しあい地域に根をおろしてやっていこうとしている点で大きな意味があると思います。

　まず、専門家は職能《しょくのう》として子どもに対しますが、親ならば生活者としての地金《じがね》がでます。その地金も親によってさまざまです。それが、意図しなくても、暮らしの実態と人間性の真実を教えることになるでしょう。もし専門的な技能の必要を感じたら、親が勉強したり、その部分だけ専門家の協力を依頼することもできるでしょう。

　次に、保育園や幼稚園はおよそ施設内だけで完結しようとしますが、親たちの場合は、施設の有無にかかわらず、地域に基盤を置こうと努めます。たとえその意図がなくとも、生活者である以上、地域との関係が密接にならざるをえないはずです。そして、その地域にはさまざまな人がいて、商店や工場や農場や学校や公園や神社仏閣《じんじゃぶっかく》などがあります。草原や池はもちろん、地域によっては川や海や山さえあるでしょう。それらに日々接すれば、社会と自然の実地《じっち》の勉強になるはずです。

　そんなことを考えると、自主保育はおおいに開拓《かいたく》してほしいと願わざるをえません。

　ただ、自主保育には多くの困難がともなわざるをえません。親が交代で保育や運営にあたらなければならず、親どうしの確執《かくしつ》も起きがちだし、とくに事故の責任と運営経費の問題が深刻なようです。そのためでしょうか、自主保育がしだいに減る傾向にあるのは残念なことです。

　そこで、以下のようにしたらと考えるのですが、いかがなものでしょう。

　まず、いきなり大きなグループを作るのは考えもの。不特定の親を集めると、どうしても取り決めごとが多くなって、自主保育の闊達《かったつ》さが失われてしまいかねません。ですから、身近《みぢか》の多少とも知り合っている人から声をかけて、少しずつ増やすのがよい。そして、最終的にも、せめて20人以内にとどめたほ

うがよいのではないかと思います。

また、グループの運営も、できるだけ形式的にしないで、親しい友だちか近所どうしのような関係にしたほうがよい。子どもを「保育する」といった感じが抜けて、家族ぐるみつきあうようにでもなれば最高かと思います。

おけいこごと

おけいこごとは、子ども自身が好きであることが不可欠です。音楽であれ、バレエであれ、お絵かきであれ、なんでも好きでなければ身につかないし、長続きもしないでしょう。

親がどうしてもやらせたければ、懸命《けんめい》に誘ったり、ある程度は強制してもいいとは思いますが、ひどく嫌《いや》がりだしたら、あっさりやめさせないと、かえって一生嫌いにしてしまうおそれがあります。

それに、ちょっとやっただけでも、その体験が残っていて、ずっとあとになってまたやる気をおこすことも珍しくないのです。

体育、スポーツ

体育もスポーツも、おけいこごとと同じく、本人が好きであることが不可欠。トレーニングは、やる気があってこそ、効果があがるものですから。

やる気がないのに、無理にやらせるのは禁物《きんもつ》。効果があがりにくいだけでなく、逆に疲れさせたり、運動能力に自信を失わせたりしかねません。

たとえやる気があっても、幼い子の場合、ハードなトレーニングは、からだをこわしたり、発育を阻《そ》害《がい》することすらあるので禁物。また、同じ年齢でも、体位《たいい》、体型、体力、気質に差が大きいので、いっせいに同じフォームとリズムでやらせるのにも無理があります。

ですから、そうしたことに配慮が見られないクラブは避けたほうがよいと思います。とりわけ、大声でどなるとか、しごきめいた指導法をとるところは敬遠するにかぎります。

そもそも幼児期の体育とかスポーツは、成績を競ったり、ただがんばることよりも、楽しむことを目的にすべきもの。楽しさを覚えれば、効果があがるだけでなく、一生のスポーツ好きにもなれるはずです。

その意味では、お金を出してまでクラブに入れなくても、親子で、友だちを誘ったりして、スポーツ施設や海や山に遊びに行けばいいのではないでしょうか。たとえクラブに入れるとしても、なるべく少人数でお遊びふうの楽しそうなところを選んだほうがよいと思います。

なお、スポーツの種類としては、サッカーや野球のようなチームプレーを要《よう》するものより、思い思い

に走ったり回転したりのぼったり跳び降りたりする自由な運動とか、競争的ではない水泳が幼児期にはもっとも適していると言われています。

早期教育

早期教育は、子どもが従来考えられていたより進んだ能力を秘めているので、時機を失せず教育をすれば、より開花させられるという考えにもとづいています。

これは親には聞き捨てならないことなので、幼い子のいる家庭には早期教育の勧誘が殺到するし、育児雑誌にはその種の記事や広告があふれる事態を招いているのでしょう。まるで、早期教育をしないと乗り遅れるかのような雰囲気です。

しかし、実際は、はたしてどんなものか。確かに早期教育を受けさせた子どもが優れた才能を発揮《はっき》することはあるようです。ですが、そんなことはまれで、発揮した才能も長続きしないケースがほとんど。なかには、ノイローゼに陥《おちい》る子もいると聞きます。そして、大半の子は、とくにどうということにはならず、ふつうに育っているというのが実状。かえって勉強が嫌いになる子さえ少なくないようです。

そのうえ、科学的にも疑問視されていて、早期教育が根拠としていることには、証明されていないことがあまりにも多い。たとえば3歳までに脳の発達が決定されるというのは、まったくの独断にすぎません。少なくとも事実とは反しています。現に早期教育を受けていない子でも、3歳以降も知能はついていくのですから。また、たとえば早期教育であがった成果が一生続くという科学的根拠もないのです。それどころか、脳が未熟な幼い時期に教育の詰め込みをしたら、その後に学習する脳の余地をなくしてしまったり、自発性とか創造性を発揮する脳の領域も抑制してしまう可能性もありえます（小西行郎『赤ちゃんと脳科学』集英社新書ほか）。

ですから、早期教育には、うかつにのめり込むべきではないと思います。

それよりも、幼い時期には、まずは実物を体験させるほうがよい。たとえば数や文字だけを覚えさせると、それらのもとになっている「もの」がもつ情感とかひだのようなものが削《そ》ぎ落とされてしまいます。

同じ3なら3でも、犬の3匹と子どもの3人とは意味あいが違う。同じ3人でも、ひとりひとり異なる名前と性質をもっているはずです。同じ「花」でも、赤い花、白い花とさまざまだし、そのときの気分と周囲の風景でも感じは異なるはずです。

もちろん抽象的な数や文字も覚えさせて悪くはないけれど、子ども自身が興味を示していることが必《ひっ》須条件《すじょうけん》。そのうえに、あくまで実物との対応を土台にするよう努める必要があります。そうでないと知識が現実離れしてしまいそう。もしかすると、人間性の欠けたエリートを作ってしまうかもしれません。

ですから、たとえば友だちが全部集まったかどうか知ろうとするときに、頭数《あたまかず》をひとりふたりと数えるより「あ、だれちゃんがいない」とピンとわかるような感性のほうを大事にしてほしいと思います。

英語教育

国際化時代だというので、幼いときから英語をしこもうとする風潮《ふうちょう》が強くなっているようです。

そのために、高価な授業料を払って、英語しか使わない幼児教室に通わせているとか、英語になじませるためのDVDを買ってきて、毎日見せているといった話を、少なからず耳にします。

けれど、こうした風潮は、はたしてどんなものか。

そもそも、英語を話せることで「国際化」できると考えるのは、短絡的《たんらくてき》に過ぎます。国際化は、異なる民族どうしが、平等に、たがいの文化を尊重しあってこそ、達成できるもの。なのに、現在力の強い民族の言語だけを崇拝《すうはい》し、一方的に取り入れようとするのですから、むしろ国際化に反すると思います。それに、国際的に用いられることの多い言語としても、中国語やアラビア語などが、英語をしのぐ可能性が大きくなってもいるのです。

もちろん、そうは言っても、幼い子に英語を教えるのは、かならずしも悪くはないと思います。

しかし、本人が乗り気でないなら、無理はしないほうがよい。強制すると、かえって英語嫌いになりかねないし、だいいち本人を苦しめることになります。

また、マニュアルに沿って、形式的なごあいさつとか単語だけを教えるのは意味がない。そもそも、ことばは暮らしのなかで感情に駆《か》られ必要に迫《せま》られて発せられるもの。そうした必要を生じない教室とか教材でことばを覚えさせても、身につくはずはありません。実際、そうして覚えた英語は教室をやめたらすぐに忘れてしまうものです。

ですから、ちゃんと英語を教えたければ、日常の生活と遊びのなかで自然に会話をかわすようにするにかぎります。日本語と英語の両方を使っていても、混乱はないはずです(↓401ページ)。

ただ、その場合でも、日本人として生きさせるのなら、主として日本語をきちんと教えるようにすべきです。そのことで、日本人としての自我《じが》と文化が形成されるからです。

もっとも、そのように日常で英語を覚えさせたとしても、身辺で英語が使われる環境がなくなれば、ものの1~2年も経《た》つうちに、あっけなく忘れてしまうでしょう。

性教育

性を教育するということには、違和感を覚えざるをえません。性と教育とはなじまないと思うからです。

そもそも、性は、知識とか技能とかにとどまるものではないし、倫理としても複雑で微妙な質を潜《ひそ》めています。それは、あやしい魅惑を秘めて、狂おしく甘酸《あまず》っぱくも恥ずかしくもあり、暴力的でさえありえます。だからこそ、子どもも性には惹《ひ》かれつつ、照れたり、ちゃかしたり、悪ふざけもするのでしょう。幼い子にも性への関心と性欲もある(↓298ページ)ので、こうした行為を、すべて統制することなどできるはずがありません。

かといって、動物や植物の繁殖《はんしょく》をひきあいに科学的な性教育をほどこそうとしたところで、とってつけたような感じ。子どもはリアリティを感じないにちがいありません。もちろん性の根元は繁殖にあるけれど、人間の場合は情緒《じょうちょ》が強く働くし、社会と文化に規定《きてい》される面のほうが圧倒的に大きいからです。

まして、とってつけたように、「人格の尊重」をもちだすのは興《きょう》ざめ。もちろん、性において、たがいに人格を尊重することは大切だけれど、それは性の本質ではないからです。

とすれば、性のことは「教育」などとかまえないほうがよい。また、逆に、性を教えることをいっさいタブーにするのも、かたくなにすぎる。いずれの態度も、性に対する抑圧を強める結果をもたらしかねません。

そこで、そんな無粋《ぶすい》な態度ではなく、暮らしのなかで臨機応変《りんきおうへん》、おおらかに、さりげなく対しているにかぎると思います。

性器に対する関心は、入浴や水泳などの機会に、親と子それぞれの気質にマッチした対応をしていればよい。たとえ性器をいじったり、マスターベーション(自慰《じい》)をしていても、罪悪視《ざいあくし》しないで、そっとしておくことです(→299ページ)。

スカートめくりや、おっぱいをさわる、チンポけりなども、説教をして禁止すると、かえって陰でするようになりかねません。そうして禁を犯《おか》すことが、子どもにとっては蠱惑的《こわくてき》な遊びになりうるのです。ですから、そのときの大人の気分でかっと怒ったり、にっこり笑って制止するにとどめておくほうがよい。そのうちに、飽《あ》きてやらなくなるものです。

ただ、男女のからだに興味を抱いているようなら、そのことにふれた本を買ってやるとよいかもしれません。しかし、それで教えようとはしないで、その子の好むままの読みかたをさせているのがよいと思います。

また、子どもが「どこから生まれたの」とたずねてきても、すわ性教育の機会と、かまえることはありません。そのときの子どもは、お産のメカニズムとか性行為のことを知りたいのではない。それよりも、自分が親の子であることを確かめたいのです。

ですから、そんなときは、きつく抱きしめたり、キスしたりして、わが子だということをしっかり感じさせてやってほしい。たとえ実の子ではなくても、同じようにしてやれば、安心するはずです。

つらいこと、悩むこと

子どもを抱《かか》えて

疲れ果てた

育児は疲れるものですが、たいていはなんとか乗り切っていけることでしょう。しかし、ぎりぎりの線でもちこたえているのですから、事情によっては、くたくたに疲れ果ててしまうことがあって当然です。とくに母親だけが育児を背負《せお》っていると、そうなりかねません。

疲れ果ててしまうと、なにごともおっくうで手につかず、気分も落ち込んで、自分がダメになった感じにとらわれがち。眠れなくもなるし、いらつくあまり、子どもや夫にあたることさえあるかもしれません。

そんなときは、とりあえず、できるだけ長時間休んで気晴らしをするにかぎると思います。それだけで、体力も気力も取りもどせることが多いからです。

いちばんいいのは、実家に帰れるのなら、そこに長期滞在すること。それができなければ、2〜3日だけでも子どもから離れて、気のおけない友といっしょか、ひとりででも、旅行することでしょう。子どもは夫にまかせるか、祖父母に預けるのです。住んでいる自治体にそういう場合の24時間保育の制度があれば、それを利用するのも手です(→419ページ)。

もし預ける先がなければ、おなじ子連れの気の合う母親といっしょに、旅行をするか近くの温泉やホテルに一泊するのもよさそう。このごろは子連れの旅や宿泊を歓迎する業者が、少しずつでも増えているようです。

そんなに長い時間はとれないのなら、せめて半日近くでも、美容院や喫茶店やショッピングに出かけるのはどうでしょう。公園か自宅でボーッとするだけでも、いいかもしれません。そのあいだ、子どもは夫にまかせておくのです。

しかし、より根本的には、育児の負担の軽減をはかることだと思います。なにしろ、疲れがもとなのですから。

いちばん望ましいのは、夫がいるのなら、これを機会に、彼にうんと育児をしてもらうようにすること。祖父母が来られるのなら、激しい疲れが取れるまでも、来てもらうこと。そうしたことが不可能ならば、自治体の「緊急一時保育」(→419ページ)の制度か、民間の育児支援事業(→419ページ)を利用するか、ヘルパーを雇《やと》うかして、日中だけでも子どもの面倒《めんどう》をみてもらうことです。

また、この際、育児のしかたを考えなおしてみる必要もあるかと思います。もし理想的な育児をしようとしていたのなら、思い切って手を抜くこと。子どもは決して思う通りに育たないので、理想を追って一生懸命《いっしょうけんめい》になればなるほど疲れてしまいがちだからです。なに、そうとうに力を抜いてもだいじょうぶ。そのほうが、かえって子どもはうまく育つくらいです。

いずれにしても、疲れには気分が大きく影響するもの。深いところでは、夫の態度と夫婦の関係が響《ひび》いていることがありえます。

夫だけが勝手をして育児に協力していない場合、それに対する憤懣《ふんまん》が妻にくすぶり続きかねません。そうだったら、がまんしていてはいけない。決然とした口調《くちょう》で、夫も育児を担《にな》うよう迫るべきです。「ふたりの子どもじゃないの」とか「わたしを愛していないの」とか「別れるわよ」とでも迫れば殺し文句になるでしょうか。

まして夫との関係がぎくしゃくしている場合には、夫婦とも疲れ果てて無理はありません。もしそうだったら、この際、問題にきちんと決着をつけるべきだと思います。その結果、うまくいくようになれば気分が晴れるし、たとえ別れることになっても、すっきりできるはずです。

そして、自分自身にとって大切なのは、育児以外に生きがいをもつこと。とりわけ育児だけでは満たされない気持ちが強いのなら、このことは真剣に考えたほうがよいと思います。

仕事をしたい場合には、その具体化をはかったうえで、思い切って始めてしまうのです。子どもは、実家か、信頼できる保育園などに預ければ十分に育ちます(→166ページのコラム)。

また、地域活動とか市民運動とかスポーツとか趣味とか打ち込んでやりたいことがある場合には、育児はほどほどにして、そちらに時間を割《さ》くようにするのです。コブつきで動いてもいいし、仲間と預けあいっこできれば、もっといい。

そうしたこともままならないのなら、せめて子どもが眠っているあいだだけでも、好きな映画をビデオで観たり、音楽を聴いたり、本を読んだりしたらどうでしょう。

いずれにしても、後ろめたさなどもつことはありません。むしろ、そうして親が生きいきとしているほうが、子どもにはずっと優しくなれるはずです。

父親が母親とともに育児を担っている場合には、父親ももちろん疲れているにちがいありません。勤めに出ているのなら、余分な残業とつきあい酒は努めて断って、早く帰宅するようにしたいもの。自営業なら、しばらくは事業の拡張とか変更などをひかえるほかないでしょうか。

子どもがかわいくない、憎らしい

子どもがかわいくなくなることは、だれだってあるにちがいありません。なにしろ足手まといだし、逆《さか》らってもきます。泣きわめかれでもすれば、憎らしくさえなって当然です。性質が自分や夫あるいは妻のイヤなところに似ていると、なおさらぞっとすることでしょう。

そんなときには、子どもの面倒《めんどう》をみる気が失《う》せ、思わず「あなたなんか嫌い」とか「あなたなんか産まなければよかった」と叫んでしまうこともあるかもしれません。

でも、叫んでしまっても落ち込むことはありません。表面をつくろって「愛に満ちた親」を演じていると、無理がかさなってよけいに憎くなりかねません。そんな悪循環《あくじゅんかん》に陥《おちい》るよりも、そうした気持ちは発散したほうがすっきりします。ただ、子どもに向けて発散する前に、夫や妻をはじめ気心《きごころ》の知れた友だちに告白できればもっとよいのですが。

いずれにしても、子どもをかわいがれない自分に嫌悪《けんお》感《かん》を覚えているのなら、だいじょうぶ。それこそ、基本的には子どもを愛している証拠なのです。

ですから、あえてかわいく思おうと努める必要はない。それより、子どもの世話は最低限にとどめ、できるだけ自分のしたいことをするにかぎります。そうして自分が満たされていれば、子どもをかわいく思えることが増えるはずです。

しかし、どうしても、虐待《ぎゃくたい》しているのではと、気になるのなら、278ページのコラムを見てください。

自分自身について

自由がない、遊べない

子どもをもったら、それ以前よりぐっと自由がなくなることを避《さ》けられません。ある程度は、子どもをもった幸せの代償《だいしょう》と思ってがまんするほかはないと思います。しかし、その不自由さが耐えられないほどの場合には、なんとかしなければ身がもたないでしょう。ひいては子どもにも、悪影響をおよぼしそうです。

もしその根っこに自分だけ自由を奪《うば》われているという不平等感があったら、断然、夫あるいは妻にも育児の分担をしっかりやってもらわなければなりません。それだけで、かなり自由度は増えるはずです。

奪われている自由の内容が「何かをしたい」ということなら、とにかく、その何かを実行するにかぎります。それが遊ぶことなら、そんなにむずかしくはないと思います。それが遊ぶことに罪悪感さえもたなければ、かなり遊べるものです。遊ぶことに悪い母などと思わず、子どもは、堂々と夫とか祖父母とかに頼《たの》めばよい。一時保育のサービスも、きちんとしたところなら、利用したらよいでしょう。子どもを預けるところがない場合には、コブつきでできる遊びと子連れＯＫの場所を探してみること。カラオケは個室で遠慮がいらないし、飲み屋も最近は子連れＯＫのところが増えています。スポーツ施設も保育サービスつきのところができているようです。

求めている自由が仕事なら、就職先や条件など具体的な見通しをつけたうえで、子どもを保育園に預ける算段《さんだん》をしなければなりません。夫や周囲に反対があったら、断固とした態度で説得するにかぎります。どうしても反対をくずせない場合は、実力行使で仕事を始めてしまうのがよいと思います。始めてしまえば、周囲は、やがては、あきらめてくれるものです。

先行きへの不安

だれしも、子どもが寝静まったときなどに、ひょっと「自分はこのままでいいのか」といった不安がよぎることがあるようです。

育児だけでは、どこかむなしい。自分には何かすることがあるのではないか。仕事をしていても、いつまで続けるか、ほかのことをしたほうがよいのではないか。そんなあれこれです。それに、必ず老《ふ》けていく恐怖にもおそわれるかもしれません。

　こうした不安は、感じたときを逃さず、考え抜いたほうがよいと思います。というのは、こうした不安は、漠然としているようで、意外に人生の根元的《こんげんてき》な問題を示唆《しさ》しているからです。なのに、あいまいなままに過ごしていると、人生がこのままなしくずしに終わってしまいそう。歳月は、すぐに経《た》ってしまうものです。

　そこで、専業主婦でいる場合、心の奥底《おくそこ》に仕事とか趣味に生きたい気持ちが潜《ひそ》んでいるのなら、いまからでも計画を立て始めるほうがよいと思います。子どもが大きくなるのを待っていては、時機を失する可能性が大きいからです。

　仕事をしている場合は、政治経済の荒波をまともにかぶるけれど、女でも男でも、自分なりの見通しをもって、身の振りかたに決着をつけ始めたほうがよいと思います。惰性《だせい》だけで仕事を続けているとつまらなくなるし、そのうち転職のチャンスを失うことにもなりかねません。もちろん、共働きでないと、家計がもたない場合には、否《いや》も応《おう》もないけれど、それでも職種や労働時間などは考えなおして悪くないはずです。

家族

母親と父親

どう母親する？

とにかく、自分なりの自然体《しぜんたい》がよいと思います。無理に「よい母親」であろうと努めると、心身ともにくたびれるし、子どもにもかえってよくない結果をもたらしそうです。

もともと、ほとんどの人が、まがりなりにも「よい母親」をやっていけるようにできているのです。なにしろ、子どもは、まぎれもなくわが身のうちにはぐくみ産み落とした存在。そのことで、母と子の関係は直接に肉体的だし、宿命的でもあります。期《き》せずして、子どもとのあいだに強い一体感を覚えるのが自然。それが、子どもを無条件に受容する慈《いつく》しみや優しさのもとになるのです。

そのうえ、およそ女性は他人に配慮し感情に敏感。そうした事情も、子どもへのこまやかな世話見《せわみ》として働くのではないかと思います。

しかし、そうはいっても、いや、そうだからこそ、母親は常にジレンマを抱えざるをえないはずです。卑近《ひきん》な話、世話見は、こまやかなほど、面倒《めんどう》くさくイヤになるもの。しかも、子どもはせっかくの世話見に逆《さか》らってくることが珍しくありません。そうなると、慈しみも優しさもどこへやら、憎らしささえこみあげてきそうです。

それに、そもそもの話、母と子は一体感が強いだけ、たがいに離れにくい関係にもなりがちです。母親は子どもをほうっておけないし、子どもは母親を追い求める。つまり、母親は、ほかならぬわが子に自由を奪《うば》われる羽目《はめ》に陥《おちい》るわけです。そこからくる束縛感《そくばくかん》が、子どもへの忌避感《きひかん》に転化《てんか》しないともかぎりません。さらに、それがまた反転して、子どもを忌避する自分への嫌悪感となり、罪の意識にさいなまれることにもなりがちです。

こうしたことは、とりわけ、家庭にいて、子育てに専念している母親が陥りやすいジレンマなのではないでしょうか。

では、そんなジレンマには、どのように対したらよいのでしょうか。基本的には、その苦しさを生きるほかはないと思います。なぜなら、ジレンマはまったく避《さ》けることはできないし、避けようとすればするほど偽善《ぎぜん》に満ちてきそうですから。

とりわけ、子どもへの否定的な感情を抑え、常に子どもを愛し、子どもに献身しようと努めることは、たいへんな偽善。それどころか、肝心《かんじん》の子どもに対して残酷でさえあります。献身的な愛は、相手への執着《しゅうちゃく》をもたらし、結果的に相手を支配する力となるからです。「こんなにしてあげているのに、あなたときたら」といったうらみ節《ぶし》が、その典型でしょう。相手が大人なら言い返しもできますが、子どもだとせいぜい泣き叫ぶだけ。母親に全面的に依拠《いきょ》しているからには、結局は言うことをきかざるをえません。こうして献身的な母親のもと、母親の思うとおりの「よい子」が作られていくわけです。

それでも、「よい子」の基準が絶対的ならまだしもですが、母親がもつ基準はかならずしも普遍的《ふへんてき》ではありません。それは当《とう》の母親が理想とする人間像にすぎないし、その裏には母親自身の育ちやパートナーとの関係がもたらす情念《じょうねん》も微妙に働いているはずです。だいいち、当の子どもにとっても「よい」かどうかは断定できないでしょう。それは、その子の気質と進路によって異なるし、社会の風潮《ふうちょう》によってもそうとうに左右されるものだからです。

そんなことから「子どものため」という献身は、一皮《ひとかわ》むけば「自分のため」にほかならない。実は自分の勝手な期待を子どもに押しつけているのに、それを「子どものため」と美化しているだけではないかとさえ思われてきます。

とすれば献身的な愛は、ほどほどにしたほうがよい。すくなくとも、それが「自分のため」ではないかという疑念は常にもっていたほうがよさそうです。

そうでないと、ついつい、子どもにまかせられず、先まわりをし、手のかけすぎになりがち。あげく、子どもは自分で判断して行動することも、困難や失敗に耐えることもできなくなりがちです。そうなったら、せっかくの献身もあだになってしまうでしょう。

ですから、母親は、本当に子どものためを考えるなら、かなりの程度、子どもをほうっておくこと、子どもに「まかせる」ことができなければと思います。そして、いったんまかせたら「待つ」こと、失敗しても「とがめない」こと。さらには、もし子どもの言い分に道理があれば、いさぎよく「負ける」こともできなければと思います。

そうしていたほうが、子どもは自負心《じふしん》とともに母親に受け入れられているという満足を得られるはず。ひいては、人間への信頼感をもて、個性や独創性を発揮しやすくもなりそうです。

ただ、その場合、もっとも悩ましいのは、子どもをおびやかすリスク、けがとか誘拐《ゆうかい》の危険などにどう対するかということでしょう。現に危険に見舞《みま》われているとき、どの程度なら助けてやるか。危険の可能性があるとき、どこまで庇護《ひご》してやるか。あまりリスクを遠ざけてばかりしていると、自分でリスクに対処する心身の才覚《さいかく》が育たない。だからといって、ほうっておきすぎれば重大な結果をまねきかねない。そのどちらをとるかは、なかなかの難問。迷うことが多いにちがいありません。

それはそのはずで、この問題には普遍的な正解などありえないのです。リスクにもいろいろな性質と程度があるし、その場の状況もさまざま。だいいち、どんなことをリスクとするかが人によって異なるし、予想できないリスクも少なくないのですから。

　とすれば、リスクに対しても、やはりジレンマを生きるほかはなさそうです。リスクにさらすこととリスクを遠ざけることとの間《あわい》で迷う。しかも多くの場合、瞬間的に決断を迫《せま》られる。当然、その結果の責任もきびしく問われる。親たるものは、そんな苦悩を避けようとするべきではないのです。

　しかし、ややもすれば、親は子どもをリスクから遠ざけるほうに傾《かたむ》きがち。とくに母親には、その傾向が強すぎるように思われます。子どもを愛するあまりに「ストーカー」のようにつきまとい、結果的

母性について

「母性」は、これまで、女性に特有のものとされてきました。つまり、女性は生まれつき子どもを慈《いつく》しむ本能をもっていると考えられてきたのです。そのために、育児は「女の天性《てんせい》」とまで言われてきました。

　しかし、その根拠があいまいだったため、近年、科学的に母性の実態を証明しようとする研究が盛《さか》んになっています。

　その最初が「母子相互作用」理論でした。これは、母と子とが、抱擁《ほうよう》や授乳などの行動を通して、たがいに形成していく「絆《きずな》」が母性の実態だとするものです。ところが、これには多くの批判が寄せられ、提唱者自身がこの絆は母子間にかぎらず父親とのあいだでも形成されると、修正をするに至りました。

　その後は、女性には「育児遺伝子」があるという説とか、授乳時の刺激で分泌《ぶんぴ》されるホルモンが母性行動を起こさせるという説などが唱《とな》えられるようになっています。ところが、これらも広く認められてはいないし、多くは動物実験を根拠にしているので、ただちに人間に当てはまるわけでもないのです。

　とにかく、そんなありさまで、いまだに母性が女性特有のものと証明されたとは言えない状態にあります。

　考えてみれば、それはそのはずで、男性でも子どもを慈しむ気持ちの強い人がいるし、授乳中の母親でも、事情によっては子どもをうとましくなることが、少なくないのが実情。むしろ、母性を女性特有のものとするほうに明らかに無理があるのです。

　ですから、母親ならば「母性」を豊かにもたなければならないなどとがんばることはない。むしろ、がんばるほうが無理を生じてよくないと思います。

　なお、3歳までは母親の手で育てないと子どもが情緒不安定《じょうちょふあんてい》になるという説もありますが、それも「3歳児神話」と言われるくらい、根拠がありません(→166ページのコラム)。

■参考になるサイト

・日本赤ちゃん学会「3歳児神話を検証する2―育児の現場から―」大日向雅美
http://www.crn.or.jp/LABO/BABY/SCIENCE/OHINATA/

■参考にしてほしい本

・ダイアン・E・アイヤー著、大日向雅美・大日向史子訳『母性愛神話のまぼろし』大修館書店

に子どもを束縛《そくばく》し、ひ弱《よわ》にしているのを見るのはつらいことです。

ですから、ここは踏んばって、どちらかといえばリスクにさらすことのほうに、比重を移してほしい。ものすごく心配でしょうが、子どものためを考えるなら、そうしなければならない。心配に耐えることは、かなり大事な親の務《つと》めではないかと思うのです。

では一方、子どもに対する否定的な感情はどうしたらよいでしょう。子どもが面倒《めんどう》とか憎らしいとか、そもそも母親であること自体がうとましいといった感情をまったく覚えない母親は、いないはずです。だからこそ、だれしも愛など肯定的《こうていてき》な感情とのジレンマを抱えざるをえないわけでした。

とすれば、こうした否定的な感情もあながち悪くはない。肯定的な感情ばかりでは、「献身的な愛」にのめりこんで、かえって子どもによくない結果をもたらしかねないからです。それに、子どもは、母親に否定的な感情をみることで、人間の複雑さへの理解を深めることもできそうです。

ですから、そうした感情は、無理して押えこんだり隠したりしないでよい。むしろ赤裸々《せきらら》に吐露《とろ》したほうがよいくらいだと思います。

たとえまったく子どもが受け入れられず、母親でいることに心底《しんそこ》耐えられなくなっても、女性失格などと自分を責めることはありません。女なら子どもをひたすら愛する「母性」があるという説は、現在では否定されているのです。そんなときは、なによりもまず休むこと。それもなるたけ長く、子どもから離れるにかぎります(→381ページ)。そして、もし根本に子どもが受け入れられない事情があるならば、それを解決することを急がなければならないのはもちろんです(→382ページ)。

どう父親する?

子どものことでは、父親は、なんとなくすわりが悪いもの。すくなくとも、母親のようには、のめり込めないのではないでしょうか。ひょっとすると疎《そ》外感《がいかん》すら感じるかもしれません。

なにしろ、子どもは自分のお腹《なか》から産んだのではないし、乳房もないのです。母親にくらべて一体感にとぼしいのもしかたありません。

いきおい、父親は、子どもとは個対個として対さざるをえない。「わが子」という想いからくるかわいさはあっても、子どもとの距離を詰《つ》めきれない。どこかに冷たさを残してしまう。そんなもどかしい立場に置かれることになりそうです。

でも、こうした親子関係は、かならずしも悪くはない。むしろ、やりかたによっては、そうとうに上質になりえます。なにしろ、惹《ひ》かれ合いながらも、個として対するわけですから。

とすれば、父親に求められるのは、なによりまず人間的な魅力だと思います。母親のような子どもとの一体性がない以上、個として惹きつけるものがないと存在感が薄くなりかねません。

いちばんいけないのは、子どもの手前だけを飾って、力を誇示《こじ》することでしょう。そんなマッチョな虚飾《きょしょく》には、子どもは寄りつくはずはありません。そのうち、実は力がないことを見抜かれて、かえって軽蔑されてしまうかもしれません。

ですから、そんな虚勢《きょせい》を張るよりも、逆に自分の地をさらしたほうがよいと思います。男には男の苦闘があり、そこには男のつらさも弱さも張りついているはず。それを隠すのではなく、ぐちるのでもなく、身ににじませている父親は十分に魅力的でありえます。

たとえ無茶《むちゃ》なことやつまらないことでも、夢中で入れ込んでいる姿には迫力があります。もちろん家族を犠牲にするほどの勝手は許されないし、できるかぎり家事や育児にも励み楽しんだほうがよいけれど、そうした節度さえ保てば魅力的でありうるでしょう。

ただ、そこに「男の色香《いろか》」とでも言うべき何かが漂《ただよ》っていたいもの。1本スジが通っているとか、どこかに凄《すご》さがあるとか、度量《どりょう》が大きいとか。そんな何かさえ漂っていれば、少々しようがない父親でも、子どもには尊敬されるにちがいありません。

同時に、子どもとは「友だち」か、せめて「先輩」というスタンスをとりたいもの。父親風《かぜ》を吹かせてばかりいる父親は、尊敬されるどころか、敬遠《けいえん》されるのがオチです。子どもと個対個として対するほかはない父親には、どこか照《て》れがあるはず。その照れ隠しのひとつが父親風なのでしょうが、それではせっかくの個対個の関係が生かされません。だからこそ、友だちか先輩のスタンスには積極的な意味があるのです。

そんなわけで、父親は子どもとは思い切り遊ぶにかぎります。甘やかしたければ、甘やかしたほうがよい。母親になじられても、ひるむことはないと思います。父親の遊びと甘やかしは、母親が厳しい場合には、その代償《だいしょう》になりえるのです。そして、遊びも甘やかしも、子どもの育ちにとって大切なことでもあるのですから（各月年齢の「親と子の暮らし」を参照）。

家族のありかた

子どもの数

子どもの数は何人がよいといった説を耳にするでしょうが、それにはとらわれることはないと思います。子どもは親が産み育てるのですから、その数はあくまで親の考えと事情で決めてよいことです。そういうことを度《ど》外視《がいし》して子づくりをすると、無理がたたって、かえって子どもたちによくない結果をもたらしかねません。

また、最近はしきりに少子化がとりざたされていますが、それにも引きずられることはないと思います。少子化は政治の問題であって、個々人が問題にすることではないからです。

メンバーの関係

子どもをめぐる母と父

母親と父親は、子どもをあいだに置くと、三角関係になりがち。どちらが、より子どもを愛しているか、子どもの面倒《めんどう》をみているか。どちらが、子どもにより好かれているか、頼《たよ》りにされているか。そんなことを争いたくなるもののようです。

そのために、相手の前で子どもとの親密さを見せつけたり、子どもの前で相手の冷たさをなじったりする。とりわけ夫婦のあいだがまずくなっているときには、子どもを自分の側に取り込もうとするかもしれません。

でも、こうした争いは、多少ともあるのが自然。子どもへの情愛のなせるわざですから、なるべく許しあい、笑ってすませるようにしたいと思います。

子どもに対する影響も、その意味で、心配することはないでしょう。子どもは、父母それぞれの心情と事情をくみとって、じょうずにかいくぐっていくもの。そして、そんな体験を経《へ》ることで、人間への理解を深め、生きるうえでの知恵をつけていくはずです。

また、母親と父親のあいだに意見の不《ふ》一致《いっち》があっても気にすることはないと思います。育児のしかたが少々違うだけでおかしくなるほど、子どもはヤワではない。かえって、そのほうがありがたいくらいでしょう。たとえば一方の親にしかられたとき、他方がなぐさめてくれれば救われます。

しかも、そうした体験を通じて、人間にはさまざまな性格と考えの人がいることを知り、状況に応じたじょうずな対処《たいしょ》のしかたを身につけていけるはずです。

そんなことから、むしろ両親の意見が常に一致しているほうが子どもには悲劇。人間の多様さどころか親の個性すら知る機会がとぼしくなりそうです。だいいち、家庭の雰囲気が窮屈《きゅうくつ》だろうし、逃げ場もなくなります。

夫婦げんかも、同じ理由で、無理に隠すことはないと思います。たとえ子どもの前では休戦しても、とっくに見透《みす》かされているもの。休戦中の冷たい戦争も、子どもに感づかれないはずはありません。夫婦とて、冷たい戦争は息苦しいし、あとでけんかのやり直しをするというのも妙なものでしょう。もちろん夫婦げんかは、子どもにとってイヤなことにちがいないけれど、意図的《いとてき》に隠されたほうが、じめじめしてよけいに苦しいのではないでしょうか。

ですから、夫婦げんかは、むしろ子どもの前でもやってしまったほうがよい。そうしてでも早く決着をつけたほうが、子どもも救われると思います。それに、ちょっと大きくなった子どもなら、仲裁《ちゅうさい》に入ってくれるかもしれません。そんなことを通して、いつわりのない夫婦と親子の関係が築かれてもいけそうです。

親と子ども

親と子どもとの関係は、ふつうタテ、つまり親が上で子どもは下と考えられているようです。確かに子どもは幼いほど未熟で、ひとりでは生きていけず、全面的に親による庇護《ひご》と教育を必要としています。その点で、タテの関係は不可欠で基本的なものであることは疑いようもありません。

もっとも、それだけ子どもは弱い立場にいるわけなので、そのことを親は気にとめている必要があると思います。そうでないと、親は居丈高《いたけだか》になって、子どもの言い分を無視し、強引にしたがわせるだけになりがちです。

しかし、子どもは、かならずしも親の下にいるだけとはかぎりません。早い話、親の言うことをきかないのはざら。逆に子どものほうから親を使うことさえ、しょっちゅうあるはずです。しかも、それを通じて、親の不覚《ふかく》や過《あやま》ちを教えてくれることも珍しくないでしょう。たとえ小さい赤ちゃんでも、泣き叫ぶことで、そうした役割を果たしているにちがいありません。

まして、少し大きくなると、子どもは親を客観的にみて批判もしだすもの。幼児が口をとがらせて放つ文句が的《まと》を射《い》ていることは少なくないはずです。

しかも、ありがたいことに、親をなぐさめてくれたり、守ってくれたり、助けてくれることすらあるのではないでしょうか。たとえば、親が悲しんでいるときに「いい子いい子」してくれるとか、忙しいときに頼《たの》まなくても手伝ってくれるとか。

意外なようですが、実は、子どもには、哲学者の鶴見俊輔が言うとおり、もともと「親性《おやせい》」といったものがあるのです。つまり、人に対して「親」の感情を抱く性質が備《そな》わっているわけです。とにかく、そうした事情が、子どもをただ庇護《ひご》され教育されるだけの存在にとどめておかないわけでしょう。

とすれば、親が、子どもと、上から下の関係ばかりでやっていこうとするのは得策《とくさく》ではない。せっかくの子どもの親性も、つぶすことになってしまいそうです。

ですから、親と子どもとは、状況に応じてヨコ並びの関係や下から上という逆の関係も取り入れるのがよい。そのほうが子どもは自負《じふ》を覚え、したがって成長もできるのではないかと思います。

きょうだい

下の子が生まれると、上の子は大なり小なり妬《や》けるもの。表向きは平静でも、内面では穏やかではないにちがいありません。そうした子の扱いには細やかな心遣《こころづか》いが必要かと思います(→92ページ)。

きょうだいげんかは「つきもの」、まったく避《さ》けることは不可能です。むしろけんかをしながら育っていくものなので、じょうずにさせる手だてを考えたほうがよいでしょう(→324ページ)。

祖父母と孫と親

子どもができると、その祖父母、つまり両方の実家とどうつきあうかが微妙な問題になるでしょう。とりわけ、子どもの面倒《めんどう》をどれだけみてもらうか、育てかたをめぐる違いをどう調整するかは、きわどい問題になるにちがいありません。

祖父母は身内なので、手伝いを頼《たの》みやすい。祖父母のほうも孫かわいさに引き受ける気になりやすい。そのために、多くの親が祖父母に助けてもらっているのでしょう。そうなるのは人情だし、なりゆき、かならずしも悪くはないと思います。

でも、それだけに、わがままになりやすいことには気をつけておかなければなりません。チャッカリばかりしていては、祖父母に迷惑をかけます。もしかすると反感を買って、かえって手伝ってもらえなくなるかもしれません。祖父母にも日々の生活と体調があるし人生の設計もあるはずですから、そこらへんは十分に配慮していたいものです。

育児のしかたをめぐる祖父母との違いには、率直《そっちょく》な態度をとるにかぎると思います。言いたいことがあったら、遠慮なく口に出す。もちろん言いかたとか言う機会は選ばなければならないけれど、口に出さないでいると反感がつのるばかりで得策ではないでしょう。

そして、意見の違いそのものについては、こだわらないようにしたい。なにがなんでも自分の主張をとおすといった態度では、祖父母から得られるものまで遠ざけてしまうかもしれません。

それは、たいへんもったいないこと。育児では経験がものをいいますから、祖父母の意見のほうがあたっていることが少なくないのです。医者に教えられた知識より祖父母の経験のほうが正しいことさえあるくらいです。ついては、祖父母は経験にもとづく意見を遠慮することなく親たちに言うべきだと思います。

一方、経験は、もちろん、どこにでも通じるわけはありません。ですから、祖父母の意見には耳を傾《かたむ》けるとしても、どうしても受け入れられないなら、そのことをはっきりと言う。とくに祖父母が意見を押しつけてくる場合には、断固として断る勇気をもつべきでしょう。

しかし、だからといって、こまかい違いまで目くじら立てることはないと思います。衣服の着せかたとか食べさせかたとかしかりかたとかは、少々の違いがあっても病気になったり性格に影響をきたしたりはしません。かえって親と祖父母のあいだで違いがあったほうがよいくらい。そのことで、子どもは人間の多様性を知ることができます。

それに、祖父母と孫とのあいだには親にはない「なにか」よいものがありそうです。祖父母の長いキャリアがもたらす人生の洞察《どうさつ》と、人に頼《たよ》らなければ生きられない子どもの不条理《ふじょうり》がからみあうからでしょうか。俗に言われるとおり、「おばあちゃん子」は優しく育つことが多いようです。これにつけ加えて「おじいちゃん子」は親に欠けるものを補《おぎな》って育つと言いたいところです。

このことでも、祖父母を遠ざけるばかりにはしないのがよい。祖父母のほうも、度を過ぎないかぎり、孫かわいがりを遠慮しないでよいと思います。

家族のかたちと育児

家族は、もっか、急速に多様化が進んでいます。それも、新しい家族のかたちが模索《もさく》される過程に入ったとさえ思われます。

少なくとも、これまでの常識を破る家族が増えてきて、メンバーの関係もタイトでなくなりつつあるのは確か。

シングルどうしの家族（事実婚）とか、シングルの親と子だけの家族（母子家庭、父子家庭）とか、ステップファミリー（離婚、再婚家族）とか、別居家族や「重婚」家族とかが、その典型でしょう。

もはや、どんなかたちが家族とは決められなくなりつつあると言えます。

こうなると、家族は、制度としてよりも、「家族」という感覚を共有するメンバーによって成立するものになってこざるをえません。

そんな状況にあっては、育児も、これまでの家族制度に沿ったワンパターンではやっていけない。そうとうに柔軟に、メンバーの個を尊重しなければならなくなると思います。

シングルの親と子の家族（母子家庭、父子家庭）

子持ちのシングルは、現代では、かなりのトレンド。世間の目など気にしないで、堂々と生きていくにかぎります。

そもそも、自分でそういう生きかたを選んだか、そういう運命になったので、いまはひたすらその道を歩むほかないのです。それに、夫婦そろっての家庭が正常で、それ以外が「欠陥」だとか「崩壊」した家庭だと言い切れるものではありません。形式上は両親がいても実質は「母子家庭」と同じというケースは多いし、片親だけで立派《りっぱ》に子育てをしている人も少なくはないのです。

むしろ、夫がいないだけにわずらわされずしっかりと育児ができたり、妻がいないためにふつうの男より生活力がついて、子どもから愛着と尊敬を受けられるくらい。そう思っておおらかに生きていくことです。そうしていれば、子どもがかわいそうなどと考える余地はないでしょう。

だいいち親は仕事をしなければ食べられないのですから、子どもには暮らしをともにする仲間になってもらったらよいのです。

片親だと、子どもの育ちに偏《かたよ》りを生じるのでは、といった心配はいりません。女にも父親の要素はあるし、男にも母親の要素は備《そな》わっています。現に、片親の子どもは、両親そろった子どもと変わらない育ちを見せているのです。非行とか犯罪の統計でも、片親の子どもに多いわけではないと言われています。

ただ、母(父)子だけだとピンチに弱いし、生活をにぎやかにするために、つきあいは広くもつようにはしたいもの。自分とは異なる性の大人とまじわることは、親子ともに得ることがあるでしょう。

とくに父子家庭の場合は、男のメンツなど捨て、人前でも堂々と家事、育児をやってのける勇気が必要。まわりからの援助はありがたく受けるとしても、それに甘えないようにしたいものではあります。

シングルどうしの家族(事実婚)

実際はいっしょに住んでいるけれど、婚姻届は出していない男女の関係は、制度にしばられないし気分的にも自由度が高いでしょう。そのぶん、それぞれの個が発揮しやすいにちがいありません。

ただ、それだけにわがままにもなりやすいので、常にたがいの身になって考えていたいもの。とくに育児については、片方だけに負担が偏《かたよ》らないよう、仕事や遊びの時間の調整を念入りにしておく必要があると思います。

また、この関係では、子どもの籍をどうするかも現実のきわどい問題になるはずです。男女どちらの籍に入れるか、それともこのさい婚姻届を出すか、そういった選択はよほど考えぬいて決めなければなりません。なにしろ、ふたりと子どもの将来の生きかたにかかわることですから(→38ページ)。

別居家族、「重婚」家族

男女が別に住まいながら、実質は家族になっている場合は、婚姻届を出しているいないにかかわらず、それぞれの自由度も独立性も非常に高いことでしょう。

しかし、子どもはどちらかに住まわせなければならないので、育児の負担が不公平にならないよう、また別に住む親が子どもと疎遠《そえん》にならないよう、工《く》夫《ふう》をこらす必要があると思います。少なくとも、しょっちゅう行き来し、別に住む親も子どもの世話に努め、育児の費用も出し合うようにはするべきでしょう。

子どもも、そのようにしていれば、母親と父親が別居していても、ちゃんと育つはずです。

ただ、別居が男女の不仲《ふなか》による場合には、できるだけ早く根本的に解決させるべきはもちろん。あいまいなままの別居を続けるのは、子どもにいいはずはありません。たとえ離婚という結果になっても、そのほうが子どもにはよいと思います。

不倫関係で、「重婚」家族になっている場合も、あいまいなままはよくない。せめて、相手に子どもを認知させ養育費も出させるべきだと思います(↓39ページ)。

ステップファミリー（離婚、再婚家族）

離婚して「ひとり親」になった場合には、とにかく助けを求めること。育児はふたりでもたいへんなのですから、ひとりだけで気張《きば》ると疲れてしまいます。

離婚はしたけれど交際だけは続けているのなら、その相手に手伝ってもらうのがいちばん。実家の親に手伝ってもらえれば、じょうずに頼《たの》むにかぎります(↓396ページ)。頼める人がいない場合には、役所で「ひとり親」支援の制度(↓422ページ)を調べて、フルに利用することです。

子どものことは心配いりません。ひとり親で十分に育ちます(↓399ページ)。

しかし、両親そろった家庭に負けまいと躍起《やっき》になるのは禁物《きんもつ》。その気負《きお》いが子どもには負担になるおそれがあります。また、別れた相手への未練《みれん》とかうらみにこだわり続けるのもよくない。雰囲気が暗くなって、子どもまでつらくさせてしまうかもしれません。

父親代わり母親代わりの人がいればよいにはちがいないけれど、それも無理して作る必要はありません。母親にも父親の要素はあるし、父親にも母親の要素はあります。また、子ども自身も成長の過程でそうした人を見つけていくものでもあります。

別れた相手が子どもと会いたがる場合、あるいは子どもが相手と会いたがる場合には、その会いかたを、頻度《ひんど》や時間や場所など、こまかく取り決めておくにかぎります。そうしておかないと、トラブルを生じて子どもに不安を与えかねません。

子連れで再婚する場合には、とにかく淡々《たんたん》としているにかぎると思います。気を遣《つか》いすぎると、子どもはかえって不審《ふしん》を抱きかねません。それより再婚するふたりが愛しあっている姿を見せているほうが、子どもは安心するもの。その雰囲気に安定感がもてるからでしょう。

また、離婚した相手をことさら悪《あ》しざまに話すのは避けるべきだと思います。子どもにとっては実の親ですから、多少の批判はよいけれど、ことさらの悪口は耐えがたいことでしょう。

なお、両方に連れ子がいる場合には、できるだけ平等に接するようにしなければならないのはもちろんです。

■参考になるサイト

・家庭問題情報センター

http://www1.odn.ne.jp/fpic/

国際結婚

国際結婚の場合は、子どもにも異なった生活様式と文化の交雑《こうざつ》のなかで生きさせてよいと思います。子どもが混乱しないようにと、どちらかに統一させたら、せっかくの異なった生活様式と文化を身近《みぢか》に体験するチャンスを奪ってしまうことになります。場面に応じてふさわしいほうを教えていれば、子どもはじょうずに使いわけるようになるものです。

ことばにしても、無理してどちらかに統一することはない。両親がそれぞれ自然に出ることばで話していても、子どもは混乱しないと思います。最近の言語学は、人間の頭脳の深層にどんな言語にも通じる普遍的文法《ふへんてきぶんぽう》がプログラミングされていることを教えています。

ただ、子どもを基本的に日本で暮らさせる計画なら、主として日本語を使うのがよいでしょう。同じく最近の言語学が、人間は、生来《せいらい》もつ普遍的文法に変形を加えて、個別言語に習熟していくことを教えています。

里親（里子）、養子縁組み（養子）

里親になったり、養子縁組みをして、他人の子どもを育てる場合でも、基本は実の子と同じでよいと思います。

実の子ではないからと気を配りすぎると、かえってギクシャクしてしまいます。なるべくリラックスして、子育てを楽しむようにしてください。

でも、だからといって、ペットみたいにかわいがるのは禁物《きんもつ》。子どもがしっかり育たないだけでなく、落ち着かなくなってしまいます。

また、里子や養子になるまでの子どもの事情には常に配慮している必要があります。そうした子どもは、実の親に捨てられたとか虐待《ぎゃくたい》されたといった心の傷を残していることが少なくありません。それに、里子や養子になるまで預けられていた乳児院など施設での体験も引きずっているでしょう。

そのために、里親や養親の家では、やたら赤ちゃんがえりをしたり、すねたり、反抗するようなことがありがちです。おそらく心の傷を癒《いや》そうとし、同時に里親や養親の愛を試しているのでしょう。

ですから、里親や養親は、そうした子どもの気持ちを受容《じゅよう》してやるのがいちばん。できるだけ抱きしめたり、言うことを聞いてやってほしいと思います。けれど、そうはいっても里親や養親も人間。子どもが重荷になったり憎くなることがないはずはありません。余裕がないときには、頭からしかりつけたり突き放したりしてしまうかもしれません。それはそれで、あってよいと思います。そうしたいらだちを無理に抑えていると、かえって子どもへの忌避感《きひかん》がたまって、よくない結果をもたらしかねないからです。

もし、子育てに行きづまり、どうしてよいかわからなくなったときは、里親や養親の仲間と話し合ったり、左記のホームページを参考にするのがよいと思います。それでも解決しなかったら、里親や養親の手続きをした児童相談所に相談することです。

■参考になるサイト

・シドさんの里親のホームページ

http://foster-family.jp/

環境と情報

環境

現代では、育児は親だけでは十全にできなくなっています。環境による影響が大きくなっているからです。

早い話、食べさせるものには、ほとんど有害な物質が含まれています。なのに、どれだけ安全な食品かは、店頭で成分の表示を見てもよくわからない。まして表示されていない成分については知りようがありません。

そのほか、住居にはおよそ有害な物質が使われているし、地域の自然環境も社会環境も日増しに悪化しています。もっと大きくは、地球全体の環境がひどく悪化しつつあるのです。それらに対しては、親の個人的な努力だけでは、どうにもならないでしょう。

こうした状況は、育児にとって深刻。たいしたことはないなどと、あなどってはならないと思います。

なにしろ、子どもは成長段階にあります。当然、有害な環境の影響を強く受けざるをえません。

まず、大人と比べて体重あたりの飲食物の摂取量と空気の吸入量が大きいので、有害物質を比較的多量に取り込みやすい。しかも、解毒《げどく》機能《きのう》が未成熟で、体内に取り込まれた有害物質が減っていく期間が大人よりも長いので、悪影響を受けやすい。そのうえ、幼い子は床や土の上をはったり、ものを口に入れるので、危険が大きい。

そして、いったん悪影響を受けると、成長につれて被害が拡大するおそれも大きいのです。

また、子どもは、社会的にも未成熟なため、危険を察知して身を守ることがむずかしい。かといって、親がいつもそばについていることは不可能でしょう。

こうした事態にどう対したらよいか。食品については関係する章でふれたので、この章では住居と地域について考えることにします。

■参考になるサイト

・ダイオキシン・環境ホルモン対策国民会議
http://www.kokumin-kaigi.org/

・環境情報センター「E－Cネット」
http://www.eic.or.jp/

住居

シックハウス症候群《しょうこうぐん》

「シックハウス症候群」というのは、住居のなかで化学物質にさらされて病気になることを言います。

そのうち保育園や幼稚園や学校などで起きるものを「シックスクール症候群」と言うこともあります。

原因となる化学物質としては、主としてホルムアルデヒドやトルエンなど建材や家具に使われているものと、有機リン系などの防虫剤に使われているものとがあります。

起きる病気としては、主に化学物質過敏症《かがくぶっしつかびんしょう》とアレルギー性疾患《せいしっかん》(→病気151ページ)があげられています。従来、喘息《ぜんそく》の原因とされてきたハウスダスト(室内のほこり、とくにダニ)より、それを防ごうと用いられる殺虫剤のほうが喘息をもたらしている可能性が大きいくらいです。

とすれば、現在病気になっていてもいなくても、そうした化学物質が使われているものを避《さ》けるにかぎります。とくに新築、改築、改装、引っ越しのときには、よく調べて、できるだけ避ける努力をしたいものです。

幼稚園については、学校保健法にもとづく「環境衛生の基準」で定期検査による化学物質の規制が定められているので、それが守られているかどうかを確かめるとよい。ただ、規制が甘いので、たとえ守られていても、化学物質過敏症を起こしているのなら厳重《げんじゅう》な対策を求めてしかるべきです。

保育園については、学校保健法が適用されないけれど、預かる子の年齢を考えれば、それ以上の規制を求めてよいはずです。

アスベスト

アスベスト(石綿《いしわた》)は中皮腫《ちゅうひしゅ》という悪性の肉腫《にくしゅ》を起こす可能性が高いので、保育園や幼稚園などの施設に使われていないか検査を要求し、使われていたら、ただちに除去してもらう必要があります。

■参考になるサイト

・化学物質過敏症支援センター
http://www.cssc.jp/

・東京都環境局「化学物質の子どもガイドライン」
http://www.kankyo.metro.tokyo.jp/chemical/chemical/kids/

電磁波

住居が高圧送電線《こうあつそうでんせん》や変電所《へんでんしょ》の近くにあるとそうとうに危険。白血病《はっけつびょう》を主とする小児ガンになるおそれが大です。ぜひ撤去《てっきょ》させるか引っ越す必要があります。

そうした危険がない場所でも、家のなかで使う家電製品には電磁波を発するものが多いので注意を要します。

とくに、電子レンジとIH式電磁調理器を使っている最中には、子どもを近づけないにかぎります。パソコンも、長時間操作するときには、子どもをずっとそばに置いておかないほうが無難《ぶなん》です。

■参考になるサイト

・ガウスネットワーク(電磁波問題全国ネットワーク)
http://www.gsn.jp/

育児用品、おもちゃ

育児用品に関しては主として71ページのコラムに、ペットについては306ページのコラムに、おもちゃに関しては月年齢ごとのコラムに述べてあります。

事故

住居内での事故については各月年齢の「気をつけたいこと」で述べてあります。

地域

環境汚染、環境破壊

環境の汚染と破壊は全国的に広がっていますが、地域によってはとくに大気や土壌《どじょう》の汚染、電磁波の危険、さまざまな産業公害が深刻なところがあります。原子力発電とか軍事基地の恐怖にさらされている地域も少なくありません。

そんな地域では、親どうし、住民どうしで手を取り合って環境の改善に取り組むことが不可欠。その努力をしなければ、子に対する親の務めを果たしているとは言えないでしょう。

しかも、環境の汚染と破壊はもはや地球規模に広がっています。オゾン層の破壊や地球温暖化などです。

となると、地域だけの対策ではどうにもならない。国レベルでも間に合わない。どうしても国際的な対策が必要になります。子をもつ親としては、そのための世論を盛り上げる努力くらいはしたいと思います。

■参考になるサイト

・日本消費者連盟
http://nishoren.net/
・原子力資料情報室
http://www.cnic.jp/

子どもへの犯罪

子どもを標的とする犯罪が親をおびやかしています。ですが、それへの対策には次のような矛盾《むじゅん》する両面がつきまとわざるをえないでしょう。

常に親がついていたいけれど、それでは過保護になるし、子どもの自由も奪《うば》ってしまいそう。

「見知らぬ人から声をかけられても無視するのよ」と言い聞かせたいし、「だれにも優しく親切に」とも教えたい。

保育園や幼稚園の門は閉ざしておきたいし、それでは地域の人たちとの交流が妨《さまた》げられてしまう。監視カメラを設置すれば、出入りする人のプライバシーを侵《おか》すことになる。

こうした矛盾は、解《と》きえないものとして悩み抜くにかぎると思います。短絡的《たんらくてき》にどっちと決めることはできないし、決めつけたら他方を排除《はいじょ》することになりますから。

そもそも、この問題の根底には経済の不況と地域社会の崩壊があります。それがいらだちと疎遠《そえん》な人間関係をもたらし、犯罪を招いているのです。ですから、そうしたことが克服されないかぎり、まったく犯罪を防ぐことは不可能と思っていたほうがよさそうです。

とすれば、小手先《こてさき》の防犯にばかり懸命《けんめい》になるのはどんなものか。そのために、自由を奪ったり、人間不信をつのらせたり、プライバシーを侵《おか》しては、あまりにも代償《だいしょう》が大きすぎます。

もちろん防犯は必要だけれど、どちらかと言えば、ゆきすぎないようにしたいと思います。

まず、いつもいつも子どもにつきまとわないよう努める。保護ばかりしていたら、自衛の知恵と技が身につきません。ひとりで戸外《こがい》に出すのが心配なら、比較的安全と思われる場所を指定して自由に遊ばせるのです。それでも、うさんくさい人とかイヤな感じの人がいるかもしれません。でも、その体験が人間の見わけかたを覚えさせてくれそうです。

しかし、どうしても心配でならないなら、遠くから見ているのがよい。もっといいのは、その場に居合わせる信頼できる知人に頼むこと。そのことで、地域の共同性も芽生《めば》えそうです。

さらには、3歳以上の子なら、危険を感じたときに逃げたり助けを求めたりする方法を日ごろから教えておくにかぎります。CAP(子どもへの暴力防止)のプログラムを取り入れるのもよいことと思います。

そして、もっと根本的には、人間の真実を教えておく必要があります。人間には善もあるけれど悪もあることを寓話《ぐうわ》とか親の体験とかで語って聞かせておく。そして、悪の面の見破りかたと対抗策をも具体的に教えておくのです。

ちなみに、そのことに関連して、いじめもけんかもあながち咎《とが》めるべきではない。多少とも「悪いこと」もさせなければ、他人の痛みがわからないし、他人の悪も見抜けそうにありません(→323ページ)。

とにかく、こうして人間の真実を知りさえすれば、子どもはむしろ基本的に人間への愛と信頼を身につけていくにちがいないと思います。

なお、門を閉ざしたり監視カメラを設置することでは犯罪は防ぎきれません。それより日頃からつきあっている地域の人々の目のほうが頼《たよ》れます。監視カメラは起きた犯罪の検挙には役立つけれど、防止には、ほとんど無力なのです。

■参考になるサイト

・CAPセンター・JAPAN
http://www.cap-j.net/

・監視社会を拒否する会
http://www006.upp.so-net.ne.jp/kansi-no/

放射能汚染と毎日の食卓

2011年の東日本大震災によって起きた福島第一原子力発電所の事故は、これまでの生活や価値観を大きく揺るがす大事件であると同時に、現在進行形で暮らしを脅かし続けています。事故はまだ収束しておらず、それどころかいまも、毎日、放射性物質を出し続けています。

事故によって漏れ出したヨウ素やセシウムなどの放射性物質は、いわゆる死の灰となり、地上のあらゆるものの上に降り注ぎました。死の灰をふくんだ雲は、雨や雪とともに放射性物質を降らせて、原発から遠く離れた地域にも、ホットスポットと呼ばれる強く汚染された地域をつくりました。農作物や魚介類の汚染は、これから数十年……いや100年、1000年か、それ以上の単位でかかえていかなければならない問題でしょう。

子どもは放射性物質に対する感受性が高く、より注意が必要だと言われています。こうしたなか東京などでも、被爆《ひばく》を恐れて飲料水や料理に使う水はもちろん、野菜や食器、手を洗う水にまでミネラルウォーターを使う家庭もあると聞きました。また水道水への不安から、小学生でも水筒を持っての登校は当たり前の光景でしたし、学校給食の汚染が心配で、お弁当を持参させたいが学校の許可が下りなくて困っているといった相談や、仕事があるお父さんを家に残して、なるべく放射線の影響の少ない地域に母子だけで引っ越すケースも珍しくありません。このように福島第一原発の事故は、家庭のありようにも多大な影響を与え続けているのです。

そして、ここまで深刻でないにしろ、毎日の食卓に心を痛めているお母さんは少なくないと思います。食事は、できるだけ汚染の少ない食品を選ぶことをこころがけるのはもちろんでしょう。

しかし、汚染されていないからと言って、輸入食品にたよったり、かたよったものばかりを食べるのも考えもの。だいいち食品添加物や残留農薬の問題は、何も解決されていません。放射線は遺伝子を傷つけることが知られていますが、その遺伝子が原因で起こる病気には、免疫に影響する症状が多くあります。残念ながら、放射線の影響を100%避けて暮らすことはできません。しかし、バランスのよい食事をこころがけたり、からだを動かす、よく眠る、たくさん笑うことなどで免疫力を高めれば、病気になるのをある程度抑えることはできそうです。

また、放射性物質の多くは水溶性のため、たとえば葉もの野菜であれば、よく洗ったり、おひたしにすることで、その影響を減らす効果があることが知られています。残留農薬を減らすのにも効果が期待できますし、このように工夫できることは、無理のない範囲で取り入れたいもの。その上で、残留農薬や食品添加物の問題もふくめて、どのような食べ物を選ぶのか、わが家のスタンスを家族で話し合ってはいかがでしょうか。病気編のコラム「放射線についての考えかた」(↓462ページ)も参考にしてください。

情報

　現代は情報社会、洪水のように流れてくる情報をどう受けとめ、どう利用するかは、かなり重要な問題です。

　とくに育児に関する情報は、実際上の知識とハウツーをもたらすので、よほど注意して取り扱う必要があります。間違った情報や現実に合わない情報を信じると、子どもにも親にも大きな被害をもたらしかねません。

　ですから、まずは、どんな権威のありそうな情報でも、頭から信じないにかぎります。現に、権威のある情報が間違っていたり虚偽《きょぎ》だったことが少なからずあるのです。

　次には、自分の体験と考えに照らし合わせて受けとめるようにしたい。自分にマッチする情報は使ってみてよいけれど、違和感のある情報は敬遠《けいえん》したほうがよさそうです。

　そもそも、育児には、だれにもどこでも通じる絶対的に正しい方法などありえないのです。育児は暮らしとしてありますから、ひとりひとりの事情によってそうとうに違うし、地域でも異なるはず。家族の構成も仕事も家計も生活様式も、さまざま。親の性質と人生観によっても変わってくるし、だいいち子どもによってひどく異なります。それらに合わない情報を取り入れると、ひどい目にあいかねません。

　とにかく、情報に接するときには、受け身ではなく、主体性をもって批判的に対することが肝要《かんよう》です。

　とりわけ、その情報は、だれが、どこから、なにを目的に、どういう態度で発しているかを見定めること。そして、そのなかから自分に適したものを取捨《しゅしゃ》選択《せんたく》することが肝要と思います。

役所の広報

　厚生労働省や自治体などの役所から流されてくる広報の類《たぐい》は、公的なだけに、無批判に信用される傾向が強いようです。

　ですが、かならずしも間違いや虚偽がないとはかぎりません。たとえ根拠があっても、ただちに個々人に通じるわけでもないのです。

　なぜなら、そうした広報はあくまで国家の意志と行政の立場から発せられるもの。国民なり住民なりを管理し啓発《けいはつ》し指導しようとするパターナリズム(父権的温情主義《ふけんてきおんじょうしゅぎ》)が本質だからです(↓12ページ)。当然、国民なり住民なりは「対象」にされるだけ。

個々人の意志と立場はないがしろにされ、まま「啓発する」といった侮辱的《ぶじょくてき》な姿勢すらうかがわれます。

　そのうえ、ややもすれば、行政が保護したい企業の利害にマッチした情報が流されがち。古くは水俣《みなまた》病《びょう》で、近くは薬害《やくがい》エイズなどで露骨《ろこつ》に示されたとおりです。そして、そうした体質は、いまなお払拭《ふっしょく》されていないのです。予防接種《よぼうせっしゅ》がその典型と言えます（→345ページ）。

　ですから、役所からの広報だからと無批判に信用しないほうがいい。もちろん、制度とか行政とかに関する「お知らせ」の類《たぐい》は見ていたほうがよいけれど、それにしても、あくまで主権者・当事者として、自分の事情や考えと照らし合わせて、取捨選択《しゅしゃせんたく》するようにするべきだと思います。

専門家の指導

　医師や保健師、心理士や保育士などから教えられる情報は、専門家であるだけに、信用しなければと思いがちでしょう。たとえ疑問を感じても、まったく無視することはできにくそうです。

　しかし、専門家といえども、間違いやいいかげんがないとはかぎりません。およそ専門家は自負心が強いですから、無知な素人《しろうと》を指導してやろうという姿勢にかたむきがち。いきおい、自分が知らないことでも、我流《がりゅう》で指導してしまう傾向がないではないのです。

　もちろん我流はまれとしても、専門家が教える情報は、ほとんどが学会とか専門誌で得たもの。つまり学術的な情報であって、育児のような暮らし向きにマッチしたものはむしろ少ない。それに、学術的と言っても、そのときどきの学会の通説にすぎません。通説かならずしも真実とは限らないのです。

　ですから、専門家に教えられた情報は、尊重しなければならないけれど、うのみにはしないほうがよい。

　親の感覚とか暮らしの知恵も卑下《ひげ》しないで、両方をつき合わせ、自分の頭で判断するようにしたいと思います。

　また、その際、専門家のなかにも通説《つうせつ》に批判的な人や親の立場に立つ人もいるので、そうした意見も参考にしたほうがよいとも思います。

育児書、育児雑誌の記事

　育児書や育児雑誌の記事がもたらす情報は、ほとんどが、そのときどきの専門家の通説《つうせつ》です。厚生労働省や文部科学省が指導するマニュアルどおりのことも少なくありません。

　ところが、それらは、かならずしも育児の実状に合うとはかぎらない。間違いや欺瞞《ぎまん》すらありうるのです（前項）。とりわけ育児雑誌の場合は、育児用品とか薬品のメーカーのコマーシャルを大量に載せていますから、それらの太鼓《たいこ》持《も》ちこそすれ、正面切った批判はできないという事情もありそうです。

　ですから、育児書とくに育児雑誌を読むときには、そうした事情に気をつけておく必要があります。

　また、そうした事情にとらわれず通説《つうせつ》にも批判的な刊行物も少なくないので、それらも参考にするのがよいと思います。もちろん、それらにも偏向《へんこう》がありえるので、その点に気をつけておく必要はありますが。

テレビ、新聞、雑誌の報道

　マスコミの報道は、育児書や育児雑誌と同様、ほとんどすべてがそのときどきの専門家の通説《つうせつ》。ニュースともなれば、たいてい厚生労働省や文部科学省の発表か、意図的に流された情報です。つまり中立なようでいて、情報源は偏《かたよ》っていることが多いのです。

　しかも、マスコミの通弊《つうへい》として、センセーショナルなことが多い。それでいて、広告主への配慮も働いていそうです。

　ですから、こうした報道にはあおられないよう気をつけたい。すぐには飛びつかず、自分の体験と照らし合わせて、よくよく考えてから取捨選択《しゅしゃせんたく》するにかぎります。

　その際、きわめてまれだけれど、通説に批判的な専門家や市民運動の意見が報道されることもあるので、それらも合わせて参考にするべきだと思います。

インターネット

　インターネットで得られる育児に関する情報は、大半が役所の広報やそれを補強する専門家の意見なので、それなりの受け取りかたが必要です（↓410ページ）。また育児用品のネットショップも多いので、そのコマーシャルにはまらない注意も必要でしょう。

　一方、インターネットだからこその情報源として、育児中の親個人のサイトが豊富だし、親どうしで情報をかわす掲示板も花盛《はなざか》り。通説《つうせつ》に批判的な市民運動と専門家のサイトも少なくありません。それらは、従来の情報の欠点と不足を補《おぎな》う貴重で簡便な情報源。おおいに利用し、発展もさせたいものです。

　ただ、インターネットの世界は玉石混淆《ぎょくせきこんこう》なので、慎重《しんちょう》に見わける必要があることは言うまでもないでしょう。

親どうし、世間のうわさ

　親どうしでかわされる情報は、とても貴重なもの。

暮らしの必要と体験にもとづいているし、お店や医者など身近《みぢか》な情報もかわされるからです。そうした情報は、役所や専門家の到底《とうてい》およぶところではありません。

ですから、おおいにおしゃべりをするのがよいと思います。ただ、そこで得た情報は、自分の考えと事情に応じて取捨選択《しゅしゃせんたく》するにかぎる。つきあいの義理で同じ情報に流されると、心ならずもの無理をしかねません。

世間《せけん》のうわさも、かなり真実を伝えるもの。けれど、直接体験した話ではないので、どうしても信憑《しんぴょう》性《せい》に欠けます。根《ね》も葉《は》もないことだったり、マスコミの受け売りだったり、尾ひれがついていたりもするでしょう。

ですから、うわさは「うわさ」として、冷静に受けとめるようにしたい。無定見《むていけん》にあおられると、思わぬ失敗を犯《おか》すことがあります。

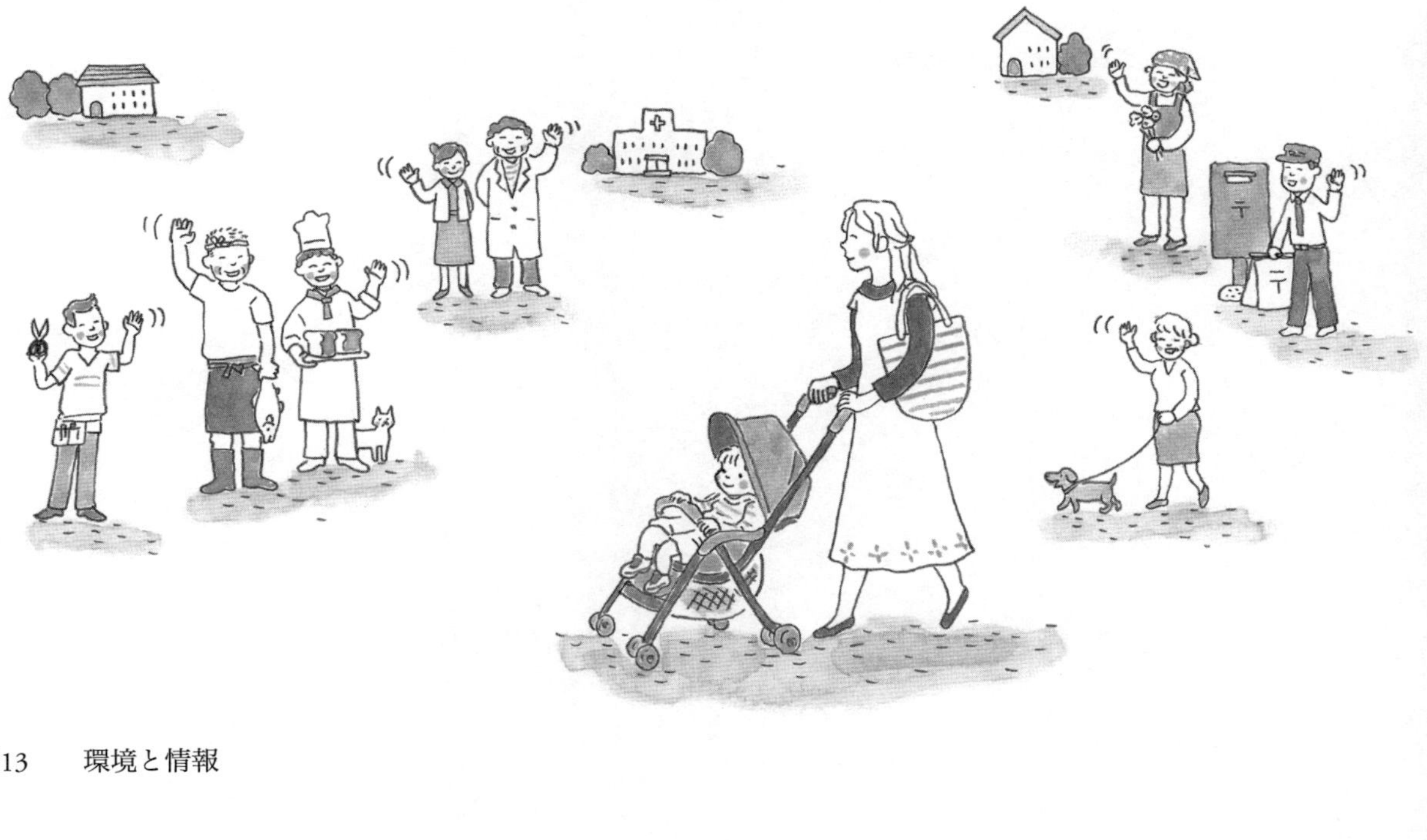

使いたい制度とサービス

妊娠、出産に関して

人工妊娠中絶(中絶)

妊娠22週未満であれば、指定医により合法的におこなうことができる。〔母体保護法〕

母子健康手帳

市区町村に妊娠の届け出をしたときに交付される手帳。妊婦の健康診査の記録や出産時の情報が記載されるほか、出産後は、子どもの健康診査、予防接種の記録などが記載される。〔母子保健法〕

産前産後の健康管理

働いている場合、妊娠23週までは4週に1回、妊娠24週から35週までは2週に1回、妊娠36週以降出産までは1週に1回、保健指導または健康診査を受けるための時間を請求することができる。

さらに、医師や助産師の指示によって、これを上まわることもできるし、出産後1年以内は、医師や助産師が保健指導または健康診査を受けることを指示したときに、必要な時間を確保することができる。

妊娠中の健康保持のため、医師や助産師から時差通勤、勤務時間の短縮、休憩時間の延長、休憩回数の増加、作業の制限、休業などの指導をされたときには、雇用主に必要な措置を要求することができる。

医師や助産師からの指示を伝えるため「母性健康管理指導事項連絡カード」を利用することも可能。〔男女雇用機会均等法〕

・厚生労働省「母性健康管理指導事項連絡カードのダウンロード」
http://www2.mhlw.go.jp/topics/seido/josei/hourei/20000401-25-1.htm

労働制限

雇用主は、妊産婦(妊娠中および産後1年まで)を、重量物を取り扱う業務、有害ガスを発散する場所における業務、そのほかの妊娠、出産、哺育《ほいく》などに有害な業務に就《つ》かせてはならない。

また、雇用主は、妊娠中の女性が請求した場合、それぞれ以下のように応じる義務がある。

*ほかの軽易な業務に転換させなければならない。
*週40時間、1日8時間の労働時間を超えて労働させてはならない。
*時間外、または休日に労働させてはならない。
*深夜業をさせてはならない。〔労働基準法〕

産前産後休暇(産休)

働いている場合、産前は出産予定日の6週前(多《た》胎《たい》の場合は14週前)から、希望する期間、休暇をとれる。産後は、出産日の翌日から8週目までの休暇が強制されている。ただし、産後6週を経過して医師が支障がないと認めた場合は就業することもできる。

妊娠4カ月(85日)以降の出産が対象となり、人工妊娠中絶、流産、死産も含まれる。休暇中の給料については、法に規定がない。

〔労働基準法〕

妊娠高血圧症候群等療養援護

妊産婦が、妊娠高血圧症候群(妊娠中毒症)、糖尿病、貧血、産科出血および心疾患に罹患《りかん》し入院をした場合、療養費の一部が助成される。ただし、入院期間、所得などの支給条件がある。市区町村窓口、保健所または福祉事務所に申請。

入院助産の実施

入院して出産する必要があるのにその費用が払えない場合、市区町村の指定病院や助産院での入院・出産費用が援助される。ただし、所得制限がある。くわしくは市区町村窓口や福祉事務所へ。

〔児童福祉法〕

出産育児一時金

健康保険に加入している人が出産した場合、子どもひとりにつき42万円が支給される(双子なら倍の84万円)。ただし、産科医療保障制度(後述)に加入していない分娩機関で出産する場合は39万円の支給となる。流産や死産の場合でも、妊娠85日以上なら支給される。被保険者の扶養を受けている妻や娘も同様。支給前に出産費が必要な場合は貸付制度もある。申請は、社会保険なら会社や健康保険組合の窓口か社会保険事務所、国民健康保険なら市区町村窓口へ。もらい忘れた場合も、出産後2年以内なら請求できる。ただし、現在では分娩機関への直接支払制度が導入され、出産育児一時金の受け取りを妊婦に代わって医療機関がおこない、退院時に窓口に出産費用を全額支払う必要がなくなっている。

〔健康保険法〕

産科医療保障制度

この制度に加入している分娩機関で生まれた赤ちゃんが、お産のときの何らかの理由で重度の障害をおった場合に補償金が支払われる制度。看護・介護のため一時金として600万円、その後分割金として20年にわたり総額2400万円、計3000万円が支払われる。先天性の要因の場合は、補償の対象外となる。またこの制度に加入している機関には、産科医療保障制度のマークが掲示されている。

出産手当金

健康保険の被保険者が、産前産後の休暇を取得したことで所得を得られなかった場合の保障として、健康保険組合から支給される。支給額は日給(標準報酬日額)の60%×産前産後の休んだ日数。ただし雇用主から給与が支給される場合は、60%とその差額分のみ支給。被扶養者は支給されない。

〔健康保険法〕

子育てに関して

児童手当

2010年から2011年にかけては「子ども手当」であったが、2012年4月からは再び「児童手当」という名称になった。

中学校修了前(15歳到達後の最初の3月31日まで)の子どもを養育している人に手当が支給される。0歳から3歳未満は一律ひとり当たり月額1万5000円、3歳から小学校修了までは月額、第1子及び第2子1万円、第3子以降1万5000円。中学生は一律1万円。ただし、所得制限があり、居住地の市区町村長(公務員の場合は勤務先)に申請して認定を受ける必要があるが、所得制限を上回っていても、子どもひとり当たり一律月額5000円支給される(ただしこれは時限的な特例給付なので、変わる可能性がある)。

〔児童手当法〕

乳児家庭全戸訪問事業(こんにちは赤ちゃん訪問事業)

生後4カ月までの赤ちゃんのいるすべての家庭を市町村から派遣された人が訪問し、さまざまな不安や悩みを聞き、子育て支援に関する情報提供をおこなう。必要な支援の提供に結び付けるとともに、赤ちゃんのいる家庭の孤立化を防ぐ。

養育支援家庭訪問事業

この事業は前述の「こんにちは赤ちゃん訪問事業」などや母子検診など、さまざまな機会で、とくに支援が必要とみなされた家庭に、引き続きケアをおこなうための事業である。育児ストレス、産後うつ病などで、子育てに不安や孤立感を抱いている家庭や、子どもの発達に不安のある家庭への訪問は優先されており、必要であれば理学療法士なども派遣される。くわしくは市区町村窓口へ。ただし、ヘルパーなどによる家事援助などは、出産後の一定期間に限られているので、早めに問い合わせること。

地域子育て支援センター事業

子育てをする親子を支えるために、育児相談や友人作り、地域の保育園や幼稚園、小児科だけでなく、さまざまな子育てに関する情報提供などをおこなう、地域の子育て支援の拠点施設。子育てサークルの支援や、一時預かりなどを実施しているセンターもある。地域や設立主体によって、事業内容はさまざまだが、基本的には親子で集まれる場であり、地域デビューの場でもある。地域の子育て関係の情報収集には、まずこの場に行ってみるとよい。最近では母子だけでなく、父子むけのさまざまなプログラムも実施されている。

ファミリーサポートセンター

子どもを預けたい人(依頼会員)と、預かる人(提携会員)が会員となり、地域で助け合う互助組織。

自分も子どもを預けたいが、預かることもできるという「両方会員」という登録もある。設立運営主体には市区町村と民間とがある。ともに利用に際しては料金が発生する。保育所や幼稚園への送迎、保育所や幼稚園の開始前・終了後の子どもの預かり、保護者が病気や所用の場合の子どもの預かりなどがおこなわれている。ただし、子どもを預けたい人に対して、預かっても良いという人が不足している状態。また介護の援助をおこなっているセンターもある。

子育て支援相談員(子育てサポーター、子育てアドバイザー)

おもに子育てや子どもの遊びかたなどについて助言や支援をするスタッフ。自治体や農協などが一定の研修のもとに養成し、組織している。親子交流の場での育児相談のほか、子育てサークルのコーディネート、子育て支援事業の企画など、名称や活動内容は運営主体により異なる。

親と子のつどいの広場

子育て中の親子を、地域で日常的にサポートする場。親子が身近で集まれる場として設置され、育児相談や地域の子育て情報の収集ができる。運営主体はさまざまで、先にあげた地域子育て支援センターより小規模であり、それぞれ開設頻度なども違う。

一時保育/緊急一時保育

子どもを一時的に保育所や乳児院で預かる制度。仕事の都合や求職活動、リフレッシュなど、理由を問わず預かる場合と、出産、病気、介護、冠婚葬祭、死亡や失踪、被災などのやむをえない事情のときのみ預かる場合とがあり、宿泊が可能なものもある。市区町村、事業主により受け入れ体制が異なる。

多機能型保育所

乳児保育、延長保育、一時保育、休日保育など、保育の機能を拡大するほか、家庭で育つ子の一時保育や子育て支援などをおこなう保育所。公立、民間ともに、しだいに増えている。

幼稚園の預かり保育

幼稚園の通常の保育時間が終わった後、そのまま夕方まで預かってくれたり、夏休みなどの長期休業期間中も保育を実施すること。3歳未満の子の保育などもあり、最近では多くの幼稚園でおこなわれている。ただし、園によって実施内容は異なっており、フルタイムの勤めにも対応したものから、短時間の預かりにしか対応しないものと、さまざまである。

ベビーシッター

保護者が疲れたとき、病気のとき、仕事や所用で出かけるときなどに、自宅に来て子どもの世話をしてくれる人。最近は、幼稚園や保育所、各種習い事への送迎など、さまざまなサービスがおこなわれている。民間の営利を目的とする事業なので、費用はかかる。運営会社の体制や方針を検討して選ばなければならないが、便利である。

働く親の子育てに関して

労働制限（↓416ページ）

産前産後休暇（↓416ページ）

出産手当金（↓417ページ）

育児休業（育休）

勤続1年以上なら、子どもが満1歳になるまで、希望する期間、仕事を休むことができる。

休業期間は、終了予定日の1カ月前（1歳以降は2週間前）までに申し出ることにより、1回のみ延長可能。

休業が認められているのは、ひとりの子につき1回だが、母親にかぎらず父親がとってもよいし、母親と父親が1回ずつ交代でとることもできる。また、母親の産後休暇中（8週間）も、父親は育児休業がとれる。また、母親が専業主婦でも父親は育児休業が取得可能。また、母親と父親の両方が育児休業を取得する場合は、子どもが1歳2カ月になるまで休業可能。さらに、保育所に入れない場合と配偶者の死亡や病気などで育児が困難になった場合には、子どもが満1歳6カ月になるまで、仕事を休むことができる。

なお、この制度は、パートタイマーでも契約社員でも、勤続1年以上で子が1歳に達する日を越えて引き続き雇用されることが見込まれる場合には、適用される。

育児休業基本給付金

雇用保険に加入していて、育児休業をとる前の2年間、月11日以上働いた日が12カ月以上あれば、休業開始時点の賃金月額の40%（2013年現在は特例で50%）が給付される。

〔雇用保険法〕

社会保険料の免除

育児休業中に給与が支払われない場合は、社会保険料（健康保険、厚生年金保険の保険料）が本人・事業主ともに免除される。

〔健康保険法〕〔厚生年金保険法〕

育児時間

子どもが1歳未満の場合には、1日2回、それぞれすくなくとも30分の育児時間がとれる。まとめて1時間とることも可能。

授乳を主として想定されているので、女性しかとれない。

〔労働基準法〕

短縮勤務

雇用主は、3歳未満の子どもを育てている労働者に、男女にかかわらず、勤務時間を短縮するか、フレックスタイムの採用、始業時刻の繰り上げ・繰り下げ、終業時刻の繰り上げ・繰り下げ、残業の免除、企業内保育所の創設、ベビーシッター利用料の補助などの制度を、選択して設けることが義務づけられている。〔育児・介護休業法〕

時間外労働の免除

小学校入学前の子どもを育てている労働者は、男女を問わず、1カ月24時間、1年150時間を超える時間外労働の免除を請求できる。〔育児・介護休業法〕

看護休暇

小学校入学前の子どもを育てている労働者は、申し出れば、1年に5日まで、病気、けがをした子どもの看護のために、休暇を取得することができる。予防接種には適応されない。〔育児・介護休業法〕

保育所(保育園)

国が定めた設置基準を満たす認可保育所と、認可外(無認可)保育所とがあるが、その違いは施設や定員によるところが主で、保育内容の優劣ではない。認可保育所にも公立と私立とがある。〔児童福祉法〕

公立は市区町村が設置するもの、私立は主として社会福祉法人によるが、株式会社、学校法人、NPOによるものも増えている。

認可外にも、自治体の助成を受け、認可に準じる施設が増えている。たとえば東京都の「認証保育所」、横浜市の「横浜保育室」など。また、国の助成を受けている駅型保育所や、企業が設立する事業所内保育所もある。

特定の経営者をおかない共同保育所は、保護者と保育者が協力して運営する点で評価されるが、減少傾向にある。

夜間の保育や宿泊を伴う保育をおこなうベビーホテルは、深夜業など親の仕事によっては便利だが、営利目的であることが多いので注意を要する。

認定こども園

親が働いていても働いていなくても子どもが通える、保育園と幼稚園をあわせた施設で、2006年から始まった。申し込みは園に直接おこなう。この施設には、①認可幼稚園と認可保育園が連携してこども園になる幼保連携型、②認可幼稚園がそのままこども園になった幼稚園型、③認可保育園がそのままこども園になった保育園型、④幼保いずれも認可も受けていない施設がこども園になった地方裁量型、以上4つの類型がある。施設によっては、2歳児までは保育園として預かり、3歳になって幼稚園に移るときに入園料が発生する場合もある。

幼稚園の預かり保育(↓419ページ)

保育ママ(家庭的保育事業)

子育て経験者、保育士、幼稚園教諭などの資格をもつ人が、その人の自宅に子どもを預かって保育する。預かる子どもは3歳まで。ひとりの保育者で子ども3人まで、2人の保育者で5人までの子どもを保育する。実施は自治体による。また、少人数で預かるため、子どもが病気になりにくいという利点がある。平成22(二〇一〇)年度から国のガイドラインが定められ、保育士の孤立化を避けるため、研修や指導員が巡回すること、さらに連携保育所を定め、定期的に保育所と交流することなども求められている。

ファミリーサポートセンター(↓418ページ)

ベビーシッター(↓419ページ)

乳幼児健康支援一時預かり事業(病後児保育、病児保育)

保育所に通っている子どもが病気の回復期にあり、集団保育が困難な期間、保育所や病院などの専用スペースにおいて一時的に預かる事業。病院や診療所が実施施設の場合、回復期に至る前の子どもを対象としても、さしつかえない。保育所に通所していない子どもや小学校低学年の子どもが利用できる施設もある。

このほかに病児・病後児専門に、地域は首都圏に限定されているが、自宅に保育者を派遣してくれる訪問型の病児保育サービスもある。NPO法人フローレンス：http://www.florence.or.jp/。ただし、このサービスを利用するには事前に登録し、実際に利用するしないにかかわらず、月額会費(共済金)は支払わなくてはならない。

いまは子育て支援制度が転換期にある。平成27年度より「子ども・子育て新支援制度」が始まる。くわしい制度内容は平成25(二〇一三)年度より討議される予定である。

■参考になるサイト

- 厚生労働省「よい保育施設の選び方　十か条」
  http://www1.mhlw.go.jp/topics/hoiku/tp1212-1_18.html
- 保育園を考える親の会
  http://www.eqg.org/oyanokai/
- 全国病児保育協議会
  http://www.byoujihoiku.net

ひとり親や障害のある親に対して

児童扶養手当

18歳年度末(18歳到達後の最初の3月31日)までの子どもを育てているひとり親世帯(母子・父子家庭)に支給される手当。子どもが一定以上の障害をもっている場合は、特別扶養手当となり20歳までが対象となる。所得による制限があり、所得に応じて減額され一部支給となるが、全額支給の場合は、児童ひとりで4万1430円であり、2人目の子どもがいるとこれに5000円加算、3人いるとさらに3000円加算となる。

また、配偶者の暴力（DV）で裁判所から保護命令が出た場合も支給される。

なお、児童扶養手当の給付を5年受けた場合は、その後、手当が減額される。だが、この5年間には児童が3歳未満の期間は算入されない。さらに、「求職活動など自立に向けた活動をおこなっている」、「実際に働いている」、「障害がある」、「就業することが困難」などの条件を満たしており、その状況について届け出をすれば、減額されない。

〔児童扶養手当法〕

児童育成手当

18歳年度末（18歳到達後の最初の3月31日）までの子どもを育てている、ひとり親家庭や両親いずれかに重度の障害のある家庭に支給される手当。自治体によって所得による制限と支給額が異なる。

ひとり親家庭等医療費助成

ひとり親家庭や両親いずれかに重度の障害のある家庭の医療費の自己負担額が、一部自己負担分を除き助成される。所得制限など自治体によって異なる。

介護人派遣事業（日常生活支援事業）

親か子どもが病気のとき、育児に疲れ切ったとき、職探しや仕事で留守にするときなどに、一時的に家事や子どもの世話をサポートする人を派遣するサービス。自治体によるものと私営のものとがあるが、問い合わせは市区町村の窓口へ。

母子生活支援施設（母子寮）

配偶者がいない女性、あるいはそれに準じる女性とその子どもを保護し、自立支援をする施設。福祉事務所に申し込み、必要と認められれば入所して生活できる。また、緊急一時保護の制度もあるので、当面の行き場を失った場合は、すぐに申し出を。

〔児童福祉法〕

■参考になるサイト

・しんぐるまざあず・ふぉーらむ

http://www.single-mama.com/

親が育てられない場合

乳児院

新生児から3歳ぐらいまでの子どもを、家族に代わり保育士や看護師、栄養士などが預かり、育てる施設。くわしくは児童相談所や福祉事務所へ。

〔児童福祉法〕

里親

親が育てられない子どもを養育することを希望していて、都道府県知事、指定都市市長により適当と認められた人に、子どもを里子にして育ててもらう制度。

〔児童福祉法〕

〈養育里親〉保護者のいない子どもや、保護者に養育させることが不適当な子どもを養育する里親。

〈親族里親〉両親など、子どもを養育する人が死亡、行方不明などになった場合に子どもを養育する、三親等以内の親族の里親。

〈専門里親〉2年以内の期間を定めて、虐待などの行為により心身に有害な影響を受けた子どもを養育する里親。

〈短期里親〉1年以内の期間を定めて、子どもを養育する里親。

〈三日里親〉児童養護施設などで生活している、親や親族の面会・外泊の少ない子どもたちを、夏休み、お正月などに迎え入れる里親。

病気、障害のある子に対して

乳幼児医療費助成

子どもの医療費の自己負担額が、一部自己負担分を除き助成される制度。対象とする年齢や支給割合、所得制限など、自治体によって異なるが、しだいに充実する傾向が強い。

養育医療給付

低出生体重児で入院が必要な場合、医療費が一部自己負担分を除き助成される。所得制限など自治体によって異なる。

小児慢性特定疾患医療費給付

悪性新生物、慢性腎疾患、慢性呼吸器疾患、慢性心疾患、内分泌《ないぶんぴ》疾患《しっかん》、膠原病《こうげんびょう》、糖尿病、先天性代謝《せんてんせいたいしゃ》異常《いじょう》、血友病《けつゆうびょう》など血液・免疫疾患、神経・筋疾患、慢性消化器疾患に対する医療費が助成される制度。病気や所得によって助成額が異なる。〔児童福祉法〕

自立支援医療（育成医療）

18歳未満の、身体に障害のある子ども、または現に疾患があってそのまま放置すると将来一定の障害を残すと認められる子どもが、指定医療機関において確実な治療効果を期待できる医療を受ける場合、自己負担額を原則1割とする制度。事前申請が必要。障害者自立支援法施行により、以前の育成医療による助成と比べて負担増となったため、経過措置として所得ごとの月当たり上限負担額が設けられている。〔障害者自立支援法〕

重度心身障害者医療費給付

障害があり一定条件を満たす場合、医療費が一部自己負担分を除き助成される。所得制限など自治体によって異なる。

障害児福祉手当

重度の障害があり、在宅で生活している子ども（20歳未満）に手当が支給される。月額1万4280円。所得制限がある。〔特別児童扶養手当等の支給に関する法律〕

特別児童扶養手当

重度の障害があり、在宅で生活している子ども（20歳未満）の保護者に手当が支給される。障害に応じて1級、2級が規定され、月額は1級5万750円、2級3万3800円。所得制限がある。

〔特別児童扶養手当等の支給に関する法律〕

ホームヘルプ（居宅介護）／デイサービス／ショートステイ（短期入所）

障害のある子どもについて、自宅や外出先での介護や家事を行政の指定業者がサポートする「ホームヘルプ」、レクリエーションや訓練を専門の施設に通っておこなう「デイサービス」、専門の施設で一定時間預かって療育《りょういく》をおこなう「ショートステイ」がおこなわれている。この3つのサービスを受ける場合、介護給付として利用料が助成される。事前の申請、自治体による審査、施設との契約など、煩雑《はんざつ》な手続きを必要とする。施設を利用する際の食費と光熱費、利用料の原則1割は自己負担。障害者自立支援法施行による負担増に対し、経過措置として所得ごとの月当たり上限負担額が設けられている。自治体によっては独自の補助をおこなっている。

〔障害者自立支援法〕

育児支援家庭訪問事業（↓418ページ）

〈2013年2月現在〉

あとがき

久しぶりの長編になった。没頭すること、3年あまり。講演とか他の大きな原稿はすべて断り、ほとんどの夜と休日をついやした。

なにしろ診療をしながらの執筆だから、床につくのは、たいてい1時か2時。トシのせいもあるが、歯がガタガタになった。目がかすんだ。

そんな仕事ぶりには、いまさらながら、自分であきれている。だいいち、冒頭の「これからの育児」に書いた「スローにするのがよい」という提案に逆らっているではないか。「せっかち」な性分とはいえ、やっぱり根を詰めすぎたようだ。

それにしても、けっこう、楽しくはあった。いわゆる「くるたのしい」日々ではあった。

人生の終わりに近く、そんな機会を与えてくれた岩波書店には、感謝のほかはない。快く共著者になってくれた山田真にも、あらためて、礼を述べなければなるまい。

そういえば、山田真とは、よくぞけんかをしなかったと思う。なにぶん、彼もぼくも、けんかっ早い。言いたいことは、ずけずけ、言うタチだ。

同じ考えを持ってはいるが、それでいて違うところだって少なくはない。この本を書くに当たっても、微妙に食い違うことが多かった。

だいいち、文体がひどく違う。文章の構造、文脈も異質だ。山田真は、話し言葉調で、読み物風に書く。いきおい、冗長になる。これに反して、ぼくは、短距離選手型、短い文章に凝縮したい。それも文学的に書きたい。そんなだいそれた美学がある。

こうした狭間に立って、編集部のかたがたは、さぞ調整に苦労されたことだろう。けんかをしないですんだのには、ふたりともどもの自制もあったが、編集部のかたがたのおかげは大きい。そのうえ、ぼくは編集には、ずけずけと文句を言いつづけた。それにも辛抱よく付き合ってくれた編集部のかたがた、とりわけ吉村弘樹さんと坂本純子さんには申し訳なく思っている。

なお、ぼく毛利が担当した「暮らし編」は、以下のことを心がけて、書いた。

1、育児を、人生の歩みのなかでの、日々の営みとして考える。

2、育児に関係する科学については、現在支配的な説に追随せず、暮らしの視点で取捨選択する。

3、子どもを、操作の対象物にはせず、「今を生きる人」としてとらえる。

4、社会や文化との関係を追求する。

5、実際に役立つ情報・知識・技術を提供する。

6、疑問や不安や迷いや悩みに対応し、判断のしかたと切り抜けかたを提供し、気持ちを楽に子育てができるようにする。

7、以上を通じて、読者が、自分で考え、社会と格闘もしながら、自分なりの育児を、編み出せるようにする。

こうして、深みのある、まったく新しいタイプの育児書にすることができたと、おこがましくも、自負している。ただ、20年前に平凡社から出した『ひとりひとりのお産と育児の本』と多少とも類似する箇所があることが気にはなっている。しかし、育児には時代を超えて変わらぬものもある以上、やむをえないこと。ご了解くださるよう。

末筆になって失礼だが、世にも素敵なブックデザインをしてくださった森本千絵さんを始めgoen°のかたがた、そして可愛くもリアルな子どもたちのイラストを多数画《か》いてくださった藤原ヒロコさんに熱い抱擁を送ります。

二〇〇七年九月

毛利子来

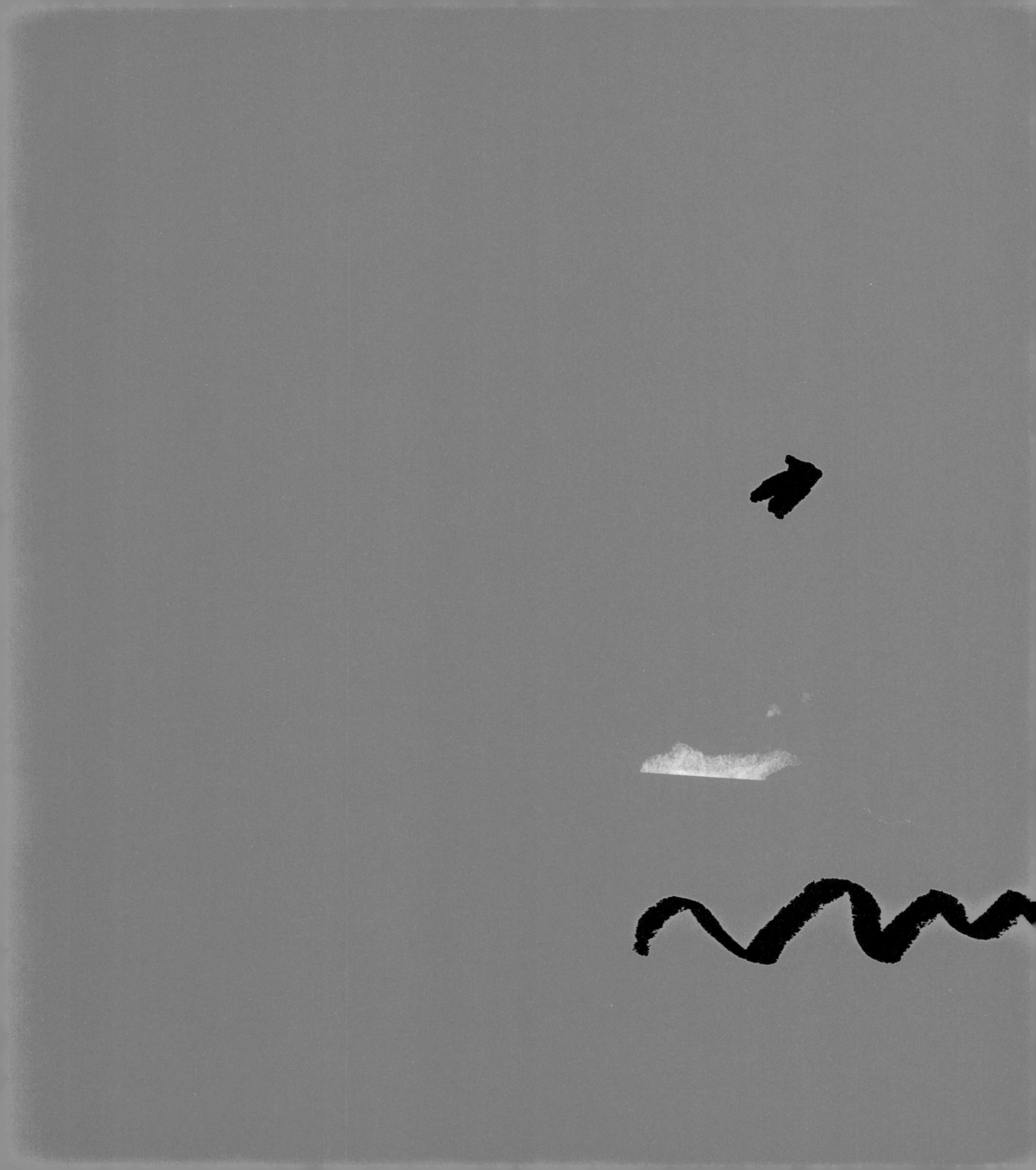

毛利子来

1929-2017年．岡山医科大学卒業．小児科医．東京都渋谷区で小児科医院を1960年に開業．雑誌『ちいさい・おおきい・よわい・つよい』編集代表．著書に，『ひとりひとりのお産と育児の本』(平凡社，毎日出版文化賞)，『赤ちゃんのいる暮らし』，『幼い子のいる暮らし』(ともに筑摩書房)など．

山田 真

1941年生まれ．東京大学医学部卒業．小児科医．八王子中央診療所で日々幅広い患者さんに接する．雑誌『ちいさい・おおきい・よわい・つよい』編集代表．著書に，『はじめてであう小児科の本』，『びょうきのほん』(ともに福音館書店)，『小児科へ行く前に —— 子どもの症状の見分け方』(監修，ジャパンマシニスト)など．

育育児典（全2冊） 暮らし編

2007年10月26日 第1刷発行
2021年 2月25日 第4刷発行

著 者 毛利子来《もうりたねき》 山田《やまだ》 真《まこと》

発行者 岡本 厚

発行所 株式会社 岩波書店
〒101-8002 東京都千代田区一ツ橋2-5-5
電話案内 03-5210-4000
https://www.iwanami.co.jp/

印刷・精興社 製本・松岳社

ISBN 978-4-00-009877-9 Printed in Japan

索　引

・この索引は、〈暮らし編〉、〈病気編〉に共通です。
・横に*がついている数字は〈病気編〉のページを、イタリックの数字は〈病気編のはじめに〉のページを、ゴシックの数字は本文の見出しに対応していることを示しています。
・索引に掲げた言葉が、示されたページのなかに、そのままのかたちで出てこない場合、その言葉に対応した記述があります。

あ

IgE-RAST …… 173*
IgA 腎症 …… **195***
亜急性硬化性全脳炎 …… **76***
アクティブ・バース …… 29
あざ …… 22*, **276***
　赤あざ …… 48
　苺状血管腫 …… **279***
　ウンナ母斑 …… 278*
　火炎状母斑 …… 279*
　サーモンパッチ …… 278*
　単純性血管腫 …… **278***
　扁平母斑 …… **278***
　ポートワイン母斑 …… 278*
　母斑症 …… **277***
　蒙古斑 …… 48, **277***
足を痛がる …… **368***
アスピリン …… 14*
アスベスト …… **406**
アスペルガー症候群 …… **352***
アセトン血性嘔吐症 …… **133***, **373***
あせものより …… **285***
遊び
　1カ月まで …… 89
　1〜3カ月 …… 114
　3〜6カ月 …… **162**
　6〜9カ月 …… **192**
　1歳半〜3歳 …… **273**
　3〜5歳 …… **307**
遊び食べ
　9カ月〜1歳半 …… **215**
遊び飲み
　1〜3カ月 …… 104
頭
　形、大きさ
　　1週間まで …… 47
　　1カ月まで …… 67
　　1〜3カ月 …… 97
　　3〜6カ月 …… 133
　　6〜9カ月 …… 175
　打ちつける(ぶつける) …… 205, **379***
　形がいびつ …… **378***
　こぶ …… **43***
　ぶつけてしまったとき …… **418***
　ふる …… **379***
アタマジラミ …… 399*
アデノイドを取る …… **104***, 297*
アデノウイルスによる胃腸炎 …… **140***
後追い …… **205**
アトピー性皮膚炎 …… 13*, **165***, **273***
アナフィラキシー …… 14*, **174***
アナフィラクトイド紫斑病 …… **124***, 194*, **201***
アプガー・スコア …… **61**
アブサンス …… **211***
アフタ性口内炎 …… 80*
甘える …… **321**
網の目状の斑点 …… 83*
あやしかた
　1カ月まで …… **88**
　1〜3カ月 …… **114**
RS ウイルス感染症 …… **100***
アルカリフォスファターゼ …… 449*
歩き始め …… **203**
アルコール→酒
アレルギー …… **151***
　アレルギー性結膜炎 …… 176*, **312***
　アレルギー性紫斑病 …… 124*, 201*
　アレルギー性鼻炎 …… 17*, 151*, **301***
　アレルギー反応 …… 153*
　花粉症 …… **176***, 301*
　食物アレルギー …… 11*, **170***
　鼻アレルギー …… **301***
　妊娠中 …… 22
　離乳食 …… **146**
アレルゲン
　3大アレルゲン …… 146

い

言うことをきかない

1 歳半～3 歳 …… **280**
3～5 歳 …… 294, **319**
胃潰瘍 …… 124*
育児休業 …… **420**
育児雑誌 …… **411**
育児支援 …… **418**
育児時間
制度 …… **420**
1～3 カ月 …… 128
3～6 カ月 …… 167
育児書 …… **411**
育成医療 …… **424**
異形リンパ球 …… 88*
いじめ …… **324**
胃食道逆流 …… 41*
いたずら
6～9 カ月 …… **180**
9 カ月～1 歳半 …… **204, 222**
1 歳半～3 歳 …… **279**
1 型糖尿病 …… 231*
苺舌 …… 90*
苺状血管腫 …… **279***
一時保育 …… **419**
胃腸炎
アデノウイルスによる胃腸炎 …… **140***
エルシニアによる胃腸炎 …… **142***
感染性胃腸炎 …… **135***
カンピロバクター胃腸炎 …… **140***
サルモネラによる胃腸炎 …… **141***
腸炎ビブリオによる胃腸炎 …… **141***
ノロウイルスによる胃腸炎 …… **138***
病原性大腸菌による胃腸炎 …… **142***
ブドウ球菌による胃腸炎 …… **142***
ロタウイルスによる胃腸炎 …… 135*, **136***
溢乳 …… 42*, 132*
一般用医薬品 …… 3*
遺伝子医療 …… **456***
遺伝子診断 …… 14, 457*, 460*
遺伝子治療 …… 457*
移動睾丸 …… 388*
いないいないばぁ …… 138
EB ウイルス感染症 …… **87***
衣服
1 カ月まで …… **79**
1～3 カ月 …… 109
3～6 カ月 …… 156
9 カ月～1 歳半 …… **225**
1 歳半～3 歳 …… **270**
3～5 歳 …… **304**
異物をのみこんだ …… **416***
医薬部外品 …… **3***
医療用医薬品 …… **3*, 4***
インスリン …… 232*
インスリンの自己注射 …… 235*
インターネット …… **412**
インターフェロン …… 76*
咽頭炎 …… **102***
咽頭結膜熱 …… **310***
陰嚢水瘤 …… 387*
インフルエンザ …… *9**, **95***
インフルエンザ菌 …… 65*
インフルエンザ菌 b 型ワクチン …… **362**
インフルエンザ脳症 …… **96***
インフルエンザワクチン …… **360**

う

ウイルス …… **70***
ウイルス性肺炎 …… **109***
ウエスト症候群 …… **213***
上の子 …… **92**
受け口 …… 199
うそ …… **325**
うつぶせ寝 …… **84**, 431*
うるおい療法 …… **424***
うんち(→「便」も見よ)
生まれたて …… **49**
1 カ月まで …… **68**
1～3 カ月 …… 97
3～6 カ月 …… 133
6～9 カ月 …… **176**
9 カ月～1 歳半 …… **200**
1 歳半～3 歳 …… **253**
運動機能
幼児 …… **293**
運動性チック …… 375*
ウンナ母斑 …… 278*

え

エアコン …… 79
英語教育 …… **376**
衛生仮説 …… 177*, 268*
AED …… **408***
栄養
妊娠中 …… 22
離乳中 …… 187, 214
幼児 …… **260**, 301
会陰切開 …… 32
壊死性腸炎 …… **237**
SIDS …… **430***
SSSS …… **284***
X 脚 …… **262***
X 線 …… 451*
妊娠中 …… **23**
ADHD …… **345***
NICU …… 231
エピネフリンの自己注射 …… 175*
エピペン …… 176*
エプロン …… 157
絵本
3～6 カ月 …… 162
9 カ月～1 歳半 …… **225**
1 歳半～3 歳 …… **275**
3～5 歳 …… 311
MR ワクチン …… **359**
MMR ワクチン …… **358**
MCLS …… 180*
LD …… **344***
LDR ルーム …… 32
遠視 …… **313***

お

黄疸

核黄疸 …… 41*
重症黄疸 …… 48
新生児黄疸 …… 48
生理的黄疸 …… 48, 40*
早発黄疸 …… 40*
長びく黄疸 …… 39*
病的な黄疸 …… 39*
母乳黄疸 …… 48, 41*
ORS …… 146*
O-157 …… 69*, 142*
嘔吐(→「吐く」も見よ) …… 130*
お絵かき …… 312
大田原症候群 …… 213*
お菓子
3〜6カ月 …… 154
9カ月〜1歳半 …… 216
お金 …… 306
O脚 …… 133, 262*
おぎょうぎ …… 317
お食い初め …… 145
臆病→こわがり
おけいこごと …… 374
おしっこ
生まれたて …… 49
1カ月まで …… 67
1〜3カ月 …… 97
3〜6カ月 …… 133
6〜9カ月 …… 176
9カ月〜1歳半 …… 200
1歳半〜3歳 …… 252
心因性頻尿 …… 197*
おすわり
3〜6カ月 …… 137
6〜9カ月 …… 178
おたふくかぜ …… 85*
おたふくかぜ生ワクチン …… 358
落ち着きがない …… 319
おちんちんいじり …… 364*
おちんちんが小さい …… 391*
おっぱい→母乳、ミルク
おっぱいが盛りあがっている …… 386*
OTC薬 …… 3*
男の子と女の子 …… 318
おどりこ→大泉門
お腹がいたい→腹痛
お腹のかぜ→胃腸炎
お話 …… 312
おぶいひも
1カ月まで …… 88
1〜3カ月 …… 112
お風呂
1カ月まで …… 80
1〜3カ月 …… 110
3〜6カ月 …… 157
病気のとき …… 27*
お風呂嫌い
1カ月まで …… 82
3〜6カ月 …… 157
おへそのジュクジュク …… 44*, 386*
おぼれたとき …… 418*
お宮参り …… 122
おむつ
1カ月まで …… 79
3〜6カ月 …… 155
布おむつ …… 79
紙おむつ …… 79
おむつライナー …… 79
おむつが赤くなる、ピンク色 …… 190*, 392*
おむつかぶれ(おむつ皮膚炎) …… 274*
おむつのお尻の部分に血 …… 392*
おむつ交換
1カ月まで …… 79
6〜9カ月 …… 188
おむつはずし
9カ月〜1歳半 …… 219
1歳半〜3歳 …… 269
おもちゃ
1〜3カ月 …… 115
3〜6カ月 …… 163
6〜9カ月 …… 193
9カ月〜1歳半 …… 224
1歳半〜3歳 …… 275
3〜5歳 …… 308
おやつ
9カ月〜1歳半 …… 216
1歳半〜3歳 …… 264
3〜5歳 …… 302
おりもの
赤ちゃん …… 48, 391*
音楽
9カ月〜1歳半 …… 223
1歳半〜3歳 …… 275
3〜5歳 …… 313
音声チック …… 375*
女の子と男の子 …… 318
おんぶ
1〜3カ月 …… 112
3〜6カ月 …… 164
おんぶひも→おぶいひも

か

開咬 …… 321*
外耳炎 …… 296*
外耳道炎 …… 296*
外斜視 …… 317*
外出(→「外に出る」も見よ) …… 26*
買いたがる …… 307
回虫 …… 397*
回転性めまい …… 298*
外用薬 …… 4*
カウプ指数 …… 134, 439*
火炎状母斑 …… 279*
下顎前突 …… 321*
核黄疸 …… 41*
顎下腺 …… 86*
学習障害 …… 344*
鵞口瘡 …… 43*, 285*, 381*
加湿器 …… 79
果汁 …… 108
過食症 …… 255*
かぜ …… 92*
お腹のかぜ …… 135*

横に*がついている数字は〈病気編〉のページを、ゴシックの数字は本文の見出しに対応していることを示しています。

　かぜ症候群 …… 92*
　のどかぜ …… 102*
　鼻かぜ …… 301*
仮性近視 …… 314*
仮性クループ …… 105*, 159*
仮性包茎 …… 389*
仮性メレナ …… 38*
かぜの華 …… 81*
画像診断 …… 451*
片づけ
　1歳半〜3歳 …… 279
　3〜5歳 …… 305
学校近視 …… 314*
家庭的保育事業 …… 421
化膿性髄膜炎 …… 222*
過敏性腸症候群 …… 18*, 121*, 123*
カフェオレ斑 …… 277*
かぶれ …… 275*
　おむつかぶれ …… 20*, 274*
　砂かぶれ …… 275*
花粉症 …… 176*, 301*
　シラカバ花粉症 …… 177*
　スギ花粉症 …… 176*, 312*
カポジ水痘様発疹症 …… 80*
髪
　1〜3カ月 …… 97
　3〜6カ月 …… 158
　9カ月〜1歳半 …… 219
　幼児 …… 219
　髪の毛がうすい …… 378*
　脱毛 …… 272*
かみあわせ …… 321*
噛みつく …… 282
蚊よけ …… 158
からだいじり …… 204, 363*
からだつき
　生まれたて …… 47
　1カ月まで …… 67
　1〜3カ月 …… 97
　3〜6カ月 …… 133
　6〜9カ月 …… 175
　9カ月〜1歳半 …… 199
　1歳半〜3歳 …… 251
　3〜5歳 …… 289
川崎病 …… 12*, 180*
感音性難聴 …… 334*
カンガルーケア …… 30
環境汚染 …… 407
環境ホルモン …… 4
間けつ性外斜視 …… 317*
看護休暇 …… 421
カンジダ …… 20*, 285*, 287*
かんしゃく …… 282
間食→おやつ
感染期間 …… 89*
感染症 …… 64*
感染性胃腸炎 …… 135*
汗腺膿瘍 …… 285*
間代性けいれん …… 211*
浣腸
　お産のとき …… 32
　便秘のとき …… 114*, 129*
かんの虫 …… 85
カンピロバクター胃腸炎 …… 140*
漢方薬 …… 15*, 17*
γ-グロブリン …… 77*, 182*

き

期外収縮 …… 184*
気管支炎 …… 106*
気管支拡張剤 …… 162*
　シール …… 5*
気管支喘息 …… 161*
偽斜視 …… 318*
キス病 …… 88*
寄生菌性紅斑 …… 287*
吃音 …… 297, 357*
キッズコスメ …… 309
気道に異物がつまった …… 415*
亀頭包皮炎 …… 390*
虐待 …… 278
CAP(キャップ) …… 408
キャリア …… 87
救急蘇生法 …… 407*
急性咽頭炎 …… 102*
急性カタル性副鼻腔炎 …… 304*
急性化膿性股関節炎 …… 263*
急性化膿性副鼻腔炎 …… 304*
急性気管支炎 …… 106*
急性喉頭蓋炎 …… 13*, 106*
急性散在性脳脊髄炎 …… 225*
急性糸球体腎炎 …… 194*
急性上気道炎 …… 92*
急性小脳失調 …… 224*
急性腎炎 …… 194*
急性中耳炎 …… 290*
急性白血病 …… 199*
急性鼻炎 …… 301*
急性扁桃炎 …… 102*
急速進行性腎炎 …… 194*
牛乳
　いつから与える …… 184
　選びかた …… 212
　飲ませかた …… 212
　アレルギー …… 146, 213, 173*
胸囲
　1〜3カ月 …… 98
　3〜6カ月 …… 136
　9カ月〜1歳半 …… 201
　1歳半〜3歳 …… 252
　2〜6歳 …… 291
行儀 …… 317
矯正治療 …… 321*
きょうだい …… 396
蟯虫 …… 397*
強直性けいれん …… 211*
胸痛 …… 158*
拒食症→神経性食欲不振症
巨大結腸症 …… 57*
起立性タンパク尿 …… 193*
起立性調節障害 …… 186*
緊急一時保育 …… 419
近視 …… 313*

きんたまが大きい **386***
きんたまがおりていない **388***
緊張性頭痛 10*

く

ぐず
　3〜5歳 **322**
薬
　一般用医薬品 **3***
　医薬部外品 **3***
　医療用医薬品 **3*, 4***
　OTC薬 **3***
　外用薬 4*
　漢方薬 15*, **17***
　体質改善薬 155*
　のませる工夫 **6***
　のむ時間 **8***
　副作用 3*, **11***
　妊娠中 **23**
　授乳中 74
口に入れる
　3〜6カ月 138
口のなかの白い苔 **43***, 285*, **381***
口のまわりの汚れ
　1カ月まで 83
靴
　歩き始め **226**
　幼児 **270**
クーハン
　1カ月まで 88
　1〜3カ月 114
首すわり **137**
くり返し起こる頭痛 **370***
くり返し起こる腹痛 **121***, 187*, **367***
クループ **105***, 159*

け

計画分娩 30
経口電解質液 146*
経口保水液 146*
携帯用吸入器 163*
鶏卵アレルギー **173***
けいれん **73***, 135*, **205***
　間代性けいれん 211*
　強直性けいれん 211*
　新生児けいれん **38***
　熱性けいれん 73*, **205***
　憤怒けいれん **218***
けが **90**
けがの処置 **424***
下血 124*
血液型不適合 40*
結核性髄膜炎 **223***
血管運動性鼻炎 **303***
血管腫 22*, 87*
血管性紫斑病 201*
血小板減少性紫斑病 74*, **200***
欠神発作 **211***
血中抗体 340
血尿 **189***
　顕微鏡的血尿 189*, 447*
　肉眼的血尿 189*, 447*
　微少血尿 191*
　無症候性血尿 191*
　良性家族性血尿 **193***
血便 150*
げっぷ **55**
結膜炎 **309***
　アレルギー性結膜炎 176*, **312***
　細菌性結膜炎 **311***
　新生児結膜炎 **310***
　流行性結膜炎 **310***
結膜下出血 308*
ケフラール 14*
ゲーム **311**
下痢 *7**, **125***
けんか
　1歳半〜3歳 283
　3〜5歳 **323**
健康診断 **434***
原虫 **67***
顕微鏡的血尿 189*, 447*

こ

抗ウイルス薬 *9**, 70*, 79*
構音障害 **356***
口蓋裂 56
睾丸炎 86*
抗ガン剤 79*
交換輸血 41*
高機能自閉症 350*
後期貧血 **203***
抗菌グッズ 68*
口腔内アレルギー症候群 **176***
高血圧 9*
抗原(→「アレルゲン」も見よ) 152*
抗原抗体反応 153*
膠原病 13*
交叉視 317*
甲状腺 228*
　甲状腺ガン **245***
　甲状腺機能亢進症 184*, 228*
　甲状腺機能低下症 184*, 228*
　慢性甲状腺炎 **245***
甲状腺ホルモン T_3, T_4 229*
甲状腺ホルモン不足 245*
口唇型 79*
抗真菌薬 70*
口唇裂 56
抗生物質 68*
光線療法 233, 41*
抗体 76*, 152*
後天性の心臓病 178*
後天性非調節性内斜視 317*
後頭部がはげている 97, **378***
後頭部のリンパ節 74*
高年初産 **7**
広汎性発達障害 350*
抗ヒスタミン剤 12*
肛門が切れた 392*, 396*
抗利尿ホルモン 230*, 237*
高齢出産 7
股関節炎 **262*, 263***

横に*がついている数字は〈病気編〉のページを、ゴシックの数字は本文の見出しに対応していることを示しています。

急性化膿性股関節炎 …… **263***
単純性股関節節炎 …… **262***
股関節脱臼 …… **259***
呼吸窮迫症候群 …… 60*
呼吸性不整脈 …… **186***
「呼吸の木」 …… 157*
国際結婚 …… **401**
極低出生体重児 …… **60***
子育て支援 …… **418**
ごっこ遊び …… **293**
骨髄性白血病 …… 199*
ことば
6～9カ月 …… **182**
9カ月～1歳半 …… **207**
1歳半～3歳 …… **256**
3～5歳 …… **295**
ことば遊び …… **298**
ことばの遅れ …… **258**, **355***
ことばの障害 …… **354***
子ども園 …… 368
子どもへの犯罪 …… **407**
コプリック斑 …… 75*
鼓膜切開 …… **294***
鼓膜チューブの留置 …… 295*
コリック …… 116
コレステロール …… 251*, 449*
こわがり
9カ月～1歳半 …… 205
1歳半～3歳 …… **255**, **284**
3～5歳 …… **323**
婚姻届 …… 38
混合栄養→ミルクを足す
コンタクトレンズ …… 316*

さ

臍炎 …… **44***
細気管支炎 …… **99***
細菌 …… **67***
細菌性結膜炎 …… **311***
細菌性耳下腺炎 …… **87***
細菌性肺炎 …… **108***
再婚 …… **400**
再生不良性貧血 …… 202*
臍疝痛 …… 122*, 368*
催乳感覚 …… 53
臍ヘルニア …… **395***
逆子 …… 18
逆さまつ毛 …… **380***
搾乳→母乳のしぼりかた
酒
妊娠中 …… **22**
授乳中 …… 74
座産 …… 30
里親 …… **401**, **423**
里帰り出産 …… **31**
里子 …… **401**
サーモンパッチ …… 278*
サルモネラによる胃腸炎 …… **141***
産科医療保障制度 …… **417**
3カ月コリック …… 116
産休 …… **416**
産後
家事 …… 92
疲れ …… 92
セックス …… **93**
落ち込んだとき …… **94**
床上げ …… 129
3歳児神話 …… 166, 391
三種混合ワクチン …… **352**, 112*
産前産後休暇 …… **416**
3大アレルゲン …… 146
散布期間 …… 89*
産瘤 …… 47

し

ジアノッチ症候群 …… **84***
ジアノッチ病 …… 84*
自慰 …… **299**
シェーンライン－ヘノッホ紫斑病 …… 194*, 201*
紫外線 …… 193
耳下腺 …… 86*
自家中毒 …… **133***, **373***
時間治療 …… **9***
糸球体腎炎 …… 192*, **194***, 195*
自己注射 …… 235*
事故防止 …… **402***
事実婚 …… **399**
自主保育 …… 373
自主幼稚園 …… 373
思春期やせ症 …… 255*
視床下部 …… 31*
自然治癒力 …… 8*, 71*
自宅分娩 …… 31
舌足らず …… **297**
七五三 …… **304**
シッカロール …… 82
シックスクール症候群 …… 406
シックハウス症候群 …… **405**
しつけ
9カ月～1歳半 …… 223
1歳半～3歳 …… **276**
3～5歳 …… **317**
失語症 …… **358***
湿疹
脂漏性湿疹 …… 167*, **272***
乳児湿疹 …… 167*, **272***
薬疹 …… **13***
質問年齢 …… 296
質問魔 …… **296**
失立発作 …… 214*
CT …… 451*
児童育成手当 …… **423**
自動症 …… 212*
児童手当 …… **418**
児童扶養手当 …… **422**
歯肉口内炎 …… **80***
歯肉に白いかたまり …… **322***
紫斑 …… 201*
紫斑病 …… **200***
アナフィラクトイド紫斑病 …… **124***, 194*, **201***
アレルギー性紫斑病 …… 124*, 201*

血管性紫斑病 201*
血小板減少性紫斑病 74*, **200***
シェーンライン－ヘノッホ紫斑病 124*, 194*, 201*
紫斑病性腎炎 **194***
ジフテリア *10**
自閉症(→「発達障害」も見よ) **350***
弱視 **316***
斜頸 **258***
斜視 **317***
外斜視 317*
間けつ性外斜視 317*
偽斜視 **318***
上斜視 317*
内斜視 317*
後天性非調節性内斜視 317*
先天性内斜視 317*
調節性内斜視 317*
非調節性内斜視 317*
シャーマニズム 16*
周期性嘔吐症 134*, **373***
「重婚」家族 **399**
周産期医療システム **29**
重症黄疸 48
修飾麻しん **76***
重度心身障害者医療費給付 **424**
十二指腸潰瘍 124*
絨毛検査 **13**
宿主 70*
ジュース 109
出血性膀胱炎 191*, 447*
出血斑 199*
出産育児一時金 **417**
出産手当金 **417**
出産予定日 **14**
出生届 38, **64**
出生前診断 **11, 342*, 457***
授乳
生まれたて **53**
1カ月まで **72**
1〜3カ月 101
3〜6カ月 140
6〜9カ月 183
むせる 72
授乳中の母親
アルコール(酒) 74
薬 74
食事 74
タバコ 74
腫瘍 **87***
春季カタル **312***
純粋小発作 **211***
障害児
育てかた **247, 330, 331, 328***
障害児福祉手当 **424**
障害をもつ子どもの療育 **359***
上顎前突 321*
上気道炎 **93***
小球形ウイルス 139*
しょう紅熱 *12**, **88***, 103*, 188*
常在菌 68*
硝酸銀 282*
上室性期外収縮 185*
上斜視 317*
小児バリ 17*
小児斑 48
小児肥満症 251*
小児まひワクチン **351**
小児慢性特定疾患医療費給付 **424**
小児良性発作性めまい **299***
小脳失調 **224***
上皮真珠 322*
情報 **410**
睫毛内反症 380*
初期嘔吐 131*
除去食 **172***
除菌効果 69*
食事
病気のとき **28***
食事のマナー **261**
食道閉鎖 383*
食物アレルギー 146, 11*, **170***
牛乳アレルギー **173***
鶏卵アレルギー **173***
大豆アレルギー **171***
ピーナッツアレルギー 172*
食欲増進作用 12*
助産院 31
ショートステイ **425**
徐脈 **183***
シラカバ花粉症 **177***
しらくも 286*
シラミ **399***
自律授乳 57
視力
1歳半〜3歳 **253**
耳瘻(孔) 379*
脂漏性湿疹 167*, **272***
心因性嘔吐 **134***
心因性頻尿 197*
腎炎 *12**, 91*
急性糸球体腎炎 **194***
急性腎炎 **194***
急速進行性腎炎 194*
紫斑病性腎炎 **194***
慢性腎炎 **195***
真菌 **67***
寝具 **84**
神経芽腫マススクリーニング 435*
神経性過食症 255*
神経性食欲不振症 255*
人工栄養→ミルク
人工呼吸 **410***
人工授精 5
人工妊娠中絶 **416**
心雑音 **51***, 439*
心室性期外収縮 185*
心室中隔欠損 **54***
真珠腫 322*
滲出性中耳炎 **295***
新生児一過性多呼吸 **37***
新生児黄疸 48
新生児仮死 **36***

横に*がついている数字は〈病気編〉のページを、ゴシックの数字は本文の見出しに対応していることを示しています。

新生児けいれん 38*
新生児結膜炎 310*
新生児細菌感染症 38*
新生児集中治療室 231
新生児マススクリーニング 437*
新生児メレナ 37*
腎性尿崩症 237*
真性包茎 389*
心臓に雑音 51*, 439*
心臓病
　後天性の心臓病 178*
　先天性の心臓病 47*, 178*
　　心室中隔欠損 54*
　　心房中隔欠損 54*
　　動脈管開存 35*, 54*
　　肺動脈閉鎖症 55*
　　ファロー四徴症 55*
心臓弁膜症 91*
心臓マッサージ 410*
迅速診断 444*
身長
　1 カ月まで 68
　1〜3 カ月 98
　3〜6 カ月 135
　6〜9 カ月 177
　9 カ月〜1 歳半 201
　1 歳半〜3 歳 251
　2〜6 歳 290
陣痛 27
陣痛促進剤 32
心電図 451*
心房中隔欠損 54*
じんましん 270*
新ラマーズ法 30

す

膵炎 86*
水腎症 58*
水中出産 30
水痘 77*
水頭症 335*
水痘・帯状疱疹ウイルス 77*
水痘生ワクチン 359
水痘脳炎 224*
水分
　1〜3 カ月 108
　与えかた 30*
髄膜炎 87*, 220*
　化膿性髄膜炎 222*
　結核性髄膜炎 223*
　無菌性髄膜炎 220*
睡眠→眠りかた
睡眠時間
　1 歳半〜3 歳 268
「睡眠時の儀式」 366*
睡眠時ミオクロニー 214*
睡眠時無呼吸 104*
頭蓋内出血 237, 419*
スギ花粉症 176*, 312*
好き嫌い
　3〜6 カ月 148
　6〜9 カ月 187
　9 カ月〜1 歳半 215
　1 歳半〜3 歳 262
スキンケア 167*
　1 カ月まで 83
頭痛
　緊張性頭痛 10*
　くり返し起こる頭痛 370*
　片頭痛 371*
ズック靴皮膚炎 275*
ステップファミリー 400
ステロイドの副作用 13*
ストーブ 90
砂かぶれ 275*
スナグリ 112
すねる
　1 歳半〜3 歳 281
　3〜5 歳 320
スポーツ 374
スミスリンパウダー 400*
スリング 87

せ

性器いじり 299
性器型 80*
性教育 377
生菌製剤 145*
精神運動発作 212*
成長障害 238*
成長痛 187*, 369*
成長ホルモン不足 242*
整復 118*
性への関心 298
生理的黄疸 48, 40*
生理的嘔吐 42*
せき 156*
赤痢 11*
ゼーゼーいう 42*, 160*
舌下腺 86*
舌小帯が短い（舌小帯短縮） 56, 44*, 382*
摂食障害 255*
接触皮膚炎（→「かぶれ」も見よ） 275*
節約遺伝子 236*
セフェム系 13*
染色体 340*
染色体異常 247*, 340*
喘息 5*
　気管支喘息 161*
　難治性喘息 164*
選択的中絶 342*, 458*
先天性股関節脱臼 259*
先天性歯 319*
先天性水腎症 58*
先天性喘鳴 42*
先天性胆道閉鎖症 56*
先天性内斜視 317*
先天性の心臓病 47*, 178*
先天性風疹症候群 23
腺熱 88*
全般性強直間代発作 211*
全般発作 211*

扇風機 …… 79
潜伏感染 …… 73*, 78*
潜伏期 …… 75*
潜伏期間 …… 89*
尖兵ポリープ …… 396*
喘鳴 …… **160***
　先天性喘鳴 …… 42*

そ

添い寝
　1カ月まで …… **86**
　6〜9カ月 …… **188**
早期教育 …… **375**
早期貧血 …… **203***
早期母子接触 …… 30
早産児 …… **232**
叢生 …… 321*
双生児 …… **240**
早朝高血圧 …… 9*
早発黄疸 …… **40***
即時型アレルギー …… **174***
側頭葉てんかん …… **212***
側彎健診 …… 436*
そ径ヘルニア …… 387*, **393***
卒乳→母乳のやめかた
外に出る
　1カ月まで …… **89**
　病気のとき …… **26***
ゾビラックス …… 79*
祖父母 …… **396**
ソフロロジー法 …… 30

た

ダイアップ …… 208*
体育 …… **374**
体位性タンパク尿 …… 193*
ダイオキシン …… 22, **147**, **187**
体温調節中枢 …… 31*
体外受精 …… 5
胎教 …… **25**
胎児循環 …… **34***
胎児診断 …… **11**
体質改善薬 …… 155*
体重
　生まれたて …… 49
　1カ月まで …… 68
　1〜3カ月 …… 98
　3〜6カ月 …… 134
　6〜9カ月 …… 177
　9カ月〜1歳半 …… 201
　1歳半〜3歳 …… 251
　2〜6歳 …… 290
帯状疱疹 …… 77*
大豆アレルギー …… **171***
耐性菌 …… 95*
大泉門
　生まれたて …… 47
　3〜6カ月 …… 133
　1歳半〜3歳 …… 251
代替医療 …… **15***
体罰 …… **277**
体部白癬 …… **286***
胎便吸引症候群 …… **37***
大発作 …… **211***
ダウン症 …… 7, **341***, 460*
唾液腺炎 …… 85*
たかいたかい …… 114
抱きかた
　1カ月まで …… **87**
　1〜3カ月 …… **112**
抱きぐせ
　1カ月まで …… **88**
　1〜3カ月 …… **113**
多胎児 …… **240**
たたく …… **282**
ダダをこねる
　1歳半〜3歳 …… **281**
　3〜5歳 …… **320**
立ち会いお産 …… 30
抱っこひも
　1カ月まで …… 88
　1〜3カ月 …… 112
脱水 …… 79*
脱水症 …… 5*
脱腸 …… **393***
脱毛 …… **272***
多動児 …… 345*
ターナー症候群 …… **247***
タバコ
　妊娠中 …… **22**
　授乳中 …… 74
食べかたにむら
　9カ月〜1歳半 …… **214**
　1歳半〜3歳 …… **262**
食べすぎ …… **263**
食べちらかし
　9カ月〜1歳半 …… **215**
　1歳半〜3歳 …… 263
食べない
　9カ月〜1歳半 …… **214**
　1歳半〜3歳 …… **262**
打撲 …… **420***
卵アレルギー …… **173***
タミフル …… 98*
単純性血管腫 …… **278***
単純性股関節炎 …… **262***
単純ヘルペスウイルス感染症 …… **79***
誕生日 …… **227**
男性不妊症 …… 86*
断乳→母乳のやめかた
タンパク尿 …… **193***
　起立性タンパク尿 …… 193*
　体位性タンパク尿 …… 193*
暖房 …… 79

ち

チアノーゼ …… **50***
知恵おくれ→知的障害
蓄膿症 …… **304***
乳首（人工） …… **76**
乳首（乳房）
　痛い …… 58
　噛まれる …… **184**

横に*がついている数字は〈病気編〉のページを、ゴシックの数字は本文の見出しに対応していることを示しています。

陥没乳頭…… 55
扁平乳頭…… 55
地図みたいな舌(地図舌)…… **385***
膣炎…… 392*
チック…… **374***
運動性チック…… 375*
音声チック…… 375*
窒息
赤ちゃん…… **90**
子どもの事故…… **402***
知的障害…… **336***
知能指数…… 338*
血の止めかた…… **413***
ちび飲み…… 85
乳房
痛い…… 73
噛まれる…… 184
手当…… **73**
ふくませかた…… **54**
マッサージ…… 56
チャイルド・シート…… 160
着床…… 15
注意欠陥／多動性障害…… **345***
中耳炎…… *8**, **289***
急性中耳炎…… **290***
滲出性中耳炎…… **295***
反復性中耳炎…… 297*
虫垂炎…… **118***
中枢性尿崩症…… 237*
中絶…… **416**
中毒 110 番…… 418*
肘内障…… **263***
腸炎
壊死性腸炎…… **237**
腸炎ビブリオによる胃腸炎…… **141***
超音波検査…… **11**
腸管出血性大腸菌…… 143*
腸重積症…… *13**, **117***
調節性内斜視…… 317*
超低出生体重児…… **60***
腸内細菌…… 12*, 68*
聴力
1 歳半〜3 歳…… **253**
聴力の程度…… 334*
散らかし…… **278**

つ

使い捨てカイロ…… 90
つかまり立ち
6〜9 カ月…… **180**
9 カ月〜1 歳半…… **201**
突き倒す…… **282**
つたい歩き…… **202**
爪…… 83
爪かみ…… **364***

て

手足が冷たい…… **393***
手足口病…… *12**, **81***, 276*
DNA 診断…… **14**
デイサービス…… **425**
低出生体重児…… **232**, **60***
低身長…… **238***
DT ワクチン…… **354**
DPT ワクチン…… **352**
DPT-IPV ワクチン…… **352**
剃毛…… 32
停留睾丸…… 388*
テオフィリン…… 15*
デスモプレシン…… 238*
鉄欠乏性貧血…… **202***
出っ歯…… 199, 321*
出べそ…… **395***
テレビ
1〜3 カ月…… **124**
6〜9 カ月…… 194
9 カ月〜1 歳半…… **224**
1 歳半〜3 歳…… **274**
3〜5 歳…… **310**
テレビてんかん…… 217*
伝音性難聴…… 334*
添加物…… 147
てんかん…… **209***
側頭葉てんかん…… **212***
テレビてんかん…… 217*
点頭てんかん…… **213***
光過敏性てんかん…… 217*
ローランドてんかん…… **215***
電気あんか…… 90
電気毛布…… 90
電磁波…… **406**
点状出血…… 201*
伝染性感染症…… 64*
伝染性紅斑…… **82***
伝染性単核症…… **87***
伝染性軟属腫(→「水いぼ」も見よ)…… **279***
伝染性膿痂疹…… **282***
伝染病…… 64*
点頭てんかん…… **213***
転落
赤ちゃん…… **90**
子どもの事故…… **402***

と

トイレットトレーニング→おむつはずし
頭囲
3〜6 カ月…… 136
9 カ月〜1 歳半…… 201
1 歳半〜3 歳…… 252
2〜6 歳…… 291
登園拒否…… **371**
頭血腫…… 47, **43***
糖尿病…… 197*, **231***
1 型糖尿病…… 231*
2 型糖尿病…… 232*, **236***
動物にかまれたとき…… **422***
頭部白癬…… **286***
動脈管開存…… 35*, **54***
トゥレット障害…… **375***
トキソイド…… 337
特異性言語発達障害…… 355*
特発性成長ホルモン分泌不全…… **242***

特別児童扶養手当 …… **425**
独立期 …… 255
突然死 …… **430***
突然変異 …… 71*, 457*
突発性発疹 …… 32*, 65*, **72***
吐乳→吐く
とびひ …… **282***
どもり→吃音
ドライシロップ …… 6*
トリコチロマニア …… 272*
トリプルマーカー・テスト …… **13**
トレーニングパンツ …… 270
頓服 …… 145*

な

内斜視 …… 317*
内分泌疾患 …… 227*
長びく黄疸 …… **39***
泣き入りひきつけ …… **218***
泣く
　生まれたて …… 52
　1カ月まで …… **85**
　1〜3カ月 …… **115**
　3〜6カ月 …… 139
　6〜9カ月 …… 181
　9カ月〜1歳半 …… 205
　1歳半〜3歳 …… 254
生ワクチン …… 337
涙が出やすい …… **308***
喃語 …… 138
軟骨無形成症 …… **246***
難治性喘息 …… 164*
難聴 …… 295*, **334***
　感音性難聴 …… 334*
　伝音性難聴 …… 334*

に

2型糖尿病 …… 232*, **236***
肉芽腫 …… 44*, 386*
肉眼的血尿 …… 189*, 447*
二次性乳糖不耐症 …… 128*
二種混合ワクチン …… **354**
日本脳炎ワクチン …… **360**
入院助産の実施 …… **417**
乳児院 …… **423**
乳児湿疹 …… 167*, **272***
乳児白色便性下痢症 …… 136*
乳糖不耐症 …… **148***
乳幼児医療費助成 …… **424**
乳幼児突然死症候群 …… **430***
入浴(→「お風呂」も見よ) …… **27***
尿沈渣 …… 191*
尿毒症 …… 143*
尿の回数 …… **197***
尿崩症 …… 197*, **237***
　腎性尿崩症 …… 237*
　中枢性尿崩症 …… 237*
尿路感染症 …… 59*, 197*
妊娠高血圧症候群等療養援護 …… **417**
妊娠中の薬 …… **23**
認定こども園 …… **421**

ぬ

盗み …… **326**

ね

寝返り
　3〜6カ月 …… **137**
　6〜9カ月 …… **177**
寝かせかた
　1カ月まで …… **83**
　1〜3カ月 …… **115**
　3〜6カ月 …… **158**
　6〜9カ月 …… **188**
　9カ月〜1歳半 …… **217**
　1歳半〜3歳 …… **267**
　3〜5歳 …… 303
熱射病 …… **412***
熱性けいれん …… 73*, **205***
熱せんもう …… 97*
熱中症 …… **412***
ネフローゼ症候群 …… **196***
眠りかた
　1カ月まで …… 69
　1〜3カ月 …… 98
　3〜6カ月 …… 138
　6〜9カ月 …… 188
　9カ月〜1歳半 …… 200
　1歳半〜3歳 …… 253
　3〜5歳 …… 303

の

脳炎 …… 31*, 74*, 76*, **223***
　水痘脳炎 …… **224***
　風疹脳炎 …… **224***
　麻しん脳炎 …… **224***
脳血管障害 …… **219***
脳症 …… 31*, **225***
　インフルエンザ脳症 …… **96***
　ビリルビン脳症 …… **41***
　ライ症候群 …… 98*
脳性まひ …… **330***
脳波 …… **226***
脳波検査 …… **207***
のどかぜ …… **102***, 190*
ノロウイルスによる胃腸炎 …… **138***

は

歯
　3〜6カ月 …… 133
　6〜9カ月 …… **175**
　9カ月〜1歳半 …… **199**
　1歳半〜3歳 …… **251**
　3〜5歳 …… **289**
　色 …… **320***
　かみあわせ …… **382***
　　開咬 …… 321*
　　下顎前突 …… 321*
　　上顎前突 …… 321*
　　反対咬合 …… 321*
　　不正咬合 …… **321***
　健康診断 …… **266**
　先天性歯 …… 319*

横に*がついている数字は〈病気編〉のページを、ゴシックの数字は本文の見出しに対応していることを示しています。

歯ならび …… 200, **321***
　矯正治療 …… 321*
　叢生 …… 321*
肺炎 …… _8_*, 76*, **107***
　ウイルス性肺炎 …… 158*
　細菌性肺炎 …… **108***
肺炎球菌ワクチン …… **362**
敗血症 …… 237
肺動脈閉鎖症 …… **55***
はいはい
　6〜9 カ月 …… **178**
　9 カ月〜1 歳半 …… **201**
背部叩打法 …… **415***
ハイムリッヒ法 …… **416***
歯ぎしり …… 200, **322***
吐く …… **130***
　1 カ月まで …… **68**
　1〜3 カ月 …… 97
　3〜6 カ月 …… 133
　アセトン血性嘔吐症 …… **133***, 373*
　溢乳 …… 42*, 132*
　初期嘔吐 …… 131*
　心因性嘔吐 …… **134***
　生理的嘔吐 …… 42*
麦粒腫 …… **312***
はげ …… 97, **378***
はしか …… 26*, **75***
　妊娠中 …… 23
はしか生ワクチン …… **355**
橋本病 …… **245***
破傷風トキソイド …… **354**
バースプラン …… 28
パーセンタイル値 …… 136
肌の手入れ …… **83**
発育
　生まれたて …… 49
　1 カ月まで …… 68
　1〜3 カ月 …… 98
　3〜6 カ月 …… **134**
　6〜9 カ月 …… **177**
　9 カ月〜1 歳半 …… **201**
　1 歳半〜3 歳 …… **251**
　3〜5 歳 …… **289**
発育性脱臼 …… 259*
白血球 …… 9*, **198***
白血病 …… **198***
　急性白血病 …… 199*
　骨髄性白血病 …… 199*
　慢性白血病 …… 199*
　リンパ性白血病 …… 199*
発達障害 …… **336***
　アスペルガー症候群 …… **352***
　ADHD(注意欠陥／多動性障害) …… **345***
　LD(学習障害) …… **344***
　高機能自閉症 …… 350*
　広汎性発達障害 …… 350*
　自閉症 …… **350***
　自閉症スペクトラム …… 21*, **349***
　特異性言語発達障害 …… 355*
発達障害者支援法 …… 345*
発熱 …… _7_*, **31***
発熱恐怖症 …… 32*
抜毛症 …… 272*
鼻
　鼻アレルギー …… **301***
　鼻かぜ …… **301***
　鼻血 …… **306***
　鼻づまり …… **42***, **383***
　鼻の異物 …… **423***
　鼻ポリープ …… 306*
　はな水 …… 83, _7_*, **93***, **300***
　鼻炎 …… **300***
ばね指 …… **265***
歯みがき …… **320***
　9 カ月〜1 歳半 …… **216**
　1 歳半〜3 歳 …… **266**
はやり目→流行性結膜炎
バルトレックス …… 79*
反抗→言うことをきかない
反抗期 …… 254
斑状出血 …… 201*
反対咬合 …… 321*
反復性耳下腺炎 …… 86*, **87***
反復性中耳炎 …… 297*
反復性の足の痛み …… **368***
反復性の腹痛 …… **121***, 187*, **367***

ひ

B 型肝炎 …… 61
B 型肝炎ウイルス …… 84*
B 型肝炎ワクチン …… **363**
光過敏性てんかん …… 217*
ひきつけ …… 73*, **205***
　泣き入りひきつけ …… **218***
　ひきつけの処置 …… **207***
肥厚性幽門狭窄 …… 42*
微細脳障害 …… 346*
BCG …… **350**
ひじ抜け …… **263***
微少血尿 …… 191*
非ステロイド性消炎鎮痛剤 …… 14*
ビタミン A …… 76*
非調節性内斜視 …… 317*
非定型欠神発作 …… 214*
非伝染性感染症 …… 64*
人なつこさ …… **182**
人見知り
　3〜6 カ月 …… 138
　6〜9 カ月 …… **181**
　9 カ月〜1 歳半 …… **205**
ひとり歩き …… **203**
ひとり親家庭等医療費助成 …… **423**
ひとりごと …… **296**
ひとり立ち …… **202**
ピーナッツアレルギー …… 172*
Hib(インフルエンザ菌) …… 65*
Hib ワクチン …… **362**
飛沫感染 …… 75*
肥満 …… **251***
　小児肥満症 …… 251*
　肥満児 …… 251*
　肥満度 …… 252*
百日ぜき …… **111***

病原性大腸菌O-157 …… 69*, **142***
病原性大腸菌による胃腸炎 …… **142***
病原微生物 …… 66*
病(後)児保育 …… **422**
標準偏差 …… 240*
病的な黄疸 …… **39***
ビリルビン …… 39*
ビリルビン脳症 …… **41***
ヒルシュスプルング病 …… **57***, 129*
昼寝
　9カ月〜1歳半 …… 200
ピンクおむつ症候群 …… 190*, 392*
貧血 …… **202***
　後期貧血 …… **203***
　再生不良性貧血 …… 202*
　早期貧血 …… **203***
　鉄欠乏性貧血 …… **202***
　溶血性貧血 …… 202*
頻尿 …… 197*
頻脈 …… **183***

ふ

ファミリーサポートセンター …… **418**
ファロー四徴症 …… **55***
不安産業 …… *9**
風疹 …… **74***
　妊娠中 …… 23
風疹生ワクチン …… **357**
風疹脳炎 …… **224***
フォローアップミルク …… **213**
フォン・レックリングハウゼン病 …… 277*
不活化ポリオワクチン …… **351**
不活化ワクチン …… 337
複雑部分発作 …… **212***
副作用
　薬 …… 3*, **11***
　予防接種 …… **340**
副耳 …… **379***
副腎皮質ホルモン …… 13*
腹痛 …… **114***
　くり返し起こる腹痛(反復性の腹痛) …… **121***, 187*, **367***
副鼻腔 …… 157*, **304***
副鼻腔炎 …… **303***
　急性カタル性副鼻腔炎 …… **304***
　急性化膿性副鼻腔炎 …… **304***
　慢性副鼻腔炎 …… **304***
不顕性感染 …… 73*
父子家庭 …… **398**
不随意運動 …… 331*
ブースター効果 …… 356
不正咬合 …… **321***
不整脈 …… **182***
　呼吸性不整脈 …… **186***
双子 …… **240**
双子用ベビーカー …… 244
ブックスタート …… **162**
フッ素 …… **266**
ブドウ球菌による胃腸炎 …… **142***
布団 …… 84
布団から出る …… 188
不妊検査 …… **4**
不妊症 …… **4**
部分発作 …… 211*
冬の下痢 …… 136*
フリースタイルお産 …… 29
プール熱 …… **310***
憤怒けいれん …… **218***

へ

へその緒 …… 48
別居家族 …… **399**
ペット …… **306**
　アレルギー …… **177***
　事故 …… 90
ペニシリン系 …… 13*
ベビーオイル …… 82
ベビーカー
　1〜3カ月 …… 114
　3〜6カ月 …… 164
　事故 …… **160**
　双子用ベビーカー …… 244
ベビーサイン …… **208**
ベビーシッター …… 128, **419**
ベビーパウダー …… 82
ベビーバギー …… 164
ベビーバス …… **80**
ベビーフード …… **149**
ベビーベッド
　1〜3カ月 …… 115
　6〜9カ月 …… 188
ベビー・マッサージ …… **82**
ベビーラック
　1〜3カ月 …… 115
ベビーローション …… 82
ペリアクチン …… 12*
ペルテス病 …… **265***
ヘルニア
　臍ヘルニア …… **395***
　そ径ヘルニア …… 387*, **393***
ヘルパー …… 418
ヘルパンギーナ …… **84***
ヘルペスウイルス …… 66*, **77***
ヘルペス性角膜炎 …… **81***
ヘルペス脳炎 …… **224***
ベロ毒素 …… 143*
便(→「うんち」も見よ)
　色 …… **149***
　回数が少ない …… **45***
片頭痛 …… **371***
扁桃炎 …… **90***
扁桃周囲膿瘍 …… **103***
扁桃を取ること …… **103***
偏食→好き嫌い
便秘 …… **125***
扁平母斑 …… **278***

ほ

保育園(所)
　制度 …… **421**
　1〜3カ月 …… 127
　3〜6カ月 …… 165
　6〜9カ月 …… 195

9カ月～1歳半 228
1歳半～3歳 285
3～5歳 314
選びかた 165
つきあいかた 166
連絡のとりかた 168
病気のとき 169
障害児 332
保育園での教育 367
幼稚園とのちがい 367
保育ママ 421
包茎 389*
仮性包茎 389*
真性包茎 389*
膀胱炎 191*, 447*
膀胱尿管逆流症 59*
放射線
妊娠中 23
考え方 462*
放射能汚染 408
疱疹性歯肉口内炎 80*
母子家庭 398
母子生活支援施設 423
母子相互作用 391
母子同室 32
母性 391
発作性上室性頻拍 184*
発作性頻脈 184*
発疹 64*
ボツリヌス菌 213
ポートワイン母斑 278*
母乳
与えかた
始める時期 53
ふくませかた 54
しぼりかた 58
保存のしかた 129
双子の場合 242
進めかた
1カ月まで 72
1～3カ月 101
3～6カ月 140
6～9カ月 183
母乳の悩み 102
不足 74
やめかた 210
母乳黄疸 48, 41*
ほ乳器具(ほ乳びん、乳首) 76
消毒法 76
やめる時期 263
母斑症 277*
ホームヘルプ 425
ホメオパシー 16*
ホルモン 227*

ま

マイコプラズマ 71*
マイコプラズマ肺炎 109*, 158*
埋没陰茎 391*
麻しん(→「はしか」も見よ) 26*, 75*
麻しん生ワクチン 355
麻しん脳炎 224*
マスコミ 412
マスターベーション 299
マタニティブルー 94
マックバーニーの圧痛点 446*
マナー 317
魔乳 386*
真似
6～9カ月 182
9カ月～1歳半 206
1歳半～3歳 255
まぶたが腫れる 309*
マルツエキス 130*
満月様顔貌 13*
慢性甲状腺炎 245*
慢性腎炎 195*
慢性白血病 199*
慢性副鼻腔炎 304*

み

ミオクロニー発作 214*
ミオクローヌス 214*
未熟児 232, 60*
感染症 237
くる病 238
貧血 238, 203*
網膜症 238, 60*
水いぼ 21*, 279*
水ぼうそう 77*
水ぼうそう生ワクチン 359
見たて遊び 255
三日ばしか 74*
三つ子 240
見張りいぼ 396*
身ぶるい発作 393*
耳
耳あか 83
耳切れ 167*
耳に虫が入ったとき 423*
耳の異物 423*
耳の近くの小さいへこみ 379*
脈
徐脈 183*
頻脈 183*
発作性上室性頻拍 184*
発作性頻脈 184*
脈拍数 183*
ミルク
銘柄 75
つくりかた(調乳法) 78
飲ませかた 78
ミルクの量・回数
1カ月まで 78
1～3カ月 108
3～6カ月 142
ミルクを足す
1カ月まで 75
1～3カ月 104
3～6カ月 141
ミルクの悩み 106

む

無害性雑音 …… **52***, 438*
無菌社会 …… 68*
無菌性髄膜炎 …… **221***
無呼吸発作 …… 233
虫刺され …… 78*, **271***, **422***
虫歯
　予防 …… **266**
虫封じ …… 85
無症候性血尿 …… 191*
虫よけ …… **158**
むせる …… 72
夢中遊行 …… **365***
胸の痛み …… 158*
夢遊病 …… **365***
むら食い …… 214, 262
ムンプス …… 85*

め

目
　遠視 …… **313***
　近視 …… **313***
　弱視 …… **316***
　斜視 …… **317***
　目が赤い …… **307***
　目が痛い …… **308***
　目に異物が入った …… **422***
　目の下のくま …… 302*
　目の見えかた(赤ちゃん) …… 99
メタプノイモウイルス …… **91***
メタボリックシンドローム …… 251*
メチル水銀 …… 22
めばちこ …… **312***
めまい …… **298***
　回転性めまい …… 298*
　小児良性発作性めまい …… **299***
目やに …… **309***, **380***
　1カ月まで …… 83
メレナ
　仮性メレナ …… **38***
　新生児メレナ …… **37***
免疫 …… *13**, 61*, **152***
　6〜9カ月 …… **176**
免疫グロブリン
　A …… 154*
　E …… 154*
　D …… 154*
　G …… 154*
　M …… 154*
免疫不全 …… 79*
免疫抑制剤 …… 196*

も

蒙古斑 …… 48, **277***
盲腸 …… 118*
ものもらい …… **312***
モヤモヤ病 …… **219***
モロー反射 …… 51

や

夜間多尿 …… 233*
夜驚(症) …… 269, **365***
薬疹 …… **13***
やけど(火傷) …… **420***
　1カ月まで …… **90**
　1〜3カ月 …… **118**

ゆ

誘拐 …… 407
癒合歯 …… **322***
ゆさぶられっこ症候群 …… **406***
　1〜3カ月 …… 115
湯たんぽ …… 90
指しゃぶり …… **363***
　1〜3カ月 …… 99
　9カ月〜1歳半 …… 205, **217**
　1歳半〜3歳 …… **285**
　3〜5歳 …… **321**

よ

夜遊び …… **219**
養育医療給付 …… **424**
溶血性尿毒症症候群 …… 143*
溶血性貧血 …… 202*
溶血性連鎖球菌 …… 90*
養子 …… **401**
幼児サークル
　3〜5歳 …… 310
幼児食
　1歳半〜3歳 …… 259
羊水検査 …… **12**
幼稚園
　何歳から …… **368**
　選びかた …… **368**
　教育 …… **369**
　入れてから …… **371**
　行きたがらない …… **371**
幼稚語 …… **297**
溶連菌 …… **90***
溶連菌感染症 ……
*12**, **88***, 103*, 179*, 194*
よだれ …… **383***
よだれかけ …… 157
予定日 …… **14**
夜泣き
　生まれたて …… 52
　1カ月まで …… 85
　1〜3カ月 …… **116**
　3〜6カ月 …… **159**
　6〜9カ月 …… **189**
　9カ月〜1歳半 …… **219**
　1歳半〜3歳 …… 269
夜更かし …… 218
予防接種(→「ワクチン」も見よ)
　種類 …… **337**
　外国に行くとき …… **363**
弱虫 …… **322**
四種混合ワクチン …… **352**

ら

ライ症候群 …… 98*
ラマーズ法 …… 30

横に*がついている数字は〈病気編〉のページを、ゴシックの数字は本文の見出しに対応していることを示しています。

乱視 …… **313***
卵巣炎 …… 86*

り

リウマチ熱 …… *12**, 91*, **179***
リウマチ熱の診断基準 …… 179*
リガ・フェーデ病 …… **322***
離婚 …… **400**
離乳
　始める時期 …… **144**
　食品 …… **147**
　離乳食の作りかた …… **148**
　食べさせかた …… **151**
　進めかた
　　3〜6カ月 …… **152**
　　6〜9カ月 …… **185**
　　9カ月〜1歳半 …… 214
　離乳の悩み
　　3〜6カ月 …… **153**
　　6〜9カ月 …… 183
リーブ法 …… 30
リーメンビューゲル …… 260*
流行性結膜炎 …… **310***
流行性耳下腺炎 …… **85***
流涙 …… **308***
療育 …… **359***
良性家族性血尿 …… **193***
緑色便 …… 45*, 149*
旅行
　赤ちゃん …… **124**
　病気のとき …… **26***
リンゴ病 …… *12**, **82***
リン酸コデイン(リンコデ) …… 12*
リンパ管腫 …… 87*
リンパ性白血病 …… 199*

る

ルッキズム …… **255***

れ

冷房 …… 79
レース状の斑点 …… 83*
裂肛 …… 392*
レントゲン …… **451***
　妊娠中 …… 25
レンノックス－ガストー症候群 …… **214***
レンノックス症候群 …… **214***

ろ

ロタウイルスによる胃腸炎 …… 135*, **136***
ローランドてんかん …… **215***

わ

わがまま
　1歳半〜3歳 …… 254
　3〜5歳 …… **319**
ワクチン …… 337, *10**
　有効性 …… **340**
　副作用 …… **340**
　副反応 …… 337
　事故 …… 341
　外国に行くとき …… **363**
悪いことば …… **319**